Premiere Collection

祈雨・宝珠・龍

中世真言密教の深層

スティーブン・トレンソン

京都大学
学術出版会

請雨経曼荼羅図（醍醐寺所蔵『図像抄』巻第三、建久四年頃写）
佐和隆研（など）編『醍醐寺』（浅野長武〔など〕編『秘宝』第八巻、講談社、1967年）より転載。

若い知性が拓く未来

今西錦司が『生物の世界』を著して、すべての生物に社会があると宣言したのは、三九歳のことでした。以来、ヒト以外の生物に社会などあるはずがないという欧米の古い世界観に見られた批判を乗り越えて、今西の生物観は、動物の行動や生態、特に霊長類の研究において、日本が世界をリードする礎になりました。

若手研究者のポスト問題等、様々な課題を抱えつつも、大学院重点化によって多くの優秀な人材を学界に迎えたことで、学術研究は新しい活況を呈しています。これまで資料として注目されなかった非言語の事柄を扱うことで斬新な歴史的視点を拓く研究、あるいは語学的才能を駆使し多言語の資料を比較することで既存の社会観を覆そうとするものなど、これまでの研究には見られなかった溌剌とした視点や方法が、若い人々によってもたらされています。

京都大学では、常にフロンティアに挑戦してきた百有余年の歴史の上に立ち、こうした若手研究者の優れた業績を世に出すための支援制度を設けています。プリミエ・コレクションの各巻は、いずれもこの制度のもとに刊行されるモノグラフです。「プリミエ」とは、初演を意味するフランス語「première」に由来した「初めて主役を演じる」を意味する英語ですが、本コレクションのタイトルには、初々しい若い知性のデビュー作という意味が込められています。

地球規模の大きさ、あるいは生命史・人類史の長さを考慮して解決すべき問題に私たちが直面する今日、若き日の今西錦司が、それまでの自然科学と人文科学の強固な垣根を越えたように、本コレクションでデビューした研究が、我が国のみならず、国際的な学界において新しい学問の形を拓くことを願ってやみません。

第26代　京都大学総長　山極壽一

目次

図版目次

凡例

一、本書では、資料を引用するに当って、次の略記を使用する。

DNBZ　『大日本仏教全書』仏書刊行会編、仏書刊行会、一九一二年～一九二二年

DNKR　『大日本古記録』東京大学史料編纂所編、岩波書店、一九五二年～

DNS　『大日本史料』東京大学史料編纂所編、東京大学出版会、覆刻版、一九六八年

GR　『群書類従』塙保己一編、続群書類従完成会、訂正三版、一九五九年～一九六〇年

KB　金沢文庫保管称名寺所蔵聖教

SZ　『真言宗全書』四十四巻、真言宗全書刊行会、一九三三年～一九三九年

SZKT　『新訂増補国史大系』六十巻、六六冊、黒板勝美編、丸山二郎校訂、吉川弘文館、一九二九年～一九六四年

ST　『神道大系』百二十巻、神道大系編纂会、一九七七年～一九九四年

T　『大正新修大蔵経』八十五巻、高楠順次郎・渡辺海旭都監、大正新修大蔵経刊行会、一九六〇年～一九七九年〔再刊〕

TZ　『大正新修大蔵経図像』十二巻、小野元妙編、高楠順次郎都監、大正新修大蔵経刊行会、一九七五年～一九七八年〔再刊〕

ZGR　『続群書類従』塙保己一編、太田藤四郎補、続群書類従完成会、訂正三版、一九五七年～一九五九年

ZST　『増補史料大成』増補史料大成刊行会編、臨川書店、一九六五年
ZZGR　『続々群書類従』国書刊行会編、続群書類従完成会、一九六九年～一九七八年

一、『大正新修大蔵経』の経典を引用する場合、たとえば「T no. 867, 77.256c14-15」という表記は、順に大正蔵の経典番号、巻号、頁、上中下段、行を表している。

一、本書の表記は、引用元の表記にかかわらず、すべて常用字体とした。ただし、「竜」を「龍」、「滝」を「瀧」とした。

一、すべての引用原典に句読点と返点を付した。引用原典に句読点や返点がある場合、原則的にはそれを尊重したが、私意により変更したところもある。

序章

一　本書の課題と目的

本書は、平安・鎌倉時代における請雨経法《しょううぎょうほう》の歴史と信仰（龍神信仰）についての研究をまとめたものである。請雨経法とは、およそ八七五年から一二七三年までの間に神泉苑《しんぜんえん》という平安宮付属の禁苑《きんえん》で度々行われていた真言密教（東密）の国家的祈雨法《きうほう》である(1)。

筆者は十数年来、中世日本における密教の展開過程の解明の一環として、東密の祈雨法、とりわけ請雨経法の研究を行ってきた。当初は祈雨法のみを集中的に研究するつもりではなかったが、研究の過程で次第に請雨経法とその龍神信仰（舎利・宝珠信仰）が中世東密の歴史のなかで重要な位置を占め、広く中世宗教史全体に及ぶ大きな意味をもっていることが分かるようになった。そのため、長年祈雨法・請雨経法の研究を続け、今に至って、その重要性を明らかにする著書を刊行することになった。

なぜ請雨経法が重要なのであろうか。ただ雨を降らせるための修法《しゅほう》にすぎないと思われるかもしれない。

しかし筆者は、請雨経法は特に注目に値する課題であると考える。その理由は、一言でいえば、この法の実践世界を解明することで、中世東密の教義・信仰で中枢的な役割を果たしていた舎利・宝珠信仰の歴史的展開を見直すための重要な手掛かりを得られるという事実にある。しかし、このことを理解するためにはまず、舎利・宝珠信仰とは何か、その信仰は東密及び中世宗教全体においてどのような役割を果たしているか、また、その信仰史に関する問題は何かを説明しなければならない。

仏舎利《ぶっしゃり》（舎利）は、狭義には釈迦牟尼の遺骨を指す。宝珠《ほうしゅ》（如意宝珠《にょいほうしゅ》）は、あらゆる願望を意のままに叶えてくれる聖なる玉であり、密教ではしばしば菩提の象徴とも、あるいは仏菩薩明王らの表象ともされるものである。

現在日本の密教研究で周知されているように、舎利と宝珠とを同体化する信仰は、中世真言密教の事相（実践法）に一貫している要素である。すなわち、多岐にわたる中世東密の諸信仰のなかで最も広く各種の修法において採用され、最大の秘事とされていたのは、仏舎利とその変化形である宝珠の習合信仰なのである。

より具体的にいえば、多くの中世の東密修法では、容器（箱、仏塔や宝珠形容器など）のなかに籠めた仏舎利を壇上に安置し、[2] 舎利が宝珠に変成し、さらに本尊に変ずるという観想法《かんそうほう》（心のなかに連鎖的なイメージを見るという瞑想法）が行われていた。たとえば、宮中真言院で修された後七日御修法《ごしちにちみしほ》という護国修法では、毎年交互に金剛界法《こんごうかいほう》と胎蔵界法《たいぞうかいほう》が実施されたが、金剛界法の場合、東寺宝蔵より仏舎利（金色舎利一粒と舎利八十粒）と金銅宝塔が請来され、仏舎利を籠めた宝塔が大壇中央に安置された。そして修法実修に際しては、宝塔中の舎利は本尊宝生《ほうしょう》如来[3]の三昧耶形《さんまやぎょう》（象徴）である宝珠、ならびに、大和国宇陀郡の室生山《むろうさん》に埋納されている宝珠と同体と見なされていた。[4]

かつて阿部泰郎氏は、そうした舎利と宝珠の観想法が中世東密の全ての修法に共通する奥秘であったと述べた。[5]しかし、多くの東密修法において舎利が使用されたことが確認できるものの、全ての場合で舎利が宝珠と同体とされていたとは限らないようである。内藤栄氏が指摘したように、舎利と宝珠の同体説は特に東密の醍醐三流（醍醐寺の三宝院流《さんぼういんりゅう》、理性院流《りしょういんりゅう》、金剛王院流《こんごうおういんりゅう》）で重視され、小野三流（勧修寺流《がじゅうじりゅう》、安祥寺流《あんじょうじりゅう》、随《ずい》心院流《しんいんりゅう》）では、舎利法と宝珠法を区別する傾向があった。[6]だが、東密諸流の間でそのような舎利観の相違があったにもかかわらず、後に説明するように、真言宗開祖空海（七七四～八三五）に仮託される『御遺告《ごゆいごう》』において舎利と宝珠の同体性が主張されていることから、舎利と宝珠の密接な関連性自体は真言宗諸流で一般的に認知されていたに違いない。

本書では、仏舎利を容器に入れ、壇上に安置して、本尊の別姿である宝珠（あるいは室生山の宝珠）と観想する諸修法を一括して「舎利＝宝珠法」と呼称する。そうした舎利＝宝珠法の代表的なものとして、後七日御修法、請雨経法や五大虚空蔵法《ごだいこくうぞうほう》などがある。[7]

しかし、仏舎利を籠めた人造宝珠（いわゆる「能作性《のうさしょう》の如意宝珠」[8]、本書図28、317頁参照）を使用する舎利＝宝珠法もあった。承暦四年（一〇八〇）に成立した如法愛染王法《にょほうあいぜんおうほう》や、[9]大治二年（一一二七）に醍醐寺座主勝覚《しょうかく》（一〇五七～一一二九）が行った「如意宝珠法《にょいほうしゅうほう》」はそのような法であった。また建久二年（一一九一）の醍醐寺における祈雨孔雀経法も、人造宝珠を本尊とした修法であった。それ以外にも、人造宝珠が使われた修法の例が多数あり、[10]その目的は、息災・延命・祈雨・安産など、多岐にわたっていた。本書では、人造宝珠を安置する修法を一括して「宝珠法」と称する。[11]

さらに、東密の舎利・宝珠信仰は、修法のみに限らず、それ以外の中世宗教の様々な分野においても重大な意味を持っていた。それは多岐にわたり、ここでその一つ一つを挙げることはできないが、なかでも特に王権観と中世神道という重要な課題がある。

まず、王権観に関しては、たとえば宝珠が天皇の心そのものであり（勝覚撰『護持僧作法』[12]）、あるいは天皇の玉体と同体である（醍醐寺系即位灌頂の四海領掌印[13]）という信仰があった。また、舎利を籠めた人造宝珠は、院権力を象徴する勝光明院宝蔵に蔵されていた。これらの事柄は、日本中世において舎利・宝珠が王権、とりわけ院権力を象徴する霊物として高く尊重されていた事実を示す[14]。

そして神道に関しては、宝珠はアマテラスの神体だとする説[15]、あるいはアマテラスは辰狐《しんこ》（ダキニ天）の姿を取り、辰狐は如意輪観音の化身で、その体を宝珠とするとの信仰や[16]、同じく辰狐たるアマテラスがダキニ天の変化身として即位法の本尊とするといった教説が存在することからわかるように[17]、アマテラスを宝珠（舎利）信仰と結び付ける中世神道的な信仰は多い。そして、そのような信仰を土台に中世の両部神道諸説――三輪流神道や御流神道など――が発達したのである。

このように中世の宗教世界で重要な役割を果たした舎利・宝珠信仰だが、なぜ東密において重要視されたのか、また、いつの時代からその信仰が流布されたのであろうか。それを明らかにするには、空海が今際の際に諸弟子に遺したとされる『二十五箇条御遺告』（以後、『御遺告』）に触れなければならない。

『御遺告』は、本文が示すように、東寺の「座主大阿闍梨」（東寺の一長者《いちのちょうじゃ》）が守るべき様々な規定と信仰を記す記録である。この記録は、空海本人の言葉として記されてはいるが、実際には空海仮託の書であり、内容はおそらく十世紀前半、ある一長者（可能性として観賢《かんげん》〔八五四～九二五〕の名があげられている）によって整理されたものであろうと推定されている[18]。ただし、現存最古の『御遺告』が万寿二年（一〇二五）に伝承されたものであるために（註18）、十世紀前半から十一世紀初頭にかけての成立とする方が妥当であろう。

『御遺告』の最後の三箇条は、「避蛇法《びゃくじゃほう》」（第二十三条）の教え、人造宝珠（能作性如意宝珠）の作成法とその縁起（第二十四条）、そして調伏法《じょうぶくほう》である奥砂子平法《おうさしひょうほう》（第二十五条）の縁起を説いている。より具体的には、第二十四条では、空海の師恵果（七四六〜八〇五）の口決（教え）として、宝珠を造る方法を説明している。それは数種類の香木を真漆に混ぜて玉形を作り、仏舎利とともに（宝珠形の）壷の中に入れるという方法である（本書図28、317頁）。仏舎利は、人造宝珠の「本心」（本質）、如意宝珠そのものだという。さらに、人造宝珠が海底の龍宮所蔵の宝珠、及び龍王身体中の宝珠と変わらぬものだと説く。空海は、それが東寺座主長者（一長者）に付嘱すべき教えだと言い、また彼自身、師恵果より付嘱された人造宝珠一顆を室生山に埋納したとされる[19]。他の二箇条の避蛇法と奥砂子平法については、『御遺告』に具体的な説明がなく分かりづらい。しかし、室生山と関連させられていることからすると、この二つも舎利＝宝珠法の一種と見做されていたに違いない[20]。

このように、『御遺告』の宝珠信仰は、①避蛇法、②人造宝珠の作成法とその縁起、③奥砂子平法の三点からなっているが、宝珠の縁起を説く第二十四条がその中心であり、これが東密宝珠信仰の要であると考えてよい。

『御遺告』のこのような宝珠関連言説は教義的には大乗仏教の教説に基づいているとひとまずは考えられる。舎利が宝珠へと変化することや、宝珠が龍の身体のなかにあるということなどは、様々な漢訳大乗仏典にみえるところであり[21]、『御遺告』の「宝珠譚」がそれらの信仰を取り入れたものであることは明瞭である[22]。

あるいは「宝珠譚」の舎利・宝珠信仰は、奈良時代以前からそれぞれ別のルートで伝えられていた舎利信仰（たとえば、法興寺や法隆寺仏塔の心柱に籠められた舎利）と宝珠信仰（たとえば、山幸彦と満潮・干潮玉の神話や神功皇后と如意珠の話）の延長線上にあるとも考えられよう。[23]

しかし、舎利と宝珠の習合説が東密で特に重要視された直接的かつ根本的な理由は、祖師空海その人が自分の後継の大阿闍梨が守るべき教義として習合説を言い残したとされたこと、そして、その後の真言僧が実際にその遺言を珍重したためであった。すなわち、多くの修法で舎利を使い、舎利を宝珠と観想するという東密における修法次第の根拠は、とりわけ『御遺告』にあるのである。したがって、東密の舎利・宝珠信仰とそれに依拠する実践法を研究する上で『御遺告』宝珠譚の内容とその受容過程を考察することは重要である。

なお、この点は舎利・宝珠信仰が真言宗に特徴的に見られる理由でもある。確かに、この信仰は真言宗が独占したものではなかった。天台宗（台密）でも——たとえば熾盛光法《しじょうこうほう》や如法仏眼法《にょほうぶつげんほう》といった修法で——その信仰は採用されていた。しかし、台密の舎利・宝珠信仰は東密の舎利信仰の影響を受けた可能性があり、[24]また、台密では東密と同じように多くの修法において舎利が使われたということもない。これに対して、東密では開祖が舎利・宝珠信仰を強調したという点が強く意識され、そのことが結果として東密が他の宗派より舎利・宝珠信仰を重視することにつながったのである。

舎利と宝珠の習合信仰はいつごろから東密の諸修法において用いられるようになったであろうか。まず『御遺告』は十世紀成立の書と推定されているため、すでに十世紀からそうした信仰が広がっていた可能性があるとしよう。後七日御修法の場合、この修法で舎利と室生山の宝珠を同体と観想すべきであるということは、すでに観賢とその付法弟子寛空《かんぐう》(八八四〜九七二)によって説かれていたと中世のテキストには述べられている。[25] そこから、通説では少なくとも十世紀以降の御修法では舎利・宝珠の習合信仰が取り入れられていたとされている。

しかし、すでに十世紀から真言宗内で舎利・宝珠の秘説が流布されていたとしても、十一世紀末〜十二世紀初めにかけて新たに如法尊勝法、如法愛染王法や如意宝珠法といった宝珠法が確立されたことは注目すべき事実である。すなわち、東密の舎利・宝珠信仰が古くても、それが世間に広められ、社会に隆盛しはじめたのは、平安後期からである。

この新規宝珠法の確立に深く関わっていたのは、醍醐寺僧範俊《はんじゅん》(一〇三八〜一一一二)である。彼は、承暦四年(一〇八〇)に白河天皇(一〇五三〜一一二九)のために如法愛染王法を、[26] 天仁二年(一一〇九)には如法尊勝法を修した。範俊は、醍醐寺で修行し、曼荼羅寺(随心院の旧称)の成尊《せいぞん》(一〇一二〜一〇七四)から法流を伝授されたが、長く鳥羽殿の一角に住み、白河天皇に人造宝珠一顆を献上したことでもよく知られている僧である。[27]

範俊の宝珠法の言説は、東密根本二流の一つである小野流の拠点である曼荼羅寺、勧修寺と醍醐寺、また、もう一つの根本流派である広沢流の主要寺院の仁和寺の高僧にも伝承され、東密内で広く影響を与えた。しかし、その後、舎利・宝珠信仰は、本来小野流から発生したためか、特に小野流で重視され、展開したのである。[28]

その小野流における舎利・宝珠信仰の歴史的展開に関しては、特に三尊形式の宝珠信仰の形成史という問題がある。

本書で詳しく説明するが、後醍醐天皇（一二八八〜一三三九）に近侍したことで名高い文観弘真《もんがんこうしん》（一二七八〜一三五七）という真言律宗・醍醐寺小野流（報恩院流）の僧が記した『御遺告』宝珠譚の口伝書に、「三尊《さんぞん》合行法《ごうぎょうほう》」（如意輪宝珠法とも）というかなり複雑な舎利・宝珠信仰が記述されている。[29] 三尊とは、具体的には不動明王、愛染王と如意輪観音の三仏である。不動と愛染王は、金剛界大日と胎蔵界大日を表し、五輪宝塔と塔中の二顆宝珠（各々舎利三粒を含む人造宝珠）をもって具象化される如意輪観音は、金胎不二《こんたいふに》の理を表している。そしてこの法は、室生山の三峰の自然環境を背景として構想されており、如意輪観音（五輪塔）は室生山の中心峰、不動と愛染はその左右の峰に座していると想定されていた（本書図33、407頁）。

　この宝珠法は、『菩提心論』（T no. 1665）や『瑜祇経』（T no. 867）などの仏典、及び『御遺告』における言説をもって思想的に裏付けられている。しかし、三尊を一セットとする構想と修法そのものの典拠はない。むろん、『御遺告』にもそうした記述はない。そのために、従来の研究ではこの法は「例外的」、あるいは「非正統的」なものとされている。[30] つまり、経典や儀軌などの正統的な典拠を持たない、中世日本で作られた修法信仰なのである。

　なお、周知のように、文観の名は、男女陰陽（赤白二滞《しゃくびゃくにたい》）の和合により即身成仏が可能だと説いた立川流とも結びついている。彼が実際に立川流と関係があったかどうかは定かではないが、[31] その立川流では「不動愛染一躰和合経」など不動と愛染の名を含む書が多く伝承されたとされており、不動・愛染二仏の結合信仰が当流の一つの重要な教義であったことは確かなようである。[32]

　このように、三尊の宝珠信仰は非正統的・異端的な色で彩られているが、文観撰の『御遺告』の秘伝書においては、この信仰は非正統的どころか、東密の究極秘事として扱われている。文観によれば、三尊の信仰は、現世利益の実践法の上でも、成仏理論の上でも、本来真言密教及び醍醐寺小野流における最も根源的な秘事にほかならなかった。すなわち、彼によれば三尊の信仰はすでに空海の時代から代々嫡弟子に伝えられ、そして、十二世紀初め、醍醐寺座主・三宝院開祖勝覚によって特に珍重されたという。

しかし、現在の研究では三尊信仰の起源についてはいまだに明らかにされていない。空海創出という説はさておいて、三尊の宝珠信仰が醍醐寺三宝院流の確立時期にすでに形成されていたという説に関しては意見が分かれている。

たとえば、内藤栄氏は、勝覚が三尊を奉じた可能性は十分にあるという意見である。(33) しかし、明確な根拠を挙げておらず、ただ文観筆の聖教《しょうぎょう》の勝覚確立説をそのまま肯定しているだけである。ただし内藤氏は、青年時に醍醐寺で修行した西大寺真言律僧叡尊《えいそん》（一二〇一～一二九〇）が正元元年（一二五九）に『如意輪不動愛染三顆宝輪華秘法』一巻を作り、翌年より、西大寺で不動・愛染・如意輪をまつる如意宝輪華法《にょいほうりんげほう》という法要を年中行事として行った事実にも注目している。(34) この時代に三尊の信仰がすでに樹立されており、一般に広まっていたことには疑いはないようである。

これに対して阿部泰郎氏は、三尊信仰の源流が叡尊まで遡ることを認めつつ、勝覚確立説については明確な見解を示していない。そして、三尊信仰に基づいた三尊合行法については、この法が特に文観が撰述した聖教に見られる点から、これを文観が創出したものと考えているようである。(35)

このように、三尊の宝珠信仰がすでに十二世紀初頭に醍醐寺内で確立されていたか、あるいは叡尊の時代に出現し、十四世紀初頭に文観によって整理されたものか、意見が分かれている。

三尊宝珠信仰の成立が不明であるということは、真言密教及び中世宗教史の研究において最も解決すべき重要な問題の一つである。というのは、三尊形式宝珠信仰の成立の時期をどう見るかによって、中世の真言密教とそれに関わる諸宗教の歴史的展開の理解が大きく変わるからである。

たとえば、立川流の問題はその一つであるが、ほかにも中世神道の形成に関わる諸問題もある。なぜなら三尊の舎利・宝珠信仰は中世両部神道に大きな影響を及ぼしたからである。一例を挙げると、三輪流神道の麗気灌頂儀礼に不動・愛染・如意輪（舎利／宝珠）が本尊として取り入られていた[36]。三尊信仰が三輪流神道に流入した経緯については、三輪山神宮寺中興としても知られている叡尊の法流からの影響は想定できるが、具体的な様相に関しては不明である。つまり、三尊の舎利・宝珠信仰の形成史を正しく把握しなければ、その信仰を取り入れた立川流、または三輪流といった両部神道の形成史も十分に理解することができない。このように、三尊宝珠信仰の起源の問題は、日本中世宗教史の様々な分野に影響を及ぼすものなのである。

さて、筆者は、この問題を解決する手掛かりが九世紀後期に成立した請雨経法の龍神信仰から得られると考える。これこそが本書の主題であるが、筆者は東密の舎利・宝珠信仰の根拠である『御遺告』第二十四条の宝珠縁起譚が、特に請雨経法の龍神信仰（一種の舎利・宝珠信仰）と関係が深いものだと考察する。よって、本書では、東密の舎利・宝珠信仰、とりわけ三尊形式の舎利・宝珠信仰の歴史を請雨経法の歴史の観点から検討したい。

これは驚くべき議論かもしれない。というのも、請雨経法は後七日御修法や五大虚空蔵法などと同じような舎利＝宝珠法の一つにすぎず、特に舎利・宝珠信仰を代表する修法とは見なされてこなかったからである。それにもかかわらず、筆者は、この祈雨法は舎利・宝珠信仰の歴史を考察する場合、注目すべき修法であると考える。その理由は以下の点にある。

まず、既述のように、舎利・宝珠信仰は広沢流ではなく小野流内部から現れたが、これは注目すべき重要な事実である。また、空海は『御遺告』で東寺一長者が次代の東寺一長者になる資格を持つ門人に宝珠の教えを付嘱すべきだと言っているが[37]、後世に作られた宝珠相承の血脈を見ると、

空海――真雅――源仁――聖宝――観賢――一定――元杲――仁海――成尊――範俊――（白河院）

とあり[38]、ここにみえる僧は全員が一長者ではない。一定《いちじょう》（八八四～九四七）と元杲《げんごう》（九一四～九九五）は、二長者に留まり、一長者の地位には至らなかったのである。その一方で、以上の僧は、聖宝《しょうぼう》（八三二～九〇九）以後、範俊まで、みな小野流僧であることが注目される。

小野流は、雨僧正と呼ばれた醍醐寺僧仁海《にんがい》（九五一～一〇四六）が山城国宇治郡小野の地で曼荼羅寺を開山した後に形成された流派であり、後世にその嫡流は、

（空海――真雅――源仁）――聖宝――観賢――淳祐――元杲――仁海――成尊┬義範┬勝覚
　　　　　　　　　　　　　　　　　　　　　　　　　　　　　　　　　　└範俊┘

とされた。つまり、小野流確立後、仁海の先師である元杲、観賢や聖宝などの醍醐寺僧も小野流の祖と仰がれるようになった。一見して分かるように、この小野流の嫡流は、ほぼ完全に宝珠相承の血脈と合致している。ただ、一定が淳祐《じゅんゆう》（八九〇～九五三）にとって替えられているという違いだけである。中世において淳

祐が宝珠相承血脈から外れているのは、淳祐が病弱で石山寺に隠遁したために師観賢が宝珠を一定に手渡したことによると言われている[39]。ともかく、なぜそうであるかはさておき、『御遺告』の宝珠信仰は特に小野流と深く関係しているのである。

そして、小野流に関して注意すべきは、これがとりわけその確立初期に請雨経法の正伝を伝持する宗派であった事実である。本論で詳述するように、小野流の祖「雨僧正」仁海は、請雨経法を得意とし、最秘事としており、その孫弟子範俊は請雨経法の相承が小野流の嫡流の証だと主張したのである。

請雨経法の正脈は、

（空海――真雅――源仁）――聖宝――観賢――寛空――元杲――仁海――成尊┬義範┬勝覚
　　　　　　　　　　　　　　　　　　　　　　　　　　　　　　　　└範俊┘

である[40]。ここからうかがえるように、この血脈は小野流の嫡流に近いが、ただ、淳祐の代わりに寛空が出ているという相違がある。寛空が小野流の血脈に現れないのは、おそらく彼が後世にことさら広沢流の祖師として仰がれたことによるものであろう。だが実際には、寛空は観賢の付法弟子でもあり[41]、当時の醍醐法流（後の小野流）をも受け継いだ僧であった。

これらのうち強調しておきたいのは、まず『御遺告』に依拠する宝珠信仰が小野流と密接な関係にあるという事実、さらに宝珠信仰が宗外に広まり始めた頃の小野流が請雨経法の相承を嫡流の基準としていたということである。要するに、東密の舎利・宝珠信仰の歴史を研究するためには、初期の小野流の密教、さらには、その初期の小野流の旗印である請雨経法の舎利・宝珠信仰を検討しなければならないのである。以上が請雨経法に注目すべき第一の理由である。

そして、この法が舎利・宝珠研究においてに特に注目すべき理由は、次の点にもある。永久五年（一一一七）の勝覚の実修以後、請雨経法の正脈は醍醐寺において継承された。本論で述べるように醍醐寺ではこの祈雨法のなかの龍神信仰は、醍醐寺小野流の最も肝心の部分として伝わっていった。そして、その醍醐寺の法流から三尊の宝珠信仰が発生することになった。このような事実から、三尊形式宝珠信仰の形成過程を請雨経法の龍神信仰の追求により明らかにできると考える。要するに、十世紀前半～十一世紀初頭成立と思われる『御遺告』の宝珠信仰と、それより約三百年後に現れた三尊の宝珠信仰とを、請雨経法の龍神信仰によって結びつけることができると推定するのである。

このように、本書では従来の東密の舎利・宝珠信仰研究と異なる展望を提示する。従来の研究では真言密教の舎利・宝珠信仰は主に後七日御修法の観点より考察されてきた[42]。それには様々な理由がある。まず、承和二年（八三五）に成立した後七日御修法は『金光明最勝王経』に立脚する修法であり[43]、この経が如意宝珠の功徳を説く主要な経典の一つだからである。また、御修法は五穀豊穣・国家安泰のために修された権威ある国家的修法であり、この大法では『御遺告』にも言及される東寺大経蔵の仏舎利が使用され、その舎利は室生山の宝珠と同体であると観想された。すなわち、後七日御修法が『御遺告』宝珠譚とも関係が深い古来の舎利＝宝珠法であることは事実であり、この法を中心に東密の舎利・宝珠信仰が研究されてきたことは、ある意味では当然といえる。

しかし、御修法に限らず東密のあらゆる舎利＝宝珠法及び宝珠法の根拠である『御遺告』は、舎利・宝珠を使用すべき特定の修法を名指ししない。『御遺告』は、宝珠に関連して、人造宝珠を作製する際に行う修法、避蛇法及び奥砂子平法に言及するのみである。すなわち、『御遺告』には宝珠信仰と後七日御修法の関連を示す直接的な証拠はない。

一方で、『御遺告』が明確に龍神信仰を強調しているという事実は看過できない。『御遺告』が説く宝珠の本質とは、宝珠と雨の支配者である龍との結びつきにほかならないのである。この書は、宝珠が海龍王の所有物であり、あるいは、古来より龍の棲む場所として崇敬された室生山に埋納されているという。すなわち、東密の舎利・宝珠信仰は、本質的に龍神信仰なのである。この『御遺告』の教えはもちろん、単に大乗仏教の根本的信仰を象徴する舎利と宝珠及び龍との関係を表現したものにすぎないともいえるが、それと同時に、舎利・宝珠の研究において水の神である「龍」が注目すべき事柄であるということも示している。

そして、東密における龍神信仰の霊場といえば、主に神泉苑、醍醐寺と室生山であり、それら三つの霊場を貫く宗教的要素こそ、祈雨にほかならない。その上、東密では室生山の龍は神泉苑あるいは醍醐寺の祈雨において中心的な役割を果たす龍でもあった。以上のことから、『御遺告』の舎利・宝珠信仰はまず祈雨法とその龍神信仰の観点より考察されるべき課題だということは、明瞭なのである。

このように、本書の目的は東密舎利・宝珠信仰の歴史における祈雨法（請雨経法）の龍神信仰の意義を明らかにすることである。すなわち、本書は東密の舎利・宝珠信仰の概論を目的とするのではない。舎利・宝珠信仰に関連する中世史料はあまりにも膨大であり、そのような概論を行おうとすれば、一冊の本ではとてもまとめきれない。本書はただ、『御遺告』を典拠とする中世東密の舎利・宝珠信仰、とりわけ三尊形式の宝珠信仰の歴史を、請雨経法における龍神信仰の観点から考察するという新地平を開きたいのである。

しかし、そのような新地平は、真言密教研究を根底から変化させるだけの力を孕んでいる。そのため、まずは本書ではその新観点を徹底的に論証することに集中したい。よって、本書ではこの課題と深く関わる王権観、両部神道や立川流などの中世宗教の諸問題についてはとりあえず置き、別の機会に取り上げたいと思う。

二　本書の構成

さて、本書の目的は、請雨経法の観点から東密の舎利・宝珠信仰の形成史に新たな光を投ずることである。それにはまず、この修法の歴史を論じなければならない。しかし、その歴史を述べるだけでもかなり複雑な問題である。

真言密教の祈雨法といえば、主に請雨経法と孔雀経法の二つの修法がある。前者は九世紀後期、後者は十世紀初頭に確立したというのが通説である。しかし、この二つの祈雨法についての資料を集めれば、それらの資料の間に、修法の種類についてなど、矛盾と食い違いが少なくないことに気づく。先行研究ではそれらの矛盾はほぼ意識されておらず、史料批判による考察の対象ともされてこなかった。つまり、これまでの研究では祈雨法の歴史について正しく解明されているとは言い難い状況にある。したがって、本書では請雨経法を中心に東密の祈雨法の歴史を改めて考察し、通説とは全く異なる歴史像を提唱する。それゆえに、この再考察において先学の説については最小限の論及しかしないことをお断りしておきたい。

本書の第一部には請雨経法の歴史の再考察の結果をおさめた。具体的には、インドと中国密教の祈雨法

（第一章）、日本における請雨経法の確立過程（第二章）、十世紀における祈雨孔雀経法の実修例（第三章）、十世紀〜十一世紀における請雨経法の展開（第四章）、同法の衰退と醍醐寺における祈雨の確立（第五章）、鎌倉時代における請雨経法の復興と終焉（第六章）など、請雨経法に関わる歴史をいくつかの区分にして取り上げ、それぞれの区分の特徴を論じる。

特に、第一部では、十世紀より東密の独立した祈雨法として請雨経法と孔雀経法が並行して行われていたという通説を見直し、十一世紀中期まで、独立した祈雨法として修されたのは請雨経法のみであったことを論証する。すなわち、十一世紀半ば以後に東寺と醍醐寺で独立した祈雨法として孔雀経法が行われるようになるまで、東密の独立祈雨法は専ら神泉苑請雨経法のみであった点を論じる。

そのほか、第一部では、東寺執行権をめぐる仁海（九五一〜一〇四六）と深覚《じんかく》（九五五〜一〇四三）の対立と、仁海が祈雨における験力を東寺の執行権と結びつけた事件、さらに、中世真言宗の根本二流の一つである小野流の確立の具体相、範俊の祈雨失敗の歴史的意義など、従来注目されてこなかった様々な問題も論じる。これらの問題は祈雨法史だけではなく、真言宗全体の歴史の研究のためにも重要な意味を持っている。

つづいて、第二部の第一章では、東密最古の祈雨法である請雨経法の実践世界について詳論する。ここでは、従来の研究では深く考察されていなかった請雨経法の舎利・宝珠・龍神信仰の深層を探り、そこから不動・愛染・如意輪という三尊の関連性を明らかにする。よって、本章では『御遺告』の宝珠信仰と鎌倉期の三尊信仰とを、請雨経法の龍神信仰で結び付けることができる根拠を示すのである。

第二部の第二章では、東密の舎利・宝珠信仰の根拠である『御遺告』の宝珠譚を再考察する。具体的には、『御遺告』第二十四条の宝珠縁起に請雨経法の龍神信仰との関係が見出せるという点を解明する。この点から、平安中期に請雨経法の嫡流を受け継いでいた醍醐寺小野流の舎利・宝珠信仰の観念的構造が、おそらく請雨経法の龍神信仰を軸としていたことを論ずる。

第三部では、請雨経法の龍神信仰（舎利・宝珠信仰）の変化、すなわち龍神信仰がこの修法とは別のコンテクストにおいてどのように受容され、また変容していったかということを考察する。神泉苑請雨経法の背後に成立した舎利・宝珠・龍神信仰は、神泉苑や祈雨法以外の様々なコンテクストに取り入れられ、影響を与えた。そのコンテクストは様々であるが、本書の第三部では、醍醐寺の龍神信仰（第一章）、室生山の宝珠信仰（第二章）、及び避蛇法と奥砂子平法（第三章）を取り上げる。

本書の第一部で説明するように、神泉苑で行われていた請雨経法は、十一世紀末～十二世紀初頭に急速に衰退し、ついには永久五年（一一一七）を最後に十三世紀初めまで途絶する。しかし、この中絶期にも、この修法の背後に展開した信仰は消えることなく、十一世紀末に新しく登場した醍醐寺の祈雨（孔雀経法・同御読経）と当寺の鎮守清瀧神《せいりょうじん》の信仰のなかに受け継がれていった。

その結果として、醍醐寺内では請雨経法の信仰の観念的構造が多少の変化を遂げた。当時の醍醐寺固有の信仰として、上醍醐《かみだいご》円光院における女性成仏祈願に関わる龍女信仰や、醍醐寺開祖の聖宝以来当寺で崇敬された准胝《じゅんでい》・如意輪《にょいりん》両観音の信仰がある。これらの要素と請雨経法の舎利・宝珠・龍神信仰の観念的構造が結合し、変化を遂げるのである。第三部の第一章では、その変化の宗教的・歴史的プロセスを解明する。

一方で、古来の請雨経法龍神信仰は、大和国宇陀郡の室生山にも流入した。室生山に関しては、『御遺告』に空海が師恵果より授与された人造宝珠一顆を室生山に埋納したと述べられている。そして、様々な中世テキストでは、室生山の龍が、神泉苑に棲む龍、あるいは醍醐寺の清瀧神と同体であるといわれている。しかも、すでに述べたように、三尊宝珠法の三尊の姿は室生山を背景に構想されていた。よって、『御遺告』、室生山、神泉苑や醍醐寺の龍神信仰の間に何らかの関係があることは明らかである。その関係はすでに先学によっても指摘されているが(44)、請雨経法の龍神信仰という観点から具体的な考察はいまだなされていない。第三部の第二章ではその関係をそうした視角から再検討する。

最後に本書の第三部第三章では、請雨経法を背景として形成された龍神信仰について、その信仰がただ祈雨法に留まらず、ほかの修法とも関係していたという事実に注目したい。別の修法としては様々なものがあるが、ここでは『御遺告』にも言及される避蛇法と奥砂子平法について論じることにする。本章では、その二法は具体的にどのような法であったのかを説明するとともに、その二法の信仰が請雨経法の龍神信仰と関わりがあるものだという点を明らかにしたい。

註

(1) 本書では「祈雨法」を仏書・古記録の用例に倣い、密教修法の祈雨と定義する。密教儀礼に、密教の範疇に属する修法と、顕教に属する読経法会という二つのタイプがあるが、本書で使う「祈雨法」という語は、修法を意味し、読経法会を含まない。

(2) 東密の修法において舎利が頻繁に使用されていた事実は、「凡一切大法皆行者所㆓依仏舎利㆒安㆓壇中㆒、可㆑聞㆓口伝㆒也」(『覚禅鈔』〔舎利〕TZ 5:603c9–10)と、「口伝云、壇上安㆓舎利㆒事、龍王帰敬故也、余尊法皆安㆑之、自宗秘事也、今法(引用者註——請雨経法)殊相応歟」(同〔請雨法下〕TZ 4:619c9–11)という文からも知られる。

(3) 胎蔵界法が実修された年では本尊は宝菩薩であった(「胎蔵年宝菩薩為㆓本尊㆒、〔中略〕金剛界年宝生尊為㆓本尊㆒」

『覚禅鈔』〔後七日下〕TZ 5 : 671b7–8)。

（4）「但壇上置㆓仏舎利㆒、本尊三形并舎利・宀一山（引用者註——室生山）、此三宝一体可㆑観」（『覚禅鈔』〔後七日下〕TZ 5 : 671c4–5）。なお、阿部泰郎「宝珠と王権―中世王権と密教儀礼―」（長尾雅人・井筒俊彦〔など〕編『岩波講座・東洋思想第一六巻　日本思想2』岩波書店、一九八九年）一一六頁、内藤栄「後七日御修法にみる空海の舎利観について」（『舎利荘厳美術の研究』青史出版、二〇一〇年）二三～二四頁、四〇～四一頁参照。

（5）前掲阿部泰郎「宝珠と王権―中世王権と密教儀礼―」一一六頁。

（6）内藤栄「真言宗小野流の舎利法と宝珠法」（前掲『舎利荘厳美術の研究』六五～九五頁）。

（7）請雨経法の舎利・宝珠信仰については本書で詳述するが、五大虚空蔵法と舎利・宝珠信仰の関係は、『覚禅鈔』〔五大虚空蔵上〕の「大壇中心立㆓小塔㆒、奉㆑安㆓置仏舎利五粒若一粒㆒、即虚空蔵三摩耶身如意珠也、（中略）聖賢云、壇上観㆓宀一山宝㆒」（TZ 5 : 49b11–16）という文による。

（8）空海仮託書『御遺告』に説かれている人造宝珠のことである（T no. 2431, 77 : 413a13）。

（9）「如法」とは一般的には「法の如し」という意味であるが、特に中世密教では「如宝」、つまり「如意宝珠法」の略語とされ、「如法愛染王法」とは如意宝珠の特性を具える愛染王を本尊とする修法を意味する。この法は承暦四年（一〇八〇）に初めて範俊により修された。ある説では、その時大壇中央に人造宝珠を籠めた小塔が安置された（上川通夫「如意宝珠法の成立」『日本中世仏教史料論』吉川弘文館、二〇〇八年、初出は二〇〇四年）。しかし、『諸尊法』（KB 86.6）に「如法行之事白川院御時於㆓六条殿㆒鳥羽僧正範俊修㆓如法愛染王法㆒、大壇帳天蓋懸㆓八色幡㆒、如㆓仁王経法㆒、奉㆓懸曼荼羅十七尊曼荼羅理趣会㆒、但中尊図㆓愛染王㆒、敷曼荼羅中央立㆑塔安㆓舎利㆒、口伝、護摩二壇、敬愛曼荼羅左、調伏曼荼羅右」（高橋秀榮「平安・鎌倉仏教要文集（中）」『駒沢大学仏教学部研究紀要』第五十一号、一九九三年、二六一・二六二頁）とあるように、仏塔の中に籠められたのは人造宝珠ではなく仏舎利だったという説もある。

（10）松本郁代「鳥羽勝光明院宝蔵の『御遺告』と宝珠―院政期小野流の真言密教―」（『中世王権と即位灌頂―聖教のなかの歴史叙述―』森話社、二〇〇五年、初出は二〇〇四年）二三六・二三七頁掲載表参照。

（11）宝珠法に関して、現代の論考でも、中世の仏書でも、しばしば「宝珠が本尊だ」という文が見える。しかし、厳密には宝珠ではなく宝珠の特性を具体化する特定の尊格が本尊だという点に注意すべきである。たとえば、大治二年の勝覚の如意宝珠法では、人造宝珠が用いられた（『覚禅鈔』〔宝珠〕TZ 5 : 615a13–17）が、本尊は宝菩薩（同、TZ 5 : 614c9）、または宝生如来（同、TZ 5 : 619a11）であったようである。すなわち、その時の「如意宝珠法」とは、いわば「如法宝生法」だったのである。勝覚が宝生を本尊にしたということは、『雑鈔 下』（一海〔一一一六～一一七九〕抄物、天福二年〔一二三四〕道教写、KB 127.12.2）の次の記述からも知られる。

又物語云、白河院以㆓鳥羽僧正《ヲ》（範俊）㆒令㆑修㆓如意珠法㆒給後、又権僧正御房《ニ》（勝覚）令㆑修給、権僧正御房付《ハ》㆓宝生㆒令㆑修給、而院御気色《ニノ》假〔頗イ〕不心行云々、其故無《ニヤ》㆑程又以㆓仁和寺宮〔（傍注）「高野御室」〕（覚法）㆒令㆑修給、宮付《ハ》㆓愛染王《フ》㆒令《ニ》㆓勤修㆒給云々、以㆑此推㆑之、鳥羽僧正付《ハヲ》㆓愛染王㆒被㆓奉仕㆒歟云々、（（ ）内の文は著者註）

以上の文にある「宝生に付す」という表現は、修法の本尊が宝生如来だという意味である。よって、この文からも、宝珠法では宝珠というより宝生如来や愛染王といった尊格が本尊だったという事実が分かる。

(12) 上島享「日本中世の神観念と国土観」（『日本中世社会の形成と王権』名古屋大学出版会、二〇一〇年、初出二〇〇四年改稿）四〇六～四一一頁参照。

(13) 松本郁代「即位印明と「天皇」の所在―中世王権神話の地平―」（前掲『中世王権と即位灌頂―聖教のなかの歴史叙述―』二〇〇五年所収、初出は二〇〇四年）一五五～一五七頁。

(14) 前掲阿部泰郎「宝珠と王権―中世王権と密教儀礼―」、田中貴子『外法と愛法の中世』（平凡社、二〇〇六年、初出は砂子屋書房、一九九三年）一四六～一四七頁参照。

(15)『宀一山秘密記』（十三世紀中期成立）の「此宝珠即《チ》大日遍照全身《ノ》、塵数三昧惣体《ノ》也故《ガニ》、国名《ヲク》㆓大日本国《ト》㆒也、此宝珠垂《テ》㆑跡神道名《ヲ》㆓天照大神《ニク》㆒、故天照大神《ト》石扉開《ノ》㆓宀一巌崛《ヲキ》㆒、諸神同等出《ニデ》㆓宇多郡《ノニ》㆒給《フ》」による。引用文は、藤巻和宏「如意宝珠をめぐる東密系口伝の展開と宀一山縁起類の生成―『宀一山秘密記』を中心として―」（『国語国文』第七十一巻第一号、二〇〇二年、二一頁）による。

(16)「天照大神天下《玉ヒ》天岩戸籠玉《フト》者、辰狐形《ノニテ》籠玉《フ》也、余畜類替《ノ》自《ニリ》㆑身放㆑光故也、辰狐者《ト》、如意輪観音化現《ノ》也、以㆓如意宝珠一為二其体一」（『溪嵐拾葉集』〔十四世紀前半成立〕T no. 2410, 76.867b7–9）。

(17)『鼻帰書』（一三二四年成立、ST 89）の説による。詳しくは、松本郁代「醍醐寺三宝院流の即位法と王統分立―地蔵院方と報恩院方をめぐって―」（前掲『中世王権と即位灌頂―聖教のなかの歴史叙述―』二〇〇五年所収、初出は二〇〇四年）六四～六七頁参照。

(18)『御遺告』は、本文によれば空海入定の六日前の承和二年（八三五）三月十五日に諸弟子に付された教えであると書かれているが、空海仮託の書であることは明白である。『小野経蔵目録』（仁安三年〔一一六八〕写、龍門文庫蔵）に「遺告一巻般若僧正跡」とあるのによると、観賢の自筆本があったというが、現存しない。石山寺所蔵『遺告』（未調査）は、小野僧正仁海（九五一～一〇四六）自筆本の康平六年（一〇六三）の写本である。なお、醍醐寺座主成賢（一一六二～一二三一）に伝領された、次の奥書をもつ古写本もある。

（黒書、本文と同筆）安和二年七月五日以二有縁本一書写暦能

（朱書）万寿二年六月十六日於二車宿一自二僧都御口一習承已了

□(?)求法沙門覚源

（後表紙見返、成賢筆）宮僧正覚源御書也云々　伝領成賢

それによれば、安和二年（九六九）暦能という僧が書写した『御遺告』を、万寿二年（一〇二五）覚源（一〇〇〇～一〇六五）が「僧都」―師仁海（九五一～一〇四六）―から口伝により伝授されたという。そして後に覚源の本は成賢に伝領された。本写本は、現在高幡不動尊金剛寺に所蔵されている（小林芳規「御遺告万寿二年角筆点」『角筆文献研究導論』中巻、日本国内篇（上）、汲古書院、二〇〇四年参照）。白井優子氏は、『御遺告』は安和二年以前に成立しており、さらに、寛平三年（八九一）以後、延喜の観賢のころ（九一九年ころ）に編述されたものと考えている（白井優子「史料となるおもな弘法大師空海伝」『空海伝説の形成と高野山―入定伝説の形成と高野山納骨の発生―』同成社、一九八六年、二一～二二頁）。この説はおそらく正しいが、その後に観賢本に加筆があった可能性があるために、十世紀前半～十一世紀初頭の成立とする方がよいであろう。なお、大江匡房（一〇四一～一一一一）

の『本朝神仙伝』（ZGR 8-1）に「大師之心行、多見二於遺告廿二章一」とある。これによれば、十二世紀初めに二十五箇条の『御遺告』以外に二十二箇条の本も流布したようである。第二十三条以下は宝珠信仰に関する内容であるが、門屋温氏が指摘した通り、「遺告廿二章」というのが誤記でないとすれば、これは通常在家に披露されない極秘とされたのかもしれない（「「宀一山土心水師」をめぐって」『説話文学研究』第三十二号、一九九七年）。本書では、原則として『御遺告』とは『二十五箇条御遺告』を指す。また、大正蔵『御遺告』の底本である高野山御影堂所蔵本は空海真筆とされているが、これは疑問である。

（19）『御遺告』からは空海自身も宝珠を作成したとは読み取れないが、後世に空海が宝珠を造ったと伝承されるようになった。

（20）『御遺告』のこの三箇条の内容について、詳しくは本書の第二部と第三部で説明する。

（21）『摩訶止観』の「故知下明月神珠在中九重淵内驪龍頷下上」（T no. 1911, 46.11a11）、『大智度論』の「龍珠出二龍脳中一〔中略〕如意珠出レ自二仏舎利一、若法没尽時、諸舎利皆変為二如意珠一」（T no. 1509, 25.134a19–22）や「此〔摩尼〕宝珠従二龍王脳中一出」（478a22）など。

（22）中村本然氏は、『御遺告』の如意宝珠説の思想的根拠を「不二摩訶衍」（不二法門）、如意宝珠、及び龍を連ねる『釈摩訶衍論』（T no. 1668）に求めている（中村本然「真言密教における如意宝珠〈信仰〉」智山勧学会編『中世の仏教—頼瑜僧正を中心として—』〔青史出版、二〇〇五年〕四一～七九頁）。

（23）日本における舎利と宝珠信仰については、村山修一「わが国如意宝珠信仰の歴史的展開」（『密教文化』第一四八号、一九八四年）参照。

（24）内藤栄「天台宗の舎利信仰—中尊寺金色堂と如法仏眼法—」（前掲『舎利荘厳美術の研究』二〇一〇年所収、初出は二〇〇四年）三〇九頁。

（25）『覚禅鈔』〔後七日下〕TZ 5 : 671c4–5、元海（一〇九四～一一五七）撰『厚造紙』T no. 2483, 78.274c1–5。

（26）この時の如法愛染王法の実修様相については、小川豊生「院政期王権と修法の身体—愛染王法と如法愛染王法の生成—」（『中世日本の神話・文字・身体』森話社、二〇一四年）九〇～一一二頁）に詳しい。

(27) 詳しくは、前掲松本郁代「鳥羽勝光明院宝蔵の『御遺告』と宝珠―院政期小野流の真言密教―」二二六～二六〇頁参照。

(28) 小野流が宝珠を至極の大事としたことは、たとえば文観の奥書をもつ『御遺告七箇大事』に言及されている（前掲藤巻和宏「如意宝珠をめぐる東密系口伝の展開と宀一山縁起類の生成」七頁）。

(29) 三尊合行法について、阿部泰郎「中世密教聖教の極北―文観弘真の三尊合行法テキスト―」（『中世日本の宗教テキスト体系』名古屋大学出版会、二〇一三年、初出は二〇〇九年）、同「宝珠の象る王権―文観弘真の三尊合行法聖教とその図像―」（『日本の美術』五三九、二〇一一年）、内藤栄「密観宝珠形舎利容器について」（前掲『舎利荘厳美術の研究』二〇一〇年所収、初出は一九九九年）、ルチア・ドルチェ「二元的原理の儀礼化―不動・愛染と力の秘像―」（ルチア・ドルチェ、松本郁代編『儀礼の力――中世宗教の実践世界』法蔵館、二〇一〇年）、ルチア・ドルチェ「儀礼により生成される完全なる身体―中世密教の〝非正統的図像〟と修法をめぐって―」（阿部泰郎編『日本における宗教テクストの諸位相と統辞法』「テキスト布置の解釈学的研究と教育」第4回国際研究集会報告書、名古屋大学大学院文学研究科、二〇〇八年）など参照。

(30) 前掲ルチア・ドルチェ「儀礼により生成される完全なる身体―中世密教の〝非正統的図像〟と修法をめぐって―」参照。

(31) 彌永信美は、「密教儀礼と「念ずる力」―『宝鏡鈔』の批判的検討、および『受法用心集』の「髑髏本尊儀礼」を中心にして―」（前掲ルチア・ドルチェ、松本郁代編『儀礼の力―中世宗教の実践世界』）において、文観と立川流の関係を示す確実な証拠がないと論じている（一三三頁）。なお、守山聖真も自著『立川邪教とその社会的背景の研究』（鹿野苑、一九六五年）で、文観が立川流の大成者だったという説が誤りであると述べている（四三二頁）。ただし、文観の法流が一種の邪流として非難されたことは事実である。なお、文観と立川流のことは網野善彦の『異形の王権』（平凡社、一九八六年）によって広く知られるようになったが、網野氏のような邪教イメージに関しては現在の研究では否定的である。

(32) Roger Goepper, *Aizen-Myōō: The Esoteric King of Lust: An Iconological Study.* Artibus Asiae, Supplementum

39 (Zurich: Rietberg Museum, 1993), pp. 102–113、宥快（一三四五〜一四一六）撰『立河聖教目録』（前掲守山聖真『立川邪教とその社会的背景の研究』五八二〜五九八頁）参照。

(33) 内藤栄氏は前掲「密観宝珠形舎利容器について」（『舎利荘厳美術の研究』）において「この三尊形式は勝覚から始まると考えるのが妥当であろう」と述べている（一一九頁）。

(34) 前掲内藤栄「密観宝珠形舎利容器について」一二八〜一三二頁。

(35) 前掲阿部泰郎「宝珠の象る王権—文観弘真の三尊合行法聖教とその図像—」に「内藤栄氏は、それら図像（引用者註——如意輪を中尊とする不動と愛染の二明王像）の源流を、叡尊が正元元年（一二五九）に製作した「如意輪不動愛染三顆宝輪華法」に求め…」（八二頁）と記され、阿部泰郎「中世密教のスペクトラム」（『芸術新潮』8、大特集「空海—花ひらく密教宇宙—」二〇一一年）に「…文観は、…中世密教の究極の秘法というべき三尊合行法を創出する」（六九頁）と明記されている。要するに、阿部氏は三尊信仰が叡尊まで遡るとし、その信仰に立脚する三尊合行法を文観創出としているが、三尊信仰の由来については明確ではない。

(36) 八田幸雄「教相」（大神神社編『三輪流神道の研究』名著出版、一九八三年）一九三〜一九四頁、『三輪流神道源流集道場秘口決』（大神神社史料編修委員会編『大神神社史料』第五巻、大神神社史料編修委員会、一九七八年）五八七頁参照。

(37) 「然則猶為㆓東寺座主長者㆒之人必応㆓付属㆒」（『御遺告』T no. 2431, 77.413c14–15）。

(38) この血脈は『覚禅鈔』〔宝珠〕（TZ 5: 614a1–6）、教舜撰『秘鈔口決』〔駄都法口決鈔末〕（SZ 28: 146）にみえる。また、前掲松本郁代「鳥羽勝光明院宝蔵の『御遺告』と宝珠—院政期小野流の真言密教—」二三三〜二三五頁も参照。

(39) 『覚禅鈔』〔宝珠〕（TZ 5: 614a13–16）。

(40) 詳しくは、本書第一部第四章第八節参照。

(41) 『野沢血脈集』巻第一（SZ 39: 47）。

(42) 前掲阿部泰郎「宝珠と王権—中世王権と密教儀礼—」、前掲内藤栄『舎利荘厳美術の研究』や、Brian Ruppert,

Jewel in the Ashes: Buddha Relics and Power in Early Medieval Japan（Cambridge: Harvard University Asia Center, 2000）などの舎利・宝珠信仰研究参照。

（43）後七日御修法はより具体的に『最勝王経』「堅牢地神品」・「如意珠品」に付する修法だとされていた（『薄双紙聞書』KB 14.4、高橋秀榮「平安・鎌倉仏教要文集（上）」『駒沢大学仏教学部研究紀要』第五十号、一九九二年、二一〇頁）。

（44）たとえば、前掲藤巻和宏「如意宝珠をめぐる東密系口伝の展開と宀一山縁起類の生成—『宀一山秘密記』を中心として—」参照。

第一部　請雨経法の歴史

第一章　インドと中国密教の祈雨法

一　インド密教の祈雨壇法

インド密教は、歴史的に初期・中期・後期に区分されている。初期密教は、およそ二世紀中葉から五世紀末までの時代を含み、中期密教は六世紀初めから八世紀中葉までとされる。そしてそれに次ぐ後期密教はおよそ十三世紀初めまで続いた。

各時代の密教はそれぞれ異なる特徴を持っているが、総じて、密教の最も典型的な特徴は、現世の現象界に遍満している絶対境地（法界）のエネルギーを自分自身の精神と身体のなかに吸収し、そのエネルギーを解脱や救済のために使うという信仰にあるといえる。

密教の初期段階は、結界法や護摩供養など、インドの伝統的な宗教風土が生み出した多岐にわたる呪法が大乗仏教において受容されるというプロセスで特徴づけられる。そのプロセスの結果、大乗仏教の利他行の理念に基づいた、衆生の現世利益的な願望を叶える様々な呪術的な修法が成立した。その次の中期密教の段階からは、そのような修法は現世利益のためだけではなく、成仏のためにも修されるようになったというのが通説である。

初期段階に創出された密教修法のなかに、雨を降らせる壇法《だんぽう》があった。(1) すなわち祈雨法は、すでに初期密教の段階から存在し、発達していった実践法の一つなのである。

インド初期密教の祈雨壇法の作法を説くテキストとして、本来十万頌を持ったとされるMahāmeghasūtra（『大雲経』）という梵文経軌の第六十四品と第六十五品（第六十品の簡略版）がある。広本の梵文経典そのものは散佚されているが、第六十四・六十五品の梵文写本は残存している。(2) この二つの梵文写本はいずれも古いものではないが、次の論拠に基づいてその内容の成立を四世紀末まで遡らせることができる。

北涼曇無讖《どんむせん》（三八五～四三三）の訳である『大方等無想経』（四一七年訳、T no. 387）という仏典があって、これはMahāmeghasūtraの漢訳と見られている。(3) この漢訳には第六十四品と第六十五品の対応訳はないが、それでも、両品はもともと『大方等無想経』の底本であるMahāmeghasūtraの梵本に含まれていたと考えられている。(4) この説は、第六十五品が四世紀末に中国で部分音訳された事実で裏付けられる。(5) したがって、第六十四・六十五品の祈雨壇法が少なくとも四世紀末までに成立したと考えてよい。

つづいて、六世紀後半には、中国でさらにMahāmeghasūtra第六十四品の次の三本の漢訳が訳出された。

T no. 991『大雲輪請雨経』二巻、那連提耶舎訳（五五〇年～五七七年訳経）
T no. 992『大方等大雲経請雨品第六十四』一巻、闍那耶舎訳（五七〇年訳経）
T no. 993『大雲経請雨品第六十四』一巻、闍那耶舎訳（五六四年～五七二年訳経）

T no. 991『大雲輪請雨経』の題名が示すように、中国では六世紀後半から、本来 Mahāmeghasūtra の一部にすぎなかった第六十四品が「請雨経」という単独経典として伝わっていった。

なお、八世紀中葉に、多くの密教経典を漢訳した不空（七〇五～七七四）も第六十四品の新訳を作った。彼は、第六十四品の内容を、諸陀羅尼を納める部分と壇法を説く部分とに分けて、それぞれの部分の訳を別の経典に作りあげた。その二つの経典は、次の通りである（中世日本で修された請雨経法は、この二つの不空訳の経典に依拠していた）。

T no. 989『大雲輪請雨経』二巻、（七四六年～七七四年訳経）
T no. 990『大雲経祈雨壇法』一巻、（同）

第六十四品の祈雨壇法は、後でより詳しく説明するように、基本的に行者が自分の四方に四龍を描き、その四龍を供養する法である。これはおそらく祈雨壇法の原型であろう。しかし、インド密教祈雨法の様相を伝える経軌は、無論ただ Mahāmeghasūtra 第六十四・六十五品だけではない。それ以外に、祈雨法を説く密教経典は少なくない。その主要なものを大正蔵番号の順に列記すると、左の通りである。

T no. 892『仏説大悲空智金剛大教王儀軌』巻第一、宋の法護訳、九世紀成立
T no. 901『陀羅尼集経』巻第十一、祈雨法壇、阿地瞿多訳、六五三年成立か
T no. 946『大仏頂広聚陀羅尼経』巻第二、如来仏頂仙膏油品第十、訳者・訳年代不明
T no. 973『尊勝仏頂修瑜伽法軌儀』巻下、尊勝真言修瑜伽祈雨法品第十一、善無畏訳、八世紀初頭成立
T no. 997『守護国界主陀羅尼経』巻第九、般若・牟尼室利訳、八〇三年～八〇四年成立

T no. 1005『大宝広博楼閣善住秘密陀羅尼経』巻上、不空訳、八世紀後半成立
T no. 1007『牟利曼荼羅呪経』、訳者不明、六世紀前半成立
T no. 1092『不空羂索神変真言経』巻第二十九、祈雨法品第七十一、菩提流志訳、七〇九年
T no. 1096『不空羂索陀羅尼経』不空羂索明呪王降伏龍品第十四、李無諂訳、七〇〇年
T no. 1212『西方陀羅尼蔵中金剛族阿蜜哩多軍吒利法』軍荼利乞雨止雨法品第七、訳者・訳年代不明
T no. 1257『大摩里支菩薩経』巻第三、宋の天息災訳、十世紀末成立

これらの経軌のなか、T no. 901とT no. 973の祈雨法は、五方（四方＋中央）龍王の壇法である。そして、T nos. 946、997、1005、1007、1092、1212では、海水または池水の中央に一龍のみを据える壇の修法が説かれている。それらの場合、行者が諸龍の真中からではなく、外から龍を供養する法になっている。また、T nos. 892、1096、1257は、龍の降伏《ごうぶく》による祈雨壇法を説いている。概ね密教の祈雨法とは、龍をあるいは供養し歓喜させ、あるいは降伏するという修法なのである。

インド祈雨壇法の原型である四方四龍の供養法は、四方から毒蛇（魔の一類）に害されないようにする修法、あるいは、或る場所が毒蛇・魔族に侵略されることを防ぐ護身法・結界法の延長線上に位置している。仏教では早い段階から、毒蛇・鬼・悪魔などの地処、宅、道場への侵入を避けるために、呪（陀羅尼）の読《どく》誦《じゅ》による四方結界の呪法が形成された。その最も早い例としては、顕教経典のなかでは『長阿含』巻第十二所収の四天王守護の呪法があり[6]、密教経典では、訳者不明の『仏説安宅神呪経』の四方四龍の結界呪法があげられる[7]。

後者の四方四龍の結界法は、神呪を誦することによって四方大神龍の守護下で四方からの諸魔・悪龍の侵

入を防ぐ法である(8)。その呪法を説く『仏説安宅神呪経』は、本文に土公《どこう》や青龍・白虎・朱雀・玄武の四神などのことが言及されるため、明らかに中国撰述の経典である。だが、四方大神龍の結界呪法そのものは、『孔雀経』などほかの初期密教経典にも見られるために、インド初期密教結界法の様子を伝えているといと考えてよい。

インド密教の祈雨壇法は、この四方四龍の結界呪法に範を置いていた。その理由はおそらく龍と水との関係にあろう。古代インドの龍（ナーガ）とは、本質的に現実の毒蛇（cobra de capello=Naja Tripudians）を神格化した存在である。人間に畏怖されるこの毒蛇は、水に棲むことから、ついに水や雨を支配する神とも仰がれるようになった。すなわち、ナーガ（龍）はその猛毒のために恐れられて、四方結界法の対象となっていたが、その四方結界法は、ナーガは水の支配者でもあるために、自然に降雨を祈る呪法にも使用されるようになったのである(9)。

さて、T nos. 991~993の内容から、Mahāmeghasūtra 第六十四品の請雨壇法をより詳しく見ていこう。

壇法の行者は、まず地面の汚物を取り除き、四面に青帳を張って道場を作る。そして、その道場の真中に平方の壇を立てて瞿摩夷《ぐまい》（牛糞）で塗り、さらに牛糞の汁をもって壇の四方に龍王の姿を画く。その龍の姿は「一身三頭」や「一身五頭」といわれ、頭部に三匹や五匹の蛇を描いたものである。No. 990では龍の上半身は菩薩形、下半身は蛇形とされ、ここに出る「一身」もそれと同じであろう（本書図1・図11参照）。つづいて、道場の青帳に青幡を掛け、壇上に四つの水瓶を配置して、さらに香花や供物などを置く。祈雨行者は、壇の中央の座に座り、まずは護身法《ごしんぽう》を行う。浄水や白灰を呪して頭上に灌ぎ、結界を思い念じながら身体を護身する。あるいは、糸を呪し、首及び手足に結んで、結界をなす。行者が四方四龍に囲まれた結界法である。結界を行う理由は、道場に悪心のあるもの（おそらく鬼神・悪龍など）を入らせないためである。その後、祈雨行者は諸仏菩薩や諸龍などを勧請《かんじょう》し、供養して、第六十四品の諸陀羅尼を読誦する。そうすることによって、一日、二日または七日の内に必ず雨が降るといわれている。

インドの気候は暑く、旱魃も多発したであろうため、第六十四品のような祈雨壇法が度々行われたと想像されるが、具体的な事例を示すことはできない。それでも、呪法で雨を降らせたインド密教僧の逸話はいくつか伝わっている。

たとえば、長安で『大日経』を訳出した善無畏《ぜんむい》（六三七～七三五）は、中部インドに居住した時に祈雨法を行ったといわれている。伝説によれば、その祈雨の際に観音菩薩が日輪のなかに示現し、瓶を手に取って、その瓶から水を地上に注いだという(10)。なお、同じく中国の洛陽・長安で『金剛頂経』系の密教を広めた金剛《こんごう》智《ち》（六七一～七四一）は、南インド摩頼耶《まらや》国王の宮中に灌頂道場を建立し、請雨の法を修して、霊験を見せたと伝えられている(11)。両方の場合では壇法が行われたに違いないが、その壇法の実態は不明である。

二　中国における密教祈雨法の展開

既述した通り、中国で訳された祈雨法関係の経典には、四方四龍の祈雨法以外に、五方龍王を供養する祈雨法を説くものもある。前者の場合、行者は龍に囲まれているが、後者の場合、祈雨行者は外側から龍を拝し、祈雨法を行うこととなっている。

五方五龍の祈雨がインドで生まれたのか、それとも中国における新展開であるのかという問題がある。その問題については、『孔雀経』の諸訳本のなかに見られる四方結界から五方結界への変化が一つの解決案を提示するかもしれない。

孔雀を神格化した孔雀明王とその陀羅尼の徳を説く『孔雀経』の諸漢訳に、T no. 984『孔雀王呪経』（梁の僧伽婆羅訳、五〇六年〜五二〇年訳）がある。その訳本に東晋（三一七〜四二〇）の帛尸梨蜜多羅《はくしりみったら》伝といわれる四天王の結界法が説かれている。これはすなわち古来の四方結界の法である。しかし、T no. 988『孔雀王呪経』（伝鳩摩羅什訳）には、四方四龍（四方四天王結界からの変化と考えられている）[12]と五方五龍（五帝五龍王）の二つのタイプの結界法が並存している。このT no. 988は、五世紀の訳出といわれているが、実は本文の前半は七三〇年頃成立の偽経である。五方五龍のことは、ちょうどその前半に記されているため、唐代につけ加えられた新要素だといえよう。そのために、五龍の祈雨を説くほかの漢訳経典（T nos. 901、973、990）もすべて唐代成立のものであることを考え合わせると、四龍から五龍への変化がおそらくインドではなく、たとえば中国伝統の五行説の影響により、中国で生じたと考えることが妥当のようである。

以上『孔雀経』について触れたが、実はこの経典も中国（本節後述）と日本（第一部第三章）の密教僧により祈雨のために度々使用されていた。『孔雀経』の功徳は主として病気平癒、悪鬼退散や災難消去にあるが、それでも、『孔雀経』の本文は、孔雀明王の陀羅尼を読誦すれば諸龍が驚懼し、あるいは歓喜し[13]、望む通りに降雨または止雨をもたらすと説く。ゆえに、孔雀明王の壇法が祈雨にも通用されるのである。

ところが、なぜ孔雀明王の力が降雨または止雨の利益に繋がるのであろうか。まず、インドでは雨季が到来する時期、空に雨雲が現れると、真先によく孔雀の歓呼の声が響いていた。孔雀の発情期に当たる季節だからである。ゆえに、孔雀は雨・稲妻を呼び起こす鳥だと信じられていた[14]。一方、初期の仏典において孔雀は迦楼羅《かるら》（聖鳥）と同様に毒蛇を常食とすることからナーガ（龍）にとって敵であるともされる[15]。これも『孔雀経』が請雨・止雨の祈願にも通用された理由の一つであろう。つまり、孔雀明王の威力はナーガを脅かすために祈雨または止雨の儀礼にも用いられたと考えられよう。

ここで龍王による祈雨壇法に戻ろう。中国において四方龍王の祈雨壇法には五方という構造以外にさらにほかの新要素が加わったと推察される。前節で論じたように、インドの四方四龍の祈雨法は、造壇、陀羅尼読誦、及び龍への供養という呪術性の強い儀礼であった。おそらくそのような祈雨法は、現世利益が目的で、作法の過程で成仏を成し遂げるという実践法ではなかった。

ただし、インドでは中期密教の段階から密教の実践法に身口意《しんくい》（印・真言・観想）という三密行法が取り込まれていた。つまり、修法の本尊の悟りを象徴する印を結び、その真言を唱え、精神をその姿、及びその象徴物（剣・蓮華など）に集中するという観想法が行われていたのである。そうすることによって自身の身口意の三業を本尊の三業と融合させ、本尊がもつ功徳を実現させるだけではなく、成仏することもできると信じられるようになった。

六世紀に中国で作られた第六十四品の漢訳本にそうした中期密教の特徴はみえないが、八世紀中期の不空三蔵の訳には、その特徴が発見できる。より詳しくいえば、不空訳『大雲経祈雨壇法』（T no. 990）に、三密で自身を加持すべきであるという一文が読める[16]。これはただ一つの細目にすぎないが、その細目は、不空が第六十四品の新訳を作るにあたって、全体的に祈雨壇法を三密行法へと進化させたことを示唆する。つまり、不空が構想した祈雨法は、単に雨を降らせる呪術にとどまらない、中期密教の特徴である三密行法、つまり成仏の実践法を採用するより高度な祈願儀礼であったのである。

不空が第六十四品の祈雨壇法に加えた新要素はそれだけではない。彼は一龍に対する祈雨法を説く『大宝広博楼閣善住秘密陀羅尼経』(T no. 1005)の訳者でもあるが、その経典に、宝楼閣のなかに三尊(釈迦・金剛手菩薩・宝金剛菩薩)を配するという構造をもつ別の壇法が説かれている。(17) その壇法は祈雨法ではないが、不空はその宝楼閣中の三尊という構造を借用し、自訳第六十四品の祈雨壇法に組み込んだのである。(18) その結果、四方に四龍、中央に池・宝楼閣(龍宮)・三尊(釈迦・金剛手〔仏の左〕・観音〔仏の右〕)、さらに三尊前に三龍王(左に難陀・跋難陀、右に輪蓋龍王)というより複雑な構造が成立した(T no. 990、図1、37頁参照)。

なぜ不空がこのように祈雨壇法の構造を複雑化したかは不明であるが、それは中国で泥をもって地面に壇を造る作法が嫌われ、代わりに木造の壇が使用されたことと関係するかもしれない。すなわち、諸龍は壇

図1　祈雨大曼荼羅(勧修寺興然〔1121〜1203〕撰集『曼荼羅集』所収、東寺観智院伝来本、江戸期写、藤井永観文庫所蔵)。T no. 990所説に最も近い構造と様相を示す日本作の曼荼羅である。

上に敷く布に描かれるようになったが、その描き方で諸龍だけではなく『請雨経』に登場するほかの諸尊も精緻に描けることが可能となった。そのために、シンプルな四方または五方の構造が自然にグレードアップされたのであろう。

以上のような変化により、第六十四品の祈雨法はより実践に適した修法になったといえる。しかし、中国で『請雨経』の壇法（つまり、「請雨経法」）が行われた形跡はない。中国では、「私に罪があれば万民にその責任を押し付けず、万民に罪があるのなら私が責任を負おう」と言って雨乞をした商の湯王の古事に因んで、儒教思想に基づく様々な祈雨祭祀が行われた。なお、そのほかに陰陽五行説と仏教に基づいた多様な祈雨儀礼も実施されたが[19]、中国で密教僧が「請雨経法」を行ったかどうかは分かっていない。

中国の仏教的祈雨儀礼に関しては、道世撰『法苑珠林《ほうおんじゅりん》』（T no. 2122、六六八年完成）巻第六十三「祈雨篇」に多くの事例が記録されている。だが、具体的にどの法が用いられたか確認できる事例は少ない。しかも、その事例はすべて修法ではなく、『海龍王経』などの経典に依拠する読誦法会である。そもそも、七世紀後半まで中国で密教的な祈雨法が行われたかどうかは疑問である。それでも、道世は「祈雨篇」の冒頭に『大雲輪請雨経』より壇法の作法を引用した。したがって、「祈雨篇」に具体的な実修例が記されていなくても、当時中国僧侶の間に密教の祈雨壇法が知られていなかったわけではない。

本格的に中国で密教の祈雨壇法が実修されるようになったのは、八世紀に入ってからである。しかし、その時代の祈雨法は『請雨経』の信仰ではなく、別の密教信仰に依拠していたようである。たとえば、金剛智は、洛陽で祈雨の勅を蒙ったが、その時に、

後随二駕洛陽一、其年自二正月一不レ雨迨二于五月一、嶽涜霊祠祷レ之無レ応、乃詔レ智結レ壇祈請、於レ是用二不空鉤一依二菩薩法一、在所住処起レ壇、深四肘、躬絵二七倶胝菩薩像一、立レ期以二開光明日一定随〔降イ〕雨焉、[20]

とあるように、不空鉤《ふくうこう》（観音）の功徳を用い、七倶胝《しちくてい》菩薩（准胝菩薩、一説によれば観音の化身）の壇法を修した[21]。要するに、金剛智は善無畏と同様に祈雨のために観音信仰を適用したようである。しかし、彼の祈雨について、右の引用に続く次の話も述べられる。金剛智が准胝の祈雨法を行っている最中、にわかに祈雨壇が安置された場所の屋根に穴が穿たれて、大雨が降った。その穴は、金剛智が霊力をもって一龍を取り、龍が屋根を撃ち抜いて、空に飛んで行ったためにできたという。つまり、金剛智は観音だけではなく、龍にも降雨を祈ったようである。よって、この話は、事実であるかどうかはさておいて、当時の中国で密教的祈雨に関して観音信仰と龍神信仰が結びつけられていた事実をうかがわせている。

金剛智の弟子である不空も、度々祈雨法を行った。たとえば、『宋高僧伝』（九八八年成立）巻第一の「不空伝」に、次の事例がある。

是歳終夏愆陽、詔令レ祈レ雨、制曰、時不レ得レ賒雨不レ得レ暴、空奏レ立二孔雀王壇一、未レ尽二三日一雨已浹洽、帝大悦、自持二宝箱一賜二紫袈裟一副一、親為二披擐一、仍賜二絹二百匹一。[22]

すなわち、天宝五年（七四六）の夏、不空は勅命で早く雨を降らせ、そして雨が暴雨にならないようにと命令された。すると、不空は『孔雀経』の壇法を行うことを奏上して、それを宮中で実修した[23]。はたして三日を経ずして雨が降った。そのために、皇帝は大いに喜び、不空を賞して、自ら袈裟・絹を賜ったのである。[24]

ちなみに、日本中世真言密教では不空のこの祈雨の事績が強く意識されていた。具体的に、東密の祈雨行者たちは、『請雨経』による祈雨で早く効験がなければ『孔雀経』に代えるべきだという信仰を有していた。その信仰の根拠として、不空の事績が持ちだされ、強調されていたのである。詳しくは、第三章を参照されたい。

不空に話を戻すと、彼は大暦七年（七七二）の夏、[25]また大暦九年（七七四）の春にも祈雨法を行ったといわれている。[26]大暦七年の場合、不空は道場を荘厳し、降雨を祈請して、再び三日以内に効果を見せた。しかし、今回降雨は大雨に変わったために、その弊害を防ぐ目的で止雨の壇法を修した。修法の二日目に雨が止んだため、皇帝（代宗）は不空とその弟子たちに衣を賜い、さらに千僧斎を設けることで盛大にその功績を讃えた。

不空の付法弟子恵果《けいか》（七四六～八〇六）も、祈雨修法を行った。資料で確認できる例は二つある。まず、貞元五年（七八九）に、七人の僧侶と共に青龍寺《しょうりゅうじ》の大仏殿で祈雨を行い、第七日目の夜に雨が降ったため、僧侶が各々絹と茶の賞を賜った。貞元十四年（七九八）五月上旬にもまた勅を蒙り、宮中の内道場で祈雨を実施し、再び絹と茶の賞を下賜された。[27]以上のように二回の祈雨例が確認できるが、これらの場合にどの修法が行われたか、明らかではない。

不空と恵果は、各自密教祈雨法を行い、その祈雨を成功させることにより皇帝の帰依を蒙り、絹などの賞を下賜された。これにより密教の名声が高まり、密教修法の効果が広く認知されるようになったと察せられる。密教における祈雨法の重要性は、まさしく、祈雨霊験が密教の効果を世間に明示するという点にあるのである。後に日本でも、祈雨法はそのような役割を果たすことになる。

不空と恵果の後に中国でなお祈雨修法が行われていたかどうかは明らかではないが、やがて時代の大勢が移り変わり、武宗朝（八四〇～八四六）に仏教がほかの外来宗教とともに迫害を受けてしまう。このいわゆる会昌の廃仏により密教は大きな打撃を受け、それに伴って、首都で祈雨験者として活躍する密教僧も姿を消してしまったであろう。

しかし、古来インド密教祈雨法の伝統は、求法のために入唐した日本僧により受け継がれ、日本ではさらに展開を広げていった。それは、次章より次第に明らかになることだが、祈雨法は、結局中世日本の真言密教において、驚くほど重要な役割を果たすようになった。

註

（1）「壇」は、「曼荼羅」または「道場」とも表記される。初期密教の「壇法」は、地面に香泥（牛糞）で円を造り、その円に諸尊を描き、その諸尊に対して願望が成就するように願う作法である。これについては、大山仁快「密教修法壇（maṇḍala）の成立史について」（『印度学仏教学研究』第九巻第二号〔一八〕一九六一年）参照。

（2）Mahāmeghasūtra の第六十四品（一三七四年写）と第六十五品（一七六八年写）の梵文写本はケンブリッジ大学に所蔵されている。両写本は、龍王名や真言を除いて、Cecil Bendall によって英訳されている（The Megha-Sūtra. *Journal of the Royal Asiatic Society of Great Britain and Ireland* (New Series) 12, no. 2 (1880) : 286-311)。なお、大山仁快「大雲（請雨）経第六十四・六十五品の一考察」（『密教文化』第五五号、一九六一年）、森口光俊「Mahāmeghasūtra§64, I」（『大正大学総合仏教研究所年報』第二号、一九八〇年）も参照。

（3）六八九年～六九〇年に『大方等無想経』（『大雲経』）第四巻における浄光天女に対する授記について注釈書（『大雲経疏』）が書かれ、その注釈書が浄光天女の下生とされる則天武后の政策を裏付けたことはよく知られているであろう。これについては、アントニーノ・フォルテ「『大雲経疏』をめぐって」（牧田諦亮・福井文雅編『敦煌と中国仏教』講座敦煌7、大東出版社、一九八四年、一七三～二〇六頁）を参照。

（4）森口光俊「請雨壇法の展開」（『智山学報』第十九輯、通巻第三十四号、芙蓉良順博士古稀記念「密教文化論集」、一九七一年）二三二頁。

（5）漢訳仏典の目録に、曇無蘭訳『請雨呪経』（三八一年～三九五年訳経）の経名がみえる。これは現存しない儀軌であるが、『陀羅尼雑集』所収の「仏説乞雨呪」（T no. 1336, 21.607c26-608a27）に相当するとされている。この「仏説乞雨呪」は、内容的に第六十五品に同じである。以上は前掲森口光俊「請雨壇法の展開」二四四頁による。

（6）『長阿含』（T no. 1, 1.79c28-80a8）。

（7）『仏説安宅神呪経』（T no. 1394, 21.911c28-912a4）。

（8）前掲森口光俊「請雨壇法の展開」二三〇頁。『仏説安宅神呪経』は後漢訳とされたものであるが、成立年代不明の偽経である。この経典は、日本における土公信仰の典拠の一つである（張麗山「日本古代における呪術的宗教文化受容の一考察―土公信仰を手がかりとして―」『東アジア文化交渉研究』第六号、二〇一三年参照）。

（9）前掲森口光俊「請雨壇法の展開」二二八・二三〇頁。紀元前一五〇〇年頃より西北インドから侵入し、やがてインド全域を支配するに至ったアーリヤ人は、かかる蛇神崇拝をもっていなかった。よって、これはインド土着の信仰である。これについては、前田恵学「インドの仏典に現われた龍と龍宮」（『東海仏教』第五輯、一九五九年）、松長有慶『密教の歴史』（サーラ叢書19、平楽寺書店、一九七一年）十五～二一頁と、同『密教の相承者―その行動と思想―』（評論社、一九七三年）一二八・一二九頁参照。

（10）『宋高僧伝』巻第二（T no. 2061, 50.714c24-26）。

（11）『貞元新定釈教目録』巻第十四（T. no. 2157, 55.875b14-18）。

（12）前掲森口光俊「請雨壇法の展開」二三一頁。

(13) 僧伽婆羅訳『孔雀王呪経』に「諸龍鶩懼」とあるが（T no. 984, 19.458b17–19）、義浄訳『仏説大孔雀呪王経』（T no. 985, 19.475b25–27）及び不空訳『仏母大孔雀明王経』（T no. 982, 19.439a2–4）は「諸龍歓喜」と記す。本来は「鶩懼」だったであろう。

(14) 宮元啓一『日本奇僧伝』（筑摩書房、一九九八年、初出は東京書籍、一九八五年）二九・三〇頁。

(15) 前掲森口光俊「請雨壇法の展開」二二九頁。

(16) 『大雲経祈雨壇法』の「先応下三密加二持自身一、及護中壇場上」（T no. 990, 19.493a18–19）による。

(17) 『大宝広博楼閣善住秘密陀羅尼経』（T no. 1005A, 19.627b21–c5、628a29–c25）。

(18) 前掲森口光俊「請雨壇法の展開」による（二四一～二四二頁）。

(19) 古瀬奈津子「雨乞いの儀式について―唐の祠令と日本の神祇令―」（唐代史研究会編『東アジア史における国家と地域』刀水書房、一九九九年）参照。

(20) 『宋高僧伝』巻第二（T no. 2061, 50.711b21–711c2）。

(21) 金剛智訳『仏説七倶胝仏母准提大明陀羅尼経』（T no. 1075, 20）に「四肘方曼荼羅」のこと（173b12）と、「或復国土水旱不調」（174a17）の排除の利益が記されている。

(22) 『宋高僧伝』巻第一（T no. 2061, 50.712c13–17）。

(23) 不空の俗弟子趙遷が著述した『大唐故大徳贈司空大弁正広智不空三蔵行状』（T no. 2056, 50.293a21–24）に『宋高僧伝』とほぼ同文の記述が載っている。それによると、不空が祈雨壇法を行った場所が宮中であったという。

(24) 大暦十二年（七七七）八月、不空の弟子飛錫は止雨のために『大般若経』とともに『孔雀経』を転読した（『表制集』T no. 2120, 52.854a16–28）。当時中国では『孔雀経』は祈雨のためだけではなく止雨のためにも使用されたのである。

(25) 『宋高僧伝』巻第二（T no. 2061, 50.713b06–10）。『不空三藏行状』にもその時の祈雨の経緯が記されている（T no. 2056, 50.293c09–14）。なお、この年の六月一日に不空は皇帝に「恩命祈雨賀雨表」一首を上表した（『表制集』T no. 2120, 52.841a02–13）。

（26）『表制集』に、その年の祈雨の後に書かれた賀雨表一首（二月五日付）が載っている（T no. 2120, 52.843b29–c08）。
（27）『大唐青龍寺三朝供奉大徳行状』（T no. 2057, 50.295b29–c02, 295c11–14）。

第二章　日本における請雨経法の確立

一　飛鳥・奈良時代の祈雨事例

周知のように、日本密教の歴史は、九世紀初めに確立した真言宗と天台宗をもって始まるものではない。定説化されているが、すでに七〜八世紀に密教経典が数多く請来されて、その経典に基づいて様々な密教尊格の信仰が流布し、インド初期密教的な儀礼も行われたのである。日本における密教祈雨法の歴史も同様である。つまり、その歴史が本格的に平安前期に幕を開けることになるにもかかわらず、すでに前代にその濫觴が見えるのである。

日本では、古代から神祇信仰による祈雨祭祀（奉幣）と仏教による祈雨（読経法会）という二つのタイプの雨乞儀礼が実施されていた(1)。仏教的祈雨の事例は七世紀初葉から現れるが、当時の祈雨奉幣に比べるとその回数は極めて少ない。当初より神事の方が主流であり、仏事の祈雨は補佐的であったのである(2)。天武朝（六七三〜六八六）になって祈雨奉幣と仏事祈雨は国家的レベルで並行的に運営されるようになったが、その時代にも、仏教的祈雨の回数は少ない。つづく八世紀においても、仏教的祈雨の件数は四件にすぎず、神事に比して極めて少数である。そもそも、日本で仏事による祈雨の重要性が高まるのは九世紀を待たねばならない。

飛鳥時代の仏事による祈雨事例のなかに、本書の論と関連するものとして、皇極天皇元年（六四二）七月の、法興寺南庭で実施された祈雨が注目される。『日本書紀』によれば、この祈雨では仏菩薩像や四天王像の前で『大雲経』が転読されたという。[3] これによって、法興寺で北涼曇無讖訳『大方等無想経』、あるいは『大雲経請雨品第六十四』のような経典が転読されたことがわかる。[4] ただし『日本書紀』のこの条にみえる「大雲経」の表記は、「大乗経」と読むべきかもしれない。また、この条は歴史的事実ではなく、『日本書紀』編纂時に作られた記事であるという可能性もある。しかし、もし「大雲経」の表記が正しければ、日本で飛鳥・奈良時代に祈雨のために Mahāmeghasūtra（『大雲経』）が特別視されたということになり、本書の課題である請雨経法の歴史に関して注目すべき事例になるであろう。

つづいて、奈良時代の仏教的祈雨儀礼の例のなかで、天平神護二年（七六六）の東大寺における請雨が注目される。『大日本古文書』十七所収の「東大寺三綱牒」（同年六月三日付）[5] によれば、その年の夏に、東大寺の僧が祈雨を行うために二巻本『大雲輪請雨経』（T no. 991の那連提耶舎訳本）を借用したという。祈雨の理由は、東大寺の庄園を旱魃から救うためだったようである。[6]

奈良時代には Mahāmeghasūtra 第六十四品の諸漢訳本がすでに請来されており、東大寺が借用した『大雲輪請雨経』は、その諸訳本のなかで最も詳細な那連提耶舎の訳本である。当経には、祈雨壇の荘厳、四方四龍の供養法や諸陀羅尼などが詳しく説かれているため、東大寺の祈雨において密教的な修法が行われた可能性が高い。しかし、無論これは三密（結印・真言念誦・観想法）の行法を含む中期密教的な祈雨であったとは思えない。

東大寺におけるこの祈雨は、勅命による実施ではなく、東大寺が私的に行った儀礼であり、しかも再度修されることがあったかどうかは不明である。なお、天平神護二年の事例以外に、『請雨経』が借用されたケースはないようである。それゆえに、奈良時代に密教の祈雨法の濫觴があると認められても、日本で本格的に祈雨法が修されるようになったのは平安時代からだと言わねばならない。

二　神泉苑祈雨法の登場

(1) 空海の祈雨

平安初期まで、日本における国家的祈雨は、神事が主であり、仏事の実行例は少なかった。だがそれ以降、仏事の祈雨事例の数は次第に多くなっていった。嵯峨朝（八〇九～八二三）における神事・仏事祈雨の比率は、神事は十三、仏事は六であり、その後の淳和朝（八二三～八三三）には、神事は七、仏事は六、仁明朝（八三三～八五〇）には、神事は二十四、仏事は十八である。(7)

仏教による祈雨の比重が上昇したこの時代に、真言宗の開祖空海（七七四～八三五）が勅を蒙り、平安京大内裏の南に位置していた神泉苑という禁苑において祈雨法を修したと伝えられている。多くの空海伝には、空海が天長元年（八二四）に請雨経法を修し、その際、神泉苑の池に「善如龍王」という龍が姿を示現した

表 A　九世紀の神泉苑における祈雨法と止雨法

年号	僧名	法流	儀礼	備考	主要出典
天長 1（824）？・？	空海	真言	修法	伝説	御遺告、弘法大師伝
斉衡 1（854）4・？	恵運	真言	修法	祈雨？	祈雨日記
斉衡 3（856）？・？	常暁	真言	修法	伝承	祈雨記
貞観 8（866）5・17	安恵	天台	請雨経法	真偽不詳	天台座主記
貞観17（875）6・15	？	（真言）	請雨経法	微雨	日本三代実録
元慶 1（877）6・25	教日	真言	金翅鳥王経法	不雨	日本三代実録
元慶 4（880）5・22	宗叡	真言	灌頂経法	止雨	日本三代実録
仁和 4（888）8・23	？	？	灌頂経法	目的不明	日本紀略
寛平 3（891）6・18	益信	真言	請雨経法		日本紀略

と語られている。[8]

この伝承を信じるならば、空海が太政官符により東寺の執行権を賜り、形式的に真言宗を確立させた弘仁十四年（八二三）よりわずかに一年後に祈雨を行ったことになる。つまり、その祈雨は真言宗成立後の空海の最初の大きな事績になる。そして、寛平七年（八九五）成立の『贈大僧正空海和上伝記』（貞観寺僧正〔真雅または聖宝〕撰）に「天長年中有《リ》二旱災一、皇帝勅《シテ》二和上《ニ》一、於《テ》二神泉苑《ニ》一、令《ムルニ》レ祈《ラ》二豪雨《ヲ》一、自然《ニ》滂沱《タリ》、仍《テ》賀《シテ》二其《ノ》功《チ》一、任《ス》二少僧都《ニ》一」[9]とあるように、この祈雨の霊験により空海がはじめて僧官を有したと伝承されていた。歴史的には空海が少僧都に任じられたのは天長元年三月であるが、それが祈雨の賞による補任だったかどうかは資料上確認できない。もしそれが事実であれば、空海の祈雨は真言宗の歴史において大きな意義を持っているというべきであろう。

しかし、現在、空海の祈雨は史実ではないというのが定説である。その理由は、まず『日本後紀』・『日本紀略』・『類聚国史』・『日本逸史』などを調べても空海の祈雨の記事が見当たらないからである。また、天長の空海の祈雨以後の次の真言密教の祈雨事例は九世紀後半にしか現れない。天長年間に空海が祈雨法を実修し成功させたのが事実であれば、東密による祈雨がその後より早く実現したはずである。そうではないため、空海の祈雨法の実修は単なる伝承だと結論づける方が妥当である[10]。

それでも、空海が神泉苑で祈雨を行ったという話自体は完全なる虚構ではないかもしれない。「空海の祈雨」といえば、大体、室町期成立の『弘法大師行状絵詞』の絵からもうかがえるような、空海が数人の弟子を率いて、青幕に囲まれた仮屋（道場）のなかで壇法を行ったというイメージが浮かぶであろう（本書図7、246頁参照）。しかし、もしかすると空海は壇を構えず、ただ一人で神泉苑の池の畔で単純な降雨祈請を行った可能性がある。そして、そのような個人的な祈雨は後世の真言僧の記憶に残り、やがて口頭伝承の過程でその内容が誇張され、ついに空海が大規模な祈雨法を実修したと伝えられるようになったのかもしれない。事実、『経国集』第一四に滋野貞主（七八五～八五二）作の「和海和尚秋日観神泉苑之作」という詩があり、空海が神泉苑の景観を知っていたことは事実である[11]。

とにかく、空海の祈雨が史実であるか否かという問題より、中世の真言密教で当宗の隆盛が空海の祈雨霊験をもって始まったことが強く意識されていたという事実の方が重要である。中世の真言僧にとって、空海の祈雨成功は当宗隆盛のきっかけであるという重要な意味をもっていた[12]。真言密教が祈雨と密接な関係を結んでいることは事実であるが、その理由の一つはこの点にあるのである。

なお、空海と祈雨の関係といえば、次の出来事も重要である。天長四年（八二七）五月二十一日より三日間、祈雨のために大極殿で『大般若経』が転読されたが、その読経法会が終わった後、

天長四年五月丙戌〔二十六日〕、依二祈雨一、少僧都空海、請二仏舎利内裏一、礼拝灌浴、亥後天陰雨降、数剋而止、湿地三寸、是則舎利霊験之所二感応一也、[13]

という『日本後紀』逸文にあるように、読経法会の霊験がなかったためか、空海は内裏において仏舎利を礼拝し、灌浴して、改めて個人的に祈雨を行った。その祈雨は著しい効果を生み出した。したがって、空海が神泉苑で祈雨修法を実修したのは伝承であるが、仏舎利によって降雨を祈願したことは史実である。後に中世の東密祈雨法では舎利信仰は中核的な役割を果たすようになったが、その濫觴がこの天長四年の空海の祈雨にあると覚えておきたい。

(2) 神泉苑の祈雨霊場化

伝説によれば、空海が祈雨法を行った場所は神泉苑であったという。確かに、日本で密教祈雨法が国家事業としてはじめて確立されたのは、神泉苑だった。そこで、本項では神泉苑における祈雨法の成立過程を探ることにしよう。

昔、京都と大阪の地域は海に覆われていた。やがて海面が下降し、大きな湖が現れたが、結局その湖も消えてしまった。残ったのは、京都市内、特に現在の二条通以南、堀河通以西にあたる地域における、小山や小池で彩られた美しい景色であった。[14]

その地域において桓武朝(七八一～八〇六)に平安宮の禁苑として神泉苑が造営されたが、その際、豊かな沼沢地がそのまま苑の背景の一部として組み入れられたのである。[15] 当時苑には一つの池があって、池の南方に小丘があった。そして嵯峨朝(八〇九～八二三)の頃までに、池に南面する乾臨閣《けんりんかく》(左右楼閣と東西釣台を含

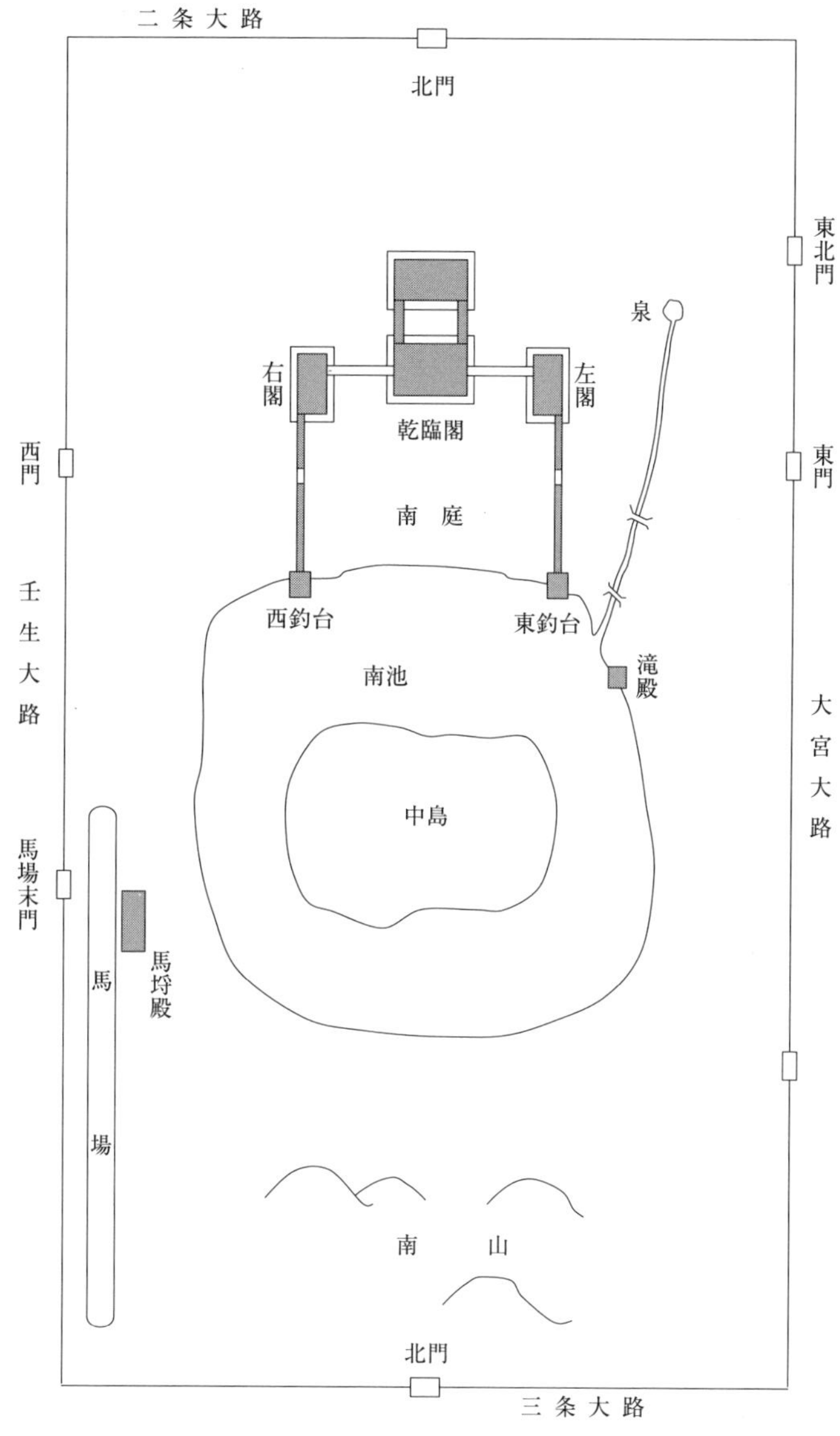

図2 嵯峨朝の神泉苑（太田静六『寝殿造の研究』吉川弘文館、一九八七年より作図）

む）という建物が整った（図2）[16]。

神泉苑は、周文王《しゅうのぶんおう》（紀元前一〇九九～一〇五〇）の禁苑に因んで造られ、その名称は始皇帝の「甘泉宮《かんせんきゅう》」に由来するといわれている。しかし、文王の禁苑は約六キロ×六キロという面積であったのに対して、神泉苑はそれよりはるかに小さく、二町（約二五〇メートル）×四町（約五〇〇メートル）という大きさにすぎなかった[17]。ただ、規模は異なっても、機能上神泉苑は文王の禁苑と同じように遊宴場という役割を果たしていた。具体的には、当初より王族や貴族がしばしば神泉苑へ足を運び、そこで曲宴・観射・花宴《はなのえん》・琴歌・挿菊《さしぎく》・避暑・七夕の相撲・賦詩などのような遊宴を行っていた。

ところが、仁明朝（八三三～八五〇）の後、神泉苑は次第に宗教的性格を見せるようになる。たとえば、斉衡元年（八五四）七月、一人の女性の断穀聖が神泉苑に入苑し、人々の祈願を受けて、多くの婦人を幻惑させたといわれている。ある夜、その聖は米を数升飲み込み、朝に米糞を残した。だが、このように断穀を断念したことが露見しても、なお子供や婦人たちによって「米糞聖人」と呼ばれていた。つづいて、同三年（八五六）八月、同苑で呪法を持する僧侶の験力《げんりき》が試され、験を見せたものに得度が許された[18]。

そして、この時期に神泉苑で勅による儀礼も遂行されるようになった。その儀礼の多くは、疫病退散を目的にしていた。たとえば、貞観五年（八六三）疫病が流行したため、三月に神泉苑で『大般若経』の読誦、五月に御霊会（『大般若経』・『金光明経』の読誦）、そして八月に七日間の密教修法（実修者・所依経典はともに不明）が次々と実施された[19]。貞観七年（八六五）にも、疫病を消去させるために四人の僧侶が『般若心経』を読誦した[20]。そして、現在散佚している『祇園社本縁録』という記録によれば、貞観十一年（八六九）六月十四日に、洛中の男児は御輿を神泉苑に送り、そこで疫神を祀ったという、歴史上最初の祇園祭が実行された[21]。

しかし、神泉苑では疫病関係の儀礼以外にも、斉衡年間（八五四〜八五七）に祈雨法も行われるようになったといわれている。しかし、その祈雨は史書には所見がなく、すべて後世の仏書に記載されているという点に注意すべきである。以下、その仏書記事の内容を確認しよう。

記録にみえる最も早い神泉苑の祈雨法事例は、聖賢《しょうけん》（一〇八三〜一一四七）撰『祈雨日記』記載の「安祥寺恵運僧都自記云、斉衡元年四月、奉レ詔、於二神泉苑一修二一七日法一、引二三七口僧一文、私云、若是祈雨之法歟」[22]という文である。これによれば、安祥寺《あんじょうじ》の恵運《えうん》（七九八〜八六九）という真言僧が斉衡元年に神泉苑で密教の祈雨法を行ったということである。しかし、聖賢の時代に神泉苑が祈雨専用の霊場となっていたことは事実でも、九世紀中葉にはまだそうではなかった。当時むしろ疫病退散儀礼が多く行われていたため、恵運が実修した「一七日法」が祈雨ではなく、疫病消去の祈願であった可能性もある。

その次の神泉苑の祈雨法事例は、寛信《かんじん》（一〇八四〜一一五三）撰『祈雨記』（宮内庁書陵部所蔵、東京大学史料編纂所影写本）に引用されている次の文に見出される[23]。

（朱書傍注）「神泉祈雨法、大元歟、常暁律師」或旧記云、常暁律師、於二神泉院一、斉衡三年被レ奉レ修、為二祈雨一、而中央幡係二白龍一、修善間去不（不去カ）、[24]仍寺奉迎、外二護山一奉レ移了、即山名改云二福徳龍王山一云々、（朱書頭注）「醍醐聖賢勘送、仁和寺兼意闍梨許又有二此記一、可レ見二合之一、」

この文によれば、真言僧である法琳寺の常暁《じょうきょう》（?〜八六六）が斉衡三年（八五六）に神泉苑で祈雨法を修した。そして、その際、祈雨道場の屋根の中央に付けられた幡に白龍がかかって、修法中に退去しなかった。そのために、法琳寺の僧が以後もその龍を本寺で崇拝しつづけたと言われている。

本文冒頭の傍註から分かるように、寛信はその時に修された修法が大元帥法《たいげんすいほう》だったと推察した。日本仏教史学では常曉が中国よりこの修法を請来したことは有名であるが、十二世紀初頭の当時の仏教界でも、このことはよく認知されていたであろう。よって、寛信がこの推察をしたのは、常曉と大元帥法が不可分の関係にあるためだったからだと考えられよう。しかし、彼の推察は推察の領域を出ないものであり、確実ではない。それにもかかわらず、後世の仏書に常曉が大元帥法を実修したということが事実として扱われている。中世日本の仏書では推察や伝承を無批判に事実と見做す傾向が、かなり強いのである。

つづいて、『天台座主記』に次の神泉苑祈雨法の事例が記されている。

〔貞観〕八年五月十七日、天皇〔清和〕請二安恵座主ヲ一於神泉園ニ一令レ行ハ二一七日請雨経法ヲ一、開白初夜ノ時壇上ニ龍神影現シテ、令レ降ル二大雨一霹二靂天下ニ一、至二廿三日一結願仰二東寺真言一、雖レ令レ修二請雨経法一、敢無レ験之間、一七日之後請二和尚一、天皇感レ之ヲ、以テ二勅使右中弁文室朝臣助雄ヲ一、令レ授ケ二僧正位ヲ一処固ク辞スレ之ヲ、依テ賜ヒ二年分度者十二人ヲ一、次日ノ送リ二賜御衣並砂金千両ヲ一訖〔伴僧十二人也〕、(25)

すなわち、これは貞観八年(八六六)五月、真言僧が神泉苑で請雨経法を行っても霊験《れいげん》がなかったため、延暦寺座主安恵《あんね》(七九四〜八六八)が代わって七日間請雨経法を修し、大雨を降らせたという話である。そして、その成功に清和天皇(八五〇〜八八一)が感激し、安恵を僧正に任じるために右中弁文室助雄《ふんやのすけお》(八〇七〜八五八)を神泉苑に遣わした。安恵は僧正の補任を辞退したが、代わりに年分度者・御衣・砂金の賞を承った。

ここに「請雨経法」という語が出ているために、この実施を日本における請雨経法の濫觴と見ることができきる。しかし、この話は後世に内容が潤色されたものだという事実に注意しなければならない。特に、真言宗の祈雨失敗の後に天台僧が祈雨に成功したというくだりは、後世に原文に加記された箇所である可能性が高い。中世の天台宗では、安恵の事例以外にも、自宗の霊力優位を誇るため、東密による請雨経法の失敗の後に天台僧が祈雨霊験を見せたという、明らかに事実に反する逸話が伝承され、流布されていた（詳しくは、第四章第一節参照）。そのような話が安恵の祈雨事例でも看取できることから、その話が後世につけ加えられたものと考えるのが妥当である。なお、『天台座主記』では貞観八年に文室助雄が神泉苑に派遣されたといわれているが、本人はその年にすでに死去していた。

以上の諸問題から、『天台座主記』の記事が、原文が誤写され、あるいは潤色されたものだということには疑いはないことが分かる。それゆえに、この記事に基づいて安恵が請雨経法を修したことを事実とする判断はできない。というのは、「請雨経法」という言葉も、後世に原文に付加されたものにすぎないかもしれないからである。

以上の祈雨事例は、仏書にしか記されず、いずれの場合も内容が潤色的であるために、その記事にみえる仔細をすべてそのまま事実として扱うことはできない。したがって、恵運、常暁と安恵が神泉苑で修法を行ったということを事実としてよいであろうが、彼らが修した修法の種類や目的について、具体的には以上の仏書記事からは判断できない。

（3）請雨経法の確立過程

『日本三代実録』によれば、貞観十七年（八七五）六月十五日、六十人の僧が内裏の大極殿で祈雨のために

『大般若経』を読誦し、ほかの十五人の僧は神泉苑で「大雲輪請雨経法」を修しはじめた。これは請雨経法の史書上の初見である。

史書に請雨経法の阿闍梨（実修者）の名は記されていないが、著者寛信は『祈雨記』において、『三代実録』を引用した後、その阿闍梨が東寺の一長者真雅《しんが》（八〇一～八七九）だったと推察している。確かに、貞観十七年以後、九世紀末まで、神泉苑で修法を行った僧がみな東密の僧であるために、寛信の推察は正しいように思われる。

しかし、その真言僧が真雅だったと断定することはできない。真雅以外に、その時東寺の二長者を勤めた宗叡《しゅえい》（八〇九～八八四）も実修者として考慮に入れるべきだと思われる。宗叡は、入唐八家の一人として有名だが、実は、彼は祈雨・止雨に関する新経典を何本か請来したということが注目される[26]。よって、宗叡は祈雨・止雨について特別な知識を身に付けていたと考えられ、貞観十七年に請雨経法を指導した僧がこの宗叡だったという可能性もあると認められよう[27]。

請雨経法の実施は三日間に限っていたが、二日間延長された。だが、結局微雨しか降らなかった。そこで、朝廷はさらに雨乞儀礼を行わせようとした。その時、一人の老人が、昔旱魃の際に人々が神泉苑の池に臨み、池の水を灌漑させて、騒音で池に棲む神龍を起し、雨を降らせようとする習慣があったという話を奏上した。朝廷はその話を聞き入れて、右衛門権佐藤原遠経《とおつね》（八三五～八八八）に命じ、池の水を灌漑させて、さらに雅楽頭紀有常（八一五～八七七）を召し、神泉苑で鼓と鐘を鳴らし、舞楽をさせて、池に龍船を浮かべた。だが、この儀礼も、ついに少雨しかもたらさなかった[28]。

請雨経法は、寛平三年（八九一）に二長者益信《やくしん》（八二七～九〇六）によって再び修された。この後度々行われて、請雨経法は定着したのであるが、寛平三年まで、神泉苑では請雨経法と異なる祈雨法が実施されていた。

まず、元慶元年（八七七）の夏に、教日（生没年未詳）という真言僧が金翅鳥王経法《こんじちょうおうきょうほう》を修した。これは（悪）龍の天敵である金翅鳥王の威力に基づいた祈雨であった。教日は、入唐八家の一人である霊巌寺《れいがんじ》円行（七九九〜八五二）の弟子、東寺の凡僧別当であったが、なぜ彼に祈雨の命が下ったかという経緯については、何も分かっていない。次は、元慶四年（八八〇）に、事前に計画されていた諸神社における『灌頂経』の祈雨読経(29)が大雨により中止となり、代わって東寺の一長者宗叡が止雨のために神泉苑で灌頂経法《かんじょうきょうほう》という密教修法を修した(30)。灌頂経法は、仁和四年（八八八）にも再び神泉苑で営まれたようであるが(31)、その目的は史料から判断できない。

このように、貞観十七年の実修以来、請雨経法は直ちに定着せず、寛平三年まで、神泉苑で次々と新式祈雨・止雨法が登場した。詳しい事情は不明であるが、とにかく、その背景に朝廷の旱魃・霖雨に対する関心が高揚したということは確かだといえよう。

中でも、災害消去に対して特に関心を寄せていたのは左大臣・摂政藤原基経（八三六〜八九一）であったようである。そのことは、『三代実録』元慶四年五月二十日条の「是時右大臣摂政、毎レ遇二水旱災異一、側レ身修レ職、欲レ消二去之一、密勿祇畏、恭事二神明一」という文からうかがえる。すなわち、旱魃や霖雨などの災害が起きる時、基経はいつも官職を正しく実行し、その災いを祓うように神明に祈願させたというのである。

こうして基経は災異を消去させるために尽力したが、それはなぜであろうか。これは彼が摂政という地位を占め、天皇の代わりに政治を執ったことと関係があるようである。当時朝廷では、為政者が徳政を行うことができなければ、天（日本の場合では神祇）はまず旱魃・霖雨をはじめ様々な災異を起し、ついには為政者を滅ぼすという前漢の儒学者・董仲舒《とうちゅうじょ》の災異説が浸透していた。貞観十八年（八七六）十二月一日に基経が上表した、摂政を辞する抗表の文に、「而　詔命曰、比年災異仍見、此復重二臣罪責一也、漢代以二災異一、免二三公之官一、臣所二尤可一レ懼也」[32]とあった。すなわち、その年の災異の発生について、天皇の言葉である詔文は、災異が臣という身分を持つ人の責任だとし、特にその人に「危うし」と記したため、その詔を受けた諸臣を率いる基経は、それを理由に辞職しようとした。なお、元慶元年七月二日にも、「右大臣従二位藤原朝臣基経以二久旱不一レ雨、上表請レ罷二摂政一言云々、優詔不レ聴」[33]と記されるごとく、旱魃が長く続いているため、基経は再び天皇に摂政の地位を辞任しようと願い出たが、その願いは天皇によって却下された[34]。

要するに、基経の災異に対する特別な関心は、その災異がとりわけ自分の命への危険を予告し、その消去が自分の責任だという彼の認識に基づいていた。

災異は必ずしも臣ではなく、場合によっては天皇にも不幸を予告するものとして意識されていたが、この時代にはどうも災異の占いの勘文にしばしば臣への害の予想があったようである。これはその背景に基経が摂政として天皇の代わりに政治を執り行ったことへの不満または批判があったことを示唆すると思う。いずれにせよ、当時の社会では災異の発生は政治が正しく実行されていない証と理解されていたため、摂政基経が徳政を特別に意識し、普通以上に災異消去の儀礼に関心を寄せていたとすることは間違いないであろう。

そのような事情もあるため、基経は祈雨儀礼を実施する努力をおしまず、また、祈雨に験のある人にその技を実行させていた。たとえば、貞観十七年に、請雨経法が執行される直前、聖恵という山僧は自分が雨をもたらす呪法を修得していると主張し、それが基経の耳に入ると、大臣は聖恵に必要な材料を提供し、その呪法を西山の山頂で執行させた。ある官人はその祈雨を監視し、彼が後日朝廷に出した報告では、三日後に山中では遍く雨が降ったという[35]。なお、元慶元年六月十四日に、左弁官権使部桑名吉備麿という人は「降雨之術」を習得しており、三日の内に必ず験があると自負し、朝廷（基経）はそれを実施させた。実際十六日、微雨が降った。さらに、同年七月上旬、降雨の目的を兼ねた秋季御読経の際、祈雨の秘術を会得していると称賛されていた乗縁という僧に、武徳殿で請雨の儀礼を行う許可が与えられた[36]。

これらの事例から鑑みて、請雨経法や金翅鳥王経法などの新式祈雨法の場合でも、そのような祈雨が登場した背景に基経の災異への不安、またそれに伴った、災異を祓う新規儀礼への関心と支持があったと考えられよう。つまり、請雨経法の成立の背景に朝廷の旱魃解消の特別の要望があって、真言僧がその要望に応えたという経緯があったのであろう。

結局、諸々の新規祈雨儀礼の内から請雨経法が再度実修され、定着した。ただし、なぜ請雨経法が選ばれたのか、それは不明なところである。思うに、東寺の長者たちは請雨経法を大事にし、何か宗教的な裏付け——たとえば空海と龍神の伝説——をもってその法を保護したのではないか。だが、その推察については、改めて第二部、龍神信仰の部で考察したい。

註

（1）根本誠二「奈良時代の仏教的祈雨について」（桜井徳太郎編『日本宗教の複合的構造』Ⅱ、弘文堂、一九七八年）。

（2）古瀬奈津子「雨乞いの儀式について—唐の祠令と日本の神祇令—」（唐代史研究会編『東アジア史における国家と

地域』刀水書房、一九九九年）四七九頁。神事の祈雨については、野口武司「六国史所見の「祈雨・祈止雨」記事」（『国学院雑誌』第八十七巻第十一号、一九八六年）参照。

(3)「於二大寺南庭一厳二仏菩薩像与四天王像一、屈二請衆僧一、読二大雲経等一、于レ時、蘇我大臣手執二香鈩一、焼香発願」（『日本書紀』SZKT 1、皇極天皇元年七月庚辰条）。

(4) 皇極天皇元年の祈雨記事については、梅原隆章「日本古代における雨乞い」（『日本歴史』第七十四号、一九五四年）十五・十六頁、速水侑『日本仏教史―古代―』（吉川弘文館、一九八六年）七六頁、前掲根本誠二「奈良時代の仏教的祈雨について」二一九〜二二一頁参照。

(5)『大日本古文書』巻第十七（東京大学出版会、一九九八年）十九頁。

(6) この祈雨については、前掲根本誠二「奈良時代の仏教的祈雨について」に詳しい。

(7) 佐々木令信「古代における祈雨と仏教―宮中御読経をめぐって―」（『大谷学報』第五十巻第二号、一九七〇年）六八頁。

(8) 空海請雨伝説を述べる諸伝記類とその歴史的関係については、籔元晶「空海請雨伝承の成立と展開」（『雨乞儀礼の成立と展開』岩田書院、二〇〇二年、初出は一九九三年）参照。

(9)『弘法大師全集』首巻（密教文化研究所、一九六七年）十頁。

(10) 空海祈雨伝説の論考として、遠日出典「神泉苑における空海請雨祈祷の説について」（『芸林』第十二巻第三号、一九六一年）、佐々木令信「空海神泉苑請雨祈祷説について―東密復興の一視点―」（『仏教史学研究』第十七巻第二号、一九八一年）、前掲籔元晶「空海請雨伝承の成立と展開」（『雨乞儀礼の成立と展開』）がある。

(11) 西田直二郎『京都史蹟の研究』（吉川弘文館、一九六一年）二二・二三頁。

(12)『御遺告』の「真言道崇従レ爾弥起也」（T no. 2431, 77.409a28–b01）、及び『御遺告秘要鈔』二（KB 82.15.2）「問云、何必《シモ》奉《テ》二神泉池《ノ》祈雨《ヲ》一遺告《シ》乎、答云、由《テ》二此祈雨成就并神泉不思議等一、殊《ニ》密教興《シ》レ世《ニ》任《シ》二小僧都《ニ》一、又殊《ニ》依《テ》二此修法《ニ》一東寺繁《モ》昌《セシ》時分《ナルカ》故《ニ》、大師殊以《テ》奉《テ》二此《ノ》神泉《ノ》威現《ヲ》一遺告《シ》給也」による。

(13)『祈雨日記』（『日本後紀』逸文、ZGR 25-2: 218）。

（14）林屋辰三郎「湖底の風土―神泉苑―」（『京都』岩波書店、一九六二年）。

（15）前掲林屋辰三郎「湖底の風土―神泉苑―」三～六頁。

（16）図2は太田静六「神泉苑の研究」（『寝殿造の研究』吉川弘文館、一九八七年）掲載の図より作図したものである。太田氏は、神泉苑北東の隅に貴船社があったと考えている。その見解が何に依拠しているかは分らないが、あるいは『日本紀略』（SZKT 10）弘仁十年（八一九）五月十七日条の「幸㆓神泉苑㆒、奉㆓幣貴布禰社㆒、祈雨」という文に基づいているかもしれない。しかし、この場合、天皇の行幸と貴船社への祈雨奉幣のことは無関係としておいた方がよいであろう。そのため、本書の図2は貴船社を省いている。

（17）『神泉苑縁起絵巻物』（長谷宝秀編『弘法大師伝全集』第九巻、ピタカ、一九七七年）三〇四頁、前掲西田直二郎『京都史蹟の研究』一〇～一一頁、林屋辰三郎「神泉苑と嵯峨院」（林屋辰三郎編『平安の新京』学芸書林、一九七〇年）三八三頁。神泉苑についての英語論文に、Michel Vieillard-Baron, Religious and Lay Rituals in Japanese Gardens during the Heian Period (784-1185), in *Sacred Gardens and Landscapes: Ritual and Agency*, ed. Michel Conan, 57–68 (Washington, D.C.: Dumbarton Oaks Research Library and Collection, 2007) がある。

（18）『日本文徳天皇実録』（SZKT 3）斉衡元年七月二十二条、同斉衡三年八月一日条。

（19）『日本三代実録』（SZKT 4）貞観五年三月二十三日条、同年五月二十日条、同年八月二十一日条。

（20）『日本三代実録』貞観七年五月十三日条。

（21）真弓常忠「祇園祭の発祥」（『古代祭祀の構造と発達』臨川書店、一九九七年）参照。

（22）『祈雨日記』（ZGR 25-2：218）。

（23）寛信撰『祈雨記』と聖賢撰『祈雨日記』については、第三章註17参照。

（24）『白宝抄』〔請雨経法雑集下〕に「而中央幡係㆓白龍㆒修善間不㆑去」とある（TZ 10：724b15–18）。

（25）『校定増補天台座主記』（渋谷慈鎧編、第一書房、一九九九年）一八・一九頁。

（26）宗叡撰『書写請来法門等目録』一巻（DNBZ 2：99–101）に、①「大雲輪請雨経一部二巻内有㆓祈雨法㆒、不空三蔵訳、廿三紙」、②「仏頂祈雨法一巻無㆓人名㆒、二紙策子、抄㆓出雑文㆒」、③「軍吒利祈雨止雨略法一巻并梵字一巻不空三蔵訳、純一無㆓雑事㆒、十一紙」、④「随求請雨別行法

一巻不空三蔵訳、一紙策子、此法極略、作法不レ明、疑似二不足一」の祈雨儀軌がある。

(27) ちなみに、『実帰鈔』（十三世紀後半成立）「雨言事」（請雨経法についての項目）に「宗叡曼荼羅」のことが言及されている（T no. 2497, 78.705b26）。

(28) 『日本三代実録』貞観十七年六月二十三日～二十六日条。

(29) 『日本三代実録』に「灌頂経法」とあるが、この場合、これは修法ではなく『灌頂経』の読誦法会を指すと考えた方がよいであろう。

(30) 『日本三代実録』元慶四年五月二十日条・同年五月二十二日条、『真言伝』巻第三（DNBZ 106：70）。

(31) 『日本紀略』（SZKT 10）仁和四年八月二十三日条。

(32) 『日本三代実録』貞観十八年十二月一日条。

(33) 『日本三代実録』元慶元年七月二日条。

(34) 『日本三代実録』元慶四年五月二十日条、元慶元年七月二日条参照。

(35) 『日本三代実録』貞観十七年六月十六日条に「先レ是有二山僧一、名聖恵、自言、有二致レ雨之法一、或人言二於右大臣（基経）一、（中略）、是日宗麻呂還言曰、聖恵於二西山最頂一、排二批紙米一、供レ天祭レ地、投二体於地一、慇懃祈請、如レ此三日、油雲触レ石、山中遍雨」とある。

(36) 『日本三代実録』同年七月十三日条。

第三章　十世紀における祈雨孔雀経法の実修例

はじめに

前章で述べてきたように、貞観十七年（八七五）に神泉苑で請雨経法が実修され、その後、様々な異なる祈雨儀礼が行われたが、寛平三年には請雨経法が再び行われた。

十世紀に入って、請雨経法は引き続き神泉苑で実施された(1)。しかし、それ以外にも、なお新式の祈雨法が行われるようになった。その新式の祈雨法の一つが孔雀経法《くじゃくきょうほう》である。

『孔雀経』は、インド初期密教の段階に成立した経典であり、その縁起は、中国で訳出された不空訳によれば次の通りである。

釈迦牟尼が祇園に居住した際、莎底（サーティ）という若い比丘は沐浴のための薪を割って、大きな黒蛇に噛まれた。すると、釈迦は孔雀の大陀羅尼を弟子の阿難陀に教え、阿難陀はこの陀羅尼をもって莎底を救済した(2)。要するに、孔雀の陀羅尼は、本質的に毒蛇の毒を吸収し、中和する呪文であり、転じて、この陀羅尼は恐怖、怨敵や一切厄難・諸悪病などの「害毒」を除けると信じられていた。なお、孔雀の陀羅尼は、雨の支配者である龍（ナーガ）を歓喜させ、降雨・止雨の祈願にも有益であるとされる。[3] 孔雀明王（梵名Mahāmayūrī）という女神は、この強力な呪文を神格化したものである。

日本における『孔雀経』の受容過程といえば、まず、役行者がこの経の呪をもって鬼神を思い通りに使役できたという『日本霊異記』の説話が著名であろう。この話は、奈良時代に請来された『孔雀経』の諸漢訳本が奈良末期〜平安初期に験者《げんじゃ》の関心を引くようになった事実をうかがわせる。[4] その後、貞観元年（八五九）に真言宗の真雅（八〇一〜八七九）は、玉体護身祈願のために「摩由」（孔雀明王）の威力が特に有益であると朝廷に説いて、嘉祥寺《かじょうじ》の西院（後に貞観寺に改称）に、『孔雀経』を学ぶ三人の年分度者を置くことを願い出て、許可を受けた。[5] なお、貞観七年（八六五）以降、御願により安祥寺という真言寺院でも毎月七日の夜、鎮護国家のために同経典が転読されていた。[6]

以上の展開の結果として、『孔雀経』の功徳は朝廷社会に浸透し、ついに九世紀後期に紫宸殿《ししいでん》で攘災のために『孔雀経』が読誦されるようになった。[7] さらに、十世紀初めより、主に真言宗の僧侶によって孔雀経法という密教修法も行われるようになった。孔雀経法は、大体攘災、病気平癒、安産の目的で行われていたが、度々祈雨のためにも修されていた。[8] しかし、この法が盛行をきわめたのは十一世紀後半、白河朝（一〇七二〜一〇八七）からである。[9]

以上は『孔雀経』の日本における受容過程の概略であるが、祈雨法としての孔雀経法に関しては、次の疑問点がある。それは孔雀経法がはたして十世紀に独立した祈雨法として確立していたかどうかという疑問である。

現在、密教学では孔雀経法が十世紀から祈雨のために行われたということは定説となっている。確かに、十世紀に神泉苑、または内裏（仁寿殿《じじゅうでん》）及び東寺で孔雀経法が祈雨のために実修されたという資料は少なくない（表A参照）。しかし、十世紀における実修例の多くは、歴史書（正史）、朝儀の儀式書、皇族・貴族の日記類（古記録）に所記がなく、僧侶が編集した仏書と伝記にのみ記されている。しかも、多くの仏書が十世紀に祈雨の孔雀経法が修されたと述べているにもかかわらず、十世紀編纂の『新儀式』や『西宮記《さいきゅうき》』という儀式書の祈雨項目を見ても、そこに『孔雀経』に触れる記述は一切見当たらない。たとえば、村上朝（九四六〜九六七）の朝儀を中心に編纂された『西宮記』「祈雨事」には、

大極殿御読経・神泉請雨経法、七大寺僧集二東大寺一読経（中略）、龍穴読経、丹生・貴布禰、被レ奉二黒馬一使二神祇官人或蔵人一、仰二祭主一於二神祇官斎院一奉ニ仕御祈一、仰二陰陽寮一於二北山十二月谷一祭二五龍一或於二神泉一、奉ニ幣諸社一、占レ祟神祇、陰陽、祈謝、免二軽犯者一云々、祈二山陵一有二宣命一、(10)

とあり、種々の国家的祈雨儀礼が列記されても、その内に孔雀経法は含まれず、たとえば「或孔雀経」と言ったような注記すらない。このことから、はたして村上朝までに孔雀経法が独立した祈雨法として公認されていたであろうか、あるいは、仏書が本当に事実を表しているのであろうかという疑問が生じる。

この疑問を晴らすためには、史料批判的な立場から諸仏書の内容を分析するほかない。よって、本章では、煩雑な作業ではあるが、仏書の記事を実証的に検討し、その信憑性を確認する。

表A　平安時代における祈雨孔雀経法の実修例

年号	僧名	宗派	場所	備考	出典
延喜 2 (902) 6・(10)	聖宝	真言	神泉苑	祈雨	真言伝、小野、本朝高僧伝
延喜 8 (908) 7・19	聖宝	真言	神泉苑	祈雨	東寺長者補任
延喜10 (910) 8・26	観賢	真言	神泉苑	祈雨	東寺長者補任
延喜14 (914) 5・24	観賢	真言	神泉苑	祈雨	東寺王代記、本朝高僧伝
延喜15 (915) 5・24	観賢	真言	神泉苑	祈雨	小野
延喜22 (922) 8・3	?	真言	東寺	請雨経法中止後の実修	北山抄
延長 5 (927) 7・5	観宿	真言	神泉苑	祈雨	東寺長者補任
天慶 6 (943) 4・8	寛空	真言	禁中	旱魃・疫病	東寺長者補任
天慶 8 (945) 4・17	義海	天台	神泉苑	祈雨	天台座主記
天暦 2 (948) 5・16	寛空	真言	真言院	請雨経法中止後の実修	貞信公記抄、日本紀略
天徳 4 (960) 5・8 (9) 天徳 4 (960) 5・13	寛空 寛空	真言 真言	仁寿殿 仁寿殿	祈雨 息災祈願	古今著聞集、東寺長者補任 延喜天暦御記抄
応和 1 (961) 9・?	寛空	真言	仁寿殿	祈雨	仁和寺御伝
応和 3 (963) 6・22	寛空	真言	仁寿殿	息災祈願	延喜天暦御記抄
永承 2 (1047) 7・?	深観	真言	東寺	祈雨	真言伝
治暦 3 (1067) 6・25	済延	真言	東寺	祈雨	東寺長者補任、東宝記
永保 2 (1082) 7・28	信覚	真言	東寺	祈雨	祈雨日記（為房卿記抄）
寛治 3 (1089) 5・21	定賢	真言	東寺	祈雨	中右記、祈雨日記
康和 3 (1101) 7・29	経範	真言	東寺	祈雨	殿暦、東寺長者補任
嘉承 1 (1106) 7・5	覚意	真言	東寺	祈雨	殿暦、中右記、永昌記
大治 5 (1130) 7・5	信証	真言	東寺	祈雨	中右記、長秋記
保元 2 (1157) 7・16	寛遍	真言	東寺	祈雨	兵範記、東寺長者補任、東宝記
仁安 1 (1166) 6・26	禎喜	真言	神泉苑	祈雨	東寺長者補任
承安 4 (1174) 5・23	禎喜	真言	東寺	祈雨	東寺長者補任

出典項の「小野」は賢宝（一三三三～一三九八）撰『孔雀経法小野流勤行先例』を示す。

一　神泉苑における祈雨孔雀経法の事例

（1）仁安元年の例

まず、神泉苑で行われたといわれる祈雨孔雀経法の事例を検討しよう。

表Aを見れば分かるように、僧侶によって編集された記録によれば、十世紀前半に祈雨の孔雀経法が度々神泉苑で実修された。なお、一例しかないが、十二世紀後半にもこの修法が同苑で営まれたようである。それでは、まず十二世紀後半の例を確認しよう。

仁安元年（一一六六）六月二十六日に、神泉苑で孔雀経法が修された。そのことを伝えるのは、最初の三巻が杲宝《ごうほう》（一三〇六～一三六二）によって編纂された『東寺長者補任』（以下、『長者補任』）である。この仏書より該当部分を引用すれば、「権少僧都禎喜（中略）〔仁安元年〕六月廿六日、於㆓神泉苑㆒修㆓孔雀経法㆒三ケ日」[11]となる。

しかし、同事例について、歴史書である『百練抄』は「禎喜於㆓神泉㆒修㆓孔雀経御読経㆒」（同年七月五日条、結願日）と記す。要するに、神泉苑で孔雀経法という密教修法ではなく、読経法会である孔雀経御読経《くじゃくきょうみどきょう》が行われたことを述べている[12]。

『百練抄』は資料として『長者補任』より信憑性が高いため、後者が挙げる「孔雀経法」が誤記であるというべきである。そして、仁安元年六月二十六日に孔雀経法ではなく、『孔雀経』の読経法会が実施され、その法会が七月五日まで延長されたと判断する方がよいであろう。十二世紀には神泉苑で孔雀経御読経が頻繁に実施され（第一部結論付録参照）、その時代の苑における孔雀経法の例がほかにないため、『百練抄』の説の方が正しいという判断は妥当であろう。

（2）聖宝の祈雨

次に、十世紀前半に神泉苑で行われたとされる祈雨孔雀経法の例に目を向けよう。最初に、聖宝（八三二～九〇九）が修したといわれる実修例を再確認したい。

理源大師聖宝は、醍醐寺の開祖として、そして、金峯山《きんぶせん》で大蛇を退治し、修験道の基礎を敷いた人物としてよく知られている僧である。なお、この僧が初めて『孔雀経』をもって祈雨法を行ったということも周知であろう。しかし、これは果たして事実だといえるのであろうか。実は、この説については様々な問題点がある。

まず、史書・古記録における聖宝の祈雨事績を確認しよう。『扶桑略記』（裏書）延喜八年（九〇八）七月十九日条に、

僧正聖宝、奏下可レ修二祈雨法一之由上、即率二三十二口一、於二神泉一修レ之五箇日、酉刻、雨快下、(13)

という文がある。それによると、延喜八年七月十九日に、五日を期限として、聖宝が神泉苑で密教祈雨修法を行いはじめたが、すでに当日の酉刻（日暮れ）に雨が降った。これは聖宝が行ったという、史書・古記録にみえる唯一の祈雨事例である。

『扶桑略記』ではその祈雨法がどの経典に基づいたかは判然としないが、『長者補任』には、

〔延喜八年〕七月十九日戊子、奏下可レ修二祈雨法一之由上、即率二僧卅二口一、於二神泉苑一修二孔雀経法一、第五箇日酉剋、雨快下、廿六日結願、(14)

という記述がある。この記述は『扶桑略記』とほぼ同文であるが、二つの相違点がある。それは、①「祈雨法」が「孔雀経法」になっていること、そして②祈雨の期限が五日ではなく七日であり、降雨の日が十九日当日ではなく五日目の日となっているということである。

『長者補任』以外に、聖宝が祈雨孔雀経法を修したという仏書の記述として、『真言伝』（栄海《ようかい》選、十四世紀成立）の「延喜二年六月《ニ》炎旱《ニ》ヨリテ、孔雀経法《ノ》修《ヲスルニ》、甘雨降《リテ》法験在」(15)と、『本朝高僧伝』（師蛮撰、十八世紀初頭成立）巻第八の「延喜二年六月、炎旱、奉レ勅修二孔雀経法一、甘雨降灑、賞二任僧正一」(16)という文もある。いずれも聖宝が延喜二年（九〇二）六月に祈雨の孔雀経法を修したという資料である。

以上の仏書の内容に従えば、聖宝が延喜二年と延喜八年に祈雨孔雀経法を遂行したとする結論が最も相応しいようにみえる。しかし、これらの仏書の述べているところが事実ではない可能性がある。このことに関しては、まず、次の『祈雨記』（永久五年〔一一一七〕成立）の記事を見なければならない。(17)

延喜年中、（朱書傍注）「誰人記乎、御記可尋」天下大旱、僧正聖宝、奉二仕請雨経法一、無レ験、其後修二孔雀経法一、甘雨流謝、延喜二年六月十日、因レ有二旱気一、南殿祈二願諸神一、(18)

この『祈雨記』には、延喜年間（九〇一～九二三）の事例として、①年号不明の事件として聖宝が最初に請雨経法を修し、雨を降らせず、その後孔雀経法で霊験を見せたという話と、②延喜二年の紫宸殿における祈雨のことが併記されている。②紫宸殿での祈雨は、おそらく『醍醐天皇御記』より引用されたところであろう。しかし、①年号不明の（神泉苑における）請雨経法の失敗とそれに次いだ孔雀経法の成功の霊験譚は、「誰人記乎、御記可レ尋」という傍註からも分かるように、古記録の引用文ではなく、由来不明の伝承である。

この伝承は、十一世紀末頃に著述されたと考えられている『祈雨法記』にも記載されているため[19]、十一世紀末をさほど遡らぬ時にすでに流布されていたものであろう。

なお、この伝承は、祈雨日記類以外に、十二～十四世紀のほかの記録にもしばしば引用されている。そして、その記録のなかで伝承の内容を最も詳細に物語るのは、九条兼実の日記『玉葉』である。当日記の建久二年（一一九一）五月十四日の条に、兼実は聖宝の事績を次のように記している。

先聖宝僧正者、彼寺之始祖、大聖之権化也、延喜聖代、炎旱渉レ旬、仍奉レ勅、先修二請雨経法一、七ケ日空過、敢以無レ験、可レ延二今二ケ日一之由、雖レ有二綸言一、僧正不二承諾一、申下可レ改二修孔雀経一之由上、於二東寺一修レ之、果以有レ験、是則末世之門徒、請雨之法験遅及者、以レ之為レ例、令レ悟二後昆一也、

この伝承から、聖宝の祈雨事績の事情をより具体的に把握することができる。まず、聖宝が神泉苑の請雨経法の後に修した孔雀経法が、具体的には東寺で実施されていたとわかる。なお、聖宝は七日間の請雨経法が無験《むけん》に終わった後に朝廷から二日間の延長を命じられ、それを辞退したという。さらに、聖宝は孔雀経法を修し直し、法験《ほうげん》を見せることで請雨経法で祈雨の効果が遅ければ孔雀経法に替えるべきだということを後世の僧侶に示したと付記する。

この伝承がはたして事実を反映しているかどうかはもはや確認できない。ただ、聖宝が『孔雀経』ですぐに雨を降らせたという逸話の裏で、唐の不空の祈雨事績が意識されていたという事実に注意しよう。前章で述べたように、不空は皇帝から早く雨を降らせよとの下命を受けたことがあると伝えられている。その時に不空は、その場合では『孔雀経』の壇法を修すべきだと奏上し、それを実修したところ、はたして三日以内に雨が降ったという。これは中国の祈雨事例であるが、中世日本の真言僧は、この事例をよく認知していたようである。たとえば、『勝語集』（恵什撰、一一三五年成立）に、

> 以㆓孔雀経法㆒行㆓祈雨法㆒事、唐不空行㆑之祈雨見云云、此土聖宝僧正行㆓請雨経法㆒不㆑雨、仍行㆓孔雀経法㆒三箇日沢雨云云、(20)

と記すように、中世日本では『孔雀経』で祈雨を行うことが不空の事績に因んでいると伝えられていた。しかも、この『勝語集』の伝承では、聖宝が不空と同じように孔雀経法を修しはじめてから三日以内に降雨をもたらしたとなっている。よって、中世の真言僧は不空の祈雨孔雀経法の逸話をよく知っていたのであろう。したがって、聖宝の伝承が事実であるかは分からないが、その伝承が不空の祈雨事績で裏付けられていたことは確かである。

聖宝の祈雨孔雀経法のことは、伝承であり、事実であるかどうかは分からない。ただし、その伝承が受容されていく過程で起きた、次の問題に注意しなければならない。

『祈雨記』において、聖宝の祈雨孔雀経法の伝承は年号不明の出来事として記録されていた。しかし、後世に、その伝承が「延喜二年六月」の出来事として再解釈された。たとえば、東寺観智院の賢宝《げんぽう》（一三三三

～一三九八）が撰述した『孔雀経法小野流勧行先例』（東寺観智院金剛蔵聖教第二六八箱第二〇号、以下、『先例』）に、次の記事が載っている。

尊師僧正
或記云、延喜二年六月十日、有二旱気一、南殿祈二願諸神一、而弥大旱、奉二仕請雨経法一無レ験、其後修二孔雀経法一、甘雨流澍云々、
或記延喜八年云々、

ここからうかがえるように、一見『先例』冒頭の「或記」は『祈雨記』と内容が同じであるように見えるが、よく読むと、本来『祈雨記』で異なる出来事として記されていた延喜年中の祈雨と延喜二年の祈雨を延喜二年の一回の出来事として記している。この「或記」を作成したのはおそらく賢宝ではなく、彼の先師の一人であろうが、その先師は、自分の判断で『祈雨記』所載の二つの無関係の祈雨記事を一つの歴史的事実として書き直したのである。

これは全くとんでもない書き直しではあるが、これにより『先例』所記の延喜二年の孔雀経法のことが事実ではないことが判明する。そして、これはほかの資料にみえる延喜二年の祈雨孔雀経法の事例もおそらく事実ではないということを示唆する。

たとえば、『真言伝』所記の延喜二年六月の孔雀経法は、同じく『先例』「或記」にみえるような改変された説に基づいているかもしれない。『真言伝』の著者栄海（一二七八～一三四七）は、『祈雨記』の編者寛信が開いた勧修寺流の僧、また賢宝とその師杲宝の先師でもある。よって、すでに栄海の時代に、彼の周辺に

『祈雨記』の内容を改変した「或記」のようなテキストが成立して、以後、そのテキストが勧修寺で伝えつづけられたと考えることができる。

そして『本朝高僧伝』所載の延喜二年説は、あるいは『真言伝』、あるいは同じく「或記」のようなテキストに基づいていると見做せよう。しかも、『本朝高僧伝』は聖宝がその祈雨で僧正に昇任されたと付記するが、聖宝が僧正に転任したのは延喜六年十月七日であるため、その付記に根拠がないことは確かである。

さらに、『先例』の記事について、末尾に「或記延喜八年云々」という記述があることにも注意しよう。この記述は、聖宝祈雨孔雀経法霊験譚を延喜二年とする「或記」以外、同じ霊験譚を延喜八年とする記録も流布していた事実を示す。これは賢宝の師杲宝が編著した『長者補任』所載の延喜八年の祈雨孔雀経法の件を考える場合には、見逃せない重要な事実である。なぜなら、この事実はその『長者補任』に記載される「孔雀経法」のことが、単なる加筆であり、事実ではないという可能性を示唆するからのである。

便宜上、本項の初めに触れた『長者補任』（十四世紀成立）と『扶桑略記』（十二世紀末成立）の延喜八年七月十九日の条をもう一度並べて引用しよう。

僧正聖宝、奏下可レ修二祈雨法一之由上、即率二三十二口一、於二神泉一修レ之、五箇日、酉刻、雨快下、（『扶桑略記』）

奏下可レ修二祈雨法一之由上、即率二僧卅二口一、於二神泉苑一修二孔雀経法一、第五箇日酉剋、雨快下、廿六日結願、（『長者補任』）

すでに述べたように、『扶桑略記』の記事と『長者補任』の文は近似しているが、『扶桑略記』の記事と異なる点として、『長者補任』では「修レ之」は「修二孔雀経法一」になって、五日の日数期限は七日になっている。祈雨の日数期限に限って見れば、『扶桑略記』に引用された原文（『外記日記』か）とは異なっていることから、期限を七日とすることが、十三・十四世紀の真言僧によって付け加えられた要素だということは明瞭である。[21][22] つまり、『長者補任』の記事はもとの文に僧侶が手を加えたものだということは間違いないのである。それゆえに、その記事にみえる「孔雀経法」の語は、それが正しいかどうかは疑問であり、あるいは加筆かもしれないと考えることができる。

このように、聖宝の祈雨孔雀経法の実修について考察する場合、以上に述べた問題を見逃してはならない。というのは、延喜二年の説は明らかに空説、延喜八年の説は、原文ではっきりされていなかった「祈雨法」が後世「孔雀経法」へと変換させられたものにすぎないという可能性が高いからである。

しかし、聖宝が請雨経法を中止させ、孔雀経法を修し直したという話自体が、全く根拠のないものであろうかといえば、必ずしもそうではない。ただ、その孔雀経法の実修は、本来祈雨の失敗ではなく、別の理由によるものだったかもしれない。

『扶桑略記』の内容を忠実に読めば、聖宝が延喜八年七月十九日に神泉苑で祈雨を開始した日、すでに当日の夕方から雨が降ったという内容になる。雨は、実は修法の開始前に降り出した可能性が高いのである。なぜそう言えるかというと、祈雨法は普段初夜（夕暮れ～真夜中の間）に開始されるものだからである。[23] 十世紀前半には、神泉苑の祈雨法の開始前にすでに雨が降り出した時、その法を中止し、代わりに東寺または真言院で孔雀経法を修するという習慣があった。それは『請雨経』では降雨の祈願しかできず、『孔雀経』での修法では祈雨・止雨両方が可能であるということによっていた。[24] よって、聖宝が請雨経法を中止し、改めて東寺で孔雀経法を修したということは、実際に起きた可能性がある。ただ、そのきっかけは祈雨失敗ではなく、修法開始前の降雨という問題だったかもしれない。そして、その事件は後世に口承されていく過程で祈雨失敗と関係づけられたのではないかと考える。

(3) 観賢の祈雨

次は、聖宝の弟子、醍醐寺初代座主観賢（八五三〜九二五）の祈雨に目を向けよう。

まず、観賢に関しては、史書と古記録類に限って見れば、彼が四回にもわたって請雨経法を修したことがあるという事実に注意しなければならない（延喜十五年〔九一五〕・十七年〔九一七〕・十九年〔九一九〕・二十二年〔九二二〕(25)、第四章表Aも参照(26)）。そして、その事例に該当する資料から、その祈雨が成功に終わった場合が多かった事実も分かる。よって、観賢は、元杲や仁海のようには後世仏書に祈雨の達者として謳われるまでにいたらなかったが、十世紀初葉に祈雨験者として名声を立てたに違いない人物である。

しかし、様々な仏書をひもとくと、観賢が神泉苑で請雨経法を修したというより、彼が特に孔雀経法に通じたといわれることが注目される（表A参照）。そのことを伝える仏書のなかで、永久五年編纂の『祈雨記』（寛信撰）と『祈雨日記』（聖賢撰）が最も古い。『祈雨記』に、「観賢僧正、於二神泉一修二孔雀経法一、又件人度々被レ修二請雨経法一云々（二代御記殿上記等、可レ勘レ之）」とあり、『祈雨日記』にも、「般若僧正、（朱書）「御記季部、上可勘之」於二神泉一修二孔雀経法一、又度々被レ修二請雨〔経〕法一云々、見二延喜御記殿上記等一云々」(27)という記文がある。

ここからうかがえるように、これらの祈雨日記は、観賢が神泉苑で祈雨のために孔雀経法を修し、度々請雨経法も行ったと述べる。さらに、そのような祈雨のことが『醍醐天皇御記』（以下、『御記』）や『殿上日《てんじょうにっ》記《き》』などの書にみえるとも主張する。実は、以上の祈雨日記の本文には、観賢の祈雨に関連するものとして、『御記』と『殿上日記』からの引用文がいくつか記載されている。しかし、その引用文はすべて「祈雨法」としか述べず、「孔雀経法」または「請雨経法」と明記しないのである。

それでは、永久五年の祈雨日記類に引用されている『御記』と『殿上日記』の文はどのような内容であろうか。まず、『祈雨記』所載の次の『殿上日記』抄出記事を紹介しよう（以下、寛信撰『祈雨記』の自筆本断簡に当たる『祈雨法私記』の引用文である）。

（朱書傍註）「神泉御修法、少僧都観賢」
廿四日癸丑、今日小僧都観賢為㆓阿闍梨㆒、於㆓神泉苑院㆒命（令カ）㆑修㆑法、依㆓重祈雨㆒也、（左傍註）「不知何法、可尋之」〔紀〕淑光
（朱書傍註）「雨降」
廿七日丙辰、戊二剋黒雲遍閉微雨降、刻（到カ）㆓子一剋㆒雨脚滂沱云々、通宵雨甚不㆑休、〔紀〕淑行、
（朱書傍註）「神泉御修法結願、勧賞給度者各一人」
廿九日戊午云々、御精進也、今日神泉苑院御修法結願了者、先㆑是、丙辰夜旱曇変㆓甘雨㆒澍、莫㆑不㆘人々賀㆑雨称㆑有㆓法相応㆒者㆖、公家帰㆘依実語之不㆑虚、差歎之有㆖誠、勅廿口僧徒毎各以㆓度者一人㆒云々、是日遣㆑使、奉㆓幣帛於諸社神㆒、〔紀〕淑行、

この資料によれば、年号と月が不明の「廿四日癸丑」の日に、少僧都観賢が祈雨修法の阿闍梨（実行者）に任命され、その修法を神泉苑で修しはじめた。そして、二十七日の夜、強い雨が降り、それにより、二十九日に伴僧が各々一人の年分度者の賞を賜ったという。何の修法かは明記されていないが、寛信は、「不㆑知㆓何法㆒、可㆑尋㆑之」と注記し、具体的にどの修法が行われたかを検討すべきであると示した。

寛信にとって修法の内容は不明であったが、実は『殿上日記』のこの引用箇所は、請雨経法のことを伝えている。これは以下の点から論証できる。まず、引用文において観賢が祈雨修法の遂行の時点に「小僧都」

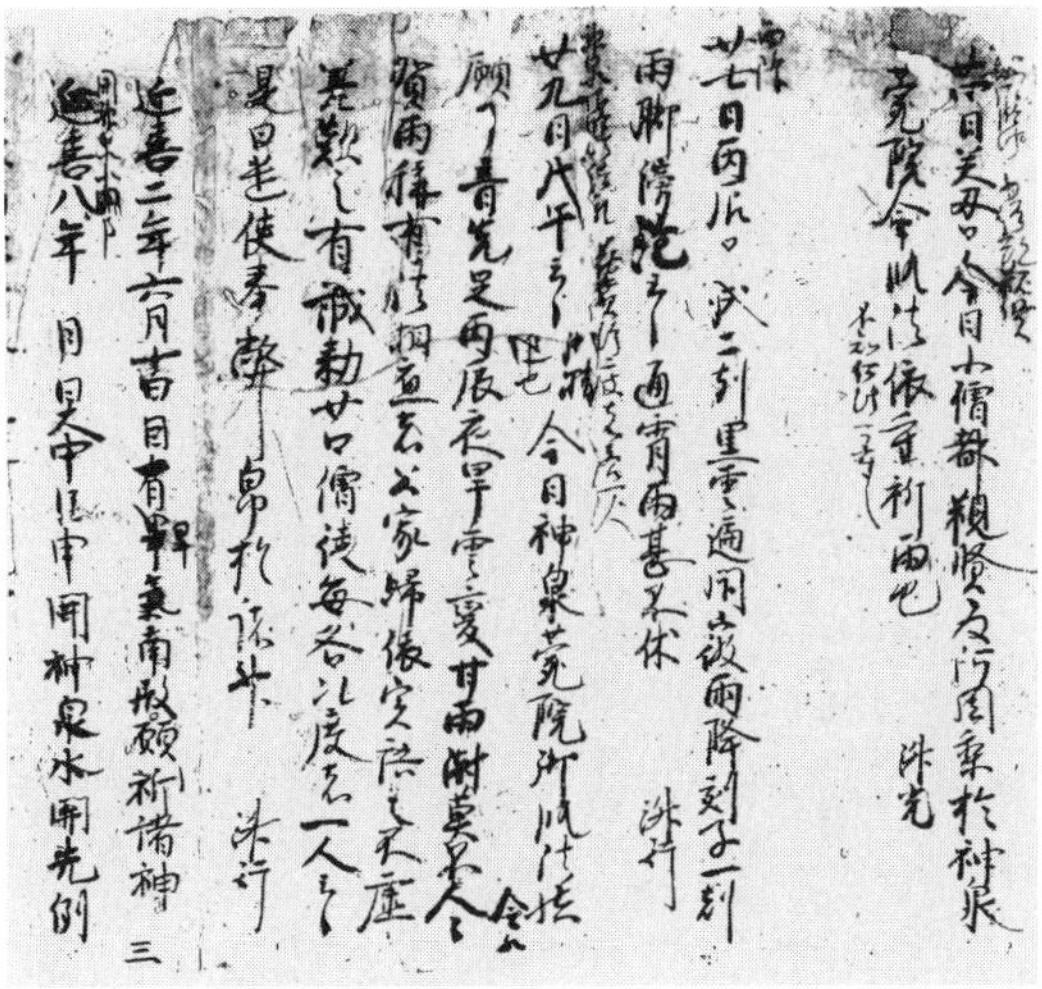

図3　寛信撰『祈雨法私記』（尊経閣文庫所蔵自筆本断簡）

の僧職を有していたと書いてある点に注意しよう。観賢が（権）少僧都を務めたのは、延喜十年（九一〇）三月から延喜十六年（九一六）四月六日までであるため、[28]祈雨が行われたのはその六年間の或る時でなければならない。そして、その六年の間で「二十四日癸丑」に相当する日は、実は延喜十五年六月二十四日癸丑しかない。そこで、『日本紀略』同条の文を見ると、「於二神泉苑一、限二五箇日一、請二阿闍梨観賢等僧廿口一、修二請雨経一」とある。[29]そのため、『殿上日記』からの引用文は、延喜十五年六月二十四日の請雨経法に関わっているものだということが歴然としている。

　永久五年においては寛信はその事実を知らず、修法の内容について判断をつけられなかった。しかし、後世には、その修法について様々な非実証的解釈が加えられた。たとえば、賢宝撰『孔雀経法小野流勤行先例』は、次のように記す。

或記云、延喜十五年（傍註）「四イ」五月廿四日癸丑、長者観賢、於二神泉苑一、為二祈雨一率二廿口禅侶一、五ヶ日間修二請雨経法一無レ験、其後修二孔雀経法一甘雨下、各以二度者一人一云々、

この記事はおそらく『祈雨記』を踏まえているが、その内容が、観賢がまず請雨経法を行い、失敗して、その後孔雀経法で効験を見せたというように変化している。しかし、これはもちろん根拠がないもので、観賢も聖宝のように祈雨に失敗した後に『孔雀経』で霊験を見せたということを誇示するための作り話にすぎない。(30)

『祈雨記』所収の『殿上日記』抜粋文は、栄海撰『真言伝』にも延喜十四年五月二十四日の出来事として引用されている。(31) 延喜十五年のほかに「延喜十四年」の説も作られたというわけである。『真言伝』はただ「祈雨法」としか記さないが、十八世紀初頭成立の『本朝高僧伝』には、「(延喜)十四年夏旱、依レ勅、於二神泉苑一修二孔雀経法一、第三日夜、甘雨大降、帝悦、称二賞二十伴僧一、賜二各度者一人一」(32)となっている。だが、この延喜十四年の祈雨孔雀経法のことも明らかに史実ではない。

次は、聖賢撰『祈雨日記』に引用されている『御記』などの引用文の内容に目を向けよう。まず、『祈雨日記』に次の記事がある。

> 延喜(傍注)〔御記〕十年九月一日、巳刻神泉苑修法結願、召二大僧都一語談、又召二仁昭法師一令レ侍(仁昭僧都弟子、為下修二天供一阿闍梨上、随レ師在二陣下一、仍召レ之、)暫施二僧都及仁昭衣被一、即退出、但僧都内蔵寮於二御垣下房一加〔給カ〕二夜絹綿一、以二久侍一可レ帰レ山也、

この記事は、延喜十年九月一日、神泉苑の修法の結願儀礼が行われ、勧賞として、その修法の実行者である「大僧都」が絹綿を承り、「山」に戻ったという。この記述には修法の名は明記されていないが、この事例に関連して、『長者補任』に「(延喜十年)八月廿六日、僧都観賢、於二神泉一孔雀経法祈雨、限二五箇日一修レ之」(33)という文がある。この記文は、十四世紀の真言宗で『御記』抜粋文にみえる修法が孔雀経法、実行

者が観賢だという解釈がなされていた事実をうかがわせる。だが、はたしてその解釈が正しいかといえば、以下の理由でそうではないということができる。

まず、観賢が大僧都に任じられたのは延長元年（九二三）五月三十日であったため[34]、修法の実行者が観賢だったことはあり得ない。その上、「可レ帰レ山也」という文から、「山」は「比叡山」にほかならないため、修法の実行者が天台僧だったことも判然としている。

それでは、その天台僧はだれだったかというと、これに関しては『西宮記』〔御燈事〕の次の記述を見ればよい。

延喜廿年九月一日、御修法了、召二大僧都増命一、御前語談、又召二仁昭法師一令レ侍（仁昭僧都弟子、）暫施二僧都及仁昭衣一云々、御記並殿上記注レ之、[35]

すなわち、修法を実修したのは天台僧増命《ぞうみょう》（八四三～九二七）であったのである[36]。そして『西宮記』記載の文から、『御記』抜粋文の年号が本来「延喜十年」ではなく「延喜二十年」だったという点も分かる[37]。したがって、『長者補任』が記す延喜十年八月二十六日開始の観賢による孔雀経法の説は、おそらく後世に『祈雨日記』所見の祈雨記事が孔雀経法の実修として読み換えられた結果によるものであろう。

それでは、逆に増命が延喜二十年に神泉苑で祈雨法を行ったと結論づけるべきであろうか。そうした結論も、実は取れない。その理由を説明する前に、まず増命が行った修法の場所とその目的を確認する必要がある。

改めて『祈雨日記』・『西宮記』の記事を慎重に読めば、そこに言及される修法の場所がただ神泉苑だけではなく、内裏でもあったように見受けられる。本文には内蔵寮《くらりょう》の官人が増命に「御垣下房」において、つまり内裏の垣下に立つ宿坊で絹綿を与えたとあるのである。当時、内裏で御修法が営まれた時、内裏で阿闍梨の宿坊が設けられ、(38)結願日《けちがんにち》にそこで絹類の布施が行われていた。したがって、『祈雨日記』・『西宮記』の記事では増命が結願日に内裏の御垣の房で布施を賜ったといわれているので、彼が執行した修法の場所は内裏だったとする方が妥当である。

だが、ここから増命が修した修法は神泉苑と全く無関係だったとはならない。十世紀には、内裏と神泉苑、または内裏、神泉苑と延暦寺に分けて、同時に様々な修法を行わせる方式がよく取られていたのである。(39)これは、内裏の修法の効果を高めるための措置であったが、延喜二十年の内裏の修法も、このパターンに従っていたと考える。要するに、増命が内裏で祈祷を営み、その弟子仁昭が神泉苑で諸天を供養したのではないかと思う。

なお、増命の修法場所が内裏だったという推察は、「以㆓久侍㆒可㆑帰㆑山也」という文でも裏付けられる。これは醍醐天皇（八八五～九三〇）の日記の逸文であるため、その文の意味は「増命が長く私の傍で祈祷したが、今日比叡山に戻った」というものであろう。要するに、増命が修した修法の場所は天皇の居場所の近く、つまり、内裏だったと推定される。

しかも、さらに重要なのは、その文から増命の修法が祈雨というより、むしろ玉体護持の祈祷であったことが読み取れるということである。

事実、増命が天皇を護るため、とりわけ菅原道真（八四五～九〇三）の怨霊に対して護持するために内裏に召され、長い間内裏で祈祷を行ったことがしばしばあった。周知のところであるが、醍醐天皇は菅原道真の怨霊を特に畏怖していた。たとえば、延喜十六年（九一六）に、天皇は道真の怨霊退散のために一か月間以上増命に毎夜殿上間で念誦を行わせた[40]。この場合でも、延喜二十年と同様、増命は内裏の宿坊に泊まり、結願日にそこで内蔵寮から綿を賜った後に比叡山に戻ったのである[41]。

延喜十六年の場合、増命が約一箇月間念誦を行ったことは、醍醐天皇の畏怖がかなり大きかった事実を示す。延長元年（九二三）にもまた、増命は内裏に呼ばれ、その時の聖体護持の念誦時間は、三月二十一日から五月三十日までであった[42]。この修法の背景については、宮中に妖怪が現れ、三月二十一日に皇太子保明親王（九〇三～九二三）が俄かに死去し、世間でこれが菅原道真の怨霊の祟りによると取り沙汰されたことが指摘できる[43]。

要するに、醍醐天皇は、自分自身とその親族が菅原道真の怨霊に害されることに深く怯え、度々増命に長い間護持の修法を行わせた。したがって、延喜二十年の増命の修法も、長い間天皇の傍で祈祷したといわれている点から、天皇を何らかの災難から守るためだったという結論を取ることが最も妥当であろう。

その修法のきっかけが具体的に菅原道真の怨霊だったかどうかは資料上不明であるが、その可能性はあると考えられる。実は、延喜二十年閏六月九日に天皇の第二の娘である斎王宣子内親王（九〇二～九二〇）が早世した。そして同年八月二十日に、天皇が娘の死去が何かの祟りによるものであるかどうかを占わせた[44]。つまり、宣子内親王の夭折をきっかけとして、天皇が菅原道真の怨霊などの祟りによる、自分の命への脅威を恐れ、守護のために前の通りに増命を内裏に召して、修法を行わせた可能性が高いと思う[45]。

とにかく、『祈雨日記』に引用された『御記』抄出記事は、本来祈雨ではなく、天皇個人のための祈祷に関わっているものである。そして、もちろんその抄出記事に基づいている観賢による祈雨孔雀経法の説は事実ではない。

（4）観宿の祈雨

神泉苑で孔雀経法を修したとされる僧として、聖宝のもう一人の弟子である観宿《かんしゅく》（八四四～九二八）がいる。彼の祈雨孔雀経法の実修を伝えるのは、以下の『長者補任』の文である。

延長五年、イ本云、七月五日、観宿率二廿口僧一、於二神泉苑一修二孔雀経法一、祈二甘雨一、七日、仰下〔紀〕淑光朝臣修法可レ延二二日一事上、依二降雨潤少一、更可レ行二五穀成就一也、(46)

すなわち、延長五年（九二七）七月五日、観宿は神泉苑で孔雀経法を修し、同七日、降雨が不足であったため、二日間その法を延行したという。

右の記事を、この祈雨の件と関連する次の『祈雨日記』所載の記述（『御記』抄出）と比較しよう。

延〔傍註〕長五年〔御記〕〔中略〕七月一日己酉、左大臣〔藤原忠平〕令下〔平〕時望朝臣申中被レ行二奉弊〔幣カ〕一事上、猶未レ有二雨気一、若尚不レ降恐レ致二損害一歟、被レ定下行二季御読経及修法・諸寺祈祷一事等上、可レ宜、民部卿藤原朝臣〔清貫〕参入、使下〔紀〕淑光朝臣仰中季御読経可レ令レ行事上、又仰下可レ行二修法一事上、且□〔闍〕梨令レ仰二律師観宿一、
二日庚戌、民部卿藤原朝臣、令下淑光朝臣申中七大寺及有封諸寺令二読経祈雨一事上、依レ請、三日、午二剋暴雨雷電、及二四刻一止、七日、仰下淑光朝臣神泉修法可レ延二二日一事上、依二降雨潤少一、兼可レ祈二五穀生一レ之、

この記述の内容を『長者補任』が引用している「イ本」の記事と対照すれば、両方が『御記』を踏襲して

いるものだということは明瞭であろう。だが、『祈雨日記』に引用された『御記』の文では七月五日の条が抜けているため、本来『御記』のこの条に孔雀経法のことが記されていたかどうかは確認できない。

『祈雨日記』所載の記事は、七月一日に季御読経《きのみどきょう》、修法や諸寺の読経などが定められ、二日に諸寺における祈雨が始まったことが醍醐天皇に報告され、三日に雷雨があって、七日に神泉苑の祈雨修法が二日間延行されたと記す。祈雨法が何日に開始したかということは判然としないが、(47)修法実修の決定から修法開始まで、準備のために数日が経過したはずである。よって、開始日が五日だったということはおそらく正しいであろう。その推定は次の『貞信公記抄』（DNKR）延長五年七月一日・五日条でも裏付けられる。

> 一日、可二重祈雨一事、令二平頭〔時望〕奏一レ之、季御読経・諸大寺等読経也、五日、癸丑、季御読経於二八省一行、祈雨修法神泉行レ之、

この記文は、五日に八省院御読経と神泉苑祈雨修法が行われたといっており、これに基づいて修法が五日に開始したと判断してよいであろう。だが、この記述にも修法の名が明らかではないことは残念である。

これのみでは、観宿が孔雀経法を実修したか否かは確定できないのであるが、延長五年の祈雨について『祈雨記』は『吏部王記』（重明親王撰）から、その問題を解決してくれる次の記事を引用している。

> （頭註）「長者観宿」（傍註）「季部王記」延長五年也
> 彼記第三云　七月八日、以二省御読経始日一是日又於二神泉苑一初レ修二請雨法一云々、

この記事は、延長五年七月、八省院祈雨御読経の開始日と同じ日に神泉苑で請雨経法も行われ始めたと述べている。確かに、本文に「請雨法」としかなく、「請雨経法」と明記されていないが、「請雨経法」を「請

雨法」と略記する資料はほかでも散見するため、「請雨経法」のことだと判断できる。そして『吏部王記』の引用文に「七月八日」とあるが、これは重明親王が祈雨御読経と修法のことを伝聞した日であり、その祈雨が始まった日だという意味ではないであろう。よって、祈雨はすでに八日より前に開始し、その開始日がおそらく五日だったと考えた方がよい(48)。

要するに、延長五年七月の神泉苑の祈雨について、『長者補任』に引用された「ィ本」が孔雀経法を挙げているものの、それが事実であるかどうかは疑わしく、むしろ真言僧の手により改変されたものと考える方がよいと思う。

(5) 義海の祈雨

神泉苑における祈雨孔雀経法に関して、最後にもう一つの事例がある。これは『天台座主記』所載の天台僧義海《ぎかい》(八七一~九四六)の祈雨である。本文には、「同〔天慶〕八年四月十七日、於二神泉園一、修二如法孔雀経大法一、有二霊験一、結願日任二法務一」とある(49)。

この場合、ほかの関連資料と比較することができないため、真否を確認するすべがない。ただ、「如法孔雀経大法」という表記は、後世の僧の手による色彩が濃いように思われる(50)。さらに、義海の実修は、中世日本の台密による孔雀経法の唯一の事例である。すなわち、その目的に関わらず、天台僧による孔雀経法の実修例はほかにないのである。

そのために、義海による祈雨孔雀経法の実修が事実であれば、それは例外的な実施となる。一方で、義海の祈雨を伝える資料にみえる「孔雀経大法」が後世の文飾、つまり事実ではないという可能性もあると考えられる。

（6）嘉承元年七月五日の事件

さて、ここまで現存史料にみえる神泉苑の祈雨孔雀経法の事例をすべて分析してきたが、さらに、『永昌記』嘉承元年（一一〇六）七月五日条に、神泉苑と孔雀経法の関係を考察するにあたり重要な次の記述が記載されている（記事の記主は五位蔵人藤原為隆である。なお（ ）内の文は著者註である）。

七月五日、甲午、雲起雷動、未レ及二降雨一、今日於二東寺一、権大僧都覚意、率二廿四口伴侶一、修二孔雀経法一、（割注）於二神泉苑一可レ被レ行（孔雀経法）之由、先日宣下、而請雨経（法）於二神泉苑一行レ之、孔雀経法於二東寺一行レ之、此法（孔雀経法）神泉之例未二承聞一、勅定云、行二請雨経（法）一行二（孔雀経）御読経一、何不レ行二此法（孔雀経法）一乎、但又可レ尋二先例一者、延喜十九年、観賢僧正於二此地（神泉苑）一行二此法（請雨経法）[51]一、又天暦聖主、両度被レ行二北斗法一、此外奏下無二所見一之由、為宗長者雖二何所一依レ例可二勤修一之由上、遣仰、重可二勅定一者、本依二上皇仰一於二神泉一可レ修（孔雀経法）之由遣仰也、至二于今一者、於二東寺一早可レ行者、仍被レ布二所司蔀屋一、運二渡壇具等於東寺一了、

右の記述によると、嘉承元年七月五日に神泉苑で孔雀経法を行うべきとの宣旨が下されたが、藤原為隆（一〇七〇～一一二〇）を含め、神泉苑での孔雀経法の実修を聞いたことのない人がいた。朝廷は、神泉苑では請雨経法も孔雀経御読経も行われているため、同苑で孔雀経法も修してよいと考えていたが、念のため先例を確認することを命令した。そこで、為隆は神泉苑修法の先例を調べ、請雨経法と北斗法の事例しか存在しなかったことを報告した。そして孔雀経法などのほかの修する所見がないために、東寺長者が神泉苑また

は東寺において先例によって修法を修しなければならないとも奏上した。つまり、為隆は東寺長者があるいは神泉苑で請雨経法、あるいは東寺で孔雀経法を修すべきだという意見であった。朝廷は、神泉苑で孔雀経法を修することはもともと白河院の命令であったために、再び議定すべきだとの意見であったが、時間が足りなかったため、院宣が撤回され、孔雀経法が先例通りに東寺で行われることとなったのである。

この事件については、『三宝院旧記』二十四「雑日記」にも次の詳しい記述がある。

〔神泉祈雨御読経〕三ヶ日被レ行、即従二第三日一、於二神泉一孔雀経御修法、未時御読経御結願、初夜御修法可レ被二儀〔議カ〕定一也、雖レ然尚俄於二東寺一被レ行云々、〔中略〕堂荘厳　池北去二四丈許一卯酉蔀屋五間〔中略〕面〔而〕今日当二正面一子午作二五間屋一、是御修法之時屋也、専御読経之時不レ可レ有二此屋一、明旦可レ令レ破レ之者、〔中略〕第三日　御結願〔中略〕従二今日一於二神泉苑一即被レ修二孔雀経御修法一、先例無之由人々被レ申、雖レ然院宣也、御修法壇所假屋閉、物験〔騒カ〕之故御読経被二念願一也、而間尚於二御修法一者、今日度者不レ賜レ之、任二先例一於二東寺一被レ行レ之[52]〔後略〕

この記録にも記される通り、神泉苑孔雀経御読経の後に同苑で孔雀経法を行うべきとの院宣が下された。よって、その孔雀経法の実修のために、孔雀経御読経の蔀屋の正面に面して、子午五間の仮屋（壇所）までが用意されていた。だが、神泉苑孔雀経法の先例がないと指摘され、苑では僧の間に議論が起こった。ある僧は、院の命令だからといって仮屋のなかに入って、孔雀経法を始めようとした。すると、大騒ぎになって、『孔雀経』の読経の方を行いつづけたいと願う僧が出た。結局、『永昌記』にも記されるごとく、神泉苑の孔雀経法が中止となり、先例通りに東寺で祈雨孔雀経法が行われたのである。

藤原為隆が担当した先例の調査によれば、神泉苑では請雨経法以外に、村上朝に二度にわたって北斗法も執り行われたという。神泉苑の北斗法については、二つの事例が実際に見える。その一例は、天徳四年（九六〇）十二月十七日の天変消災の祈願、もう一例は応和三年（九六三）六月二十二日の息災（攘災）祈願であった。[53] 両方の事例の実行者は内供奉十禅師尋真（生没年・僧歴未詳）という僧であった。

要するに、「器量倜儻《てきとう》」[54]と評された為隆は、祈雨だけではなく、広く神泉苑における修法の先例を徹底的に調査したと考えてよいであろう。神泉苑で孔雀経法を実行させよとの命令は、あの気の強い白河上皇が出したものである。[55] よって、先例がないと指摘することは、ある意味では院の意志を妨げるものであった。そのために、為隆が徹底的な調査をしたと考えられ、その先例の検討の結果は信頼できるものだとすることができる。

したがって、為隆の調査の結果は、神泉苑の祈雨法の歴史を考えるにあたり重要な意味を持っている。つまり、神泉苑における孔雀経法の先例が見出されなかったことは、嘉承元年以前に神泉苑でこの法が実修されなかった可能性を示唆するのである。とにかく、為隆の調査の結果は本章の資料分析の裏付けとして注目されるべきである。

二　その他の祈雨孔雀経法の実修例

(1) 延喜二十二年と天暦二年の事例

さて、ここで改めて十世紀前半に戻って、表Aに見える神泉苑以外の場所で行われたといわれる祈雨孔雀経法の実行例を考察しよう。

まず、十一世紀初期作の『北山抄《ほくざんしょう》』「祈雨事」の次の記述をみよう。

同（傍注）「延喜」廿二年八月三日、於二東寺一、修二孔雀経法一、為レ祈レ雨也（修二請雨経法一之間、雨已降時、改二修孔雀経法一例、可レ注二年月一）(56)

この件では、延喜二十二年（九二二）八月三日に請雨経法を行おうとしたところ、雨が降り出したため請雨経法が停止され、改めて東寺で孔雀経法が執行されたという事情になっている。延喜二十二年といえば、観賢が一長者という真言宗の最高位に立った時期に当たるため、このタイプの祈雨孔雀経法を修したのは観賢だったと推察できよう。

請雨経法の中止の後に孔雀経法が実施されたことは、延喜二十二年以外に天暦二年（九四八）にもあった。『貞信公記抄』によれば、同年五月十四日、右大臣藤原師輔《もろすけ》が請雨経法の実修を定め、阿闍梨として真言僧・律師寛空（八八四～九七二）を指名したが、修法が開始されるはずだった十六日に雨が降り出した。そのため請雨経法は停止され、代わりに真言院で孔雀経法が執行された。

延喜二十二年には東寺、天暦二年には真言院が修法実修場所となっていたが、この二つ事例は同じパターンを示す。つまり、降雨により神泉苑の請雨経法の実施を取り消し、その代わりに別の場所で孔雀経法を修しなおしたというパターンである。

なぜ降雨で請雨経法が取り消されたのであろうか。時代は下がるが、寛治元年（一〇八七）八月十日に起きた次の事件はこの疑問に対する解決の糸口になる。

その日、真言僧義範《ぎはん》（一〇二三～一〇八八）に神泉苑で請雨経法を修すべしとの下命があったが、当日申の刻（午後三時～五時）に雨が降り出した。これはおそらく祈雨法の準備の間、つまり修法の開始前の降雨であった。[57]よって、義範は、雨が降りはじめたということは霊験の証であると言って修法の実修を辞退しようとしたが、白河院はその言葉に納得せず、改めて彼に修法の開始を命じた。ついに十三日に義範は修法を行ったものの、わずかに三日でどうしても請雨経法の結願儀礼を行いたいと言上した。その理由は、十日から十三日まで絶えず雨が降っており、これ以上祈雨法を修しつづければ逆に国土に弊害が起きるであろうという恐れであった。その上、義範は、請雨経法では請雨祈願しかできず、晴天（止雨）を祈願することができないとも主張していた。院は、なお不満を抱いていたが、ついに結願の許可を出した。

この事件から、請雨経法の開始の前に雨が降り出した場合、僧侶側ではこの修法の実修が不可能だった点が分かる。その第一の理由は、請雨経法では降雨しか祈願できないからである。よって、すでに雨が降り出してもなお修法の初めに降雨祈願を発願すると、矛盾が生じるのである。しかも、雨の量が多すぎてしまった場合、請雨経法だと、止雨を祈ることはできず、霖雨の弊害を防げない。寛治元年に義範はそうした理由で請雨経法の実修を辞退したが、延喜二十二年及び天暦二年の請雨経法の停止の裏にも、そのような事情があったのであろう。

白河院の命で義範には修法の中止が許されなかったが、十世紀には、雨天時に請雨経法の実修が困難となった場合、その修法を中止とし、孔雀経法に代えるという手段があった。『孔雀経』には祈雨と止雨の両方の功徳があるため（第一章第二節）、請雨経法の欠点を補う役割を果たしたといえる。しかし、そのような状況で行われた孔雀経法は、独立した祈雨（止雨）法ではなく、あくまでも請雨経法に付属する二次的な修法にすぎなかったというべきである。

（2）寛空の祈雨無験伝承

次は、十世紀中葉にしばしば祈雨法に携わっていた寛空の祈雨事績を考察しよう。

寛空は、寛平法皇《かんぴょうほうおう》（宇多天皇、八六七〜九三一）の付法弟子として、中世には東密の二大法流の一つである広沢流の流祖と仰がれていた。しかし、広沢流が本格的に形成されたのは寛空の弟子寛朝《かんじょう》（九一六〜九九八）の後である。事実、寛空は寛平法皇だけではなく観賢の付法弟子でもあったため、歴史的に見れば、彼は寛平法皇の法流（後の広沢流）及び観賢の師聖宝を流祖とする醍醐流（後の小野流）を受け継いでいた僧であったというべきである(58)。

前項に見たように、寛空は天暦二年五月に、請雨経法が中止となった後に孔雀経法を修した。そして同年六月、再び請雨経法を行うように召され、その法を実行した。

具体的にこの天暦二年の請雨経法と関わっている話であるかどうかは分からないが、多くの伝記類には寛空が請雨経法に失敗したという逸話が載っている。たとえば『祈雨記』ではその失敗が次のように語られている。

寛空僧正、村上御宇、於二神泉一修二請雨経法一、不レ雨、結願、雖レ献二巻数於殿上一、忽不二奏達一、有レ人戯称下無二効験一之由上、僧正使者、数刻徘徊、空以帰来、則陳二子細於僧正一、々々為レ憤参レ内、著二法眼〔服カ〕一、擎二香炉一、立二殿上前一、数刻観念、香火細聳、大雨忽降、但雨脚殊霪二禁中一、不レ漏二墻外一、時人弥敬云々雖レ為二一宗美談一、未レ見二本文一、可レ尋二勘之一

すなわち、村上朝のある時に、寛空は神泉苑で請雨経法を行ったが、効験はなかった。結願の日、彼は神泉苑から使者を内裏に遣わし、陀羅尼の念誦回数を示す巻数《かんじゅ》という記録を殿上人に伝達させたが、ある人は、法験はなかった、と言ってあざけって、巻数をすぐには天皇に奏達しなかった。そのために使者は空しく神泉苑に帰り、嘲りを受けたことを寛空に申した。すると、寛空は憤慨して内裏へ赴いて、殿上間《てんじょうのま》の前で改めて祈請したところ、結局にわかに雨が降りだしたといわれている。

これは興味深い伝承であるが、まず注意しなければならないのは、文末の割注の内容からも分かるように、この伝承が失敗としてではなく、真言宗の霊力を賛美する美談として意識されたということである。要するに、この逸話は単なる請雨経法無験の話ではなく、請雨経法の無験が再度の祈願で成功したという霊験譚なのである。

この霊験譚は、すでに十一世紀前半には流布していた[59]。そして、十二世紀初めに『祈雨記』に記録された後にも、十二・十三世紀にかけてしばしば東密の記録に引用されていた。しかし、いつの間にか、寛空の祈雨効験が『孔雀経』に基づいていたと解釈されるようになった。たとえば、十四世紀成立の『真言伝』には、『祈雨記』とほぼ同記事の末文に、「或説ニハ孔雀経法《ノ》霊験《ト》云ヘリ、実説《ヲ》尋ヘシ[60]」とある。要するに、その時代に寛空の霊験が『孔雀経』に拠ったものであるという説があった。

なお、口頭伝承化の結果によるのか、その時代には、寛空の霊験の事情は、神泉苑の祈雨ではなく、内裏における祈雨へと変貌してしまった。その一例としては、以下の『古今著聞集《ここんちょもんじゅう》』（一二五四年成立）巻第二所収の逸話を挙げよう。

香隆寺《の》僧正寛空は、河内国《のの》人也。神日律師入室《にっしつ》、寛平法皇灌頂《くわんぢゃうの》御弟子也。天徳四年炎旱の愁ありけるに、五月九日より仁寿殿《じじゅでん》にて孔雀経法を修せられけるに、修中に雨くだらざりけり。結願の日に成《なり》て、巻数をたてまつるとき、殿上《てんじゃう》に霊験《れいげん》なき由を称して、執奏せざりけり。僧正其《その》由をきゝて法服を著し、香炉を捧《ささげ》て、庭中に立て深く観念の時、香炉の煙たかくのぼりて、大雨即降《すなはちふる》。但《ただし》禁闕はかりふりて、墎外にはくだらざりけり。人あやしみとしけり[61]。

この逸話では、寛空が神泉苑で請雨経法を修し、その後内裏に赴いて殿上間の前で雨をもたらしたのではなく、最初から仁寿殿で祈雨のために孔雀経法を修し、験《げん》がなく、改めて内裏の庭中で祈ると、雨が降ったという話になっている。つまり、伝承の内容は「神泉苑の請雨経法」から「仁寿殿の孔雀経法」へと変化している。その上、本来伝承の年号が不明だったのに、『古今著聞集』では寛空の祈雨が天徳四年（九六〇）五月九日に開始したと加筆されている。

この説以外に、寛空の内裏における霊験を孔雀経法の実修と解釈するものとして、応和元年（九六一）九月という年号を付す説も流布されていた。この異説は、尊海《そんかい》（一四七二～一五四三）撰『仁和寺御伝』（一五〇四年成立）に記されている。

応和元年辛酉閏三月十七日庚辰、於㆓禁中東対㆒、令㆑修㆓孔雀経法㆒、伴僧廿口、同九月、依㆓炎旱㆒、於㆓仁寿殿（朱書傍註）「冷泉院」㆒修㆓同法㆒、一宗語伝云、奏㆓遍数㆒之時、殿上稱㆘無㆑験之由㆖、早不㆓執奏㆒、僧正乃着㆓法服㆒、捧㆓香炉㆒参内、立㆓庭中㆒深観念、香煙高昇、大雨即降、但雨㆓禁闕（朱書傍註）「裏書」㆒、不㆑落㆓墎外㆒、時人奇㆑之云々、〔裏書「寛信法務祈雨記云、（中略、以下『祈雨記』と同文）〔朱書注記「伝与記、修法相違也、追可㆑考㆑之」〕(62)

右の説が、同様にして『祈雨記』所記の祈雨霊験談を内裏での孔雀経法という内容へと改変した、根拠のないものだということは明らかであるが、この場合、応和元年という年号が採用されているのである。

実は、『仁和寺御伝』より前に成立した『長者補任』も、寛空が内裏で「祈雨法」に失敗し、内裏の庭中で改めて祈願すると雨が降ったという話を、応和元年のこととして記している。(63)『長者補任』には「祈雨法」としかなく、孔雀経法のことが言及されていないが、『仁和寺御伝』編纂時までに、その「祈雨法」が「孔雀経法」として口承されていたと想像されよう。

『仁和寺御伝』の裏書に、「伝与記、修法相違也、追可㆑考㆑之」という朱書注記がある。すなわち、尊海、あるいは本記録の写本を作った僧は、『仁和寺御伝』と『祈雨記』との間に修法の相違があるという事実を認識していた。それでも、本文に掲載されているのは『祈雨記』の説ではなく、内裏における祈雨孔雀経法という異説である。これによって仁和寺では孔雀経法の説の方が優先されたことが分かる。それはおそらく、中世に寛空を流祖と仰いだ広沢流では孔雀経法が最秘事として尊重されていたという事実と無関係ではなかろう。

しかし、内裏が天徳四年九月二十三日に焼失し、応和元年九月に天皇はまだ新造内裏に移っていなかったため、(64)応和元年九月という年号を事実とすることには困難がある。中世の真言僧も気づいており、そのために本文には「仁寿殿」の横に「冷泉院《れいぜいいん》」との訂正傍注さえ追記されるまでに至ったのである。

このように、およそ十三世紀から、寛空が神泉苑で請雨経法を修し、失敗した後、内裏で祈念して一時雨を降らしたという本来の伝承より、彼が内裏で祈雨孔雀経法を行い、失敗して、改めて殿上間の前で祈願したところ雨を降らせたという変形伝承の方が重視された。これにより、後世の仏書に、天徳四年五月九日や応和元年九月などの信頼できない祈雨孔雀経法の記事が記されるようになったのである。

（3）息災法の孔雀経法

寛空が祈雨の孔雀経法を内裏で修したということは、中世の俗説にすぎないが、彼が度々攘災法・息災法の孔雀経法を内裏で行ったことは事実である。

たとえば、天徳四年五月十三日に、寛空は息災のために仁寿殿で孔雀経法を開始し、二十日の結願日に後加持祈祷を行った[65]。後加持《ごかじ》（御加持）とは、結願の日に天皇の傍で行われる、玉体に修法の利益を廻向し、玉体安穏を祈願するという作法である。応和三年六月二十二日にも、尋真という僧が神泉苑で北斗法を修すると同時に、寛空が仁寿殿で孔雀経法を修し、後加持を遂行した。両修法は共に「息災」を目的とした[66]。

息災法の孔雀経法は、時々夏季、それも旱魃に見舞われた時に行われた〔表B参照〕。たとえば、先の天徳四年と応和三年の実修の時、同時に深刻な旱がつづいていた。そのため、この場合の息災の孔雀経法は、「旱災の消去」、つまり降雨を目的としたと考えられる。

しかし、目的を単に「祈雨のためだ」とは記さず、わざと「息災のためだ」と記すところに、その実修が祈雨法とは異質なものとして意識されていたことを看取することができる。さらに、旱災の時の孔雀経法が後加持で終了された点からも、その修法が祈雨のためだったというよりは、天皇の玉体にかかる災いを鎮めるためだったことがわかる。なぜなら、祈雨法には後加持という作法は含まれていなかったからである[67]。

その上、「息災」という言葉は、無論災難を退散するという意味であるが、貴族の古記録における息災の語を見てみると、その語が人の息災延命と関わっている場合が多い事実に気づく[68]。要するに、当時「息災」という言葉には、災難を攘いながら人の無事を祈るというニュアンスがあったのである。そのために、旱魃が流布する時の息災法の孔雀経法は、国家に害を及ぼす旱魃など様々な災害を消去するという目的とともに行われたとしても、とりわけ天皇の玉体を護持するために行われたものと考えるべきである。

このような息災の密教修法は、前漢代の董仲舒が展開させ、日本古代でも早く受容された災異思想の影響下で行われた修法だと考えられる。災異説では、為政者が徳政を実行しなければ、天（日本では、神祇）はまず旱魃・疫病・怪異を起こし、それをもって為政者を戒める。そして為政者がなお徳政を実施しなければ、ついに彼を（病気・戦などで）滅ぼすとされる。孔雀経法は、そのような災異説に適した攘災法として、災害の消去と共に、為政者（天皇など）の無事・護持という複合的な目的を果たすことのできた修法だったと推察される。

たとえば、天徳四年の場合、その年の二月より天変が頻発し[69]、四月以降に深刻な疫病と旱魃が流行した（『祈雨記』・『祈雨日記』）。そして、同年五月四日に右大臣藤原師輔（九〇八〜九六〇）が俄かに死去し、同十日に東宮が病に罹った[70]。天変、旱魃、疫病が遍満するなか、大臣が逝去し、皇太子が病で苦しんだというこの状況下で、災異説の思想が意識されなかったとは考えられない。よって、五月十三日に実施された内裏での孔雀経法は、単に祈雨法だったとは言えず、むしろ諸災害の消滅と同時に、天皇玉体護持を目的とした修法

表B　十世紀における孔雀経法勤行例の一覧

元号	僧名	宗派	場所	目的	備考	出典
延喜22（922）8・3	？	真言	東寺	祈雨	請雨経法中止後の実施	北山抄
延長5（927）10・19	観宿	真言	承香殿	物怪		貞信公記、長補
延長8（930）9・21	会理	真言	広隆寺	天皇病		長補
天慶6（943）4・20	寛空	真言	禁中	旱魃・疫病		長補
天慶8（945）4・17	義海	天台	神泉苑	祈雨	真偽不詳	天台座主記
天暦2（948）5・16	寛空	真言	真言院	祈雨	請雨経法中止後の実施	貞信公記
天徳4（960）3・18 天徳4（960）5・13 天徳4（960）10・24	千攀 寛空 寛空	真言 真言 真言	素光寺 仁寿殿 真言院	春秋二季 息災 息災	御加持有り	御記抄 御記抄 御記抄
応和1（961）閏3・17	寛空	真言	冷泉院	？		御記抄
応和2（962）7・20	寛空	真言	？	（天変）	御加持有り	御記抄
応和3（963）2・11 応和3（963）3・23 応和3（963）6・22	寛空 寛空 寛空	真言 真言 真言	仁寿殿 仁寿殿 仁寿殿	天変 ？ 息災	 御加持有り 御加持有り	御記抄 御記抄 御記抄
康保1（964）5・2	寛空	真言	？	中宮死亡	御加持有り	御記抄
康保2（965）3・16	寛空	真言	仁寿殿	息災	長者補任の康保4は誤記	御記抄、長補
康保4（967）5・2	寛静	真言	仁寿殿	物怪・地震		御記抄
天元4（981）3・21 天元4（981）10・12	？ ？	— —	— —	？ ？		小記目録 小記目録
天元5（982）5・10	寛朝	真言	？	（天変）	延引	小右記

出典項の「長補」は『東寺長者補任』、「御記抄」は『延喜天暦御記抄』を指す。

だったとすべきであろう。つまり、この実修は、おそらく旱魃消去という祈願を含んでいたであろうが、降雨と五穀成就《じょうじゅ》を主眼とする祈雨法ではなかった。

　応和三年六月の事例も同じであると考える。その年は旱魃が特に深刻であり、神泉苑の池水が紀伊郡の田圃へ灌漑させられるまでに至った(71)。同時期には怪異も発生しており(72)、孔雀経法が後加持祈祷で終わったことを考え合わせると、その修法は災害消去プラス玉体安寧という目的であったと考えられよう。

『長者補任』所収の天慶六年（九四三）四月八日の事例も、同様である。本文には、「大法師寛空、於㆓禁中㆒勤㆓行孔雀経法㆒、伴僧廿人、今年春呉竹成㆑実、夏間旱疫、方々有㆓御祈㆒(73)」とある。この実修を祈雨法の事例と断定する論考もあるが(74)、旱魃と疫病という二つの災いが同時に起こっている点、実行場所が内裏であるという点から、むしろ先に論じたような意味での息災法の遂行であったと解釈する方が妥当であると考えられる。

　このような息災法は、いわば仁王会《にんのうえ》のような役割を果たしたともいえる。周知のように、中世に度々内裏で実施された仁王会は、諸災難（七難）の攘災、玉体護持、国家安寧という複合的な目的を満たす法会であった。『孔雀経』による息災法は、そのような法会の密教修法版と定義しても差し支えないように思われる。

　無論、孔雀経法は唯一の息災法ではなかった。そのほかに、たとえば北斗法もその機能を果たしていた。応和三年六月、旱災の最中に行われた北斗法は、「息災のため」だったと言われており、よって、災害消去の上に玉体護持の祈願だったと推察される。そして、時代は下るが、嘉応元年（一一六九）六月二十九日、七人の天台僧はそれぞれ北斗の一壇法を行ったが、その目的は「御慎不㆑軽之上、天変・怪異・旱魃相兼御祈[75]」であった。すなわち、この七壇の北斗法は、諸災難を退散させることによって玉体安寧を目指す「息災」の祈願であったとすることができよう。

　要するに、「息災のための」孔雀経法は、場合によっては旱災消滅の目的を合わせて果たされることはあったが、厳密にいうところの祈雨法ではない。そのような孔雀経法は、本質的に玉体安穏の祈りなのである。これに対して、祈雨法は五穀豊穣の祈願であり、玉体安穏の祈りではない。これは両修法の間の大きな相違点である。

　しかし、その複合的性格によるのか、十二世紀初めに、実際には息災法の孔雀経法でも、その法が狭義の祈雨法として解釈されるに至った。たとえば、永久五年に聖賢は、天徳四年五月十三日の仁寿殿における孔雀経法の実修を村上天皇の日記から『祈雨日記』に引用した[76]。しかし、その引用文に本来原文にあった「為息災也」という語句は省かれている[77]。

　実は、聖賢が儀礼の目的を削除した上で引用した記述は、天徳四年五月十三日の事例だけではない。彼は、「依レ攘二旱災及天変地震一也」（寛信撰『祈雨記』）という複合的な目的を持っていた応和三年七月二十八日の清涼殿の仁王会を、ただ「依二旱魃一」ものとして書き記したのである。すなわち、聖賢には、自著の祈雨日記のために様々な記事を集めるに当たって、本来複合的な目的を果たしていても、旱魃と関連するものであれば、その記事を旱魃にのみ関わるものとして『祈雨日記』に書き入れてしまうという癖があった。

　しかし、本来御息災の祈祷だった天徳四年五月十三日の孔雀経法が、原文の「為息災也」を省かれたまま『祈雨日記』に引用されてしまったことは、この修法が単なる祈雨法として誤解されるという事態を招いた。そして、伝承のプロセスで、この孔雀経法がさらに寛空の祈雨無験・霊験談と混淆されてしまう結果をもたらした。

要するに、前項に触れた『古今著聞集』天徳四年五月九日の仁寿殿における祈雨孔雀経法の伝承は、『祈雨日記』に記載された天徳四年五月十三日の孔雀経法を踏襲していると考えられる。ここで『古今著聞集』の伝承には「五月十三日」ではなく、「五月九日」という日付が付されていることが注目されるが、これは内裏における息災法の孔雀経法が寛空の祈雨無験・効験談と混淆された後でも、息災法説と混淆説が共に独立した出来事として伝えつづけられていたことによる。たとえば、次の『長者補任』所載の記事に、

〔天徳四年〕自二五月八日一、依二炎旱一、於二仁寿殿一修二孔雀経法一、結願御加持之時降レ雨〔中略〕同十三日辛亥、於二同殿一修二同法一、為二息災一也、[78]

とあり、そこには省略された形の混淆説[79]〔天徳四年五月八日付〕と息災法説〔同年五月十三日付〕が並べて記されている。後者は事実であり、前者はそうではないが、両説を記す『長者補任』からは実否を判断することができない。

おわりに

中国では、不空三蔵が宮殿で『孔雀経』に基づいた修法を修し、早く雨を降らせたといわれ、中世日本では、聖宝が孔雀経法で祈雨効験を見せたと言い伝えられている。その上、中世日本の仏書に、祈雨のために孔雀経法が修されたという事例が多く記されている。従来の日本密教学では、資料が実証的に分析されず、

そのまま信用されたため、日本ですでに十世紀に孔雀経法が祈雨法として樹立されていたと説明されてきたのである。

しかし、本章では数頁に渡って諸資料を実証的に分析した結果、別の観点を提唱することができた。つまり、十世紀の祈雨孔雀経法の実修例の大多数が事実ではないという点を明らかにした。

十二〜十四世紀（つまり、祈雨孔雀経法がすでに確立していた時代）の真言僧は、不空が宮中において孔雀経法を修して三日以内に雨を降らせたという故事を重視し、『請雨経』より『孔雀経』の方がより早く霊験が見せられると信じていた。この信仰は、聖宝、観賢、観宿や寛空などの十世紀の真言僧の祈雨事例へ広く適用された。その結果として、根拠のない多くの祈雨孔雀経法の記事が後世の諸仏書に記されるようになった（表C）。

特に、十四世紀成立の『東寺長者補任』（杲宝撰）に信頼できない祈雨孔雀経法の記事が多いことが注目される。この仏書には寛信撰『祈雨記』と聖賢撰『祈雨日記』の引用文が多く記載されているが、その引用文の内には原文『祈雨記』と『祈雨日記』の内容を改変したものが含まれている。すなわち、『東寺長者補任』は、祈雨の歴史を考察するに当たって慎重に扱うべきものなのである。

十世紀の祈雨孔雀経法の事例のなかに天慶八年の天台僧義海による祈雨があったが、その祈雨が事実であるかどうかは確定できなかった。事実であれば、それは神泉苑における孔雀経法の実修として例外的なものとなろう。あるいは義海の祈雨を伝える記事は後世に内容が改変されたものだという可能性がないわけでもないと思われる。最終的には、実否が不明だというべきである。

十世紀には、請雨経法が修法開始前の降雨により中止となった後に孔雀経法が実施されたことはあった。

表C　祈雨日記類・その他の記録と後世仏書内容の比較の一覧

	『祈雨日記』・『祈雨記』・その他			後世仏書		
	年号	記事内容	出典	年号	内容	仏書名
聖宝	延喜年中	聖宝、請雨経法を修したが、無験に終わった。その後孔雀経法を修し、雨を降らした。	祈雨日記、祈雨記（伝承）			
	延喜２・６・10	醍醐天皇、旱魃により南殿で諸神に祈願した。	祈雨記(御記)	延喜２・６・10	聖宝、請雨経法を修したが、無験に終わった。その後孔雀経法を修し、雨を降らした。	小野、真言伝
	延喜８・７・19	聖宝、五日間を期限として、神泉苑で祈雨法を修しはじめたが、開始日の夕方に雨が降った。	扶桑略記	延喜８・７・19	聖宝、神泉苑で孔雀経法を修しはじめ、第五日目に雨が降った。二十六日に結願を行った。	東寺長者補任
観賢	延喜10・９・1	神泉苑の修法の結願が行われた。大僧都は醍醐天皇と面談し、その後、山に帰った。	祈雨日記（御記）	延喜10・８・26	観賢、神泉苑で孔雀経法を修した。	東寺長者補任
	？・？・24（癸丑）	少僧都観賢、神泉苑院において祈雨法を行った。	祈雨記（殿上日記）	延喜14・夏	観賢、神泉苑で孔雀経法を修した。	本朝高僧伝
				延喜15（14）・５・24	観賢、請雨経法を修したが、無験に終わった。その後孔雀経法を修し、雨が降った。	小野、東寺王代記
観宿	延長５・７・1～	観宿、神泉苑で祈雨法を修した。	祈雨日記（御記）	延長５・７・5	観宿、神泉苑で孔雀経法を修した。	東寺長者補任
寛空	村上御宇	寛空、神泉苑で請雨経法を修したが、無験に終わった。結願日に内裏に赴き、殿上間の前で祈願し、雨を降らした。	祈雨記、祈雨日記（伝承）	天徳４・５・9	寛空、仁寿殿で孔雀経法を修したが、無験に終わった。結願日に内裏の庭中で祈願し、雨を降らした。	古今著聞集
				応和１・9	同上	仁和寺御伝
				天徳４・５・8	寛空、仁寿殿で孔雀経法を修し、結願日に雨を降らした。	東寺長者補任
義海				天慶８・４・17	義海、神泉苑で祈雨孔雀経法を修した。	天台座主記、本朝高僧伝

仏書名欄の「小野」とは、『孔雀経法小野流勤行先例』を指す。

しかし、それは独立した祈雨法としての孔雀経法の実修ではなかった。そして、旱災消去を一つの目的として兼ねていた息災法の孔雀経法の遂行もあったが、そのような孔雀経法の実修は、主に玉体安穏を目指しており、厳密にいうところの祈雨法ではなかった。

要するに、本章の資料分析によって、十世紀に孔雀経法がおそらくまだ祈雨法として確立していなかったことが分かった。そのため、十世紀成立の『西宮記』などの儀式書に『孔雀経』の痕跡がみえないことは、当然といえる。

以上のことから、九世紀末からの神泉苑の東密祈雨法がおそらく請雨経法だけだったということがいえる。つまり、真言僧は神泉苑で時に請雨経法、時に孔雀経法を行ったのではなく、ただ請雨経法のみを行ったと推定される。本書で後述するように、十一世紀後半に神泉苑では孔雀経御読経も行われるようになった。しかし、これは読経法会であり、修法ではない。それゆえに、鎌倉末期に神泉苑における東密祈雨が終幕するまで、「神泉苑の祈雨修法」とは請雨経法のみであったということができる。

さらに、本章の結果から永久五年成立の『祈雨記』（寛信撰）と『祈雨日記』（聖賢撰）について次の点を指摘することができる。この二つの記録は、聖宝が請雨経法の失敗の後に祈雨孔雀経法を修したとの伝承と、観賢が祈雨のために神泉苑で請雨経法以外に孔雀経法も修したという伝承を記載している。聖宝または観賢による祈雨孔雀経法の記事を多く記す後世の仏書の観点から見れば、この伝承は当を得ているようにみえる。しかし、本章の分析で明らかになったように、後世の仏書に記載されている祈雨孔雀経法の記事は事実ではなく、『祈雨記』と『祈雨日記』の成立以後に作られた説である。よって、当時永久五年の時点では、聖宝や観賢が祈雨孔雀経法を修した証拠は全くなかったのである。これは見逃してはならない重要な事実である。

要するに、本章で資料分析を行った結果、なぜ永久五年に当時でさえ根拠がなかった祈雨孔雀経法の伝承が流布していたかという問題が新たに浮上した。この問題を解決するために永久五年前後の祈雨法の歴史的背景を検討すべきであるが、詳しくは第五章で考察したい。

註

（1）神泉苑は、十世紀後半までまだ祈雨専修の場ではなかった。寛平八年閏正月二十六日に属星祭（『日本紀略』SZKT 10）、延喜九年十一月七日に老人星祭の攘災儀礼（『扶桑略記』SZKT 12）、天徳四年十二月十七日に天変により息災法の北斗法が苑で実施されたのである（『延喜天暦御記抄』DNS I, 10：811）。だが、十世紀後半以降、神泉苑で祈雨しか行われなくなったことは事実である。

（2）『仏母大孔雀明王経』（T no. 982, 19.416a21–b6）。

（3）『仏母大孔雀明王経』（T no. 982, 19.439a2–4）。第一章第二節も参照。

（4）平川彰『インド・中国・日本仏教通史』（春秋社、一九七七年）一二六頁、一三五～一三六頁、櫛田良洪『真言密教成立過程の研究』（山喜房仏書林、一九七三年）四五頁。

（5）『日本三代実録』（SZKT 4）貞観元年三月十九日条。

（6）『日本三代実録』貞観七年七月十九日条。

（7）『日本三代実録』貞観十七年二月二十四日条。

（8）速水侑『平安貴族社会と仏教』（吉川弘文館、一九七五年）四六～五一頁、七七～八三頁。

（9）横内裕人「仁和寺御室考―中世前期における院権力と真言密教―」（『日本中世の仏教と東アジア』塙書房、二〇

〇八年、初出は一九九六年）四六～四九頁掲載表参照。

（10）『西宮記』「祈雨事」（ST 27：460）。

（11）『東寺長者補任』（ZZGR 2：552）。

（12）孔雀経法は壇法を含む密教修法であり、孔雀経御読経は壇法を含まない読経法会であり、両方を区別しなければならない。孔雀経法については、守覚法親王（一一五〇～一二〇二）撰『孔雀経御修法次第』（阿部泰郎・山崎誠編『守覚法親王と仁和寺御流の文献学的研究』資料篇〔仁和寺蔵御流聖教〕勉誠社、一九九八年所収）参照。神泉苑の孔雀経御読経の構造については、第四章第七節の図4と図5参照。

（13）『日本紀略』（SZKT 11）同日条にも、「於二神泉院（傍註）「苑」一、修二祈雨法一」という記述がある。

（14）『東寺長者補任』（ZZGR 2：489）。

（15）『真言伝』巻第四（DNBZ 106：180）。

（16）『本朝高僧伝』巻第八（DNBZ 102：143）。

（17）十一世紀末に『祈雨法記』（編者不明、ZGR 25-2）、永久五年に『祈雨日記』（醍醐寺僧聖賢撰）と『祈雨記』（勧修寺僧寛信撰）が成立した。本書では、醍醐寺所蔵『祈雨日記』（一一二一年以後の写本、東京大学史料編纂所影写本）、宮内庁書陵部所蔵『祈雨記』（一二一七年写、東京大学史料編纂所影写本）と、尊経閣文庫所蔵『祈雨法私記』（寛信撰『祈雨記』自筆本断簡）の写本を使用した。聖賢撰『祈雨日記』は『続群書類従』二五下にも載っているが、この群書本は聖賢の『祈雨日記』の本文だけではなく、全く別系統の祈雨日記からの加筆も含む。そのために、群書本『祈雨日記』を聖賢撰の『祈雨日記』としては扱えない。これについては、小倉慈司「『祈雨日記』とその増修過程」（『書陵部紀要』第五十一号、一九九九年）に詳しい。

（18）本章に引用する『祈雨記』の文は、史料編纂所の影写本による（註17参照）。

（19）編者不明の『祈雨法記』（ZGR 25-2：306）。

（20）『勝語集』（T no. 2479, 78.218b9-11）。なお、『秘鈔問答』巻第四（T no. 2536, 79.356a7-8）も参照。

（21）『扶桑略記』後篇の根幹材料は『外記日記』であるため（堀越光信「扶桑略記」坂本太郎・黒板昌夫編『国史大系

書目解題』下巻、吉川弘文館、二〇〇一年、三三七頁)、聖宝の祈雨を伝える原文は『外記日記』の文だったと推察される。

(22) 久安元年(一一四五)に編纂された『東寺長者次第』(和多昭夫「寛信撰　東寺長者次第」『高野山大学論叢』第二巻、一九六六年)に、聖宝が神泉苑で孔雀経法を修したとする記事は載っていない。ゆえに、その記事はおそらく久安元年以後に成立したであろう。

(23) 本章第二節第一項参照。

(24) 詳しくは、本章第二節第一項参照。

(25) 延喜十七年と延喜二十二年の場合、資料には実修者の名はみえないが、おそらくそれぞれの年にも東寺一長者を勤めていた観賢が請雨経法の任を担ったであろう。

(26) 『日本紀略』延喜十五年六月二十四日条、『西宮記』「祈雨事」延喜十七年七月十二日条(『貞信公記』抄出)、『貞信公記抄』延喜十九年六月二十八日条、『扶桑略記』巻二十四裏書、延喜二十二年七月十四日条。延喜十七年の例について、神道大系本『西宮記』(朝儀祭祀編二)に「四月」となっているが、正しくは「七月」である(『西宮記』六、前田育徳会尊経閣文庫編『尊経閣善本影印集成』六、八木書店、一九九五年、二八五頁参照)。

(27) 本章に引用する聖賢撰『祈雨日記』の文は、史料編纂所の影写本による(註17参照)。

(28) 『東寺長者補任』第一巻参照。

(29) 『日本紀略』の記事にみえる「阿闍梨」とは、僧職位の「阿闍梨」ではなく、『祈雨法私記』抜粋文の「少僧都観賢為二阿闍梨一」という文からも分るように、伴僧を率いる修法の実修者を指す。古記録にはこの意味での「阿闍梨」の語がよく散見される。

(30) 『東寺王代記』(十五世紀編纂、ZGR 29-2: 30-31)に、観賢が請雨経法を五日間修しても効験なく、延喜十四年五月二十四日より改めて孔雀経法を行った時、子の刻に大雨が降り、二十九日に結願が行われたという記述がある。これも『祈雨記』所載の文の内容を改変・増修した記述であり、事実ではない。

(31) 「同十四年五月二十四日、二十口《ノ》伴侶《ヲ》卒《(率カ)シテ》、神泉苑《ニシテ》祈雨《ノ》法《ヲ》修《ス》、二十七日子剋《ニ》、黒雲厚《ク》閉《テ》、甘雨普《ク》下《ル》、其雨甚《タシクシテ》、

ヨモスカラ休セス、公家助修二十口《ニ》、各々度者一人《ヲ》給《フ》」(DNBZ 106：183)。

(32)『本朝高僧伝』(DNBZ 102：146)。『本朝高僧伝』は観賢伝記の踏襲史料の一つとして「真言伝第四」を挙げている。

(33)『東寺長者補任』(ZZGR 2：490)。

(34)前掲『東寺長者次第』一〇三頁。

(35)『西宮記』「御燈事」(ST 27：137)。また『江家次第』「三月三日御燈事」(ST 29：316) も参照。

(36)『寺門伝記補録』巻第十五 (DNBZ 127) に、仁昭が増命の弟子だということが明記されている。ちなみに、内藤栄氏は、「後七日御修法にみる空海の舎利観について」(『舎利荘厳美術の研究』青史出版、二〇一〇年) の室生山龍穴についての項目において、その時の祈雨の主人公が観賢だと断言している (四二頁)。しかし、これは明らかに間違いである。よって、内藤氏の室生山龍穴についての論も頷きがたい。

(37)『御記』のこの記事の年号は「延喜二十年」でなければならない。なぜなら、増命が大僧都に任じられたのは延喜十六年四月五日だからである (『僧綱補任』巻第一)。

(38)たとえば、『親信卿記』天禄三年 (九七二) 五月十五日条 (東宮御修法結願日) に、「又東宮〔師貞親王〕御修法等、同賜二度者一〔中略〕抑〔藤原〕理兼身彼宮殿上人、至二阿闍梨房一、可レ仰二此由一者」とある。この文は、内裏で修法が行われた際、内裏のどこかに実修者の宿坊が設けられたことを示す。

(39)たとえば、天徳四年十二月十七日に、天変地異の災厄の消除祈願として、内裏で不動法、延暦寺で熾盛光法、神泉苑で北斗法が同時に修されていた (『延喜天暦御記抄』DNS I, 10：811)。なお、応和三年六月二十二日の内裏の孔雀経法は、神泉苑の北斗法と連携して息災のために行われた (『延喜天暦御記抄』DNS I, 11：255)。

(40)『皇代記』(GR 3：189) によれば、延喜十六年に増命が内裏に召されたのは、宮中で菅原道真の怨霊の所為とされる怪異が現れたためだったという。

(41)『扶桑略記』延喜十六年十一月二十六日条。

(42)『扶桑略記』延長元年三月二十一日条。

(43)『日本紀略』延長元年三月二十一日条。

(44)『扶桑略記』巻二十四裏書、延喜二十年八月二十日条。

(45)古記録には、増命が玉体護持のためにどの修法を行ったかは明らかにされていないが、速水侑氏は、延喜年間を境とする天台宗の僧による熾盛光法の盛行を指摘している（『平安貴族社会と仏教』吉川弘文館、一九七五年、四三頁）。よって、増命がしばしば内裏で修した修法は熾盛光法だったかもしれない。

(46)『東寺長者補任』（ZZGR 2：492）。

(47)聖賢は自著『祈雨日記』に、観宿が七月一日に修法を開始したと判断しているが、これはおそらく誤った判断であろう。修法遂行の決定、阿闍梨の指名や、修法の整備（仮屋の建立）などをすべて一日で済ませるということはほぼ不可能に近いからである。

(48)『吏部王記』の引用文は、八省院の御読経と神泉苑の祈雨法が同日に開始したといい、また、『貞信公記抄』はすでに五日より両方の儀礼が行われていたことを記すため、とにかく開始日が「八日」ではないことは歴然としている。

(49)『天台座主記』（校定増補、渋谷慈鎧編、第一書房、一九九九年）三七頁。『本朝高僧伝』巻第四十七（義海伝）にも「奉レ勅修二孔雀経法於神泉苑一、修中得二豪雨一、至二結願日一、勅二任法務一」（DNBZ 103：656）とある。

(50)「如法」とは「如意宝珠法」の略語だが、そのような「如法」が歴史に顕現し、隆盛しはじめたのは十一世紀末からである。よって、天慶八年に義海が宝珠法としての孔雀経法を修したという点は、時代的には早すぎるようにみえる。

(51)割注には「此法」という表記が二回出ている。最初の「此法」が「孔雀経法」を指すということは歴然としているが、二回目の「此法」は「孔雀経法」ではなく「請雨経法」を指していると思われる。為隆は、「孔雀経法」と「請雨経法」を両方「此法」で省略しているのである。すなわち、「延喜十九年、観賢僧正於二此地一行二此法一」の文意は「観賢僧正はこの地、つまり神泉苑において、この法、つまり請雨経法を行った」というものだと考える。実は、『貞信公記』延喜十九年六月二十八日条に観賢が神泉苑で請雨経法を修したということが明記されており、このことからも「此法」が請雨経法だということが証明できる。仮に「於二此地一行二此法一」の文意が「神泉苑において孔雀経法を行った」という意味だとすれば、『永昌記』のその後の文との矛盾が生じる。つまり、もしそのように解釈すれば、為隆の先例調査の結果を受けた朝廷は「改めて議定すべきだ」と判断せず、「延喜十九年の先例によって孔雀経法を修してよろしい」と命令したはずである。しかしそうではないために、「於二此地一行二此法一」の「此法」を孔雀経法として解釈することは難しい。さらに、もし「孔雀経法」の解釈を取れば為隆が神泉苑の修法先例として「孔雀経法」以外に「所見」がないということを報告したということになるが、それも納得しがたい。神泉苑における請雨経法の先例は多いからである。

(52)『三宝院旧記』二十四「雑日記」(DNS III, 8：693–697)。

(53)『日本紀略』天徳四年十二月十七日条、応和三年六月二十二日条。

(54)『後拾遺往生伝』(国文学研究資料館編『往生伝集』訓読・解題・索引篇、臨川書店、二〇〇四年)一七五頁。

(55)当時、祈雨孔雀経法は隆盛してきていたが、それは白河天皇の『孔雀経』の法への特別の信頼とは無関係ではない。詳しくは、第一部第五章第一節第三項参照。

(56)『北山抄』「祈雨事」(ST 28：383)。

(57)請雨経法の一日の実修は、初夜(夕暮れ~真夜中)・後夜(およそ午前二時~六時)・日中(午前十時~午後二時)の三座からなっていた。最初の座(開白座)は、たとえば永久五年(一一一七)に勝覚が子の刻に請雨経法を修しはじめた例が示すように(『永久五年祈雨日記』ZGR 25-2：284)、初夜の時に行われていた。それゆえに、寛治元年八月十日の申の刻に雨が降ってきたのは、請雨経法の開始前であると考えてよい。

(58)『野沢血脈集』巻第一(SZ 39：47)。

(59)仁海は長元五年(一〇三二)六月六日に寛空の霊験譚を源経頼に伝えた(第四章第六節参照)。

(60)『真言伝』(DNBZ 106：196)。

(61)『日本古典文学大系』八四(岩波書店、一九六六年)八〇・八一頁。

(62)『仁和寺御伝』(奈良国立文化財研究所編『仁和寺史料』寺誌編二、奈良国立文化財研究所、一九六七年)一一六・一一七頁。

(63)『東寺長者補任』(ZZGR 2：498)。

(64) 村上天皇が冷泉院から内裏に遷御したのは応和元年十一月二十日である(『日本紀略』同条)。

(65)『日本紀略』天徳四年五月十三日条、『延喜天暦御記抄』同条(DNS I, 10：734-735)参照。

(66)『延喜天暦御記抄』同日条(DNS I, 11：255)。

(67) 上田霊城氏の言葉を借りると、「祈雨は玉体安穏の祈でなく総じて天下法界の御祈祷であるから、請雨経法、孔雀経法(祈雨時)並びに御読経祈雨には後加持なく、また御衣も渡されない」(上田霊城『真言密教事相概説――諸尊法・灌頂部〔下〕』同朋舎出版、一九九〇年、八〇頁)。

(68) 御修法・御読経などの巻数の例を収める「巻数」(『覚禅鈔』)を見れば、そこには「右奉為　太上天皇御息災安穏増長宝寿御願円満」(保延四年〔一一三八〕七月二十五日・北斗御修法、TZ 5：642a12-13)や「奉祈　禅定仙院御息災安穏増長宝寿妖星變現消除解脱」(天養二年〔一一四五〕五月八日、孔雀経御読経、TZ 5：643c3-4)などのような文が多く見られる。これらの場合では「息災」には明らかに「人の息災延命」という意味合いである。なお、『小右記』(DNKR)にも、人の「息災」(無病)のために仏事が行われたという記事が多い(たとえば、治安三年閏三月二十八日条、長元元年九月十三日条、長元三年六月二十七日条など参照)。それゆえに、十世紀の内裏における息災の修法は、現にある諸災害を滅しながら、天皇など皇族の息災無病を祈るためのものだったと考える方が妥当であろう。

(69)『延喜天暦御記抄』同年二月二十一日・四月十日条(DNS I, 10：617, 674)。

(70)『扶桑略記』天徳四年五月四日条・十日条。

(71)『日本紀略』応和三年六月二十五日条。

(72)『日本紀略』応和三年六月九日条。

(73)『東寺長者補任』(ZZGR 2：496)。

(74) 籔元晶「請雨経法と醍醐寺」(『雨乞儀礼の成立と展開』岩田書院、二〇〇二年、初出は一九九九年)一九九頁。

（75）『兵範記』（ZST 22）嘉応元年六月二十九日条。

（76）「天徳四年五月三日、（中略、祈雨読経のこと）（傍註）「仁寿殿孔雀経記事」同十三日辛亥、被レ行二軒廊御卜一、自二今日一以二大僧都寛空一、於二仁寿殿一被レ行二孔雀経法一」。

（77）原文（『御記』）に「同年五月三日辛亥、始レ従二今夜一、於二仁寿殿一、令三大僧都寛空修二孔雀経法一、為二息災一也」（『延喜天暦御記抄』DNS I, 10：734）とある。因みに、寛信も『祈雨記』に『御記』より天徳四年五月三日条～同五月十五日条を引用したが、同十三日条の孔雀経法のことを記載しなかった。

（78）『東寺長者補任』（ZZGR 2：498）。

（79）『長者補任』記載の「炎旱のための孔雀経法」は、記述としては短く、日付が「五月九日」ではなく「五月八日」となっているが、『古今著聞集』同年五月九日の伝承を踏襲しているものだということは間違いないであろう。

第四章　十世紀〜十一世紀における請雨経法の展開

一　天台宗の僧による祈雨法

十世紀初頭に、東寺長者聖宝は神泉苑で祈雨法（おそらく請雨経法）を行い、次いで、その弟子観賢も、東寺一長者として度々請雨経法を実修した（表A）。よって、延喜年間、祈雨法の実修を命ずる朝廷側では、神泉苑での東寺長者による請雨経法の実施が定例化したであろう。

ところが、観賢が延長三年（九二五）六月に寂すると、同年七月に神泉苑で祈雨法を修した僧は東寺長者ではなく、天台僧であった。『祈雨日記』(1)は、『外記日記』からの抄出として、延長三年七月十三日(2)に延暦寺の僧である志全（生没年未詳）が請雨経法を修したという記述を載せる。(3)志全は、中国の僧、慈覚大師円仁（七九四〜八六四）の弟子であり、当時内供奉として勤めていた人物である。彼は、神泉苑で五人の伴僧を率いて、二頭の龍を造って、三日間降雨を祈願した。だが十六日、効験がなかったため志全の修法が二日間延長されたと同時に、寛明親王（後の朱雀天皇）の護持僧《ごじそう》であった天台僧尊意《そんい》（八六六〜九四〇）は、延暦寺で

表A　十世紀における東密祈雨法の実修例（天台僧による祈雨法の例を含む）

年号	僧名	宗派	僧官僧位	神泉苑	延暦寺 （豊楽院）	日数	備考	主要出典
延喜８（908）７・19	聖宝	真言	僧正	（請雨経法）		５	開始日降雨	日本紀略、扶桑略記
延喜15（915）６・24	観賢	真言	少僧都	請雨経法		５	第四日降雨	日本紀略、扶桑略記
延喜17（917）７・12	（観賢）	真言	権大僧都	請雨経法			第二日甘雨	西宮記（４・12は誤記）
延喜19（919）６・28	観賢	真言	権大僧都	請雨経法		５（？）	（７・６降雨）	貞信公記、長者補任
延喜22（922）７・14 ８・３	（観賢） （観賢）	真言 真言	権大僧都 権大僧都	請雨経法 請雨経法		５（２・２）	 降雨により中止	扶桑略記 北山抄
延長３（925）７・13 延長３（925）７・16	志全 尊意	天台 天台	× 大法師	請雨経法	 尊勝法	３（２） ３（７）	不雨 第七日降雨	祈雨日記 日本高僧伝要文抄
延長５（927）７・５	観宿	真言	律師	請雨経法		３（２）	少雨により延行	貞信公記、祈雨記
延長８（930）６・29	尊意	天台	法橋		尊勝法	５	法験	華頂要略、天台座主記
天慶１（938）夏	尊意	天台	少僧都		尊勝法		豊楽院での実修	僧綱補任抄出
天慶２（939）７・15	尊意	天台	大僧都		尊勝法	５	第五日降雨	貞信公記、扶桑略記
天慶８（945）４・17	義海	天台	権少僧都	孔雀経法			真偽不詳	天台座主記
天暦２（948）５・16 ６・13	寛空 寛空	真言 真言	律師 律師	請雨経法 請雨経法			降雨により中止	貞信公記、日本紀略 貞信公記、日本紀略
天暦８（954）５・18	定助	真言	権律師	請雨経法			辞退	祈雨日記
天暦10（956）	？	—	—	請雨経法				祈雨記
応和３（963）７・９	救世	真言	権律師	請雨経法		５（２）	延行中降雨	日本紀略、祈雨日記
安和２（969）６・24	寛静	真言	権少僧都	請雨経法				日本紀略
天禄３（972）６・20	元杲	真言	×	請雨経法		７（２）	結願日降雨	日本紀略
天元５（982）７・18	元杲	真言	権律師	請雨経法		７（２）	第五日大雨	小記目録、日本紀略
寛和１（985）６・28	元杲	真言	少僧都	請雨経法		７（２）	第七日大雨	小右記、日本紀略
寛和２（986）７・？	元杲	真言	少僧都	請雨経法			降雨	日本紀略、扶桑略記
永延１（987）５・24	元真	真言	×	請雨経法			全無雨気	日本紀略、祈雨日記
正暦２（991）６・３	元真	真言	×	請雨経法		７（７）	不降	日本紀略、祈雨日記

仏頂尊勝法《ぶっちょうそんしょうほう》を開始した。そうして、二十一日の夜にいよいよ雨が降った。宮廷は、これが尊意の祈りの成功だと賛美したようである。(4)

以上は『祈雨日記』や『扶桑略記』などから読み取れる経緯であるが、『阿娑縛鈔《あさばしょう》』「諸法要略抄」においては、志全が真言僧の無験により請雨経法を修し、第三日に大雨を降らせたという伝承が載っている。(5) しかし、実際は先に真言僧による祈雨もなければ、志全が成功したわけでもない。つまり、志全の祈雨のきっかけが東密の祈雨の失敗だったという話は根拠のない伝承にすぎない。これはおそらく志全を通じて、東密に対する台密の優位を強調するために作られた言説であろう。(6)

延長三年に次いで、延長五年に観宿が神泉苑で祈雨法（おそらく請雨経法）を行ったが、その後、尊意は延長八年（九三〇）六月二九日(7)と天慶二年（九三九）七月十五日(8)の二回にわたって祈雨のために延暦寺で尊勝法を修し、天慶元年（九三八）の夏にも、大内裏の豊楽院《ぶらくいん》で同法を行った。(9) すなわち、延長五年以後、請雨経法は一時的に行われなくなり、験者尊意による祈雨の尊勝法が盛んに行われたのである。

なぜ観賢の入寂後に真言僧ではなく天台僧が祈雨法勤行の公請を受けたのであろうか。思うに、その背景には観賢死去後の東寺一長者及び僧綱《そうごう》法務（僧綱所の長官）という地位をめぐる継承問題が潜んでいる。

観賢は東寺一長者だけではなく、金剛峯寺と仁和寺の別当、また僧綱法務という職も務めていた。多くの僧職務を一身に帯びていた彼が死去した数日後、六月十七日に、聖宝の弟子権律師延敒《えんじょう》（八六二～九二九）は東寺一長者、同じく聖宝の弟子である律師観宿は金剛峯寺の別当に任じられた。その後、八月九日には延敒はさらに法務に任じられた。しかしその翌日、観宿は東寺の二長者に補任され、そして、その時点で延敒より高い僧官を有していたため、延敒を超えて、一長者の地位を獲得した。(10)

このように、六月～八月の間に東密法務の後任がなかった事実と、八月十日に観宿が延敞を超えて一長者となった経緯から、観賢死去以後、八月十日まで、延敞と観宿との間に対立があったと推察される。[11] そして、この論争は、観宿に一長者、延敞に法務というように、東寺内の最高僧職務を二人に分けることによって治まったとも考えられる。とにかく、この間に東寺の寺務が順調に執行されていなかった。『東寺長者次第』が、八月十日まで延敞が東寺の寺務を執行したか定かではないと記す点も、その推察を裏付ける。[12]

この真言宗内の混乱期に、天台宗の志全が神泉苑で祈雨法を行ったが、これは東密の混乱状態と無関係ではなかったと考えられる。すなわち、この年の夏に旱魃が起こり、朝廷は祈雨法の実修を希望したが、その時に東寺長者に命ずることができず、そのために結局天台僧が祈雨法を実行したことが推察されるのである。

これに関して考慮すべきなのは、朝廷が仏事儀礼の実行者を任命するに当たって、法務が相談役として重要な役割を果たしたという事実である。法務には、僧綱のリーダーとして仏教儀礼について朝廷にアドバイスするという役目があったのである。寛平六年（八九四）～延長元年（九二三）の間には、専ら真言僧がその地位を獲得していたが、[13] 延長元年、法務観賢をアシストするために延暦寺の増命が法務に任じられた。増命は、歴史上天台宗の最初の法務だったのである。そして、この増命は、観賢死去以後、延敞の法務補任まで、一人僧綱を総括していた。よって、東寺一長者及び法務の後継が定まらない間、朝廷と法務増命との交渉により、ついに内供奉志全と護持僧尊意による祈雨法が実行されるに至ったのではないかと推定されよう。

延長六年（九二八）の観宿の死去以後、天暦十年（九五六）の寛空の法務補任まで、真言僧の法務はいなかった。その間、法務の地位は天台宗及び法相宗の僧によって握られていた[14]。そして、その間の内裏における御修法の実修例を調べると、天台僧による実修は三十五例、真言僧による実修はたった四例である[15]。この点から、十世紀中葉に真言宗が弱体化し、天台宗が隆盛したという事実が分かる。

そしてこの状況は密教祈雨法にも影響を与えたようである。要するに、この間に東密による祈雨法の例が見えず、専ら台密が指導する祈雨法しか行われていなかったという経緯の裏に、天台宗が僧綱の法務という地位、及び内裏御修法実修の権限を掌握していたという事実があったのであろう。

ところが、この時代に台密の尊勝法が隆盛したにもかかわらず、その祈雨法が独自の伝統へと展開することはなかった点にも注意すべきである。尊意は少なくとも三回延暦寺で尊勝法を修し、霊験を見せて、偉大なる験者として朝廷の崇拝を集めていた[16]。しかし、それにもかかわらず、この僧が天慶三年（九四〇）に死去した後は、延暦寺における祈雨法は遂行されなくなった。そして天慶八年（九四五）に天台僧義海が指導した神泉苑の祈雨事例を経て、天暦二年（九四八）の寛空の実修をもって東密による神泉苑の請雨経法が復活した。要するに、延暦寺における祈雨は、ついに定着しなかったのである。

なぜ台密固有の祈雨法の伝統が樹立されなかったのか。おそらくこれは国家的祈雨法を行うためには、延暦寺より宮廷社会に近い神泉苑の方が重要視されたからであろう。朝廷にとって祈雨法の実施は徳政の一環として大事で、祈雨霊験は朝廷の徳政を端的に証明するものとして珍重された。よって、朝廷にとって、平安宮に近い、王権を象徴する神泉苑での祈雨は、延暦寺における祈雨よりシンボリックだったであろう。

また神泉苑での祈雨の権限は、どうも東密に握られていたようである。天慶八年の義海の祈雨事例はあるものの、これは実態不明の例外であって、以後、やはり真言僧による請雨経法の遂行が再開された。おそらくその時の朝廷側では、何らかの理由——もしかすると空海請雨伝説への信仰——により、神泉苑における祈雨を東密の僧侶に委託すべきだという意識が揺らぎにくいものとなっていたのであろう。

二　救世と元杲の請雨経法

天暦二年に寛空は神泉苑で請雨経法を修したが、その後、彼がこの法を修した再度の事例は資料上見当たらない。しかし、寛空が東寺長者を勤めた時期に、彼の弟子である救世《くせ》（八九〇〜九七三）と寛静《かんじょう》（九〇一〜九七九）による実修例が確認される。そして、寛空が寂した後、今度もう一人の弟子である元杲（九一四〜九九五）が神泉苑で請雨経法を行った。

本節では、請雨経法の歴史について注目すべき事例として、特に救世と元杲の祈雨について考察したい。まず、救世の請雨経法の実修を見よう。この祈雨について『祈雨記』には次の記事がある。

〔応和三年〕七月五日乙卯、〔中略〕陰陽寮択二申請雨経法日文一、仰二定九日一、六日丙辰、〔藤原〕佐忠申、権僧正寛空申下送有レ所レ煩不レ能レ修二請雨経法一事上、仰レ令レ問三可レ修二阿闍梨一、令レ申下宗僧綱目可二勤仕一寛静慥伝受之由上、仰レ令レ請二寛静一、々々又令レ申二障由一、又仰レ令レ請二権律師救世一、九日己未、〔中略〕又於二神泉苑一、令下権律師救世修中請雨経法上、限二五箇日一、十二日壬戌、雷始レ鳴、及二午終一聲止、雨不レ濕（地イ）レ物晴（了イ）、十四日甲子、令下蔵人雅材伝中仰民部卿藤原々々（朝臣）〔在衡〕上云、権律師救世修二請雨経法一、始限二五日一、而救世令レ申下七箇日可レ修之由啓二白仏一已了、今縮（令イ）二其日数一不レ可レ然之由上、仍令レ問二始仰事由一、右中弁佐忠申、仰二五箇日可レ修由一、随二進其支度一、昨日依レ仰以レ相二当神事一不レ延レ日之由令二仰示一、而所レ申如レ此、〔中略〕所レ修在宮外、被レ延レ日行可レ宜、仰依二定申一、延二二日一令レ修レ之、十

六日丙寅、申刻雨降、入夜風起雨澍、

この記事（おそらくは『村上天皇御記』の抄出）によれば、その年の夏に寛空は請雨経法を修するように命じられたが、本人は「煩い」（病気）により辞退し、代わりに弟子寛静を推挙した。しかし、寛静も辞退し、結局寛空のもう一人の弟子救世がその勤を担うこととなった。

救世の祈雨は、五日間に限られていた。だが、その間に雨を降らせることができなかったため、救世は修法の延長を依頼した。彼は、「修法の開始時に七日修することをすでに仏たちに啓白したため、日数を縮小し、祈雨を終わらせることは相応しくない」という巧みな口実で祈雨の延長を申請したが、それが神事と重なるために一旦拒否された。しかし、それを聞いた村上天皇は、仏事の祈雨の施行場所が宮中の外であることから、結局二日間の延長を許可した。延長したの二日目の日の夕方（これはおそらく結願終了の直後だが）、雨が降った。これで救世はやっと失敗の恥を逃れることができたのである。

ちなみに、応和三年まで、延長が可能でも、朝廷が定める請雨経法の期限は原則として三日または五日であった。だが、応和三年以後、基本的な期限は七日間に拡大された。これはおそらく応和三年の救世の主張による変化だと考えられよう。

次は、元杲の祈雨事績について述べよう。元杲は、醍醐寺僧元方（生没年未詳、上醍醐延命院開基）と淳祐（八九〇〜九五三）の弟子であるが、仁和寺別当・香隆寺開基寛空からも伝法灌頂《でんぽうかんじょう》を受け、寛空の推挙によって伝法阿闍梨位に付いた僧である。(17)

元杲は、天禄三年（九七二）に請雨経法を修するように朝廷の依頼を受けた。法流の面から見て、その依頼は少しも不思議なものではない。元杲は、請雨経法を相伝し、実修したことがある寛空の付法弟子だからである。しかし、以前に請雨経法を実修した真言僧がみな修法実修時に僧官を持っていたのに対して、元杲が無官の僧として祈雨を行ったという点は他と異なり注目される（表Ａ参照）[18]。しかも、同年に元杲の上臈として一長者救世と二長者寛静という請雨経法の経験者がいた[19]。つまり、なぜ救世あるいは寛静ではなく、凡僧の元杲が請雨経法を勤行したかということに問題があるのである。

高僧ではなく凡僧が祈雨法を修したことの裏に、まず、高僧が祈雨を辞退し、代わりにより下位の僧を推挙したという事情があったと察せられる。たとえば、応和三年に、寛空が病により請雨経法の実修を辞退した時、彼は請雨経法の実修者として自分の弟子で、僧官を持たない寛静を推挙した。その年に寛静も病気を理由に辞退し、結局有官の救世が請雨経法を実行したが、もし寛静が命を受け入れていたならば、すでにその時に無官の僧が神泉苑の祈雨法を行ったことになったであろう。天禄三年に無官の元杲が祈雨法を実行した背景にも、救世または寛静という上臈《じょうろう》の辞退・推挙があったことが想像される。

ところが、朝廷が上位の僧ではなく、より下位の僧に祈雨法の命を下したのは天暦八年（九五四）にも起きていた。同年五月十八日、醍醐寺座主・権律師定助《じょうじょ》（八八八〜九五七）が内裏の二間で観音供を修した日、村上天皇は彼に請雨経法を修するように命じた。定助は、観賢の弟子・醍醐寺座主一定（八八〇〜九四五）の付法弟子であり、おそらく一定より請雨経法の伝を授受した僧であった。しかし、定助は「当宗上臈僧綱多数、仍不㆑能㆑専㆓一供奉㆒」と言い、真言宗には上位の僧が多いため、朝廷が下位の自分に専心することは相応しくないと述べて、請雨経法の実修を辞退した[20]。確かに、定助の上臈として、請雨経法を実修した経験がある一長者・権少僧都寛空がいた。寛空が先に依頼され彼の辞退により定助に依頼された可能性もあるものの、直接定助に依頼したことも考えられる。

このように祈雨法の命が定助や元杲など下位の僧に回されるようになったことは、もしかすると祈雨無験という危険性に起因するかもしれない。例えば、寛空は神泉苑の祈雨法に失敗したといわれている（第三章第三節）。また、応和三年に救世も期限以内に雨を降らせることができないという問題に遭遇した。無験の恥を逃れるために、延長を申請したが、その許可を蒙るために、特別な口実を設けなければならなかった。

神泉苑の祈雨法は、真言宗の開祖空海が初めて修し、大成功に終わらせた修法だと伝えられているため、同法を行う空海の後継には、宗祖と同じく霊験を見せることが期待されていた。しかし、祈雨日数は朝廷によって制限させられたため、当然に無験の危険があった。そして、真言宗の高僧が失敗すれば、それは無論その高僧の名声だけではなく、広く真言宗の威信の損害を招くことになる大きな問題である。そのために、寛空や救世など、高僧が祈雨法を修しても験を見せることができないという事件が連発してきたこの時期に、祈雨法の命が凡僧に回されるようになったことは、ある意味では当然だといえる。

なお、祈雨法の依頼を受けた定助と元杲が醍醐寺僧だということも注目される。推察の領域を出ないが、もしかすると朝廷側には、寛空と救世が属していた仁和寺——宇多法皇が居住していた高貴なる寺院——関係の僧侶ではなく、過去に明白な祈雨霊験を発揮することができた観賢の法流を汲む醍醐寺僧に祈雨法の依頼を下すべきだという思惟があったかもしれない。

ともかく、天禄三年に神泉苑で請雨経法を修したのは、高僧ではなく、凡僧の元杲であった。彼は、七日間降雨を祈願しても効験がなかったが、二日延長し、結願儀礼を行ったところ、風が吹かなくても神泉苑の南門が転倒し、その次に突然に大雨が降りだした。これが事実を反映しているならば、失敗の間際に急に大成功となったという神秘的で、劇的な祈雨であっただろう。朝廷は、祈雨の成功に喜び、賞として、二十人の伴僧に各々年分度者一人を下賜した。(21)

元杲は天元五年（九八二）七月に再び請雨経法を修し、改めて成功を遂げた。今回朝廷の称賛はさらに大きく、年分度者という賞のほかに、元杲を権少僧都という僧官に任じた。(22) 空海が祈雨で少僧都に補任されたということは伝説で事実ではないため、僧官の祈雨勧賞を受けたのは元杲が初めてだったかもしれない。しかも、元杲は、権律師から律師へではなく、直接に権少僧都に補任されたようである。あるいはこれは空海の少僧都補任伝承をふまえた上の昇任だったかもしれない。

ところが、元杲の祈雨及び勧賞について、次の問題がある。それは後世に、彼が祈雨法の実修後に毎回僧官の勧賞を蒙ったと誇張されていたという問題である。たとえば、『祈雨日記』に引用される『仁海僧正記』抄出記事によれば、元杲は康保年間（九六四〜九六八）に祈雨賞で律師に任じられたという。(23) しかし、元杲が権律師に任じられたのは、天元四年（九八一）十月二十六日である。(24) ゆえに、『仁海僧正記』の説は正しくなく、元杲の律師補任が祈雨賞によるものだった確証はない。

さらに、『祈雨日記』・『祈雨記』に引用される『仁海僧正記』のほかの抜粋文によれば、元杲が寛和元年（九八五）十二月に祈雨の賞をもって、故師元方に大僧都の僧官を贈るように願ったという。(25) しかし、この贈官のことを、寛和二年（九八六）のこととして興福寺本『僧綱補任』二裏書に記載されている同事件と比べると、

十二月廿五日、玄蕃寮牒云、今月廿五日符偁、得二権大僧都元杲奏状一云、故師伝灯大法師元方、以二自職一奉レ譲、然

則本位之上加二一階一、省二権字一停二所帯一、以二先師一被二〔任脱ヵ〕大僧都一者、左大臣〔源雅信〕宣、奉レ勅、不レ停二本職一、殊以依レ請者、[26]

とあるように、祈雨の賞は言及されず、元杲の辞職と先師への贈官は祈雨賞ではなく、彼自身の意志によるものだったように見受けられる[27]。

このように、『仁海僧正記』という書に、真否不明の元杲の祈雨勧賞事例が記されたことが分かる。この書の記主である仁海（九五五～一〇四六）は、元杲の弟子であるが、明らかに先師の昇進をすべて祈雨賞と結びつけようとする傾向があった。それはなぜかについては、後に本章の第六節で考察することにしたい。

三　仁海の祈雨経歴

元杲の後、その弟子である元真（?～一〇〇八）が二回請雨経法を修した。しかし、元真は毎回法験を見せることができなかった。結局、彼は長徳二年（九九六）に、二回の無験という恥により九州の寺院に移住した。その時代に、祈雨の無験が僧歴に決定的な影響を及ぼしていた事実をよく例証するケースである。

しかし、十一世紀に入って、寛仁二年（一〇一八）に、元杲のもう一人の弟子である仁海が請雨経法を行うこととなり、大成功をおさめた。彼は、寛仁二年の実修を含めて九回も請雨経法を修し、毎回効験を見せたといわれている。その祈雨霊験がただならぬ様であったため、仁海が世に「雨僧正」と呼ばれたことは、周知のところであろう。

仁海の祈雨功績は密教学でよく知られているところであるが、彼が九回も請雨経法を修し、毎回霊験を見

表B　十一世紀における東台密祈雨法・神泉苑祈雨読経事例の一覧

年号	僧名	法流	長者座主	神泉苑	東寺	醍醐寺	比叡山	日数	備考	主要出典
長和5（1016）6・9	深覚	広沢	前長者	読誦				7	『請雨経』と『孔雀経』の読誦（個人的祈雨、降雨有り）	小右記、日本紀略
寛仁2（1018）6・4	仁海	小野	×	請雨経法				7（2）	第六日降雨	小右記、日本紀略、祈雨記
長元5（1032）5・1	仁海	小野	(①)	請雨経法				7（2・5）	少雨（無験）	左経記、祈雨記、祈雨日記
長元6（1033）5・14	仁海	小野	(①)	請雨経法				7	第五日雨普潤	日本紀略、祈雨記、祈雨日記
長久4（1043）5・8	仁海	小野	②	請雨経法				7	第六日大雨	扶桑略記、祈雨記、祈雨日記
寛徳2（1045）7・12	仁海	小野	②	請雨経法				7（7）	高齢により曼荼羅寺にて実修（第十日降雨）	祈雨日記、祈雨記
永承2（1047）7・?	深観	広沢	①		孔雀経法					真言伝
治暦1（1065）5・23	?	—	—	●				3		扶桑略記
6・15	成尊	小野	×	請雨経法			水天供	7	第三日降雨	時信記、祈雨記、真言伝、小野類秘鈔
治暦2（1066）7・19	長信	広沢	②	●				?（2）		祈雨記
治暦3（1067）6・25	済延	広沢	②		孔雀経法				不雨	東寺長者補任、東宝記
永保2（1082）7・11	信覚	広沢	①	●				3（2）		祈雨日記
7・16	範俊	小野	×	請雨経法				7（2）	不雨	扶桑略記、祈雨日記
7・28	信覚	広沢	①		孔雀経法			7（7）		祈雨日記
寛治1（1087）7・29	定賢	小野	①	●				3（6）		祈雨日記
寛治1（1087）8・10	義範	小野	③	請雨経法				3	霖雨により第三日結願	祈雨日記
寛治3（1089）5・13	増誉	天台	法務	●				3（6）		後二条師通記、東寺長者補任、華頂要略
5・21	定賢	小野	①		孔雀経法		(水天供)	7	水天供の実修場所は不明	中右記、祈雨日記
6・?	良真	天台	座主				薬師法	7（7）		定賢法務祈雨日記
7・9	定賢	小野	①			孔雀経法		7（7）		祈雨日記、定賢法務祈雨日記
永長1（1096）6・13	?	—	—	●				3（4）		後二条師通記、中右記
6・26	勝覚	小野	×	請雨経法				中止		後二条師通記
承徳1（1097）6・19	経範	広沢	③	●				2		三宝院旧記
康和1（1099）8・8	経範	広沢	③	●				3（6）		三宝院旧記、本朝世紀

1．長者項の①は一長者、②は二長者、③は三長者、×は非長者を示す

2．神泉苑項の●は孔雀経御読経を示す

せたという話は、どの程度まで信頼できるかについては、まだ十分な検討がなされていない。そこで、本節ではその祈雨の経歴を再確認したい。

仁海が九回祈雨法を実修したと伝える最も古い資料は、『祈雨記』である。『祈雨記』の著者寛信は、仁海が九回祈雨法を修したと記し、その内の七回が資料で確認できると述べた[28]。七回の事例とその踏襲資料は、左記の通りである。

寛仁二年（一〇一八）六月四日（踏襲資料不明）
万寿五年（一〇二八）四月十二日（綸旨）
長元五年（一〇三二）五月一日（『小野僧正記』）
長元六年（一〇三三）五月十四日（踏襲資料不明）
長暦二年（一〇三八）六月十四日（綸言）
長久四年（一〇四三）五月八日（『小野僧正記』）
寛徳二年（一〇四五）七月十二日（綸言）

その七つの事例の内、寛仁二年、長元五年、長元六年、長久四年と寛徳二年の実修については、史書・古記録でも確認されるため（表B参照）、史実と認めてよい。ただし、万寿五年と長暦二年の祈雨の信憑性については、疑問である。

まず、万寿五年の祈雨について考えよう。この祈雨の踏襲資料は、古記録の記事ではなく、綸旨である。その綸旨の内容は、『祈雨法私記』（寛信撰『祈雨記』自筆本断簡）によれば、次の通りである。

（朱書傍註）「此度子細諸家記可レ尋二勘之一」蒙二綸旨一云、日光焦レ畝、月潤永絶、人民懐愁、皇情仰天、仍任二祖師古跡一、従二（朱書傍註）「請雨経法、仁海律師」明日一引二率廿口助修法侶一、
建二嘉会壇於神泉之池辺一、修二請雨法於仏海之誓水一者、綸旨如レ此、以レ一察レ万如レ件、

万寿五年（左傍註）「可レ尋レ之」四月十二日　左中弁（三字抹消）「重□□」（右傍註）「重尹歟」（左見せ消ち）「経輔」(29)藤原　奉勤奉

仁海律師房

及二第六日一降雨掲焉、任二僧都一兼二法務一（左傍註）「賞事仁海彼書付歟」

この綸旨は、左中弁藤原何某の官人が仁海に下したもののようである。しかし、編者寛信は、綸旨を引用するに当って「経輔」の名を入れて消し、その横に「重尹」の名を注記した。この改変は、万寿五年に藤原経輔（一〇〇〇～一〇八一）は左中弁を勤めず、彼がその職務に就任した時期は長元二年（一〇二九）～長暦二年（一〇三八）の間であったためであろう。しかしながら、左中弁の名を藤原重尹（九八四～一〇五一）に改変したのも、万寿五年という年号を取るならば、正しくない。万寿五年の左中弁は源経頼（九八五～一〇三九）であり、藤原氏の人ではなかったからである（左中弁一覧表）。

長暦二年の祈雨についても同じ問題がある。まず、この祈雨の踏襲資料である綸言を『祈雨記』から引用しよう。

長暦二年、蔵人頭〔筆者注・以下欠文か(30)〕

被二（朱書傍註）「今年子細可レ尋二諸家記一」綸言一云、炎気日増、雨雲永隠、田水忘レ溝、農業納レ鍬、皇情御歎、相二同楊代一、爰聞、無熱池泉通二神泉一、
阿耨龍水移二法水一、加レ之移請者弘法祖師之慈悲願力、応住者善如龍王之利生誓身、仰而仰レ之、憑而憑レ之、仍任二先
例一、率二廿口伴僧於大師霊験古跡一、可レ被レ勤二修（朱書傍註）「請雨経法、仁海（見せ消ち）「僧都」法印」請雨法〔経脱イ〕一也者、綸旨如レ此、悉レ之、

六月十四日左中弁源

勤奉　　仁海法印房任二権僧正一、至二于第七日一終日降雨（左傍註）「権字並任二僧正一之日相二違補任一、可レ尋レ之」

この綸言は、長暦二年に左中弁源何某の官人によって仁海に渡されたようである。しかし、長暦二年という年号が正しければ、綸言に源の姓ではなく藤原の姓があったはずである。なぜなら、長暦二年六月二十五日までは藤原経輔が左中弁を勤めていたからである（左中弁一覧表及び註30参照）。したがって、綸言に左中弁源何某の名が出ているため、その綸言に付された長暦二年という年号が正しくないことは明瞭である。

以上の綸旨が果たして何年に発布されたかについては、判断が難しい。まず、誤写の可能性がある。また、朝廷が祈雨の綸旨を発付しても、辞退や、降雨による祈雨法の中止などで、その祈雨が実行されず、歴史書に記されてこなかった場合もあったであろう。そのために、綸旨が何年に出されたかはもはや知ることができない。

さらに、寛仁二年〜長元五年の間にも、長元六年〜長久四年の間にも、請雨経法の実修はなかったと考える。それは次の論証による。

長元六年の実修について、『沢鈔』には「今仁海蒙㆓宣旨㆒三箇度、祈雨霊験毎度揚焉[31]」という仁海の言葉がある。つまり、その年の祈雨は三回目であったという。よって、万寿五年の説は間違いであろう。さらに、長久四年の祈雨に関して、『厚造紙』所収の『祈雨法日記』には、「〔同年五月〕十三日天陰降㆓大雨㆒、仍為㆑賀参㆓向僧正㆒談云、上代人尚難㆓降雨㆒、然而仁海修㆓此法㆒既四箇度、毎度有㆓感応㆒、（後略）[32]」という文がある。すなわち、長久四年の祈雨の遂行は四回目であったのである。これにより、長暦二年に請雨経法が勤修されたということも、おそらく事実ではないと考えられよう。

左中弁一覧表（『弁官補任』により作成）

1018〜1020	藤原経通
1020〜1023	藤原重尹
1023〜1029	源経頼
1029〜1038	藤原経輔
1038〜1039	源資通
1039〜1043	源経長
1043〜？	平定親

上掲の二つの綸旨は、同じく年号を万寿五年と長暦二年としたものとして、聖賢撰『祈雨日記』にも載っている。そして編集者聖賢は、『祈雨記』の著者寛信と同様に、左中弁の名を知らず、それが誰であるか推察していた。しかし、その推察は、万寿五年と長暦二年という年号を採用しているため、実際の補任とは合わない[33]。

なぜ寛信と聖賢は左中弁の名を知らないまま、明らかに間違っている年号に拘っていたであろうか。これはおそらく二人が、万寿五年と長暦二年における仁海の僧綱での昇任を意識し、その昇任が祈雨法の賞によるものだったと信じていたからであろうと考える。

まず、仁海の僧歴を『僧綱補任』・『東寺長者次第』によって確認しよう。

長保二年（一〇〇〇）八月二十九日	伝法阿闍梨位
長和四年（一〇一四）一月十八日	東寺凡僧別当
寛仁二年（一〇一八）八月十四日	権律師（祈雨賞）
治安三年（一〇二三）十二月二十九日	権少僧都・二長者
長元元年（一〇二八）十二月三十日	少僧都・権法務
長元四年（一〇三一）十二月二十六日	権大僧都
長元六年（一〇三三）十二月二十二日	大僧都・法印（祈雨賞）
長暦二年（一〇三八）六月十八日	僧正（大僧正永円の辞職による）

寛信と聖賢は、『僧綱補任』を参照することができたようであり、仁海が万寿五年（長元元年）と長暦二年

に昇任したということを知っていた。なお、彼らは、「及二第六日一降雨掲焉、任二〔少〕僧都一兼二法務一」（万寿五年の件）や「任二権僧正一、至二于第七日一終日降雨」（長暦二年の件）と記し、仁海のこの二回の昇任が祈雨賞に基づいていたと考えていた。しかし、それと同時に、二人は祈雨賞のことが定かではないということも承知していた。たとえば、聖賢は万寿五年の綸旨について『祈雨日記』で、

> 権少僧都仁海、補任云、十二月卅日兼二法務一、同日為レ正、如二補任一者、止二権字一者、歳暮大僧事之次〔ママ〕次第転任也、法務相二並禅林寺僧正〔深覚〕一補レ之、宗二人稀代例也、若追二蒙雨賞一歟、可レ尋レ之、（ZGR 25-2：228）

と述べている。すなわち、彼は万寿五年の仁海の少僧都昇任がただ年末の僧綱補任の転任にすぎなかったことを知っていたが、真言宗に同時に二人の法務（深覚と仁海）がいるという異例さから、仁海の法務補任が祈雨賞によるものだったのではないかと推察していたのである。

長暦二年についても同様である。寛信と聖賢はともに、長暦二年の出来事として、仁海が祈雨法を修し、第七日目に雨を降らして、その賞で権僧正に任じられたと記している。そして、同年六月十八日に仁海が権僧正を経ずに直接に僧正に任じられたことも『僧綱補任』より引用している。[34] 彼らは、仁海が権僧正を経ずに直接に僧正に補任されたという越任が祈雨賞によるものだったのではないかと考えていたに違いない。しかし、実際は、その時の仁海の補任は祈雨賞ではなく、ただ同日の大僧正永円《えいえん》（九八〇～一〇四四）の僧官辞退による転任にすぎなかったのである。[35] この際、仁海だけではなく七人の僧が同時に昇進したのである。

要するに、寛信と聖賢は、仁海が九回も祈雨法を修したという伝承を信じ、さらに仁海が万寿五年と長暦二年に昇任したということを知り、その昇任が祈雨賞によるものだったと考えていたが、それは彼らの単な

る思いこみにすぎなかった。そして、その思いこみから、年号不明の綸旨に万寿五年・長暦二年の年号を付してしまったのである。

結論を言えば、仁海が七回または九回請雨経法を実修したということは誇張にすぎず、五回とする方が妥当である。そして、十二世紀初頭の小野流僧は仁海の僧綱での昇任が専ら祈雨賞によるものだったと憶測していたが、これも事実ではない。仁海が寛仁二年と長元六年に祈雨賞で僧綱において昇任したということは事実であるが、ほかの昇任の件は、別の理由によるものであったと考えた方がよい。

それにしても、仁海は五回まで請雨経法を修したということで、その回数は管見できるかぎり歴代の請雨経法実行者のなかでも最も多いため、彼が後世に「雨僧正」と称されたことは、決して理由のないことではないといえる。

四　請雨経法と五龍祭

仁海以降の請雨経法の歴史について考察するならば、この法と五龍祭との密接な関係に触れなければならない。

『西宮記』に「仰二陰陽寮一於二北山十二月谷一祭二五龍一（或於二神泉一）」とあるように、平安時代の国家的祈雨儀礼のなかに五龍祭という陰陽道の祭祀があった。その祭祀は、北山の十二月谷または神泉苑で執り行われた。十二月谷は、『祈雨記』によれば「しわすたに」と読まれ、平安京北西、仁和寺の後ろにある場所だったという。その場での五龍祭の初見は、『日本紀略』延喜二年（九〇二）六月十七日条である。神泉苑における実施

表C　五龍祭と神泉苑における東密祈雨（請雨経法・孔雀経御読経）

年号	神泉苑	北山	場所不明	出典
延喜２（902）		6.17：五龍祭		日本紀略、扶桑略記
延喜４（904）		7.8：五龍祭		日本紀略、扶桑略記
延喜５（905）			7.18：五龍祭	日本紀略
延喜８（908）	7.19：祈雨法（請雨経法）		7.6：五龍祭	日本紀略、扶桑略記
延喜15（915）	6.24：請雨経法	6.24：五龍祭		日本紀略、祈雨日記
天慶２（939）			7.2：五龍祭	貞信公記
天慶６（943）			5.？：五龍祭	北山抄
天暦８（954）	5.18：請雨経法（中止）		5.23：五龍祭	祈雨日記
天徳４（960）	7.25：雩祭（五龍祭）			日本紀略、祈雨日記
応和１（961）			6.28：五龍祭	日本紀略
応和３（963）	7.9：請雨経法		7.13：五龍祭	日本紀略、祈雨日記
安和２（969）	6.24：請雨経法	6.24：五龍祭		日本紀略
天元５（982）	7.18：請雨経法		7.10：五龍祭（議定日）	日本紀略、小右記目録
正暦２（991）	6.3：請雨経法		6.14：雩祭	日本紀略、祈雨日記
寛弘１(1004)			7.14：五龍祭	御堂関白記
寛仁２(1018)	6.4：請雨経法、五龍祭			小右記、左経記
長元６(1033)	5.14：請雨経法　5.19：五龍祭			日本紀略、祈雨日記
長久４(1043)	5.8：請雨経法　5.16：五龍祭			扶桑略記
治暦１(1065)	6.15：請雨経法　6.19：五龍祭			扶桑略記、時信記
永保２(1082)	7.16：請雨経法　7.20：五龍祭			扶桑略記、祈雨日記
寛治１(1087)	8.10：請雨経法（降雨により五龍祭中止）			爲房卿記、祈雨日記
寛治３(1089)	5.13：孔雀経御読経　5.20：五龍祭			後二条師通記、中右記、祈雨日記
永長１(1096)	6.13：孔雀経御読経　6.22：五龍祭			後二条師通記、中右記
天永３(1112)	6.25：孔雀経御読経　6.？：五龍祭			中右記、殿暦
永久５(1117)	6.14：請雨経法（降雨により五龍祭中止）　6.29：五龍祭			殿暦、永久五年祈雨日記
大治３(1128)	6.22：五龍祭　6.28：孔雀経御読経			中右記目録、東寺長者補任
大治５(1130)	7.13：孔雀経御読経、五龍祭			中右記、長秋記
嘉応１(1169)	6.25：孔雀経御読経　6.29：五龍祭			平範記、祈雨日記
建久２(1191)	5.13：五龍祭　5.14：孔雀経御読経			玉葉
建久５(1194)	7.16：孔雀経御読経　7.19：五龍祭			玉葉
建保３(1215)	6.7：請雨経法、五龍祭			百錬抄、東寺長者補任
仁治１(1240)	7.3：五龍祭　7.8：請雨経法			百錬抄、平戸記
宝治１(1247)	6.9：請雨経法　6.16：五龍祭			葉黄記、百錬抄
文永10(1273)	7.10：請雨経法　7.16：五龍祭			吉続記、東寺長者補任

の初見は、『日本紀略』天徳四年（九六〇）七月二十五日条の「雩祭《うさい》」である。

十世紀に、五龍祭が請雨経法と同日に開始した場合があっても、この二つの祈雨儀礼が同時に神泉苑で修された形跡はみえない（表参照）。確かに、十世紀には祭祀場所が不明な五龍祭の事例も多いが、おそらくはその場所は北山だったであろう。そもそも、十世紀には請雨経法と五龍祭はそれぞれ異なる道を辿って展開したと考えてよい。

ところが、十一世紀になると、五龍祭は神泉苑で行われることが定着し、しかも、請雨経法と同時に行われるようになった。神泉苑で同時に行われた初見は寛仁二年、仁海が初めて請雨経法を修した時であった。その時、安倍吉平（九五四？～一〇二七）は、請雨経法が開始した同じ日に、神泉苑で五龍祭を執行した。請雨経法は普段初夜の時に開始され、五龍祭は通常夜に行われていたため、寛仁二年に密教と陰陽道の祈雨がほぼ同時に始行されたと考えられる。

しかし、寛仁二年以後の五龍祭は、請雨経法開始日と同日に始行されなくなり、大体請雨経法開始以後の日に実施されるようになった。つまり、寛仁二年に仁海と吉平が同じ目的を果たすために協力したようにみえるが、その後、両方の儀礼をできるだけ個別に実行させようという傾向があった点が見受けられる。守覚《しゅうかく》（一一五〇～一二〇二）が書いた『請雨経御修法次第』によれば、請雨経法の阿闍梨の奏聞を経て、五龍祭は修法の第五日目から実施されるべきだという。(36) 要するに、五龍祭が修法の開始日より後の日に行われるようになったのは、おそらく真言僧の要望によるものであった。

これについて『祈雨記』（「蔵人頼仲記」引用）には関連するエピソードが記載されている。それによれば、仁海の弟子成尊（一〇一二～一〇七四）が治暦元年（一〇六五）六月十五日から請雨経法を実修した際、雨が降り出した同十七日に、朝廷は陰陽寮頭賀茂道平に五龍祭の執行を命じた(37)。しかし、道平は、準備が整っていないために辞退した。そこで、五龍祭を十九日、つまり開始日より五日後に施行させることが決定されたが、その日も道平にとって望ましくなかった。その理由は、五龍祭を十九日に行わせることは真言宗の要望であり、道平の希望ではなかったからである。実は、成尊はその時、「祖師被レ修二此法一及二第五日一龍王顕現」と述べ、伝説において空海が祈雨を行った第五日目に龍神が示現したと主張した。つまり、成尊にとっては、五龍祭が始まるべき日は、すでに東密の霊験（龍の示現＝降雨）があった後でなければならなかったのである。朝廷は、成尊の指摘に従うべきだと判断し、道平に十九日に五龍祭を遂行させたのである。

　道平にとっては、真言僧の要望に従わなければならない状況は不満であった。したがって、彼は五龍祭を密教修法から独立した祈願として意識していたであろう。これに対して、成尊が持ちだした龍神の伝承からは、真言僧が陰陽師による祭祀を修法に従属するものとして見做していたことがうかがえる。要するに、神泉苑で密教と陰陽道の祈雨儀礼が同時に行われていたということは日本宗教史上注目すべき現象であるが、にもかかわらず、密教僧と陰陽師がいつも積極的に協力し合っていたとは言い難い。彼らは自分の儀礼の独立性を意識していたために、時に互いに対立し、競争したこともあったと考えるべきであろう。

五　深覚の祈雨とその背景

　さて、ここで仁海が祈雨法の験者になる前の時期に戻り、長和五年（一〇一六）に起きた、祈雨の歴史上のみならず、真言宗の歴史においても重要な祈雨事例について考察したい。それは、真言宗の深覚《じんかく》（九五五

〜一〇四三）による個人的な祈雨である。

まず、その事情と背景について述べよう。長和五年六月九日、藤原師輔（九〇八〜九六〇）の息子である深覚は、自分の意志から神泉苑へ向かい、そこで祈雨を行った。詳しくいえば、『小右記』によると、六月八日の夜、深覚は弟の内大臣藤原公季（九五七〜一〇二九）の邸宅である閑院に宿し、九日の朝早く、天下炎旱のため、閑院から一人か二人の僧侶を率いて神泉苑の池へ向い、乾臨閣の遺跡（乾臨閣はその時にもうなかったようである）で、『請雨経』と『孔雀経』を読経した。よって、深覚は、壇法を含む請雨経法あるいは孔雀経法ではなく、ただ野外で経典の読誦を行っただけである。

深覚は朝廷の命令がなくても神泉苑で祈雨をしたいという意志を藤原公季に伝えたが、公季は失敗があれば人に嘲られる恐れがあることを心配して、彼を止めようとした。しかし、深覚は弟の忠告に従わず、結局神泉苑での祈雨を断行した。

九日、午の刻（午前十一時〜午後一時）に深覚は神泉苑から閑院に帰り、そこで食事をした（神泉苑で食事をすることはできなかったようである）。その後、今度は閑院でさらに祈雨を行い続けた。すると、同日午後三時頃に大雨が降った。その後、深覚は神泉苑に向かわず、翌日十日から本寺である禅林寺で祈雨の勤めを続けた。ただ、十五日に再び神泉苑に行って、そこで結願の儀礼を行った。

『小右記』の記主藤原実資《さねすけ》（九五七〜一〇四六）は、同十二日に深覚の祈雨のことを摂政藤原道長（九六六〜一〇二七）から聞いた。そこで、同十九日に深覚に面会し、祈雨の子細を尋ねた。深覚が個人的に神泉苑で祈雨を行ったことは驚くべきことだったはずであり、それゆえ実資は深覚にその理由を聞きたかったのであろう。深覚は、自分の行為を次のように弁明した。

後日十九日、謁二僧都一、問二案内一、答云、旱魃事天下愁、仍去九日暁、向二神泉苑一、於二乾驎閣壇上一、乾驎閣先年傾倒畢、転二読請雨経并孔雀経一、所レ期七箇日、守護経云、旱魃時、於二池若流水辺一、可レ奉レ転二読孔雀経一者、憑二此等文一、試所レ奉レ転、〔中略〕午刻許帰二内府一補二気上一、更於二内府一、如二経所レ説、焼香祈願、及二申剋一大雨雷鳴、仍更不レ向二神泉一、於二他処一了二其勤一、十五日向二神泉一結願者、(38)

すなわち、深覚はまず、祈雨を行ったのが万民を旱魃の憂いから救うためだったと主張した。そして、神泉苑で『請雨経』と『孔雀経』を読誦したことを伝え、特に『守護経』の経説を引き合いに、(39)『孔雀経』が祈雨のために有益であることを強調して、そのためにそれを読誦したことを説明した。

これは興味深い事例であるが、この事例について最初に問わなければならないのは、なぜ深覚が前例を無視して個人的に神泉苑で祈雨を行ったのであろうかということである。もちろん、彼には万民の救済以外にほかの動機があったであろう。その動機が何かを理解するためには、まずその僧歴を確認しなければならない。

深覚は、仁和寺池上の寛忠《がんちゅう》（九〇三～九七七）の下で得度し、永祚元年（九八九）に広沢流の寛朝から伝法灌頂を受けた。長保四年（一〇〇二）一月、右大臣藤原顕光（九四四～一〇二一）の病を加持祈祷で癒し、長保五年（一〇〇三）八月七日に、権少僧都として東寺の三長者に補任された。その時の真言宗では、深覚の上臈として、二長者・権大僧都済信《せじん》（九五四～一〇三〇）と一長者・僧正雅慶《がけい》（九二六～一〇一二）がいた。

その時まで深覚の僧歴は順調なものであったが、寛弘八年（一〇一一）より、彼は様々な事件に巻き込まれるようになった。まず、同年の四月二十七日、権大僧都に任じられた日、深覚は大僧都済信に対して自分が上臈だと訴えた。そこで、おそらく深覚の圧迫により、済信は二長者・大僧都・権法務などの諸職を辞退した。[40] ただ、済信は単に辞職したのではなく、僧官を自分の甥、園城寺僧永円（九八〇～一〇四四）に譲ったのである（この譲官で永円は権律師に任じられた）。[41] 当時、師資関係、世俗における血縁関係や年臈（受戒僧になってからの年数）などを理由に、僧綱職の譲与が公認されていたのである。[42]

翌年、長和元年（一〇一二）十月二十五日に、一長者雅慶は死去した。雅慶は、先年の済信と深覚との対立の時にすでに老年だったのである。よって、あるいは深覚の訴えの裏に東寺一長者の地位を継承したいという野望があったかもしれない。それはともかくして、雅慶の後に真言宗の最高位についたのは済信ではなく、深覚であった。[43]

しかし、早くも翌年の長和二年（一〇一三）正月に、深覚はその地位を済信に譲ることを余儀なくされた。これは次の事件のためであった。

（第廿　大僧都済信）長和二年正月、奉二仕後七日御修法一、経頼弁記云、深覚大僧都申二故障一、仍前大僧都済信奉仕、十四日、有レ議、任二権僧正一、還二着法務宗長者等一、参二加持香水一、長者必勤二此役一之故也云々、此日至二一長者一[44]

長和二年、腫物の「故障」より深覚が後七日御修法を行うことができなかったため、[45] その代わりに済信がその法を奉仕した。なぜ僧職を帯びていない済信がこの重大な御修法を修することができたかというと、それは藤原道長が、実際にはそうでなくても、済信をなお「大長者」として尊重したからである。[46] そして十四日、後七日御修法の結願の日、朝廷の議定により済信が権僧正に昇任された。これによって済信は深覚を越え、一長者・法務の地位に復帰した。[47] なぜ昇任されたかといえば、それは御修法の結願日に実施される御前の御加持祈祷の役が、必ず長者が担うべきだという理由のためだったようである(48)。

深覚がその結末をどう受け止めたかは古記録から読み取れないが、『東寺長者次第』によれば、彼は長和二年のある日に長者の地位を辞退し、自分の僧職を盛算《せいさん》(九三一～一〇一五)に譲った(49)。しかし、同書に、深覚が長和四年(一〇一五)正月に後七日御修法を執行したとあるので、彼の長和二年の辞退が事実ではないとも指摘されている。『小右記』によれば、深覚は長和四年十二月二十二日に東寺長者の職位を辞退したという(50)。そうであるならば、それより二年前の辞退は、事実ではないか、あるいは実質的な辞退ではなかったかのどちらかであろう。

深覚の長和四年の辞職は、彼が貴族の前で憤慨した事件に起因する。同年八月二十七日、東寺阿闍梨位の僧が新任された日、深覚はその件のために道長の邸宅に赴き、何らかの理由で、道長に重用されていた源俊賢(九五九～一〇二七)を侮辱するまでに至った(51)。僧尼令の規定により、目上の人を侮る僧は、辞状を出さない限り、百日の労働という罰を受けるべきとされる。俊賢を侮辱したため、深覚は謝罪の行為として辞職したと察せられよう。だが、その辞退は、天皇に通知された後、道長の判断によって却下されたようである(52)。それでも、『東寺長者次第』に「去㆓長者㆒経㆓数年㆒、自㆓長和㆒至㆓治安二㆒」とあるため、深覚はその後長く東寺の運営から身を引いていたのであろう。ただし、寛仁二年(一〇一八)八月二十九日の三条天皇の第四皇子である性信《しょうしん》(一〇〇五～一〇八五)の出家の際に、彼は「前長者」として唄師を勤めていた(53)。このことは、長者を辞退した後でも深覚がなお重大な儀礼に参向していた事実をうかがわせる。

以上のような経歴を経た深覚は、ついに長和五年に神泉苑で祈雨を行った。先に見たように、祈雨は成功に終わった。その後、深覚が順調に昇進していったことが注目される。すなわち、彼は寛仁元年(一〇一七)

に大僧都に補任され、また、済信と並んで僧綱の法務に就任した。そして治安三年（一〇二三）に済信が長者と僧官を辞退すると、一長者に復任して、大僧正として仏教界の頂点に立つこととなった。

なお、神泉苑での祈雨の後、深覚が皇族・貴族のために度々『孔雀経』の読経を行ったという事実も注目される。具体的には、寛仁四年（一〇二〇）七月二十六日（関白藤原頼通病）、治安三年（一〇二三）正月月十七日（東寺、百日、十僧〔深覚含む〕、目的不明）、同年十二月十四日（東寺、天変）、万寿四年（一〇二七）二月二十六日（東宮〔敦良親王〕病）である。なお、治安三年七月十八日に、東寺で藤原資房の病を癒すために『孔雀経』を読誦していた尋汲という僧は、夢に深覚が参加に来たのを見たといわれる(54)。

以前にも皇族のための孔雀経法（病気平癒・攘災など）はしばしば執り行われたが、貴族のための『孔雀経』の読経事例は、長和五年以前にはみえない。ゆえに、それ以後の貴族の『孔雀経』への帰依が深覚の祈雨霊験と関係していることは確かであろう。要するに、深覚は祈雨霊験で『孔雀経』に通じていることを示し、貴族の注目を受け、以後、『孔雀経』の験者として仏教界で活躍することになったのである。

それでは、なぜ深覚が神泉苑で祈雨を行ったかという問題に戻ろう。先に述べたように、長和二年に深覚は一長者の地位を済信に余儀なく譲ることとなった。そして、同四年に貴族を侮辱し、その謝罪行為として辞状を出した。貴族社会における彼の評判はその時にどのようなものだったかは分からないが、それほど輝かしいものではなかったであろう。このような事情下で、かなりの野心の持ち主だった深覚には、経歴上の不遇を打開し、再び朝廷の信頼を得るために、何らかの策を講ずる必要があったと考えられよう。

したがって深覚が個人的に神泉苑で祈雨を行ったのは、自分の名声を回復させるための策略だったと察せられる。おそらく深覚は、雨を降らせる験力を持っている実力を証明さえできれば、験者としての名声を得て、再び貴族の信頼を受けられるであろうと思って、個人的に祈雨を行うことを断行したであろう。そして、おそらく気候の様子をよく判断した上で祈雨のタイミングを選んだとも考えられる。とにかく、この大胆な僧がただ万民を旱魃から救うためだけに祈雨を行ったのではあるまい。

六　深覚と仁海

深覚の個人的祈雨より二年後、寛仁二年に仁海は摂政藤原道長の命を受けて、請雨経法を修した。よって、深覚は神泉苑の祈雨霊験で朝廷の信頼を回復させることはできたが、再び神泉苑で祈雨を行う機会は与えられなかった。

ところで、深覚については、彼が仁海と対立していたということに注意すべきである。このことは従来の真言密教の研究では全く注目されていないが、重要な問題である。以下、その対立の背景と理由を解明しよう。

前節で述べたように、深覚は治安三年（一〇二三）に一長者と僧綱法務の地位に補任され、仏教界の最高位を獲得した。しかし、長元四年（一〇三一）十二月、彼は大僧正の官職を自分の弟子である内供奉深観《じんかん》（一〇〇三～一〇五七、花山法皇の子）に譲った。この譲官により二十九歳の若い深観は、律師を経ずに、直接に権少僧都に補任された。[55]

深覚は、譲官したとはいえ、東寺長者と法務の職務を辞めるつもりではなかった。しかし、無官職の僧がその任に当たることが不可能だったため、東寺と僧綱所の執行権を手放さざるを得なかった。[56]そうすると、

或記云、前大僧正去二所職一之後、二長者仁海僧正須レ執二行寺務一也、而彼僧正猶可二知行一之由、再三被二訴申一、未レ定之間自二長元五年一至二六年十二月一、最末長者延尋僧都成典第三、延尋第四、行レ之云々延尋執行之条、実否可レ尋レ之、(57)

と記される通り、深覚はなお東寺の寺務を司ることを願い、それを朝廷に二・三回訴えていた。実は、深覚が職を譲った日に二長者仁海は権大僧都に昇任され、深覚の譲官により、東寺一長者に就任したはずである。しかし、深覚の訴えにより仁海は一長者の地位に着くことができず、長元六年十二月まで、東寺四長者延尋《えんじん》（九九二～一〇四九）が寺務を行っていたのである。この状況は、長元六年十二月に深覚が朝廷の命令で、無官のまま東寺と僧綱所の長官として復任されることをもって終幕した。しかし、僧官を持たない僧がこのような僧職を帯びることは、世間に未曾有のこととして驚嘆された。(58)

以上のような経緯から、長元四年十二月～長元六年十二月の間に、真言宗の最高位をめぐって深覚と仁海が対立していたことが推察されよう。その間に四長者延尋が東寺の寺務を執行していたが、普通は仁海が執行していたはずである。深覚の野望で仁海は東寺の最高位に就く機会を奪われたため、二人が対立していたとしか考えられないであろう。

仁海は宮道氏《みやじし》の出身であり、深覚のように上級貴族出身の僧ではなかった。そして、彼が僧界で活躍するようになったのは、寛仁二年の請雨経法を成功させた後であるが、その時にはすでに六十歳を超えた高齢者であった。しかし、仁海は長く生き、数回にわたって請雨経法を修して毎回効果をあげた。さらに、祈雨の賞で僧官を帯びるようになり、東寺・僧綱でも順調に昇進を果たした。つまり、仁海の輝かしい僧歴は、ほとんどすべてその祈雨験力のおかげであったのである。(59) 最終的に貴種僧ではない仁海に真言宗の最高位に立つチャンスが訪れたが、深覚の野心によってその道は阻まれた。

仁海がこの間にどのように反応したか、資料上からはほとんど何もうかがわれないが、彼がその間に二回請雨経法を修したことは注目されよう。そして、その二つの実修の背景を検討すれば、興味深い事実を発見することができる。

まず、長元五年五月の請雨経法の件を見よう。この祈雨が終わった約二週間後、仁海は源経頼（九七六〜一〇三九）と出合って次の事柄を伝えた。

仁海僧都被レ過、言談次被レ示云、弘法大師被レ伝二請雨経之法一之後、依レ旱行二此法一之人七人也、大師、真雅、聖宝、寛空等僧正、元果（ママ）、元真等僧都、并仁海也、而大師有レ験、真雅聖宝験有無不レ注、寛空修中不レ雨、随二身巻数一参内、侍〔待カ〕レ召之間、於二瀧〔口〕陣下一急〔念カ〕二修法之無験一、弾指、俄雷鳴雨降、主上令二随喜一給云々、元果有レ験有レ賞、元真無レ験、仁海先年有レ験蒙レ賞、此度二七箇日間降レ雨三箇度、就中初七日間、於二神泉中島一、聊修二神供一（大師修法之時、龍王現レ形所也、）帰去之間、其所白雲忽立昇、是異相也、又次七日結願了、赤斑蛇四五尺許出レ自二炉壇下一、入二池中一、是又有レ故、雖レ然依二事々一不二披露一、今有レ次語レ汝也者、[60]

すなわち、仁海は、過去に請雨経法を修した七人の僧の名を挙げ、そのなかで師元杲と自身仁海が祈雨霊験を見せ、勧賞を賜ったと伝えた。なお、その年の祈雨について、三回雨が降り、結願日に赤蛇が現れたことも加えた。つまり、その祈雨では霊験があったと主張したのである。しかし、その霊験のことは朝廷で披露されておらず、そのために仁海は、経頼と会った時にそのことを語りつけたのである。

仁海のこの発言の意図については、速水侑氏は、仁海が請雨経法の正統の伝持を誇示し、その祈雨法の伝持を通じて貴族社会における自流（小野流）の地位を確立しようとしたとしており[61]、これが現在でも有力な説となっている。だが、これに対してブライアン・ルパート氏は[62]、この発言におけるポイントが「勧賞」にあると論じている。筆者は、ルパート氏と同感であり、仁海はこの発言をもってとりわけ朝廷の褒美＝勧賞を求めていたと考える。この解釈の妥当性は、以下続く論でより明らかになるだろう。

仁海の不満を聞いた源経頼は、藤原頼通（九九〇～一〇七四）にその言を報告した。すると、頼通は、「依㆓祈雨㆒、触㆓内外㆒可㆑然事等皆被㆑行了、然已無㆑験、為㆑之如何[63]」と答えた。筆者は、この「為㆑之如何」という言葉の裏に、「仁海の祈雨が無験であるため、勧賞を下すわけにはいかないであろう」という意味合いがあると考える。実は、『左経記』同年五月十五日条（請雨経法結願日）に、「二七箇日修中時々雖㆑降㆑雨、其潤不㆑快、仍又於㆓諸神社㆒、可㆑有㆓御読経㆒之由有㆑議云々」とあり、仁海の祈願は全くもって無験という訳ではなかったが、雨量が不十分であった。それゆえに、朝廷はなおほかの祈雨儀礼を行わせたのである。

それにしても、僧侶である仁海にとっては、自分の祈雨は霊験あらたかなものであった。これは僧侶と貴族の齟齬を示す興味深いケースである。仁海は、今度の祈雨は雨量が少ないとはいえ、霊験があるから朝廷が満足しないはずはないという立場に立っていた。仁海が寛空の件に触れたのも、そのためだったであろう。仁海の言葉では、寛空は神泉苑で祈雨法を修し、効験を見せず、ただ、内裏に赴いてそこで待機していた時ににわかに雨を降らせただけだったが、それでも天皇は随喜したのである。仁海はおそらくこの事例を通じて、雨量が少なくても朝廷が喜ばないはずはないことを主張していたのであろう。降雨は、雨量は少なくても法験の証だということを認めてほしかったのである。つまり、仁海が経頼に対する発言で目指していたのは、自流の公認というより、むしろ朝廷の褒賞＝勧賞にほかならなかったであろう。

次は、長元六年の請雨経法の件を見よう。今回、祈雨の第四日目の日に雨が降り、仁海の祈雨霊験は明白であった。そして仁海は、同年十二月に、祈雨の勧賞で仏教界の最高の僧位に当たる法印に任じられた(64)。しかし、このときも、朝廷が積極的に仁海の事績を称賛し、勧賞を下賜したのではなかった。つまり、仁海は再び自分自身で勧賞を申請しなければならなかったようである。その事実は、次の『沢鈔』所収の記述より見て取れる（この記述は、長元六年の請雨経法についての仁海自身の発言だと考える）。

玄宗末年冗〔亢カ〕旱連月、請二金剛智一令レ行二祈雨法一、霈然洪澍、一人珍敬四海称歎、賜二開府儀同位一是正一品也、弘法大師為二凡僧一之時、始蒙二宣旨一、於二神泉苑一修二祈雨法一、任二少僧都一並給二東寺一為二一門庭一、大僧都元杲蒙二宣旨一奉レ修二同法一既三箇度、毎度有レ験、始任二律師一、次於二神泉苑一蒙二少僧都宣命一、後賜二権大僧都職一贈二私師元方方〔ママ〕一、今仁海蒙二宣旨一三箇度、祈雨霊験毎度揚焉、初補二律師一、去今両年末レ蒙二其賞一矣(65)

すなわち仁海は、まず中国で金剛智（六七一～七四一）が祈雨賞で開府儀同三司の位（「一品」に匹敵する位）を賜った点、次に空海が祈雨霊験で少僧都に任じられた点、そして元杲が祈雨の時に毎回賞を賜った点を述べ、最後に、自分が去年（長元五年）と本年の祈雨賞をいまだ賜っていないことを歎いている。

以上の文から、長元六年に祈雨の霊験があったにもかかわらず、朝廷が直ちに仁海に勧賞を下賜しなかったという事実が読み取れる。おそらく右の文は、勧賞を授与されるよう仁海が朝廷に訴えた言葉を反映しているのであろう。そして、「去今両年末レ蒙二其賞一」という言葉から、仁海がおそらく先年長元五年にも同じく祈雨の勧賞を望んでいたであろうことを看取することができる。つまり、仁海が経頼に対して語った話は霊験あってもなお祈雨賞の下賜がなかったことへの愁嘆を表すものだということに、もはや疑いはないであろう。

しかしながら、金剛智が祈雨で最高の僧位を賜ったことは事実を歪めた説であり[66]、空海の祈雨勧賞の件は伝説にすぎない。なお、元杲が毎回勧賞を下賜されていたということも誇張である[67]。仁海の訴えの内容は、明らかに事実を歪曲したものである。

本章第二節で述べたように、永久五年の祈雨日記類に『仁海僧正記』という書が引用されている。その書には、元杲が祈雨賞で律師に補任され、あるいは、同じく祈雨賞で自分の僧官を師元方に贈位したという記事がある。これらがいずれも根拠のない説だということは第二節で論じた通りであるが、ここでさらに、そのような説がおそらく長元五年～長元六年の間、勧賞の授与を実現させるために仁海によって偽作されたものだということを付け加えたい。

根拠のない説だったとはいえ、仁海の訴えは功を奏したようである。結果として仁海は、金剛智のように、祈雨の勧賞で法印という最高の僧位に叙せられた。『東寺長者次第』によれば、東寺の僧が法印に叙せられたのは、真雅以来、仁海が初めてであった[68]。

なぜ仁海は虚構の説まで作りながら、勧賞を強く望んでいたのであろうか。それは単に自己満足のためだった可能性もあろう。しかし、この問題を深覚との対立という背景で捉えれば、別の見方も可能である。つまり、仁海の最終的な狙いは、僧綱での昇進をもって一長者に就任する可能性を高めることだったかもしれないのである。

これに関しては、仁海の長元六年の訴えに出てきた次のポイントにも注意すべきである。仁海は、勧賞を授与されたいことを訴える過程で、真言宗の開祖空海が祈雨の功績により僧官だけではなく、東寺の執行権も下賜されたと主張していた。これは注目すべき主張である。なぜならば、空海が祈雨の賞で少僧都に任じられたという伝説はすでに十世紀末より流布していたが、同じく祈雨賞で東寺長者の職務を得たという話は、仁海の訴えで初めて見るところだからである。よって、これは仁海が最初に提唱した説である可能性が高い。ともかく、仁海は、東寺一長者という地位は祈雨験者でなければ立つ権限がないと主張したのである。

このように、仁海が長元五年と同六年のそれぞれの祈雨の後に朝廷に主張したかったのは、祈雨霊験によって勧賞を授与されるべき点であり、さらに空海と同様に祈雨に秀でているため、東寺を執行する権利があるという点であろう。

結果的には、長元六年十二月に法印に叙せられても、宣旨により深覚が無官のまま東寺一長者と法務に復任したため、仁海は二長者にとどまった。この結末を勘案すると、仁海の法印叙任はまるで「埋め合わせ」だったかようにみえる。無官の僧が東寺と僧綱を司ることは未曾有のことであった。朝廷は、下級貴族出身の仁海が上級貴族出身の深覚を超えて一長者に就くことを良しとしなかったのであろう。

ちなみに、仁海と深覚について、『（sarvakarmaki）』（漢訳「一切業集」、醍醐寺座主成賢写）という書に次の興味深い記述がある。

禅林僧正孔雀経法小野修㆓請雨㆒事、又禅林大僧正修㆓孔雀経法㆒同時仁海僧正修㆓請雨経法㆒、此両修中大雨、神泉仁海之御許へ遣㆓官使㆒、有㆓雨御感㆒、御返事申云、此雨孔雀経之法験也、請雨此〔法カ〕之雨ハ、有㆓瑞相㆒自㆓東南角㆒黒雲出来可㆑降雨㆒、明日若明後日可㆓降雨㆒云々、如㆓奏聞㆒降㆑雨云々、(69)

これによれば、深覚と仁海は同時に祈雨法を行ったとある。深覚は孔雀経法（場所が自坊か東寺かは不明である）、仁海は神泉苑で請雨経法を修したようである。仁海は雨が降った後神泉苑まで赴いた官人にその雨が孔雀経法の験だと言い、そして自分の請雨経法については、東南の方向から（つまり、醍醐寺・小野地から）雲が集まって、間もない内にさらに雨が降るであろうと奏聞した。奏聞の通りにさらに雨が降ったといわれている。

この伝承全てが果たして事実であるかどうかは疑問であるが、完全に虚構ではなく、何らかの事実に基づいていると推察される。要するに、仁海が神泉苑で請雨経法を行っていた或る時に、同時に深覚も祈雨法を修したことがあると考えてよいであろう。

二人の僧が同時に祈雨を行えば、降雨があった場合、雨が自分自身の祈祷にのみよるものだということが主張できない。よって、この事件が本当にあったとしたら、仁海だけが称賛され、祈雨賞を受けることを深覚が妨げたと考えられる。しかし、仁海は巧みに、そして大胆に、一旦雨が降った後にその雨を深覚の験として認め、次に、さらに雨が降るという約束を立て、その二度目の降雨を自分の祈祷の験とした。そうすることによって、彼は自分の験力を深覚の法験と区別させ、請雨経法の験を明白にしたのである(70)。

深覚と仁海の対立は、真言密教研究では全く言及されていない。しかし、その対立は、東寺・東密の歴史について考える場合、重要な意味を持っている。その重要性は本書で論じきれないが、ただここで改めて、真言宗の最高位の僧が空海と同様に祈雨験者でなければならないという仁海の主張に注意したい。これは、以後の祈雨法の歴史を決定づけた重大な主張であった。なぜなら、仁海以後、その主張によって触発されたためか、東寺長者たちが再び積極的に祈雨に関与することになったからである。その展開は次節から述べてゆこう。

七　『孔雀経』による祈雨の確立

長久四年（一〇四三）、無官の一長者深覚が寂すると、すでに八十八歳という高齢の仁海がついに一長者となった。だが三年後、永承元年（一〇四六）五月十六日に、とうとう仁海も九十一歳の人生の幕を閉じる。仁海の逝去をもって請雨経法の隆盛も幕を下ろすことになった。というのも、仁海の生存中までは、真言宗の独立した祈雨儀礼としては請雨経法以外にはなかったが、仁海の没後、状況は急速に変化して、ほかの祈雨儀礼が独立し確立してきたのである。

仁海逝去後、深覚の弟子深観は一人東寺の寺務を司ることになった。そして天喜五年（一〇五七）に深観が死没すると、今度は深覚のもう一人の弟子覚源《かくげん》（花山天皇の皇子、一〇〇〇〜一〇六五）が東寺一長者となり、治暦元年（一〇六五）までその地位に立った。仁海没後、専ら深覚一門が東寺の寺務を掌握していたが、その時期に、『孔雀経』に基づく祈雨が台頭し、確立したのである（第三項表B）。

その祈雨の初見は、永承二年（一〇四七）七月、長者深観の東寺における祈雨孔雀経法の実修である。『真言伝』によれば、その際に深観が弟子光禅を東寺から神泉苑に遣わし、彼に諸龍を供養させた[72]。つまり、孔雀経法は神泉苑の龍神信仰との関係で行われたのであろう。しかし、孔雀経法は神泉苑で実行されていなかったため、その法が確立した後でも、神泉苑が依然として請雨経法専修の旧跡という地位を確保していた事実に注意しよう。

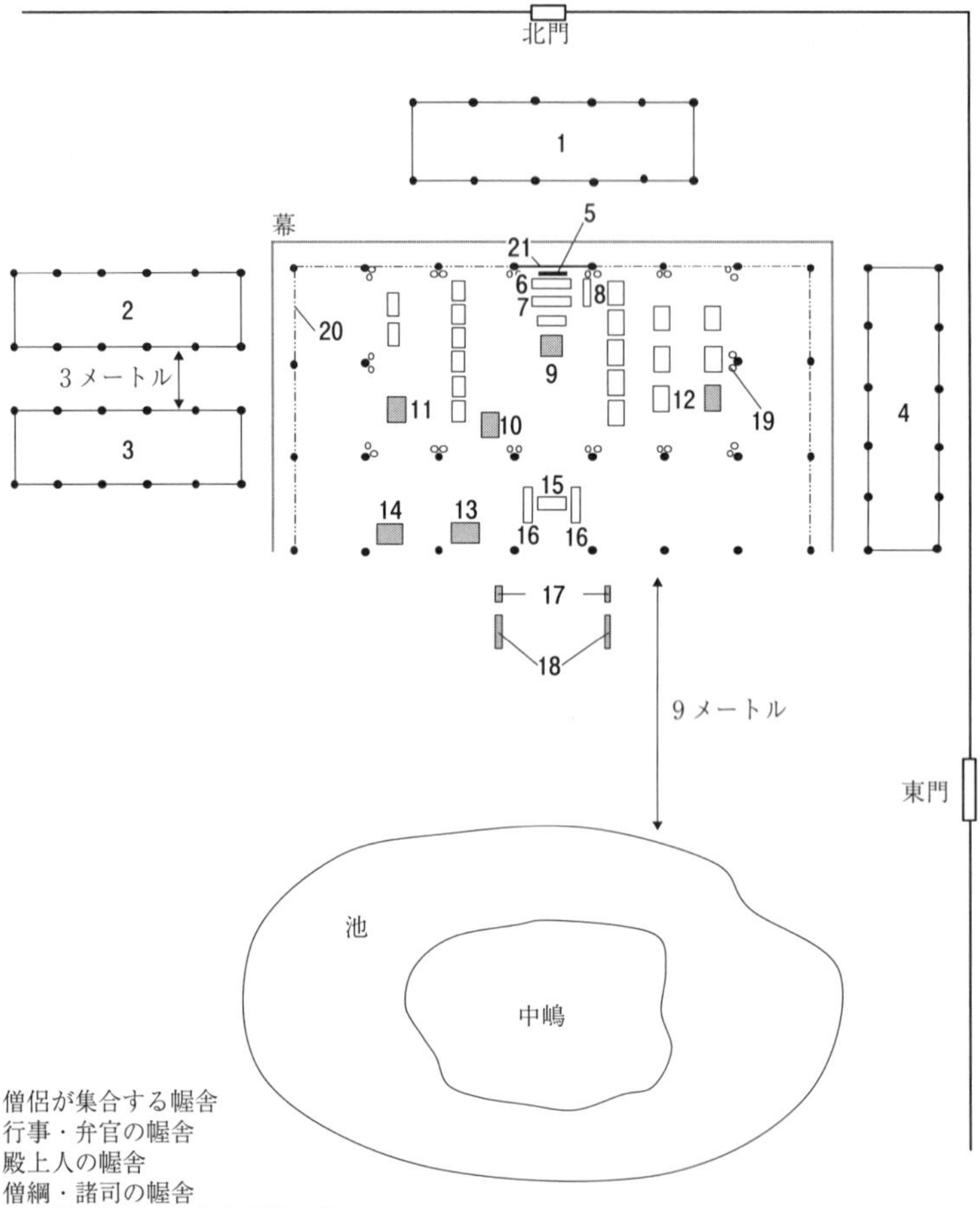

1. 僧侶が集合する幄舎
2. 行事・弁官の幄舎
3. 殿上人の幄舎
4. 僧綱・諸司の幄舎
5. 孔雀明王像　6. 花瓶を据えた机
7. 仏供を載せた机　8. 供物を載せた机
9. 導師の座　10. 東寺長者の座
11. 威儀師の座　12. 従威儀師の座　13. 行事の座　14. 弁官の座
15. 火舎・香を据えた机
16. 散花を載せた机
17. 図書寮の座
18. 堂童子の座
19. 色彩幡　20. 蔀　21. 切掛

図4　神泉苑孔雀経御読経図[71]

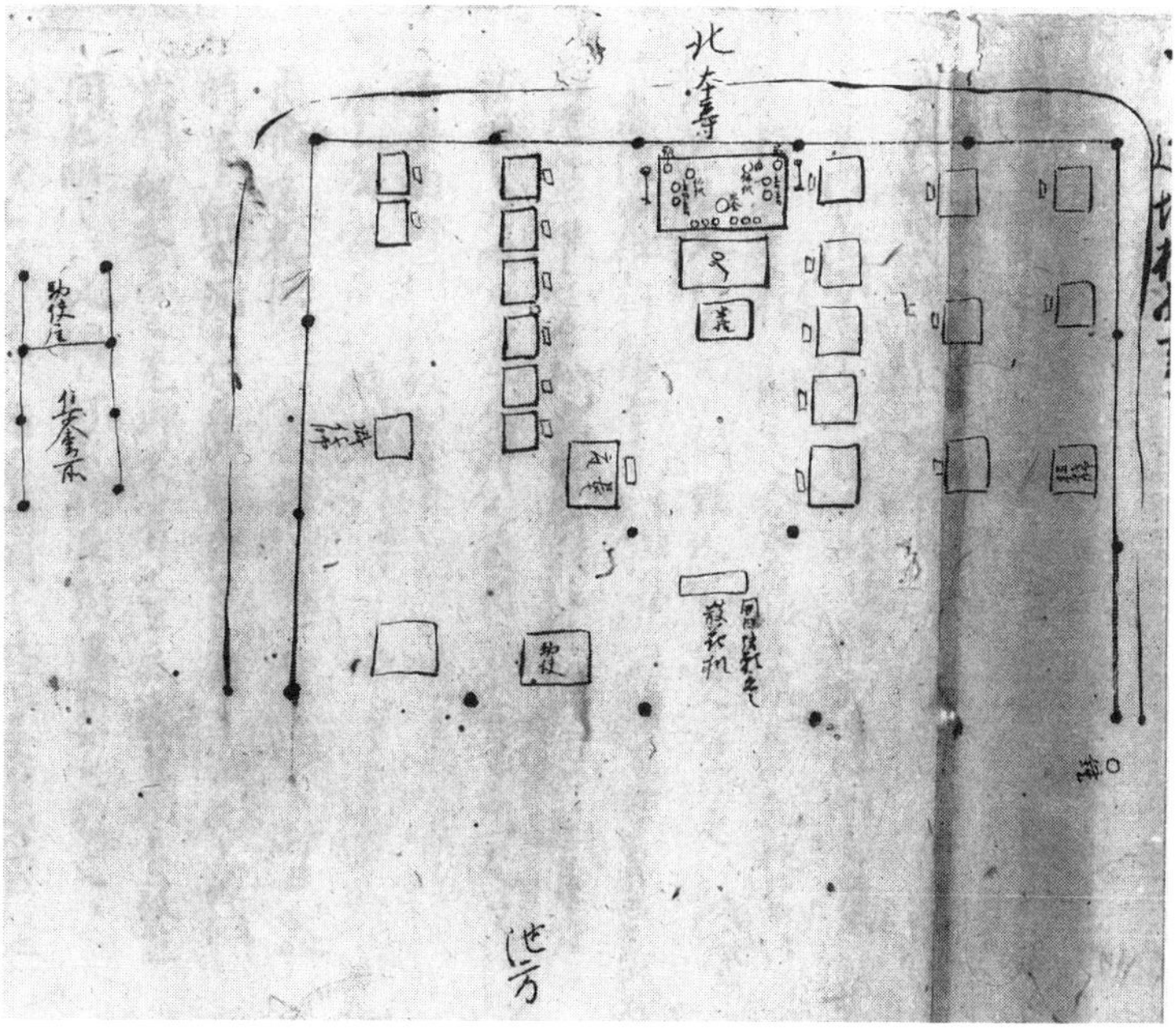

図5　神泉苑孔雀経御読経図（歴博所蔵『神泉苑御読経雑記（応永二十七年）』所載）

ところが、治暦元年（一〇六五）五月二十三日、その神泉苑でも「孔雀経御読経」という法会が行われるようになった。そのときの読経法会の実修者は誰だったのか不明であるが、以後神泉苑の孔雀経御読経は、寛治三年（一〇八九）の例を除いて（本章表B）、つねに東寺長者によって行われた。そこから、治暦元年も東寺長者（一長者覚源、あるいは二長者長信）が法会の任に当たったと考えられる。

なぜ神泉苑で『孔雀経』の読経法会が行われるようになったのか、これについての直接的な資料は残っていない。しかし、もしかすると治暦年間に大極殿で行われていた祈雨御読経が中断してしまったことが何か影響を及ぼしたかもしれない。

天喜六年（一〇五八）二月二十六日に、大極殿は焼失し、その再建は延久四年（一〇七二）四月に終わった。その間に、大極殿で伝統的に行われていた祈雨御読経が実行できなくなった。(73) 大極殿の再建後、承暦元年（一〇七七）と寛治二年（一〇八八）に、千僧による観音経御読経《かんのんぎょうみどきょう》が執行されたが、それ以後、大極殿祈雨御読経の伝統は途絶え、(74)平安京内の祈雨御読経として、神泉苑の孔雀経御読経のみが行われることとなった。要するに、孔雀経御読経は、大極殿祈雨御経に代わるものとして確立され、以後、独立した祈雨儀礼として執り行われ続けたといえる。

なお、孔雀経御読経の確立が深覚門流の僧が東寺・僧綱所の寺務を執行した時代に起きたという事実にも注意しよう。すなわち、神泉苑孔雀経御読経の確立の背後に、深覚門流の長者が祖師深覚の神泉苑における祈雨――『孔雀経』の読経――を重視していたという事情があったと推定される。

ついで、治暦三年（一〇六七）に再び東寺で祈雨の孔雀経法が実修された。その実修者は仁和寺花蔵院の済延《さいえん》（一〇一一〜一〇七二）であった。(75) 済延は『僧綱補任抄出』に「六月加二補東寺長者一五十五、為二祈雨一於二東寺一修二孔雀経法一、仍加レ之、非長者不レ行二此法一故也」(76)とあるように、この実修によって長者（実際は二長者）に任命された。その理由は、長者以外の僧が孔雀経法を修することができないとされたからである。それ以後の祈雨孔雀経法の実修者がみな長者であるという事実から、この法が東寺長者の権限と規定されたことは、やはり事実だということが分かる。

このように、仁海没後に東寺長者が積極的に国家的祈雨儀礼に取り組むようになったことが注目される。天禄三年以後、請雨経法は専ら元杲門流の僧によって行われたが、それらの僧は、最初に祈雨法を修した時に長者ではなかった。その時代に元杲の法流を受け継いでいない東寺長者は、名目上祈雨の権限を握っていても、直接には祈雨法に関与しなかったのである。だが、祈雨孔雀経法及び孔雀経御読経の実修の権限を握ることによって、東寺長者は再び祈雨の舞台に立つこととなった。

しかし、なぜこの時代に東寺長者が積極的に国家的祈雨を執り行うようになったのであろうか。この展開について籔元晶氏は、十世紀前半に祈雨法が大体東寺長者によって行われたことに注目し、十一世紀後半における東寺長者の祈雨権限の復権が十世紀前半の姿への回帰だと解釈している[77]。これは頷ける見解である。しかし、これではなぜ長者の祈雨権限が復権されたかという問題はなお解決されていない。

筆者は、この展開の原因は長者が祈雨験者でなければならないという仁海の主張にあったと推察する。前節で論じたように、仁海は、深覚の策略によって一長者に就任する機会を奪われたため、請雨経法の霊験に依拠しながら東寺の執行権を手に入れようとしたが、その過程で東寺長者が空海と同様に祈雨験者であるべきだという点を強調した。仁海没後の深覚門流の東寺長者は、東寺の執行権と祈雨霊験が不可分の関係にあるという仁海の主張を無視することができず、再び実質的に祈雨に関与すべきだという必要性に迫られたであろう。しかし、請雨経法実修の権限は元杲と仁海の法流を受け継いでいる僧によって掌握されていた。その法流を汲んでいない深覚門流の東寺長者はその修法を行うことができない。よって、彼らは祈雨孔雀経法や神泉苑孔雀経御読経を行い、それらの新しい祈雨儀礼を東寺長者の権限としたのである。

八　請雨経法と小野流

祈雨孔雀経法の確立は、真言宗の二大法流である小野流と広沢流の歴史的展開を考えるうえでも重要な意味を持っている。

十二世紀末に、仁和寺広沢流の御室守覚法親王は、「請雨経法は小野流の大法、孔雀経法は広沢流の大秘法」というように、請雨経法と孔雀経法を基準に小野流と広沢流を区別していた[78]。しかし、十二世紀末に醍醐寺の小野流の僧が度々祈雨孔雀経法を修していたために（後述）、孔雀経法が当時広沢流専用の修法だったとはいえない。当時の守覚法親王の主張は、あくまでも彼の理想像だったのである。ただ、請雨経法については、この法が彼の時代にすでに小野流の僧にのみ修されたことは事実である。

広沢流は、寛空の弟子寛朝の時代より仁和寺など平安京北西の広沢池付近の寺院を中心に形成された東密の根本流派の一つである。これに対して小野流は、仁海が長元年中（一〇二八〜一〇三六）に醍醐寺付近の小野地に建立した曼荼羅寺（後の随心院）及び上醍醐の延命院を拠点として展開した一大流派である[79]。精密にいえば、仁海が醍醐寺から曼荼羅寺に移住した後に初めて小野流の名が起こったのである[80]。よって、歴史的に仁海の祖師である聖宝、観賢や元杲などの醍醐寺僧が「小野流僧」として意識されるようになったのも、それ以後のことである[81]。

それでは、いつ請雨経法は小野流専用の修法となったのであろうか。実際、醍醐寺延命院元杲の実修以来、広沢流の僧は請雨経法を修することはなかった。この祈雨法の正伝は、元杲門流の僧に伝授され、結局仁海を祖師とする小野流に伝わったのである。

かつて速水侑氏は、長元五年に仁海が源経頼と面談し、過去に請雨経法を実修した数人の僧の名を挙げていたという出来事に注目し（本章第六節）、この面談を通じて仁海が請雨経法の正伝の伝持によって自流を確立しようとしたと考えた[82]。現在でも、この論説はなお定説され、請雨経法と小野流の関係はすでに仁海生存中の小野流の主張により樹立されていたものとなっている。

しかし、長元五年に仁海に自流を形成させる意志があったという速水氏の論は正確ではない。本章第六節で論じたように、その時仁海が経頼に語りつけた話は、深覚との東寺執行権を巡った対立を背景として、朝廷から褒賞＝祈雨賞をまだ賜わっていないことを愁嘆するものであった。つまり、経頼との面談の内容から仁海に自流確立の意志があったという論は、仁海の発言の背景を踏まえていないものであり、納得できるものではない。

さらに請雨経法と小野流の関係に関して、次の点にも注意すべきである。それは、仁海が小野流の僧にのみではなく、広沢流の僧にも請雨経法の秘伝を付したという事実である。

その僧は、仁和寺観音院延尋とその弟子花蔵院済延である。まず、延尋は、済信の付法弟子であるが、仁海からも法要を習った僧である。そして長暦三年（一〇三九）二月十九日に、仁海より請雨経法の口伝を伝受している[83]。実際、仁海は、長久四年（一〇四三）四月二十八日に高齢を理由として請雨経法の実修を辞退したときに、その導師として延尋を推挙した[84]。しかし、延尋は病により辞退したため、結局仁海が祈雨修法の勤を成し遂げた。この長久四年の祈雨実修の際、延尋は神泉苑に赴き、修法実修の様子を記録した。これは同法についての最古の記録である。なおその時、延尋の弟子済延は神泉苑の壇所で仁海より直接請雨経法の奥義を伝受したのである[85]。

仁海がなぜ仁和寺の二人の僧に請雨経法を伝授したかについては不明であるが[86]、仁海没後、小野流だけではなく仁和寺広沢流にも請雨経法の正脈が伝承されたという事実に注意しなければならない。つまり、最初から元杲門流が請雨経法の正伝を独占していたようにみえても、仁海没後において、その正伝が小野流内の

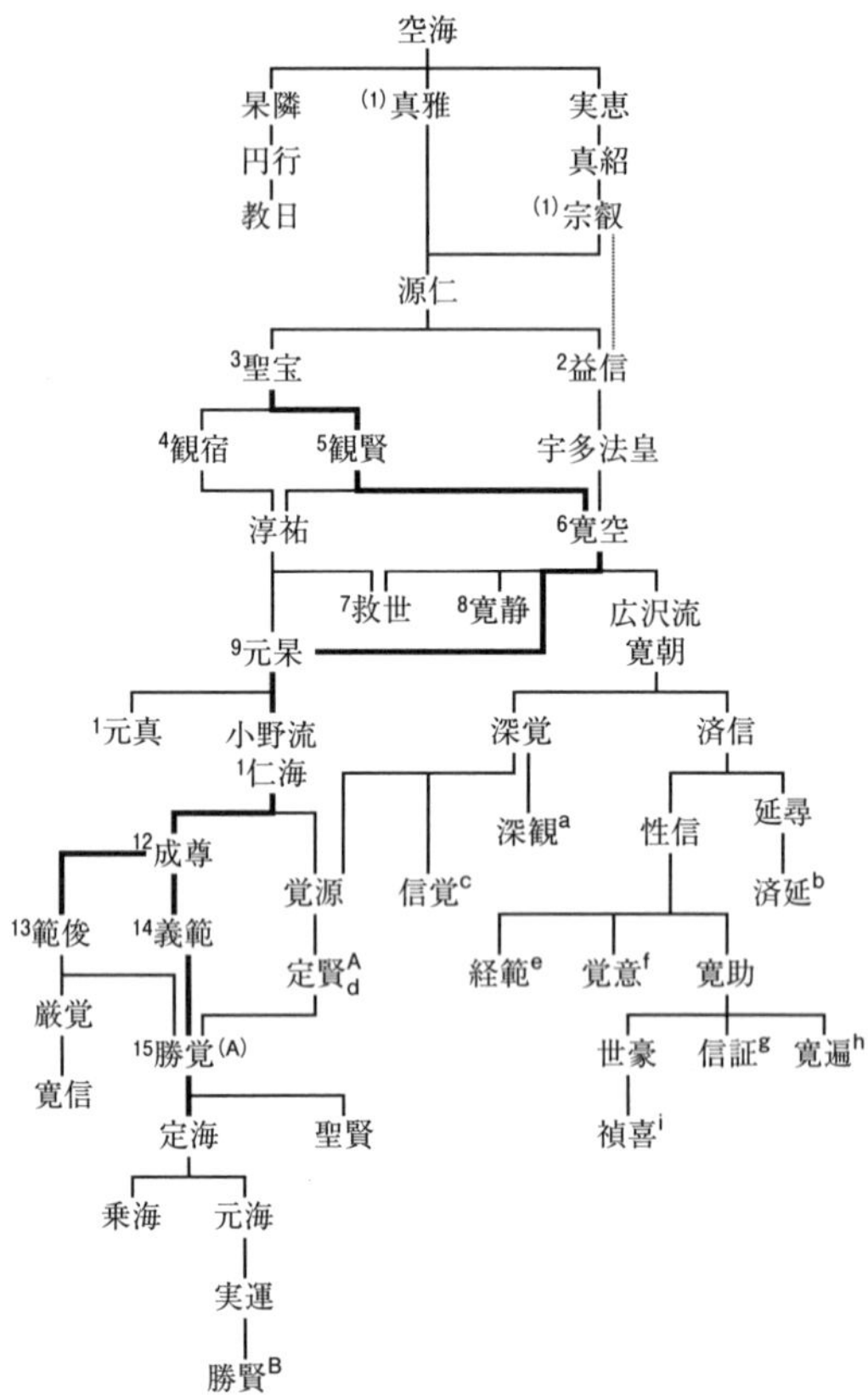

1. 普通線は師資関係を示す
2. 太線は聖宝以後の請雨経法の正脈を示す
3. 1～13は、請雨経法の実修者、a～i は、東寺で孔雀経法を実修した東寺長者、AとBは、醍醐寺で孔雀経法を実修した僧を示す

みで伝えられていく体制はまだ成立していなかった。というのも、仁海没後において、広沢流僧による請雨経法の実修はなお可能であったのである。

それでは、はたしていつから請雨経法の正伝が実質的に小野流内のみで伝えられるようになったのであろうか。筆者は、それは『孔雀経』に基づいた祈雨が定着してきた治暦年間からであり、そのプロセスにおけるキーパーソンが済延だと考える。

先に述べたように、済延は長久四年に仁海より請雨経法の正伝を受けたが、彼は治暦三年に請雨経法ではなく、孔雀経法を実修した。それはなぜかというと、まず治暦元年（康平八年）に起きた次の事件に着目すべきである。

康平八年六月十五日、〔成尊〕請雨経《ノ》法《ヲ》行《フ》、〔中略〕此《ノ》法行ハルヘキ事兼日《ニ》沙汰アリ、主上経信卿《ノ》左中弁ナリケルヲ御前召シテ子細《ヲ》仰ラル、先東寺《ノ》長者覚源僧正《ニ》尋ラル、僧正申《テ》云、件《ノ》法仁海ヨリ後殊《ニ》キコヘス、彼寫瓶《ノ》弟子成尊、勤仕《ス》ヘキ人《ニ》アタレリトイヘトモ、上臈多キニヨリテヒトヘニ挙《シ》申カタシ、先《ツ》宗《ノ》上臈《ニ》トハルヘキ歟《ト》申《セリ》、是《ニ》ヨリテ仁和寺《ノ》長者済延雨〔少カ〕僧都《ニ》トハルルニ、申《シテ》云、件《ノ》法受伝《ト》イヘトモ、先代《ノ》祖師既《ニ》ツトメス、今始《テ》修スル條、尤其憚アリ、修セラルヘクハ成尊《ニ》仰ラルヘキカト申《セリ》、成尊小野広沢《ノ》法流《ノ》中《ニ》専一タルニヨリテ、世以《テ》其人《ヲ》推《ス》、終《ニ》詔旨《ヲ》カウフリテ、勤行誠《ニ》イミシキ事ナルヘシ[87]、

治暦元年、成尊が神泉苑で請雨経法を修することになる前、朝廷はその法の実行者について一長者覚源と相談したようである。覚源は、成尊が仁海の写瓶《しゃびょう》弟子であるためにその法を実修するのに最も適切な僧であると認めたが、成尊の上臈が多いため（成尊はまだ阿闍梨位の僧にすぎなかった）、まずその上臈のだれかに依頼すべきだと答えた。そのために朝廷は、少僧都の僧官をもった済延に依頼した。だが彼は、請雨経法を伝受したと認めたにもかかわらず辞退した。その理由は、先代の祖師はもう請雨経法を実修しておらず、今自分が初めてこの法を修することになるという事情に対して、憚りがあるためであった。それゆえに、結局成尊が請雨経法を実修することになったのである[88]。

済延の辞退の言葉の中に「先代《ノ》祖師既《ニ》ツトメス」とあるのが注目される。定かではないが、「先代の祖師」

とは、延尋—済信—寛朝—寛空に連なる仁和寺関係の広沢流の僧侶を指すのであろう。それらの僧のなかで寛空は請雨経法を行ったことがあるが、ほかの僧はこの法を修していなかった。よって、済延は、広沢流の僧が長く請雨経法を修しなかったことを認識し、個人としてではなく、広沢流の一員として辞退したのである。

逆に済延がその後の治暦三年に孔雀経法を行ったことは、彼にとって孔雀経法の実修が問題ではなかった事実を示す。済延は、請雨経法の実修は相応しくないと思ったが、新しく確立した祈雨孔雀経法は良しとしたのである。それは何を意味するかというと、仁和寺広沢流が法流として請雨経法を拒否し、孔雀経法を積極的に取り入れたということにほかならないであろう。済延一人ではなく、広沢流全体が請雨経法と決別する意志があったと考えた方がよいのである。それはもちろん、広沢流の祖師寛空が請雨経法に失敗したという噂や、当時広沢流の僧、とりわけ仁和寺御室が孔雀経法で王家の信頼を得るようになった事実（後述）と無関係ではない。

このような経緯から判断して、請雨経法がいつ小野流専用の修法となったかに関しては、済延が請雨経法を辞退した治暦元年以後のことだというべきである。なぜかというと、もし済延が請雨経法を実修したならば、この祈雨法は小野流専用の修法にはならなかったと思われるからである。しかし、彼が辞退した結果、それ以後請雨経法は専ら仁海門流（小野流）の僧が修する法、祈雨孔雀経法は仁海嫡流以外の東寺長者しか行う権利がない修法だという認識が確立し、定着したのである。

要するに、請雨経法が小野流の僧にのみ修されるという状況は、小野流の主張に因るものではなく、治暦元年に広沢流が請雨経法と縁を絶ったことで成立した。その時までにすでに請雨経法と小野流との強い関係が存在してはいたが、この法が本格的に小野流に限定されるようになったのは、治暦元年に広沢流が請雨経法を拒否した後なのである。

皮肉にも、それから間もない内に、小野流の僧も聖宝や観賢といった祖師が昔孔雀経法で祈雨霊験を見せたという伝承を流布し、強調するようになった。しかも、同じ小野流僧は、請雨経法を相伝しても、孔雀経法や孔雀経御読経で祈雨を行うようになった。なぜそうなったかについては次章で詳しく説明したい。

註

（1）本章では通常続群書本の『祈雨日記』（聖賢撰、ZGR 25-2）を使用するが、場合によって史料編纂所影写本の『祈雨日記』も参照する。

（2）群書本『祈雨日記』（ZGR 25-2 : 221）に「廿三日」という日付があるが、これは誤記である。

（3）『祈雨日記』（ZGR 25-2 : 221）。この事例はもともと聖賢撰『祈雨日記』には記載されておらず、別系の写本から群書本『祈雨日記』に加筆されたものである。

（4）『扶桑略記』（SZKT 12）延長三年七月十六日条、『日本高僧伝要文抄』巻第二（DNBZ 101 : 53）。その時に志全が五人の伴僧しか率いていなかったことから、彼が修した「請雨経法」が小規模のものであり、通常十五人～二十人の伴僧が出仕し、四壇が設けられる大規模な東密の請雨経法とは異なる儀礼であったと考えるべきであろう。

（5）『阿娑縛鈔』（TZ 9 : 834c29–835a2）。

（6）祈雨において台密が東密より優位であるというこのような俗説は、貞観八年に行われたとされる安恵の請雨経法の伝承にも組み込まれている（第二章第二節第二項参照）。そのために、その貞観八年の請雨経法の実修をそのまま歴史的な事実として扱うことは困難である。

（7）『華頂要略』（DNS I, 6：264）。『天台座主記』はこの尊勝法の実修を延長七年としている（『校定増補天台座主記』渋谷慈鎧編、第一書房、一九九九年、三五頁）。

（8）『貞信公記抄』（DNKR）同年七月十五日条。

（9）『僧綱補任抄出』（GR 4：516）。

（10）『東寺長者補任』（ZZGR 2：492–493）、『東寺長者次第』（和多昭夫「寛信撰　東寺長者次第」『高野山大学論叢』第二巻、一九六六年）一〇三頁。

（11）平安時代に一長者の後継についての僧侶の間の論争はしばしば起きた。論争の原因は大体年臘か僧官、どちらが最も大切かという問題であった。

（12）前掲『東寺長者次第』一〇三頁。

（13）牛山佳幸「僧綱制の変質と惣在庁・公文制の成立」（『史学雑誌』九一—一、一九八二年）。

（14）『東寺長者補任』巻第一（ZZGR 2：494–495, 497–498）参照。

（15）天台宗の法務がその地位を使って僧綱内の勢力を拡大させようとはしなかったという論説がある（Paul Groner, *Ryōgen and Mount Hiei: Japanese Tendai in the Tenth Century*, Honolulu: University of Hawaii Press, 2002, p. 124）。しかし、法務の地位を利用しながら御修法の実修権を把握し、その実修を通じて宮廷への影響力を強めていったことは十分に考えられる。

（16）朝廷が尊意を賞賛したということについて、『日本高僧伝要文抄』巻第二（DNBZ 101：53）参照。

（17）『野沢血脈集』巻第一（SZ 39：344）。

（18）天禄三年に元杲は東宮守平親王（後の円融天皇）の護持僧と凡僧別当（無職の東寺別当）として勤めていたが、僧官を帯びていなかった。

（19）『東寺長者補任』（ZZGR 2：501）。

（20）群書本『祈雨日記』（ZGR 25–2：222、醍醐寺所蔵本をもって引用文を修正した）。

（21）『日本紀略』（SZKT 11）天禄三年六月二十八日条。
（22）『日本紀略』天元五年七月二十七日条。
（23）群書本『祈雨日記』「仁海僧正記又同レ之、康保年中依二祈雨賞一任二律師一云々」（ZGR 25–2：226）。醍醐寺所蔵本『祈雨日記』も同様。
（24）『僧綱補任』（DNBZ 123）、前掲『東寺長者次第』一一六頁参照。
（25）群書本『祈雨日記』「仁海記云、花山院御時、元杲大僧都修二祈雨法一賞三任僧正一、而申下改権大僧都職賜中先師元方上」（醍醐寺所蔵本『祈雨日記』にはない）、『祈雨記』（寛和元年の祈雨についての注記）「小野僧正記云、以二此賞一申下請先師元方贈中大僧都位上」。
（26）『僧綱補任』巻第二裏書（DNBZ 123：82）。僧綱の補任は、寛和二年には十二月二十五日に（『日本紀略』同条）、寛和元年には十二月二十二日（『日本紀略』同条）に実施された。ゆえに、この贈官の件の年号として寛和二年が正しいであろう。
（27）『祈雨記』にも「小野僧正記云、以二此賞一申下請先師元方贈中大僧都位上、而同二年玄蕃寮牒云、大僧都元杲以二自職一譲三与先師一依レ請者、然者件贈位非二祈雨之賞一也」とあり、『小野僧正記』の説が正しくないことが指摘されている。
（28）『祈雨記』の「仁―僧正、九箇度修二請雨法一、毎度雨降云々七度勘得、今二度可レ尋レ之、」による。
（29）聖賢撰『祈雨日記』にも同綸旨が掲載されているが、差出人は「左中弁藤原重尹歟奉」となっている。よって、本来この綸旨は「藤原」の後に名を付していなかったと考えてよい。
（30）『祈雨日記』（ZGR 25–2：229）では、「長暦二年」以下、「（割注）蔵人頭藤原経輔、左京大夫左中弁、六月廿五日転二右［大カ］中弁一、左中弁藤原経輔、権左中弁源忠遠六日転二正左中弁一」とある。
（31）『沢鈔』巻第三（T no. 2488, 78.434b13–14）。
（32）『厚造紙』（T no. 2483, 78.267b25–26）。『祈雨法日記』は、長久四年の仁海が行った祈雨の様子を記録したものであり、その著者は、仁海から法要を習った延尋であった。
（33）聖賢は、万寿五年とした綸旨について「左中弁藤原重尹歟奉」、長暦二年とした綸言について「左中弁源藤原経輔歟奉」と記した（ZGR 25-2：228-229）。

（34）『祈雨記』と『祈雨日記』はともに「僧正仁海、補任云、六月十八日任、不レ経二権僧正一、権僧正成典同日任」と記す。

（35）『僧綱補任』巻第三（DNBZ 123：111）。

（36）「大阿闍梨兼経二奏聞一、御修法第五日以後三箇日間、令下陰陽寮行中五龍祭上」（阿部泰郎・山崎誠編『守覚法親王と仁和寺御流の文献学的研究』資料篇〔仁和寺蔵御流聖教〕勉誠社、一九九八年、七四一頁）。

（37）詳しくは、『祈雨記』「蔵人頼仲記」に、

同日（朱書傍註）「五龍祭事」（十七日）有二五龍御祭定一、陰陽頭賀茂道平、今日率爾申下難二勤仕一之由上、雖レ申二此由一、於二殿下一依レ無二左
右仰一、今日延引、同十九日於二神泉苑一所レ被レ行也、大略雑事見二支度一、絹布等数任二去長久四年之例一、所レ被二減
行一也、凡道平所レ申不二分明一、於二初日一者御鏡勅使相具可二斎籠一者、成尊申云、不レ可レ然、祖師被レ修二此法一及二
第五日一龍王顕現、尋二其旧跡一不レ同、如二此之例一只陰陽許斎籠矣、又不レ可レ択二日時一、即奏二聞此由一、頭弁奉レ仰
被レ召二問（安倍）有行一、申云、御鏡勅使不レ可二候欠一、（安倍）時親奉仕之時一両度見二給此事一、於二日時一者、猶
可レ被レ択歟、去長久四年五月八日被レ始二此法一同十六（十一イ）日被レ行二此祭一、唯近代例可レ被レ勘二日時一者、件十九日陰陽
雖二不甘心〔申イ〕一、偏申（脱イ）就二彼阿闍梨之説一所レ行歟、（（　）内の文は著者註）

とある。この件は『覚禅鈔』〔請雨法中〕（TZ 4：599b8-23）にも言及されている。

（38）『小右記』（DNKR）長和五年六月十一日条。

（39）『守護国界主陀羅尼経』巻九（T no. 997, 18.568c23-24）。

（40）前掲『東寺長者次第』の「此日、済信辞二長者并所職一、済信与深覚年臈上下可レ尋レ之、若深覚為二上臈一歟、任二同官一之日、済信依二超越之訴一辞退歟」による（一一九頁）。

（41）前掲『東寺長者次第』一一八・一一九頁参照。済信は左大臣源雅信（九二〇～九九三）の息子、永円は致平親王（九五一～一〇四一）と源雅信の娘の息子であった。

（42）『権記』（ZST 5）寛弘八年四月二十七日条。このような譲官・譲職は、「門流」の成立を考えるのに重要な意味を

持つ現象として注目されている（堀裕「「門徒」にみる平安期社会集団と国家」『日本史研究』第三百九十八号、一九九五年、五三～五五頁）。

(43) 前掲『東寺長者次第』一一九頁。

(44) 前掲『東寺長者次第』一一九・一二〇頁。

(45) 『御堂関白記』（DNKR）長和元年十二月十三日条。

(46) 『御堂関白記』同年正月七日条に「左大弁来、以二表衣一志二前大僧〔都〕済信一、仰下可レ奉二仕真言御修善一由上、是長者深覚依レ有二悩事一、件前僧都大長者也、仍所レ仰也」とある。

(47) 済信の復任のことは『御堂関白記』同年正月十四日条にも言及されている。

(48) 『東寺長者補任』天慶八年（九四五）の「長者権律師泰舜」の項に、「正月十四日、夜依二煩病一不レ参二加持香水一、其替壱定已講奉二仕之一、見二貞信公御記一、非長者勤之初例也」（ZZGR 2: 496）とあるように、御加持が非長者によって行われた例外はある。それゆえに、済信が御加持を行った理由により長者に復任された背景に、済信に対して朝廷側の特別な待遇があったと思われる。あるいは、済信が道長の正室源倫子（九六四～一〇五三）の兄だったという事実が関係するかもしれない。

(49) 前掲『東寺長者次第』一二〇頁。盛算は同年四月五日にさらに二長者に補任された。

(50) 『小右記』（DNKR）長和四年十二月二十二日条（「資平云、〔中略〕昨日深覚僧都辞二東寺別当一之状覧二相府一、早奏聞可二返賜一者、即奏聞返賜了者、深覚僧都依二先日阿闍梨事一忿怒所レ辞云々」）。

(51) 『小右記』同年八月二十五日条。阿闍梨位とは、僧綱への昇進ルートの一階梯であり、その職位を有しなければ国家のために修法を実修することができない。真言宗の新阿闍梨の選択は、東寺長者の権限であった（前掲堀裕「「門徒」にみる平安期社会集団と国家」参照）。

(52) 註50参照。深覚は不遜ともいうべき程の意志の強い僧侶であった。そのことは次の事件にも反映されている。『小右記』長元二年九月二十六日条によれば、伊勢の荒祭神は、藤原頼通が天下を亡乱せしめ、極めて愚かなものだという託宣を下した。それを切っ掛けに深覚は憚りなく頼通を諫めたようである。

(53)『御室相承記』（奈良国立文化財研究所編『仁和寺史料』寺誌編一、奈良国立文化財研究所、一九六四年）一〇頁。

(54) すべての事例は『小右記』による。

(55) 藤原師輔の息子である天台座主尋禅（九四三～九九〇）の事例以来、若年で僧界に入った貴種が労や賞によらず自動的に権少僧都に直任されるケースが多くなった。そして、兄弟で僧界に入った場合は、最初の人物だけがその特典に浴した。これについて、岡野浩二「無度縁宣旨・一身阿闍梨・僧都直任─貴種の入寺と昇進─」（速水侑編『院政期仏教の研究』吉川弘文館、一九九八年）一〇五・一〇六頁参照。

(56) 前掲『東寺長者次第』下巻に「辞二退大僧正一年七十七、以二内供深観一申レ補二権少僧都一、於二法務并宗長者一、々々雖レ不レ載二辞状一、無官之人不レ居二此職一、仍止二東寺并綱所執行一」とある（一二二・一二三頁）。深覚が皇族出身の弟子に譲官したことは、東密における自流を確立させるための策略であった。だが、直接に本書の課題に関わる問題ではないために、別の機会に詳論したい。

(57) 前掲『東寺長者次第』一二三頁。『大鏡』（SZKT 21）巻第三「裏書」にも「長元四年十二月廿六日辞二大僧正一、以二弟子深観一申二任少僧都一、其後法務并東寺長者猶有二其思一云々」とある。

(58) 前掲『東寺長者次第』下巻に「長元六年十二月廿二日、蒙二　宣旨一、奉二行東寺綱所一事、無官之人未曽有之例也」とある（一二三頁）。

(59) 仁海については、白井優子「雨僧正仁海と空海入定伝説」（『空海伝説の形成と高野山─入定伝説の形成と高野山納骨の発生─』同成社、一九八六年、初出は一九七七年）、土谷恵「小野僧正仁海像の再検討─摂関期の宮中真言院と醍醐寺を中心に─」（青木和夫先生還暦記念会編『日本古代の政治と文化』吉川弘文館、一九八七年）、山口えり「雨僧正仁海と空海の神泉苑請雨説話」（『早稲田大学大学院文学研究科紀要　第四分冊』第五十号、二〇〇四年）参照。

(60)『左経記』（ZST 6）長元五年六月六日条。

(61) 速水侑『平安貴族社会と仏教』（吉川弘文館、一九七五年）八〇頁。

(62) ブライアン・小野坂・ルパート「中世前期における祈雨及び祈雨記類聚─「請雨経法」に関する一考察─」（覚禅

鈔研究会編『覚禅鈔の研究』親王院堯榮文庫、二〇〇四年)。

(63)『左経記』長元五年六月六日条。

(64)『祈雨日記』・『祈雨記』(『小野僧正仁海記』)。

(65)『沢鈔』巻第三(T no. 2488, 78.434b6–15)。

(66)金剛智の祈雨は『貞元新定釈教目録』(T no. 2157, 55.875b14–17)と『宋高僧伝』(T no. 2061, 50.711b21–c2)に言及されている。だが、金剛智の開府儀同位という位は、祈雨ではなく、弟子不空が外敵降伏の祈祷を行い、勧賞を蒙ったことに起因する。この勧賞で故金剛智は開府儀同位を贈位されたのである(『貞元新定釈教目録』T no.2157, 55. 886c18–20参照)。

(67)本章第二節参照。

(68)前掲『東寺長者次第』下巻、一二四頁。

(69)大日本史料編纂所データベース「稿文」、永承元年五月十六日条、「東寺長者僧正仁海寂す」(0027.tif)。

(70)深覚と仁海の対立は、次の『沢抄』所収の深覚の賀雨詩(和歌)にも表れていると考える(T no. 2488, 78.434b29–c2)。

あめのしたふりてよろこぶなかれをば
ただもやするとおもふべしやは

長元六年の祈雨霊験の称賛として仁海は様々な賀雨詩を受けた。その賀雨詩は全て漢詩だったが、ただ深覚のみは和歌だった。しかも、その和歌は祈雨霊験の直後ではなく、遅く十月十八日に仁海の許へ送られた。この和歌の内容は解釈しにくいが、筆者は、「仁海よ、雨は降ったが、貴方は喜ぶべきではない。ただ草木が萌えることを願うべきであるのみだ」という意味だと考える。つまり、まるで「祈雨霊験があっても貴方は一長者になるような願望をもつな」という警告のようなものだったと推察する。

(71)本図は、守覚撰『神泉御読経次第』(仁和寺紺表紙小双紙研究会編『守覚法親王の儀礼世界―仁和寺蔵紺表紙小双紙の研究―』勉誠社、一九九五年、八二〇～八二八頁)所説により復元したものである。『神泉御読経次第』は『東長儀（下）』（ZGR 26–2）にも所収されている。そして、御読経の蔀屋の形状について、『為房卿記』寛治元年七月二十九日条（DNS III, 1：166–167）も詳しい。読経法会の実践については『神泉御読経次第』を参照されたい。

（72）『真言伝』巻第六「深観伝」（DNBZ 106：217）に「同二年七月《ニ》炎旱《ニ》ヨリテ、東寺《ニ》シテ孔雀経《ノ》法《ヲ》修《ス》、神供《ノ》為《ニ》弟子光禅云《ト》人《ヲ》神泉苑《ニ》ツカハスニ、溝《ヲ》超《ント》シケルニ、タオレテ水《ニ》イレリ、先例《ヲ》神泉守翁《ニ》問ケレハ、翁《ノ》云《ク》、雨下ヘキ相也、往年《ニ》此例アリト申、此日ハタシテ雨クタリテ、法験アリケリ」とある。

（73）福山敏男『住宅建築の研究』（中央公論美術出版、一九八四年）一五五・一六〇頁。

（74）佐々木令信「古代における祈雨と仏教―宮中御読経をめぐって―」（『大谷学報』第五十巻、第二号、一九七〇年）参照。

（75）『別尊雑記』〔孔雀経〕「裏書」に、済延がその折に出した支度文（治暦三年六月二十三日付）が載っている（TZ 3：188b2–189a1）。

（76）『僧綱補任抄出』（GR 3：527）。

（77）籔元晶「請雨経法と醍醐寺」（『雨乞儀礼の成立と展開』岩田書院、二〇〇二年、初出は一九九九年）二一六～二一八頁。

（78）『追記』「凡孔雀経法広沢無双之大秘法、小野雖㆑非㆑無㆓孔雀経法㆒、応㆓公請㆒之事、自㆑古至㆑今当流許也、請雨経法小野流之大法也、仍不㆑可㆑修㆓広沢之法㆒云々」（T no. 2494, 78.617c22–c25）。

（79）津田徹英「醍醐寺における清瀧権現の成立とその背景について―醍醐寺如意輪観音像考序説―」（『慶応義塾大学三田哲学会大学院生論文集』第一集、一九九〇年）参照。なお、小野流の確立については、上島亨「仁海僧正による小野流の創始」（仁海僧正御生誕一〇五〇年記念事業委員会編『仁海―仁海僧正御生誕一〇五〇年記念―』大本山随心院、二〇〇五年）参照。

（80）『野沢血脈集』巻第一（SZ 39：352）。

（81）よって、たとえば「聖宝は小野流の僧だ」という発言は、時代錯誤である。

（82）速水侑『平安貴族社会と仏教』（吉川弘文館、一九七五年）八〇頁。

（83）延尋伝の請雨経法の教えは、『沢鈔』巻第三に載っている（T no. 2488, 78.432a14–c28）。

（84）『永久五年請雨経御修法支度記』（ZGR 25–2：322–323）。『別尊雑記』〔請雨経〕「裏書」（TZ 3：178c7–12）。

（85）『𑖭𑖨𑖿𑖪𑖎𑖨𑖿𑖦𑖎𑖰（sarvakarmaki）』（大日本史料編纂所データベース「稿文」、永承元年五月十六日条、「東寺長者僧正仁海寂す」、0027.tif）の「小野僧正請雨経七ケ度并伴僧等事、仁海僧正請雨経法七ケ度行レ之、毎度降レ雨、長久年中修レ之、仁和寺済延僧都参二詣神泉御壇所一伝二受此法一」による。

（86）これは仁海が、延尋の師である仁和寺別当済信と縁が深かった事実（前掲土谷恵「小野僧正仁海像の再検討―摂関期の宮中真言院と醍醐寺を中心に―」）と何らかの関係がある問題だと考えよう。よって、仁海が延尋と済延に請雨経法を伝授したのは、彼の済信との縁から理解すべきかもしれない。済信が仁海と同じように深覚の野望に遇わざるを得なかった僧だったことも思い合わされる。

（87）『真言伝』巻第六「成尊伝」（DNBZ 106：223）。

（88）『永久五年請雨経御修法支度記』（ZGR 25–2：323）にも、治暦元年に朝廷が先に済延に請雨経法の実修を頼み、その辞退の後、ついに成尊が同法の勤めを担ったことが記載されている。

第五章　請雨経法の途絶と醍醐寺における祈雨

はじめに

治暦元年（一〇六五）以降、真言宗の国家的祈雨儀礼として、神泉苑の孔雀経御読経が優先的に実施され、そして、その読経法会で甘雨《かんう》が降らなければ、次いで同苑で請雨経法、あるいは東寺灌頂院で孔雀経法が修されていた。請雨経法または孔雀経法、どちらの法を行うかは、朝廷の議定、あるいは場合によっては卜占の結果によって決められた(1)。

暫くの間、この三つの祈雨儀礼が併存していたが、古来の請雨経法はついに永久五年（一一一七）六月十四日の醍醐寺座主勝覚（一〇五七～一一二九）の実修以後、鎌倉初期の建保元年（一二一三）まで途絶えてしまった。

しかし、請雨経法が行われなくなったからといって、その伝統（龍神信仰）が途切れてしまったというわけではない。この時代に、醍醐寺では新しく『孔雀経』に基づく祈雨が成立してきて、請雨経法の伝統はそ

表A　十二世紀における東密祈雨法・孔雀経祈雨読経事例の一覧（天台僧による祈雨法の例を含む）

西暦（年号）	僧名	法流	長者座主	神泉	東寺（東密寺院）	醍醐	比叡（台密寺院）	日数	備考	主要出典
康和3 (1101) 7・29	経範	広沢	①		孔雀経法			7		殿暦、長補
長治1 (1104) 6・30	範俊	小野	①	●				5		中右記、三宝院旧記
嘉承1 (1106) 7・3	覚意	広沢	②	●				3		中右記、永昌記
7・5	覚意	広沢	②		孔雀経法			7（7）		殿暦、中右記、永昌記
天永2 (1111) 7・26	？	—	—	●						殿暦、永昌記
天永3 (1112) 6・25	寛助	広沢	①	●				？		殿暦、三僧記、中右記
永久5 (1117) ？・？	？	—	—	●						殿暦
6・14	勝覚	小野	×	請雨経法				7	第三日降雨	殿暦、祈雨日記
7・2	厳覚	小野	②	●				3		殿暦、祈雨日記
元永1 (1118) 5・28	寛助	広沢	①	●				3		中右記、長補
保安1 (1120) 7・17	厳覚	小野	②	●						中右記、長補
保安4 (1123) 7・3	寛助	広沢	①	●				3		長補
7・13	—	—	—		水天供		？		七壇	長補
天治2 (1125) 7・1	定海	小野	×			●				新要録、中右記目録
大治3 (1128) 6・28	信証	広沢	②	●						中右記目録、長補
大治5 (1130) 7・3	信証	広沢	①	●				3		中右記、長秋記、長補
7・5	信証	広沢	①		孔雀経法			7		中右記、長秋記
7・11	定海	小野	×			●		3		中右記、長秋記、新要録
保元2 (1157) 7・16	寛遍	広沢	①		孔雀経法			5		長補、東宝記、兵範記
応保1 (1161) 6・30	禎喜	広沢	②	●				5		山槐記、長補
仁安1 (1166) 6・26	禎喜	広沢	③	●				10		長補、百練抄
7・12	？	小野	—			読経		3	仁王経	雑事記、新要録
嘉応1 (1169) 6・25	長幸	広沢	③	●				6		兵範記、長補
6・29	—	東台密	—		水天供		水天供		九壇	兵範記
7・1	乗海	小野	×			●		3		新要録
嘉応2 (1170) 5・28	禎喜	広沢	①	●				3		玉葉、兵範記
承安3 (1173) 6・22	乗海	小野	×			●				次第、玉葉
承安4 (1174) 5・23	禎喜	広沢	①		孔雀経法					長補
5・25	乗海	小野	×			●				玉葉、新要録
6・20	任覚	広沢	③	●						玉葉、長補
治承4 (1180) 4・？	定遍	広沢	④	●						長補
養和1 (1181) 6・16	覚成	広沢	②	●				7		吉記、玉葉、長補
？・？	勝賢	小野	×			（●）				新要録
元暦1 (1184) 8・1	？	—	—	●				（定）		山槐記
文治2 (1186) 5・15	俊証	広沢	①	●				5		玉葉、長補
5・28	？	小野	—			（●）				玉葉
文治3 (1187) 6・28	？	小野	—			（●）				玉葉
7・11	仁証	広沢	②	●				5		玉葉、長補
建久1 (1190) 6・26	覚成	広沢	②	●				9		玉葉、長補
建久2 (1191) 5・7	勝賢	小野	③			●		3（2）		建久二年祈雨日記、玉葉
5・14	延杲	広沢	④	●				5		玉葉、長補
5・17	勝賢	小野	③			孔雀経法		7		玉葉、百錬抄、新要録
6・11	—	小野	—			水天供			十壇	玉葉
建久4 (1193) 7・19	勝賢	小野				●		7		次第
建久5 (1194) 7・12	—	—	—		（水天供）	（●）	（水天供）		七壇(場所不明)	玉葉
7・16	印性	広沢	③	●				6		玉葉、長補
建久6 (1195) 7・16	実継	小野	×			●		9		次第、玉葉
建久7 (1196) 7・9	延杲	広沢	②	●				5		長補
建久8 (1197) 閏6・20	延杲	広沢	②	●				7		長補
閏6・27	？	—	—		水天供			7		『覚禅鈔』「巻数」
正治1 (1199) 6・30	印性	広沢	②	●				9		百練抄、長補
7・12	実継	小野	×			（●）		2		次第
7・16	真円	台密					金剛童子法	7（7）	不雨	百練抄、明月記
8・2	—	東台密	—		水天供	（水天供）	水天供		十五壇	次第
8・3	延杲	広沢	①	●				5		百練抄、長補

1．主要出典項の「長補」は『東寺長者補任』、「新要録」は『醍醐寺新要録』、「次第」は『醍醐寺座主次第』を指す。
2．神泉・醍醐項の「●」は孔雀経御読経を指す。

の祈雨に受け継がれていたのである。(表A参照)

したがって、永久五年を境に、神泉苑の請雨経法から醍醐寺の孔雀経法・同御読経へという儀礼上の変遷が生じた。醍醐寺の僧は請雨経法を挙行するはずであったが、何らかの理由でその挙行は果たされず、本寺において『孔雀経』の祈雨を行った。その理由は不明であるが、とにかく当時『孔雀経』に基づいた祈雨が東寺長者の専修となっていたにもかかわらず、醍醐寺で『孔雀経』によって祈雨を行った座主たちが初期にはみな東寺長者を務めていなかったことが注目される。このことから、醍醐寺の祈雨が確立した根底に特別な事情があったことが推察される。

本章では、醍醐寺における祈雨の確立の背景を、その展開・定着の過程まで視野に入れて考察したい。

一　請雨経法衰退の要因

(1) 請雨経法の準備

なぜ神泉苑での請雨経法が途絶えてしまい、醍醐寺で『孔雀経』による祈雨が行われるようになったのであろうか。それは請雨経法の実修が難しい状況になった事実と関係する。つまりこの時代になって、請雨経法の実修をめぐって様々な問題が発生してきたのである。それらの問題のなかでも、まずはこの修法の準備の困難さという問題をあげるべきである。

請雨経法は、古来より重大な国家的祈雨法であり、為政者が阿闍梨に二・三回依頼をしなければならないほど権威のある修法であった[2]。また、ほかの修法でも同じだが、特にこの祈雨法では、霊験を実現させるためには仮屋（壇所）や諸壇具が「如法」、すなわち仏法の規定を満たすということが重要であった。その準備は朝廷の責任であったため、宗教的な規定が満たされるためには、朝廷側からの特別な配慮が必要であった。しかし、十一世紀末になって、朝廷側の請雨経法の準備に対する懈怠が生じた。

たとえば、治暦元年（一〇六五）六月十五日に開始した請雨経法について、『祈雨記』「蔵人頼仲記」同日条の「蔵人五位伊房、六位頼仲、奉レ仰、且行二向彼所一、且召二仰諸司一依二事急速一諸司等悉以懈怠」という文の割注から分かるように、その時の請雨経法の準備が急速であり、そのために朝廷の諸司は職務を怠った。要するに、請雨経法の道具は諸司、あるいは諸国より取り寄せられ、神泉苑に送達されるべきであったが、このとき諸司は道具送達の勤めを懈怠したのである。特に、『祈雨記』に「青瓷瓶鉢内蔵寮所レ進、極難二出来一云々」ともあるように、内蔵寮には青《せい》磁《じ》器《き》を提供することが困難だったようである。

青磁器は、請雨経法に欠かせない壇具の一つであった。もとより、『請雨経』によれば祈雨道場で使う道具は全て青色でなければならない。なお、使用済の道具も不可であり、新作のものを使用すべきとされた[3]。要するに、請雨経法はほかの密教修法よりも整備・道具の面ではかなり配慮・手間を要する儀礼であった。しかし、祈雨法を修すべき阿闍梨にとって、宗教的な規定を満たす道具がなければ祈雨法の実施は困難であったに違いない。

永保二年（一〇八二）七月にも、神泉苑の祈雨法の準備を急いで行わなければならないという問題が発生した。その年、孔雀経御読経の直後に行われた請雨経法の準備は、『覚禅鈔』に「件假屋上相〔等カ〕二違先例一之由時人難レ之云々、而事依二率爾一且随二行事申請一以二本御読経所一為二其所一[4]」とあるごとく、不十分であった。しかも、準備の責任者であった行事の申請により、阿闍梨（範俊）の承諾を経て、請雨経法の壇所（仮屋）

として御読経の蔀屋《しとみや》が使われたのである。つまり、通常請雨経法は孔雀経御読経の蔀屋と異なる建物で修されていたが、今回、時間の都合上か、修法に適した別の建物の造立には至らなかった。その結果、請雨経法の諸壇の配置が先例に大きく相違するものになった(5)。

ちなみに、その時に請雨経法を修した範俊（一〇三八―一一一二）は、九日間修しても雨を降らせることができなかった(6)。彼の無験は東密の祈雨法史における大事件であったが、その意味については後述する。ただ、範俊の無験によって小野流内で修法の準備不足の問題がより痛感されるようになった点を覚えておきたい。

つづいて、永久五年の際にもまた請雨経法が急いで準備された。同年六月十四日（修法の開始日）に、勝覚は「毎事率爾旁難レ始レ修者(7)」と、準備が万事中途半端であると不平を述べていた。その時、「蒙二排備壇具等一用途物等前例召二諸国一或召二所司一、而今度依二率爾一自レ院令レ献給」（『祈雨記』）とあるように、諸道具・用途物は諸司・諸国からではなく、白河院から提供された。しかし、それらの用途物には不備があった。たとえば、越中国より調達されるべきだった青衣は、開始日に揃わなかったようである(8)。そして青磁器の不足も多かった。院は青磁器が不足していたことを承知していたが、白瓷器《はくじき》の上に緑青を塗ったものを使えばよいと考え、炎旱が厳しいため無駄に時を過ごさず、早く修するよう命じた。勝覚はその命令を逃れることはできなかったため、ついに祈雨法を開始した(9)。修法の準備不足で失敗を恐れながら祈雨を開始したであろうが、三日後、甘雨が降った。

以上の様々な出来事のなか、朝廷が青磁器を調達することに手間取った点が注目される。勝覚が永久五年六月十日に注進した支度に、「大青瓷器百口」及び「小青瓷器百口」のことが記され(10)、請雨経法には相当な数の青磁器が必要であったようである。しかし、当時朝廷にはその数の青磁器はなかったと推察される。

これは、青磁器に関する尾野善裕氏の興味深い論考からも裏付けられる[11]。その中で、九世紀後半より青磁器を含む中国製陶磁の輸入量が増加したと指摘している。しかし、「日本へ輸入されていた中国陶磁の主流が、十一世紀前半に越州窯青磁から白磁へと急速に移行していることが明らか」だという氏の言葉から分かるように、十一世紀後半になると、日本朝廷・貴族の邸宅における磁器の大多数は白磁となり、青磁は少なくなっていた。つまり、永久五年には青磁器が極めて欠乏しており、白河院が白磁に緑青を塗ればよいと提案したという事情の背景に、中国陶磁の輸入が「青から白へ」と変化してきたという歴史的事情があったのである。

こうして、治暦元年より朝廷が請雨経法の準備を怠るようになった一つの原因として、青磁器などの道具の取り寄せが難しくなったことが想定されよう。請雨経法の衰退が間接的に大陸輸入の陶磁種類の変化と関わっていたということは興味深い。

（2）請雨経法の実修期限

ところが、請雨経法をめぐってなお次の問題も発生した。

祈雨法の特徴の一つは、朝廷が与えた期限の内に甘雨が期待されていたというところである。初期段階にはこの期限は三日または五日であったが、いずれの場合も二日の延長は可能であった。応和三年以後、基本的な祈雨期限は七日まで拡大させられたが、二日の延長は依然として可能であった。しかも、長元五年の事例のように、二日の上にさらに五日の延長が許可される場合もあった[12]。

このように、請雨経法では場合によって最大十四日間の実修が可能であったが、毎回最初から十四日間の実修期間が期待できたわけではない。条件があったのである。たとえば、長元五年の時の二度目の延長は、すでに前の九日の間に降った雨の量が少なかったためであった。つまり、この場合においてはすでに雨が降っていたということに留意しなければならない。何故ならば、請雨経法では九日の内に全く雨が降らなければ、さらなる延長は許されなかったからである。たとえば、永保二年に範俊は七日間請雨経法を修し、二日間修法を延長したが、全く雨を降らすことができなかった。その後、さらなる延長はなく、範俊の修法は失敗に終ったのである。

なぜさらなる延長が許可されなかったかといえば、それは請雨経法を行えば九日の内に必ず霊験（降雨）があるという信仰があったからである。治暦元年に成尊は、朝廷に宛てた書状の中で請雨経法を「三々急修之法」と呼んでいた。それは請雨経法の異名であり、九日の内に必ず雨が降るという意味を表しているとされていた。[13]永保二年に範俊が九日間修した後にさらなる延長が許されなかったのは、そのためだったのであろう。

それでは、孔雀経法にもその規定が適用されたのであろうか。実は、この法では事情はいささか違っていたようである。範俊の失敗の後、朝廷は東寺一長者信覚《しんかく》（一〇一一—一〇八四、深覚弟子、仁和寺別当）に東寺で孔雀経法を修させた。この実修も、最初の七日間に全く効験がなかった。しかしその時、仁和寺御室性信（一〇〇五～一〇八五、三条天皇の皇子）は、空海所持の『孔雀経』を信覚に渡し、この経典で改めて修法させるように白河天皇に願い出て、許可を得た。この巧みな策略により信覚は二日ではなく、改めて七日間孔雀経法を修し直すことができたのである。この延長の間に、雨がついに降ったのである。[14]

すなわち、性信の仲介と白河天皇の許可で孔雀経法は二日間ではなく、直ちに七日間延長されたのである。それ以後、嘉承元年（一一〇六）の祈雨孔雀経法の際にも、実修者覚意《かくい》（一〇五七～一一〇七）は最初の七日間に微雨しか降らせることができず、院に直ちに七日延長するように申請し、その許可を受けた(15)。要するに、孔雀経法は白河天皇の信頼と支持を得ており、直ちに七日の延長が可能な祈雨法であったのである。この観点より見て、孔雀経法が請雨経法に比してより有利な祈雨法であったというべきであろう。

（3）白河院の対祈雨法態度

祈雨法の実施、あるいはその日数期限は、僧侶ではなく為政者の意志次第であった。そのために、為政者の祈雨法に対する信仰または態度は、祈雨法の歴史を左右させる重要な要因であった。

周知のように、一〇八七年に院政を開始した白河天皇は、好き嫌いが激しく、度々先例を無視する気の強い君主であった。祈雨法に対しても同じであった。

まず白河天皇は、請雨経法の特徴が気に入らなかったようである。たとえば、寛治三年（一〇八九）に請雨経法を開始しようとした時、開始前に雨が降り出したために、義範は法の中止を申請した。既述したように、すでに開始前に雨が降れば請雨経法を中止し、改めて真言院または東寺で孔雀経法を修するという古い法式があった。しかし、白河院は請雨経法の中止を許可せず、義範の申請に対して不満感を持った（第三章第二節第一項参照）。

永久五年の場合でも、請雨経法の整備中、開始日の二日前に一時的に微雨が降った。よってその時の請雨経法の実修者である勝覚は、「已微雨漸下、於レ今者不レ可二勤仕一歟」と、修法の中止を申し出た。しかし、院は開始日までの天気の変化に従って中止か決行を決めようと判断し、結局再び雨が降らなかったため、勝覚に請雨経法の開始を命じた(16)。

要するに、白河院は雨天時の請雨経法の開始が困難であることを理解せず、容易には修法の中止を許可しなかった。院はこの法が、孔雀経法と違って降雨しか祈願できないというところを納得しなかったようである。とにかく、その時には祈雨孔雀経法の挙行は東寺長者の特権とされていたため、その職務を帯びていなかった義範と勝覚に雨天時の孔雀経法を実修させることは、原則としては不可能であった。もしかすると、院はその事情が分かっており、そのために容易に請雨経法の中止を許さなかったのかもしれない。

しかし、白河院の祈雨法に対する態度といえば、逆に院が『孔雀経』に基づいた祈雨を信頼・保護したという事実が注目される。前項で触れた、御室《おむろ》性信の依頼により長者信覚の祈雨孔雀経法を七日延長させることを許可したという永保二年の事件は、その一例である。この事件の背景に、おそらく次の特別な事情があった。

横内裕人氏が論じたように、三条天皇の皇子である性信は、形式的には仁和寺検校にすぎなくても、後の「法親王《ほうしんのう》」に準ずる待遇を与えられた有力な真言僧であった(17)。しかも、この僧は度々王家の病気平癒及び攘災のために孔雀経法を行った。その結果、白河天皇は性信及び孔雀明王に対して篤い信頼を示すようになった。永保元年（一〇八一）三月に白河が平安宮内裏の後宮殿舎である弘徽殿《こきでん》に高さ三尺の孔雀明王木像を安置し、性信に供養させた事実はこのことを例証する(18)。要するに、白河天皇は仁和寺御室性信及び孔雀明王の霊験を信頼しており、そのために、永保二年に性信が信覚に改めて七日間孔雀経法を修させるように申請すると、天皇はその願いを積極的に許可したのである。

白河天皇の『孔雀経』への信頼は、次の件にも現れる。寛治元年（一〇八七）七月二十九日から、神泉苑で孔雀経御読経が実行された。しかし雨は降らず、結局白河院の許しをもって読経法会が八月七日まで延長された。院は、五日間以上の読経の先例がないということを承知していたが、先例を無視して延長を許したのである。[19]

なお、院の『孔雀経』に対する信頼は、嘉承元年（一一〇六）七月の件からも見て取れる。すでに第三章第一節第六項で論じたように、その時に院は神泉苑において孔雀経法を修するように命じた。先例が見出されなかったためにその実修は実現されなかったが、もしその時に孔雀経法が修されていたならば、以後、おそらく神泉苑では孔雀経御読経・孔雀経法という組み合わせが定着したであろう。それは実現しなかったが、神泉苑で孔雀経法を修するように命令した点から、『孔雀経』所依の祈雨が白河院の恩寵を受けていたことは明らかであろう。

請雨経法を伝承している小野流僧は、無論この院の祈雨法への態度を承知していた。そのような事情から、小野流僧も次第に祈雨孔雀経法が請雨経法より有利であると考えるようになったと察せられよう。

（4）範俊の祈雨無験

十一世紀末の請雨経法は、ここまで見てきた通り、様々な面で衰退の兆しを見せるようになった。当時僧界では、請雨経法の繁栄の時代が終わり、孔雀経法の隆盛の時が来ることを、誰もが予感していたであろう。しかし、その請雨経法の衰運を最も端的に示したのは、永保二年の範俊の祈雨失敗である。

伝承では、範俊は失敗した後、真言院で愛染王法を修したという説もあるもの[20]の、小野の地を去り、熊野の那智山へ逃げた[21]ようである。確かに、範俊にとって祈雨の失敗は相当に大きな問題だったのである。それは次の理由による。

範俊は、義範とともに成尊の付法弟子であった。真言宗の歴史上有名な事件であるが、彼は成尊の死去後、曼荼羅寺及び上醍醐延命院（聖宝・元杲などが居住した寺院）の寺務執行権をめぐって義範と激しい論争を繰り広げていた。この論争の過程で権律師義範は自分が成尊一門（小野流）の上臈であることを主張したが、これに対して無官の範俊は、自分だけが成尊の写瓶弟子だということを強調していた。つまり、義範が上臈でも、嫡弟子である自分だけが曼荼羅寺と上醍醐延命院の継承権、及び小野流の棟梁である資格を有するものだということを主張していたのである。[22]

しかし最も注目されるべきなのは、範俊が自分だけが写瓶弟子だということを、自分だけが請雨経法の極秘である龍供《りゅうく》を相伝したことで裏付けていたという事実である。つまり、彼は請雨経法秘伝の相伝を小野流の嫡弟子たらしめる要因にしたのである。そのことは、承暦二年（一〇七八）七月十日付の次の範俊解文《げぶみ》から読み取れる。

近則先師成尊、以二去康平八年六月一蒙二 綸旨一、於二神泉苑一修二請雨経法一之時、於二最極秘密龍供一者、先師所レ令二範俊勤修一也、加レ之、以二夜半一参二向龍王御在所一之時、範俊一人所レ相二従先師一也、是則一宗秘密、一門口伝也、義範若為二法器一者、何不レ伝二請雨経法一、亦不レ習二龍供一乎、是以二範俊一已為二写瓶弟子一、尤可レ称二法器一歟、況弘法大師遺言口伝之中秘密事、義範已従二範俊口一所二受習一也、（中略）仁海僧正所レ申曼荼羅寺官符云、弘法大師第六代弟子仁（八）海、伝二受法文一、付二属道具一、纔持二一心一、身住二此巌一、仍一門之内撰二才操一、欲レ令二守護一者、纔持二一心一者、即請雨経法是也、範俊雖二不肖之身一、忝伝二受件法一、已持二一心一、敢無二忘失一、（中略）若有レ疑者、義範与二範俊一相対、可レ祈二申冥顕三宝一矣、[23]

この解文から理解できるように、範俊は請雨経法（龍供作法）が真言宗の極秘であり、仁海一門が最も大切に保持している秘法だと強調した。しかも、この法こそ空海の「一心」を秘めているものだということも示した。そして、義範ではなく自分だけがこの秘法を師より伝受したという理由で、自分が成尊の写瓶弟子だという点を裏付けていた。

範俊の解文でさらに興味深いのは、もし朝廷が自分の主張に虚言があると疑うならば、義範と範俊を対決させ、三宝に祈らせればよいという発言である。つまり、範俊は挑発的に義範と験比べをさせればよいということを朝廷に提案していたのである。

朝廷はもちろんそのような験比べを実行させなかったが、それより四年後の永保二年、範俊と義範との論争がまだ終っていない時、朝廷は請雨経法の実修を決定した。そして、どの僧を実修者に任命するかについて一長者と相談したところ、小野流の上臈を召すべきことが定められ、よって義範の宿坊に祈雨宣旨が差し出された。しかし、その時義範は醍醐山の延命院で隠遁していた。この機に乗じて範俊は自分がその祈雨法を行うべきだと申し立てた。これによりついに範俊が請雨経法を行うことになった(24)。やっと自分が写瓶弟子であることを世間に明示する機会が訪れた。しかし、不運にも自信に溢れた範俊は雨を一滴も降らせることができなかった。

この失敗が範俊にとってやりきれない大きな恥だったということは想像されよう。にもかかわらず、寛治六年（一〇九二）以降に範俊は白河院の篤い信頼を受けながら順調に仏教界で昇進し(25)、長治元年（一一〇四）に真言宗の最高位である一長者にさえ補任された。さらに、白河院の個人的護持僧のように長く鳥羽殿に隠居した(26)。

それだけではない。この範俊は多くの真言宗の高僧に伝法灌頂を付した。その僧のなかに、勧修寺長吏厳覚《げんかく》（一〇五六～一一二一、康和四年〔一一〇二〕付法）、醍醐寺座主勝覚（一〇五七～一一二九、長治二年〔一一〇五〕付法）と仁和寺御室覚法《かくほう》（一〇九二～一一五三、天永元年〔一一〇九〕付法）がいた。[27] そして後でも述べるように、彼は初めて宝珠信仰を世の中に広めた僧であるが、その宝珠の教えも以上の高僧に伝授された。[28] つまり、範俊は院の君寵を蒙り、自分の法流を広く小野流と広沢流に相伝した真言宗歴史上の重要な人物なのである。

しかし、範俊は義範と論争し、請雨経法の秘説を受け継いだという点で自分が小野流の嫡流であることを強く主張していた。にもかかわらず、彼は結局その請雨経法に失敗してしまうのだが、それでもなお真言宗で権勢を振るうようになったのである。以上の流れは、はたしてどうして可能になったのであろうか。普通に考えるならば、範俊の僧歴は祈雨の失敗により転落しはじめてもおかしくない。逆に彼が真言宗で権威を持つようになったことは、大きな謎である。

範俊の祈雨の失敗に関して様々な伝承が流布されていた。たとえば、範俊の無験は義範が密かに醍醐山で止雨法を修し、妨げをなしたためだという伝承がある。[29] また、ほかの伝承によれば、範俊が無験で那智へ逃げた後、白河天皇は怪異の出現によりそれを憂い、「竹人〔範俊〕はその災いを攘う」という夢を見た後、範俊を都に呼び戻したといわれている。[30]

このように範俊は、祈雨無験を義範の止雨祈願のせいにすることや、白河天皇の恩寵を受けることなどにより名声を回復できたと推察されるが、実態は不明である。

それはさておいて、範俊の事績と行動については、特に次の問題が肝要であり、注目すべきであると考える。

本書の第二部で詳論するように、請雨経法は壇上に安置された仏舎利を室生山の宝珠として観想する修法であった。つまり、この祈雨法は一種の舎利＝宝珠法であったのである。いつこの法が舎利＝宝珠法として成立したかは分からないが、永久五年の実修時にそうした法として遂行されたことは確実である。そして、この祈雨法における仏舎利の使用が仁海の時代まで遡及されることも確認されている(31)。範俊が請雨経法を舎利＝宝珠法と理解したかということについては文献上確かめられないが、その可能性は十分にあろう。

よって、範俊が承暦二年に強調した請雨経法の秘事は舎利・宝珠信仰に基づくものであり、彼がこの法に失敗したことは、重大な舎利＝宝珠法に失敗したということを意味するのである。

ところが、範俊は同時代に宝珠信仰に依拠する様々な新規修法を創作し、その法を王家のために修しはじめていた。具体的には、彼は承暦四年（一〇八〇）十一月に六条内裏で白河天皇の厄年攘災御祈のために如法愛染法という宝珠法を修し、さらに天仁二年（一一〇九）八月十五日に鳥羽殿で如法尊勝法を実修した(32)。

序論で述べたように、東密では宝珠法の実修は、舎利・宝珠・龍の関係性や人造宝珠の作成法を説く、十世紀〜十一世紀初頭成立の空海仮託書『御遺告』の宝珠信仰に依拠していた。したがって以上の範俊創作の宝珠法は、同書の信仰を裏付けとして実施されたであろう。

しかし、『御遺告』はこの信仰が東密の一長者が秘めておくべき大事だと述べている。それにもかかわらず、範俊は如法愛染法などを天皇のために行うことで、その大事を暴いた。しかも、伝承によれば彼は空海作の人造宝珠を白河天皇に渡し、その宝珠は永保三年（一〇八三）に完成した法勝寺円堂の本尊である愛染王像の中に籠められたという(33)。あるいは範俊は、年紀はわからないが、『御遺告』(34)とともに一顆の人造宝珠を白河天皇に献上し[35]、そして後にその『御遺告』と宝珠は鳥羽勝光明院の宝蔵に安置されたともいわれている[36]。

すなわち、自分だけが小野流の嫡伝を相伝していることを舎利＝宝珠法たる請雨経法の伝持で裏付けていた承暦二年以後、範俊が東密の最秘事である舎利・宝珠信仰を広め、その信仰で白河天皇にアピールしていたことが注目される。つまり、この時代に舎利・宝珠信仰が広がった要因として、範俊が舎利＝宝珠法たる請雨経法の正伝をもって小野流の嫡伝を主張していた事実があると考えられる。より具体的に言えば、彼は小野流の最極秘が請雨経法の舎利・宝珠信仰にあると主張し、その信仰を権力者に示す意志があったために、白河天皇に『御遺告』と人造宝珠を伝授し、新規宝珠法を実修したのではないかと推定されるのである。

そうするなかで範俊は不運にも祈雨に失敗したが、すでにその時までに彼は、人造宝珠を渡し、新規宝珠法を修することで、つまり真言宗小野流の最秘事を暴くことで白河天皇と特別な信頼関係を作り上げることに成功していたのではないかと思われる。

当時代の資料が少ないため、範俊の動向を確実に把握するのは困難である。しかし、歴史的に範俊がまず承暦二年に舎利＝宝珠法たる請雨経法を小野流の最秘事として主張し、その後に宝珠法を創案し実修して、『御遺告』所載の舎利・宝珠信仰を暴露したということは、注目すべき事実である。すなわち、先に請雨経法の優位を主張し、後に宝珠信仰を喧伝したという出来事の順序が重要なのである。これは、請雨経法が東密実践法のなかで優位だという主張と宝珠信仰の喧伝が因果関係にある出来事だということを示す。そして、その因果関係は請雨経法と『御遺告』所載の舎利・宝珠信仰が実際には密接な関係にあるものだということも暗示するのである。これは重要な点であるが、本書でまた後述することにする。

二　醍醐寺における祈雨

（1）醍醐寺における祈雨の登場

仁海の請雨経法は、成尊から範俊と義範に伝わったが、範俊が失敗したため以後、その正伝は義範の写瓶弟子である勝覚によって受け継がれた。

勝覚は左大臣源俊房（一〇三五～一一二一）の息子であり、最初に座主定賢《じょうけん》（一〇二四—一一〇〇）より伝法灌頂を受けて、後にさらに義範と範俊よりも受法した。この僧は応徳三年（一〇八六）に二十九歳の若さで定賢の跡を継いで醍醐寺座主となった。そして下醍醐《しもだいご》で三宝院《さんぼういん》を建立し、法流を広めた。以後三宝院流は、中世日本密教の最も重要な流派の一つとして大いに繁栄していった。

勝覚は永長元年（一〇九六）と永久五年の二回、請雨経法の実修を命じられた。永長元年の場合、彼は最初に若さを理由に辞退し、代わりに東寺での孔雀経法の実修を提案したが、白河院は再度請雨経法の実修を命じ、結局やむを得ず命を承った。だがその後、修法の準備中に絶えず雨が降ったため、祈雨法は中止となった。(37)

永久五年の件は、すでに前節の第一項で論じたのでその項の説明を参照されたいが、ただここで勝覚が初めて請雨経法壇所の東庇で『孔雀経』を読誦したことを特筆したい。それ以前の請雨経法時には『孔雀経』の読誦はなかった。(38)

ところが、勝覚が初めて祈雨法に携わったのは、永長元年の時ではない。彼はすでにその前の醍醐寺における歴史上最初の祈雨においても重要な役を演じた。

寛治三年（一〇八九）七月九日、醍醐寺検校《けんぎょう》（座主職に匹敵する職位）・東寺一長者兼法務定賢は、下醍醐釈迦堂で祈雨孔雀経法を修した。その時、座主勝覚は定賢と替わって孔雀経法の大壇法を実修したといわれている。すなわち、形式的に孔雀経法の公請を受けたのは定賢であるが、実質的には定賢だけではなく勝覚もその修法を修したのである。(39)

従来、この寛治三年の醍醐寺祈雨の背景については何も分からなかった。しかし、この度早稲田大学所蔵の『定賢法務祈雨日記』の発見に至り、そのときの祈雨の事情を詳しく知ることができた。(40)その日記の内容は、意訳すれば次の通りである。

寛治三年の夏、旱魃の災いが流布していたため、公家は神泉苑で孔雀経御読経を実施させ、次に五月二十一日より、一長者定賢に東寺で孔雀経法を修させた。修法の五日目に雨が降り霊験があったため、定賢は祈雨賞で権少僧都より権大僧都に昇任した。しかしその後にも旱魃は続いた。そこで日照りが続く中、天台座主良真《りょうしん》（一〇二二〜一〇九六）は自宗天台宗を褒め称え、他宗（真言宗）を誹り、朝廷に対して比叡山の龍尾という山岳で七仏薬師法を修するようにアピールした。しかも良真は、雨をもたらす龍王が神泉苑の池ではなく、龍尾という山岳に遊戯しているとも主張した。公家はこの訴えを聞き入れて、良真に祈雨法の実修を許し、比叡山で十四日間七仏薬師法を修させた。しかし、その上に千僧が龍尾で請雨し、神泉苑池の中嶋の龍を請来しても、ついに霊験はなかった。そのために、朝廷は再び定賢に孔雀経法を実修するように命じた。定賢はこの命を承諾したが、今度は東寺ではなく醍醐寺でその勤を遂げたいと上奏した。これにより定賢は醍醐寺で孔雀経法を行うこととなった。その祈雨は大成功に終わったため、世の中の人々は、インドより日本に伝播してきた密教の神髄が醍醐山にあり、龍王が正しく神泉苑の池に棲んでいると称賛したようである。[41]

以上は『定賢法務祈雨日記』の内容であるが、その内容から、醍醐寺の祈雨が天台宗の介入を切っ掛けに台頭したことが分かる。実はそれより前の、同年五月十三日の神泉苑孔雀経御読経は、真言僧ではなく天台宗寺門派の法務増誉《ぞうよ》（一〇三二〜一一一六）によって指導されたようである。[42]すなわち、この年に天台宗は長く真言宗が独占していた神泉苑の祈雨に介入したのである。そしてその後深刻な旱魃が続くなか、天台座主良真は東密を批判し、東密の神泉苑の龍王信仰を天台宗に取り入れ、新たに比叡山で樹立させようとした。

その時点では、なぜか神泉苑の祈雨の伝統が天台宗によって奪われようとしていた。おそらく範俊の失敗や義範の請雨辞退の事件の後、東密の神泉苑における祈雨実施権が揺らぎ、台密がその機に乗じて独自の祈雨伝統を築こうとしたと考えられよう。

しかし、良真が指導した祈雨法にはさしたる霊験はなかった。そのため、公家は再び定賢に命令して、改めて孔雀経法の実修を依頼したが、彼は東寺ではなく醍醐寺で孔雀経法を行いたいと奏上した。良真は神泉苑の龍が比叡山に棲んでいると主張したが、定賢は真っ向からこれに反発し、醍醐寺で祈雨を行うことで龍が比叡山ではなく醍醐山に棲んでいるということを示そうとした。つまり、彼は神泉苑の龍王が特に醍醐山と縁を結んでいる存在だということを示すために、本寺で祈雨を行うことを願ったのであろう。

醍醐寺での祈雨は、このような事情により初めて行われたようである。先に述べた通り、その際に定賢は勝覚にも孔雀経法を実修させた。実は、勝覚は釈迦堂の北西の角でその祈雨法を行ったといわれている。つまり、彼は神泉苑の方向に当たる場所で祈雨祈願を遂行したのである。これも、醍醐寺での祈雨が実際に神泉苑の龍神信仰の基盤の上に立っていることを暗示するのであろう。つまり、定賢が勝覚と協力して孔雀経法を修したのは、おそらく勝覚が神泉苑祈雨法の正伝を受け継いだためだったのである。

（2）醍醐寺における祈雨の定着

寛治三年の醍醐寺における祈雨について、『祈雨日記』にも短い記事がある。それによれば、定賢が（勝覚と協力して）修した孔雀経法は、第二日より霊験があり、第十四日に結願が行われた。よって、この度醍醐寺における十四日の孔雀経法実修の先例が成立したのである。

その後、先に述べたように、勝覚は二回請雨経法の命を受けた。彼は最初の時には辞退し、朝廷に東寺の孔雀経法の遂行を提案した。そして二回目の時には請雨経法を実修したが、先例がないにも関わらず伴僧に壇所の東庇で『孔雀経』を読誦させた。つまり、勝覚は『請雨経』よりもとりわけ『孔雀経』の方を重視・信頼したようである。

勝覚は、もともと請雨経法の秘伝を伝承していたため、この修法実修の公請を受けることは当然であった。しかし、師定賢とともに醍醐寺において孔雀経法で霊験を示した後に、彼の『孔雀経』への信頼が強くなったのであろう。なお、前節で論じた請雨経法の準備不足の問題や範俊の失敗などから考えると、勝覚にとって請雨経法の実行者に任命されることが望ましかったかどうかは疑問であろう。この事情下では、彼は『請雨経』ではなくむしろ『孔雀経』での祈雨を望んでいたに違いない。しかし勝覚は、請雨経法の相伝者であるため、公家から『孔雀経』の祈雨の命を下される確率は低かった。

ところが、請雨経法と小野流との強い関係は永久五年の実修の後に変化した。勝覚の弟子・座主定海《じょうかい》（一〇七四～一一四九）は、請雨経法の嫡流を相伝したにも関わらず醍醐寺で天治二年（一一二五）と大治五年

（一一三〇）の二回、孔雀経御読経を実施した（本章表A）。これは請雨経法の正統を受け継いだ僧が最初から『請雨経』ではなく、『孔雀経』で祈雨を行うことが勅許された初例であり、東密の祈雨法史における画期的な出来事であった。(43)

定海の祈雨について、『玉葉』建久二年五月十四日条に「定海大僧正、乍レ承二請雨経法一、堅以辞レ之、於二本寺一勤二行孔雀経法一、七ヶ日之中、効験炳焉、甘雨普澍」という文がある。この文に「孔雀経法」とあるが、これは「孔雀経御読経」の間違いであろう。(44)よって、定海は先に請雨経法を遂行するように宣旨を受け、それを固く辞退したため、ついに醍醐寺で『孔雀経』の祈雨読経を行ったのである。

それ以後、嘉応元年（一一六九）に、定海の付法弟子である座主乗海《じょうかい》（一一一六〜一一七八）も請雨経法を辞退してから醍醐寺で祈雨の読経儀礼を挙行した。その経緯については次の『醍醐寺座主次第』の記事に詳しい。

或記云、嘉応元年己丑五六両月炎旱、六月二十五日夜有二請雨経御修法請一、自二来二十九日一可レ修云々、奉行職事兼光不レ知二故実一、御修法請云レ如二着通一、然而依二故実一辞二退之一、其状云、先々孔雀経御読経於二当寺一被二転読一有二其効験一云々、又件法為レ公為レ私煩、先御読経之由申云々、依レ之自二七月一日一三ヶ日、経衆廿人於二尺迦堂一転二読孔雀経一二日上本宮峯黒雲靉靆雨下、〔後略〕

すなわち、その年に乗海は請雨経法実修の公請を受けたがそれを辞退して、ついに下醍醐の釈迦堂で孔雀経御読経を執行した。(45)辞退の理由は、「先例では醍醐寺で孔雀経御読経が行われた時に霊験があって、その上、請雨経法の運営が公家にも僧侶にも煩雑であれば、先に醍醐寺で孔雀経御読経を行えばよい」という内容であった。

乗海のこの言葉に出ている請雨経法運営の煩雑さとは、具体的には請雨経法準備の困難さを指すのであろう。実は、時代は降るが建久二年（一一九一）五月に醍醐寺座主勝賢《しょうけん》（一一三八～一一九六）も、準備不足の問題などによる請雨経法実修の困難さを指摘し、それを辞退した。具体的に、勝賢は次の理由で辞退したのである。

以㆓二箇條道理㆒、辞㆓申〔神〕泉御修法㆒、先彼地荒廃、如㆓当時㆒者、不㆑能㆑為㆓密法〔之〕道場㆒、又当時諸司・諸国用途物等、如法難㆓調進㆒歟、若不㆓如法㆒者、難㆑有㆓法験㆒歟、[46]

ここからうかがえるように、辞退の理由は①神泉苑の荒廃、②仏法に叶う道具調達の困難であった。まず、①について、『玉葉』によれば当時神泉苑の池には屍が散らかっており、四面の壁や門もなかった。この荒廃状態はおそらく保元・平治の乱によるのであろうが、その状態では神泉苑は密教祈雨修法を行うのに適切な場ではなかった。[47]そして、②道具調達の困難さについては、これも勝賢にとって相当に煩わしい問題だった。仏法に則る道具がなければ、法験が期待できないからである。それゆえ朝廷がその道具を調達できなければ、この修法を中止せざるを得ない。このような差支えがあったために、勝賢はついに下醍醐三宝院で孔雀経法を修した。これは寛治三年の定賢の祈雨以来、初めての醍醐寺における祈雨孔雀経法の実修であった。

この際、勝賢は鳥羽勝光明院所蔵の人造宝珠を壇上に安置し、祈雨祈祷を行ったのである。[48]すなわち、この実修は請雨経法と同じく舎利・宝珠信仰に基づいていた法だったのである。

さて、以上の事柄から鑑みて、永久五年以後の初期醍醐寺祈雨が請雨経法の代わりに行われていたものだったと考えてよいであろう。定海などの醍醐寺座主は請雨経法の命を受けていたが、準備の困難などを理由にその命を辞退し、代わりに醍醐寺で祈雨読経を実施したのである。その祈雨が修法ではなく読経法会の形態を取ったことは、定海などが請雨経法実修の宣旨を蒙った時に東寺長者の地位を帯びていなかったことによるであろう。

しかし、勝覚が永久五年に請雨経法の命を逃れることができなかったことと、その後定海に醍醐寺で『孔雀経』の読経法会を運営することが勅許されたということは、甚だ対照的である。永久五年以後、朝廷（院）側の請雨経法に対する執着が緩和したようであるが、それはどうしてであろうか。

請雨経法の相伝者たる醍醐寺座主たちは、原則としてその法を実修すべきであった。そのために公家（院）はたとえば勝覚に強く請雨経法の実修を要求していたのである。したがって、かれら醍醐寺僧が『請雨経』ではなく『孔雀経』に基づいた祈雨を可能にするためには、請雨経法との関係を断ち切る必要があったのである。

思うにその打開策は、永久五年の祈雨日記（『祈雨記』・『祈雨日記』）にみえる、醍醐寺開祖聖宝と初代座主観賢が『孔雀経』で祈雨霊験を著したという伝承の強調であった。第三章で論じたように、永久五年の祈雨日記に、聖宝が無験後に孔雀経法を修したことや、観賢が神泉苑で孔雀経法を行ったという伝承が記されているが、その伝承は当時においても伝承にすぎず、全く根拠はなかった。しかし全く根拠がなくても、その伝承は十世紀に請雨経法を相伝した醍醐寺僧でも『孔雀経』で祈雨霊験を見せたという点を強調しているのである。すなわちその伝承は、もしその内容に信を置くならば、十二世紀初めに請雨経法を相承している醍醐寺僧が醍醐寺で『孔雀経』に基づいて祈雨を行うことを正当化しているのである。

永久五年に、勧修寺の寛信は『祈雨記』、醍醐寺の聖賢は『祈雨日記』を編纂した。聖賢は勝覚の弟子であり、寛信は厳覚（一〇五六～一一二一、康和四年〔一一〇二〕に範俊から伝法灌頂を受けた僧）の弟子であった。ここで注意すべきなのは、勝覚と厳覚がそれぞれ永久五年に請雨経法実修の命を受けたという事実である。その年、初めに厳覚にその祈雨宣旨が差し向けられたが、彼は固辞したため、ついに勝覚にその命が回された(49)。つまり、寛信と聖賢はそれぞれ永久五年に環境に恵まれない中で請雨経法実修の命令を受けた小野流僧の弟子だったのである。確証はないが、彼らはおそらく永久五年の請雨経法実修の前後に、師の依頼を受けて、祈雨の先例を調べていたであろう。

さらに注目すべきなのは、寛信と聖賢が資料蒐集に当たって白河院側近の貴族の協力を得ていたという事実である(50)。貴族からも資料を提供され祈雨の先例を調べたのである。そのために、祈雨日記の編纂事業とその内容は、貴族及び白河院にも知られるようになったと推察される。すなわち、その祈雨日記を通じて、過去に聖宝や観賢といった請雨経法の相伝者であっても孔雀経法を修していたという伝承が次第に朝廷にも浸透したであろう。

よって、永久五年に勝覚が白河院から請雨経法実修を強く要求されたのに対して、それより以後の天治二年と大治五年に定海が醍醐寺で孔雀経御読経を実施することができたという問題について、永久五年の祈雨日記の影響力は重要な要因だと考えられる。その祈雨日記の編纂を通じて、やがて頑固な君主であった白河院の堅い態度が和らぎ、請雨経法を相伝した僧にも、『孔雀経』に基づいた祈雨を許したと察せられる。

しかし十二世紀後半以降の醍醐寺における祈雨は、すべて請雨経法の代わりに行われたものではなかった。その時代に醍醐寺境内の清瀧宮《せいりょうぐう》（勝覚建立）の祈雨御読経（主に『孔雀経』の読経）という国家的祈雨儀礼が確立してきたのである。一例をあげると、文治二年（一一八六）五月二十八日に、同日に祈雨奉幣、室生龍穴読経及び清瀧宮の祈雨読経が定められており[51]、その時の醍醐寺祈雨は請雨経法の代わりではなかった。つまり十二世紀後半以降の醍醐寺における祈雨は、あるいは独立した祈雨として、あるいは請雨経法の代わりとして執り行われていたのである。

おわりに

十一世紀後半以降、真言宗の独立した祈雨儀礼として、神泉苑孔雀経御読経、同請雨経法、及び東寺孔雀経法が並立していた。しかし、その並立は長く続かなかった。

当時すでに神泉苑での孔雀経御読経が優先的に実施されていたため、請雨経法が行われるのは、一度その読経法会が遂行された後であった。請雨経法は神泉苑祈雨儀礼としての優位性を失っていたのである。その上、当時朝廷は請雨経法に必要な道具を調達するのに苦労しており、白河院は『孔雀経』所依の祈雨へ信頼を示し、請雨経法の場合と違って、孔雀経法を直ちに七日間延長させることを容易によしとしていた。これに対して請雨経法には九日以内に雨を降らすべきという信仰上の制限があり、そのために永保二年に範俊はこの法に失敗してしまった。この事件は、請雨経法の威信に大きな打撃を与えた。

以上の問題で請雨経法の地位が動揺してきた頃、寛治三年には天台宗が東密の神泉苑の龍神信仰を比叡山に移し、延暦寺で祈雨法を修して、独自の祈雨伝統を築こうとした。しかし、延暦寺における祈雨は明白な霊験を見せず、そのために、今度は醍醐寺で孔雀経法が行われた。その祈雨は成功に終わって、それ以後の醍醐寺における祈雨の基盤を築いたのである。

このような展開を経て、ついに請雨経法を相伝した醍醐寺僧は、おおよそ準備不足を引き合いに出して、この法の実修を固辞するようになった。しかし、彼らと請雨経法との関係は深く、容易にこの法の実修命令から逃れることができなかった。

ところが永久五年以後、請雨経法を相伝した醍醐寺僧にも、この法の代わりに本寺で『孔雀経』所依の祈雨を行うことが勅許されるようになった。請雨経法との強い関係を緩和した一つの要因として、永久五年における祈雨日記の編纂、及びその日記に記される、聖宝や観賢などの醍醐寺祖師が祈雨孔雀経法を修したという伝承の影響力があると考えられる。

初期には、醍醐寺における祈雨はすべて請雨経法の代わりに実施されていたが、やがて醍醐寺（清瀧宮）における孔雀経御読経が、独立した国家的祈雨儀礼としても頻繁に挙行されるようになった。その時になって醍醐寺における祈雨は定着したのである。

永久五年に請雨経法の実修はなくなり、その代わりに醍醐寺で『孔雀経』の祈雨が行われるようになった。しかし、これで請雨経法の背後に形成された信仰（舎利・宝珠・龍神信仰）が消えたわけではない。永久五年以後にもその信仰が醍醐寺の祈雨のなかに存続したということは、重要な事実である。だがそれについては詳しく第三部で論じる。

註

（1）卜占による祈雨修法の決定の例には、『後二条師通記』（DNKR）永長元年六月十六日〜二十日条参照。

（2）元杲と仁海はそれぞれ天元五年と寛仁二年に三回まで請雨経法を辞退した（『祈雨日記』ZGR 25–2：226, 228）。これは実質的な辞退ではなく、故実によるものであった。

（3）『大雲経祈雨壇法』（T no. 19, 990.493a15）、『雨言雑秘記』「諸僧装束事」（ZGR 25–2：249）参照。なお、『建保三年六月六日神泉御修法日記』にも「凡此法（引用者註——請雨経法）毎物可二新調一之事也」（DNS IV, 13：628）とある。

（4）『覚禅鈔』〔請雨法上〕（TZ 4：593a1–3）。

（5）『覚禅鈔』〔請雨法上〕（TZ 4：592c20–29）所収の永保二年の請雨経法壇所図は、諸壇の配置場所の点において通常の請雨経法の実修時と大きく相違している。

（6）『祈雨日記』（ZGR 25–2：232–233）。

（7）『祈雨日記』（ZGR 25–2：236）。

（8）勝覚がその際に異母弟源師頼に記録させた『永久五年祈雨日記』同年六月十七日条に「自二源大納言〔雅俊〕御許一告送云、如二御修法浄衣一青色也、是越中所課也〔越中守為二其子息一〕、仍令二調備一之処、今夜家女之中有レ夢、童男降レ自レ天在二浄衣裁縫所一、其身着二彼浄衣一」（ZGR 25–2：284）とある。すなわち、この文は修法の開始日より三日後の十七日の時点に青衣はまだ製作中だったという事実をうかがわせる。ただその日の夜、ある侍女は童がその青衣を身に纏うという瑞相を夢に見た。思うにこの夢が暗示するのは、祈雨法の実修者が加持力で龍と一体化し、さらに童に化して、青衣を着したということであろう。

（9）『永久五年祈雨日記』（ZGR 25–2：282）に、「（前略）抑青瓷器等不足巨多、以二白瓷器一令レ塗二緑青一、何事候哉、毎事早々可レ令二計〔許ヵ〕申一給者、依二院御気色一執達如レ件、返事云、承二延引之由一、万事壅怠、尚如レ前仰レ被二延行一、何事候哉、然間、不レ経二幾程一、頭弁又仰云、今日猶抛二万事一可レ被二始行一、炎旱之愁遍二満遐邇一、徒不レ可レ送二数日一、是即院宣也者、前後依レ難レ逃、令レ申下可二始修一由上畢」とある。

（10）『永久五年請雨経法支度注進状』（ZGR 25-2：319）。

（11）尾野善裕「青から白へ―道長時代の中国陶磁輸入―」（京都国立博物館編『金峯山埋経一千年記念　特別展覧会藤原道長―極めた栄華・願った浄土―』京都国立博物館、二〇〇七年）二四三～二四四頁。

（12）『祈雨日記』（ZGR 25-2：228）。

（13）『白宝抄』〔請雨経法雑集下〕（TZ 10：726b13-24）の「裏云、三々急修法者、請雨経法異名也、此法《ノ》勤修之時、七日《ニ》法験無《ケレハ》又被レ延二之二日一《ニ》其悉地有《リト》云々、故九日《ニ》成《ル》也、此大師《ノ》御時之事法、〔中略〕急者《ト》、真言教《ハ》即速疾頓成教《ナルカ》故〔後略〕」による。

（14）『祈雨日記』（ZGR 25-2：233）。

（15）『祈雨日記』（ZGR 25-2：235）。

（16）『祈雨日記』（ZGR 25-2：236）、『永久五年祈雨日記』（ZGR 25-2：281）参照。

（17）横内裕人「仁和寺御室考―中世前期における院権力と真言密教―」（『日本中世の仏教と東アジア』塙書房、二〇〇八年、初出一九九六年）参照。

（18）『孔雀経御修法記』（ZGR 25-2：347）参照。

（19）『為房卿記』寛治元年七月二十八日～八月七日条（DNS III, 1：165-170）。

（20）『祈雨日記』、ZGR 25-2：233。

（21）『元亨釈書』（SZKT 31）巻第十「釈範俊」。

（22）これについては、津田徹英「醍醐寺における清瀧権現の成立とその背景について―醍醐寺如意輪観音像考序説―」（『慶応義塾大学三田哲学会大学院生論文集』第一集、一九九〇年）に詳しい。

（23）『平安遺文』（竹内理三編、古文書編第十巻、拾遺、補遺続、新補）、補一七、四二頁。

（24）『祈雨日記』（ZGR 25-2：232）。

（25）範俊は寛治六年（一〇九二）に白河院御祈の賞で法橋に叙され、嘉保二年（一〇九五）に同じ理由で権少僧都に任じられた。そして長治元年（一一〇四）に法印、天仁二年（一一〇九）に権僧正に補任された（『東寺長者次第』

〔和多昭夫「寛信撰　東寺長者次第」『高野山大学論叢』第二巻、一九六六年〕一三四頁)。

(26) 『中右記』(ZST 11) 天仁元年六月二十三日条(「件範俊勤二仕院御祈一、篭二居鳥羽一全不二出仕一之人也」)、天永三年四月二十四日条(「為二院御持僧一数十年居二住鳥羽殿一」) 参照。

(27) 『血脈類集記』巻第四 (SZ 39：92–94) 参照。

(28) 愛染王法の覚法法親王への伝承について『真言伝』巻第七〔二品法親王覚法〕(DNBZ 106：248)、勝覚への付法について、『醍醐寺聖教目録』「愛染王法」(DNS III, 13：87) 参照。厳覚は範俊の嫡流を相伝し、勧修寺流を開いたが、その流派で愛染王法が秘法とされた(『追記』T no. 2494, 78.617c26–27)。

(29) 『祈雨日記』(ZGR 25–2：232–233)、『元亨釈書』(SZKT 31) 巻第十「釈範俊」。

(30) 『元亨釈書』巻第十「釈範俊」。

(31) 第二部第一章第二節。

(32) 松本郁代「鳥羽勝光明院宝蔵の『御遺告』と宝珠—院政期小野流の真言密教—」(『中世王権と即位灌頂—聖教のなかの歴史叙述—』森話社、二〇〇五年、初出は二〇〇四年) 二三六・二三七頁所収の表6、小川豊生小川豊生「院政期王権と修法の身体—愛染王法と如法愛染王法の生成—」(『中世日本の神話・文字・身体』森話社、二〇一四年) 九一〜九三頁、一〇〇頁参照。

(33) 『玉葉』建久三年四月八日条。あるいは、その宝珠が愛染王像の中ではなく、円堂下に安置されたという伝承もある(『秘抄』の「範俊奉上珠《ノ》被レ収二円堂下一、白川院御時、為房奉行、子息顕隆沙汰時、寛信法務若少時、顕隆為二兄弟一之時、令二寛信令〔ママ〕見一レ之、理実《ハ》勝光明院珠《ハ》被二取替一歟、範作歟」(高橋秀榮「平安・鎌倉仏教要文集(中)」『駒沢大学仏教学部研究紀要』第五十一号、一九九三年、一五六頁)。さらに、このような伝承もある。「彼亠朱《ヲ》法勝寺《ノ》愛染王堂《ノ》仏壇《ノ》下《ニ》被レ埋了《ヌ》、納二銅箱《ニ》一台在レ深掘レ地、畳石《ヲ》埋レ之、後其上《ニ》銅板覆レ上《ニ》也、最秘々々」(『別尊要記理性第三』KB 118.10.3)。

(34) 範俊が献上した『御遺告』は空海自筆本だったといわれている(中原師遠撰『鯨珠記』、前掲松本郁代「鳥羽勝光明院宝蔵の『御遺告』と宝珠—院政期小野流の真言密教—」二二八頁に引用)。しかし、松本氏も指摘したように、それは空海の自筆本であるわけがなく空海の死後に成立した記録であろう。

(35) 前掲松本郁代「鳥羽勝光明院宝蔵の『御遺告』と宝珠―院政期小野流の真言密教―」二二八～二三〇頁参照。松本氏は範俊が白河院に『御遺告』及び宝珠を手渡したのが大治元年（一一二六）だとしているが、範俊は天永三年（一一一二）に寂したため、これは明らかに間違った見解である。あるいは氏は、範俊が院に宝珠を献上したことを伝える『鯨珠記』大治二年（一一二七）六月七日条の「如意宝珠ハ先年範俊進上也」という文にある「先年」を「大治元年」と誤解したのではないか。いずれにせよ、大治元年の解釈は間違いであり、何年に範俊が『御遺告』または宝珠を白河天皇に手渡したかについては不明なのである。『宀一山記』（ZGR 27-2：296）は範俊が宝珠を院に伝授した年号を大治二年としているが、これも明らかに間違いである。

(36) 勝光明院所蔵の宝珠については、もともと法勝寺円堂下に埋納されていた空海作の宝珠（『秘鈔口決』SZ 28：128）、あるいはもともと宇治平等院経蔵に納入されていた宝珠（『鯨珠記』）、あるいはまた範俊が進めた由来不明の宝珠（『玉葉』建久三年四月八日条）だというように、様々な説があった。

(37) 『後二条師通記』（DNKR）永長元年六月十六日～二十六日条。

(38) 『秘鈔問答』巻第六（T no. 2536, 79.395c19–20）。

(39) 「覚禅抄云、聖賢云、勝覚僧正、於二本寺一、令レ修二祈雨法一給孔雀経也、釈迦堂乾角也（中略）定賢法務存生時、手替被レ修云々、寅云、寛治二〔三カ〕年ト同時ノ事歟、可レ考レ之」（『醍醐寺新要録』上巻、巻第六「釈迦堂篇」三三四頁）。なお、教舜撰『秘鈔口決』巻第十一〔孔雀経法〕（SZ 28：155–156）も以上の聖賢の言を記す。詳細は不明であるが、たとえば一日の孔雀経法の三座（初夜・後夜・日中）の内に勝覚が一座の勤を担い、定賢がそのほかの二座の行法を遂行したというような状況が想像される。

(40) 当日記は、早稲田大学所蔵『小野僧正祈雨之間賀雨贈答詩複定賢法務祈雨日記』（天保十五年〔一八四四〕写）の内にある。筆者は、博士論文及び「醍醐寺における祈雨の確立と清瀧神信仰」（ルチア・ドルチェ、松本郁代編『儀礼の力―中世宗教儀礼の実践世界―』法蔵館、二〇一〇年所収）の論文を執筆していた時に、『国書総目録』で『定賢法務祈雨日記』が早稲田大学に所蔵されていることを知ったが、大学からは見つからない旨の返事があった（早稲田大学で本資料の副題が登録されていないことに因る)。ゆえに、その論文にその内容を考慮に入れることができなかった。だがその後、早稲田大学のオンラインデータベースを検索したところ、偶然に見つかった。よって本書では、その内容に基づいて以上の論文の論旨を変えた。

(41)『定賢法務祈雨日記』原文の、

(前略―寛治三年五月二十一日の定賢による東寺での祈雨孔雀経法にもかかわらず旱魃が続いたという内容から続く)万民懐愁百畜流汗之間、天台座主僧正良真為ニ下嘆二自宗ヲ一謗中他宗上、被二奏達一云、諸仏皆有二四徳一全無二勝劣一、就中薬師法中有二祈雨秘事一、是依ニレ人行レ之云々、当三良真為二其仁一、加レ之、龍王所レ住者非二神泉池一、我山大嶽、件山号二龍尾一、是常龍遊戯之地也、公家依二此詞一始レ従二六月中旬一二七箇日之間、於二叡山勝地一勤三修七仏薬師法一(中壇良真僧正、余壇僧都三人、凡僧三人)於二件龍尾一三千諸徳同音請雨、嶋被レ招レ龍、然而炎天焦葉日光温増、雨雲永隠、不レ見二霊験一、爰 公家重被レ下二 勅〔宣〕一云、尚可レ勤三修孔雀経法一者、然於二本寺醍醐寺一勤修之由上達了、即可レ依ニレ請 勅定下了、仍始レ従二七月九日一勤三修件法一、第二日雷電驚二耳目一供雨満二天下一、(中略)然則貴賤上下奉レ嘆曰、東流之法水湛二醍醐山中一、西海之龍王在二神泉池之底一、祖師禅二居於南岳一、法務施二徳於北京一、雖二末代一依二人誠一仏力不レ失、雖二濁世一依二宗将一霊験掲焉云々

による。

(42)『華頂要略』巻第一四三(DNS III, 1: 711)の「増誉大僧正、同年〔寛治三年〕五月、於二神泉苑一、為二祈雨御祈一修二孔雀経法一、及二第七日一大雨下」(ここにみえる「孔雀経法」とはおそらく「孔雀経御読経」のことを指すであろう)、及び『東寺長者補任』の「三月覚円辞二法務一譲二与増誉法印一、双二定賢一三箇年、五月十三日〔壬午〕於二神泉一被レ行二孔雀経御読経一」(ZZGR 2: 526)による。

(43)寛治三年に勝覚が定賢と替わって孔雀経法を修したという事例があるが、その修法の公請を受けたのは勝覚ではなく定賢であった。勝覚は孔雀経法実修の公請を受けていなかったために、彼の『孔雀経』による祈雨を公的に勅許された事例として見ることはできない。

(44)現存史料から定海が醍醐寺で二回孔雀経御読経を指導したことが分かっているので(本章表A)、この『玉葉』に

出る「孔雀経法」は「孔雀経御読経」の誤解だとした方がよかろう。

(45)『兵範記』(ZST 22) 嘉応元年（一一六九）六月二十九日条にも、「旱魃及二両月一、雖レ有二請雨経沙汰一、醍醐座主乗覚(海)法眼再三辞退、仍不レ及二沙汰一」とある。そして承安三年（一一七三）六月二十二日の乗海による孔雀経御読経の執行（本章表A）に関して、『玉葉』同年七月二日条に「或人云、自二明日一、於二神泉苑一、乗海僧都可レ行二請雨経法一云々」という記事がある。この記事の日付は七月二日であり、六月二十二日の孔雀経御読経の後のことであるが、思うに六月二十二日の前にも請雨経法実修の依頼があったのではないか。七月三日に乗海が神泉苑で請雨経法を実修したかどうかは『玉葉』からは判断できないが、おそらく辞退したであろう。

(46)『建久二年祈雨日記』（高山寺典籍文書綜合調査団編『高山寺古典籍纂集』、高山寺資料叢書、第十七冊、東京大学出版会、一九八八年所収）五二三頁。

(47)『玉葉』同条の「何況神泉苑近年荒廃、縦雖レ被レ洒二掃汚穢死骸等一、無二四壁一者、不レ可レ叶下閇二四門一禁中不浄上、就中、於二東門一者、堅閇レ之、而外垣皆無レ実、門戸無レ形、」による。

(48)『玉葉』建久三年四月八日条。

(49)『永久五年祈雨日記』(ZGR 25-2：236)。

(50)たとえば、藤原為房の息である寛信は、兄弟であり、白河院の近臣でもある藤原顕隆から史料が提供された可能性が高い。これについては、小倉慈司「『祈雨日記』とその増修過程」（『書陵部紀要』第五十一号、一九九九年）一五頁参照。

(51)『玉葉』文治二年五月二十八日条。

第六章　鎌倉時代における請雨経法の復興と終焉

一　請雨経法の復興

永久五年（一一一七）以後、請雨経法を伝持していた醍醐寺座主たちは、運営が煩わしくなった同法の公請を辞退し、醍醐寺で祈雨読経、時には孔雀経法を営んでいた。しかし、建保元年（一二一三）に、勧修寺長吏成宝《せいほう》（一一五九〜一二二八）は、固辞することなく請雨経法の命を受け入れ、神泉苑で請雨経法を修した。

なぜ鎌倉初期に請雨経法が復興したのであろうか。この展開を理解するために、まずここでもう一度建久二年（一一九一）の醍醐寺座主勝賢（一一三八〜一一九六）の祈雨について述べる必要がある。

勝賢は、建久二年五月七日から清瀧宮で孔雀経御読経を催行した。これは請雨経法とは無関係の実施であった。(1)十一日の午後に雨が降ったが、雨量は少なかったため、十二日に朝廷は祈雨孔雀経法の実修を決定した。しかし、守覚法親王（一一五〇〜一二〇二）の辞退、(2)一長者俊証《しゅんしょう》（一一〇六〜一一九二）の老病や、二

表A　十三世紀における東密祈雨法・孔雀経祈雨読経事例の一覧（天台僧による祈雨法の例を含む）

年号	僧名	宗別	僧職	神泉	東寺（その他の東密寺院）	醍醐	内裏	比叡山（その他の台密寺院）	日数	備考	出典
正治2（1200）7・19	仁隆	広沢	④	●					6		百錬抄、明月記、長補
建仁1（1201）5・7	実継	小野	×			●			3		新要録
元久1（1204）6・20	成賢	小野	×			●			13	建永2は誤記	新要録、次第、吉続記
7・2	印性	広沢	②	●					7		長補
元久2（1205）7・12	隆遍	広沢	③	●					9		百錬抄、明月記、長補
7・22	延杲	広沢	①		孔雀経法				7（7）	元久1は誤記	百錬抄、長補
閏7・7	印性	広沢	②		孔雀経法				2		百錬抄、長補
建暦1（1211）6・14	親覚	広沢	②	●					5		業資王記、長補
6・18	成賢	小野	③			（●）					長補
7・13	成賢	小野	③			孔雀経法			7		百錬抄、玉蘂、長補
建暦2（1212）8・1	道尊	広沢	①	●					7		明月記、長補、業資王記
建保1（1213）8・1	祐尊	広沢	③	●					7		百錬抄、明月記、長補
8・8	成宝	小野	×	請雨経法					7		明月記、長補
建保2（1214）6・11	道尊	広沢	①	●					5		長補
6・?	慈円	天台						水天供			水天供現行記
建保3（1215）5・2	?	小野	—			（●）					百錬抄
5・5	道尊	広沢	①	●					5		百錬抄
6・7	成賢	小野	②	請雨経法					6		長補
建保6（1218）5・19	道尊	広沢	①	●					9		長補
承久1（1219）3・22	良遍	広沢	③	●					7		百錬抄
4・8	成宝	小野	前長者	請雨経法					8		長補
7・6	良遍	広沢	③	●					9		仁和寺日次記
7・14	親厳	小野	②	●					5		仁和寺日次記
元仁1（1224）5・18	親厳	小野	②	●					8		百錬抄
閏7・9	覚教	広沢	③	●					17		長補
嘉禄1（1225）7・7	聖海	小野	×			●			5		夕拝備急至要抄
7・13	親厳	小野	②	●					5		長補
安貞2（1228）5・?	光宝	小野	×			（●）					新要録
5・4	定豪	広沢	③	●							百錬抄
寛喜1（1229）8・10	真恵	広沢	③	●							明月記
寛喜3（1231）5・10	道禅	小野	×			（●）					民経記、次第
5・13	親厳	小野					愛染王法				民経記
天福1（1233）6・17	—	東台密	—		水天供	水天供		水天供		七壇	民経記、明月記
6・17	真恵	広沢	×	●					9		百錬抄、民経記
6・18	賢海	小野	×			●			8		次第
6・22	親厳	小野					愛染王法			炎旱御祈	民経記、明月記
文暦1（1234）7・?	親厳	小野	①	●							明月記
7・21	賢海	小野	×			●			7		明月記、次第

年号	僧名	宗別	僧職	神泉	東寺（その他の東密寺院）	醍醐	内裏	比叡山（その他の台密寺院）	日数	備考	出典
嘉禎3（1237）5・20	実賢	小野	×			●			7		夕拝備急至要抄
仁治1（1240）6・16	実賢	小野	×			●			3（？）		夕拝備急至要抄
7・8	実賢	小野	×	請雨経法					11		長補、平戸記
仁治2（1241）6・？	実賢	小野	④			（●）					長補
6・14	厳海	広沢	②	●					9		長補
6・23	良恵	広沢	①	●					3		東宝記
仁治3（1242）6・22	—	東台密			（水天供）			（水天供）		七壇（場所不明）	平戸記（場所不明）
寛元2（1244）6・13	仁恵		③	●					13		百錬抄、長補
6・26	実賢	小野	長者	請雨経法					5		平戸記
寛元4（1246）6・14	勝尊	小野	×			●			14		百錬抄、新要録、次第
6・19	行遍	広沢	②	●					7		百錬抄、民経記、長補
宝治1（1247）5・26	定親	広沢	④	●					11		葉黄記
6・9	実賢	小野		請雨経法					14		長補
6・16	—	東台密	—		（水天供）			（水天供）		七壇	葉黄記、百錬抄
6・29	良恵	広沢	①		孔雀経法				5		葉黄記、百錬抄、長補
建長1（1249）5・？	俊厳	小野		●							長補
建長4（1252）5・2	—	天台	—					水天供		五壇	華頂要略
6・20	俊厳	小野	②	●					5		百錬抄、長補
建長5（1253）6・16	—	—	—		（水天供）			（水天供）	14	壇数・場所不明	百錬抄
5・19	房円	広沢	④	●							百錬抄、長補
5・21	憲深	小野	×			●			5		百錬抄、報恩院文書、次第
正嘉1（1257）7・10	定親	広沢	④	●							長補
7・12	定済	小野	×			●			2		新要録、次第、長補
文永1（1264）5・21	定済	小野	④			（●）			？		次第、長補
6・22	道勝	広沢	①	●					7		長補
6・29	道勝	広沢	①		孔雀経法				5		長補、続史愚抄
文永5（1268）7・7	禰助	広沢	×	●					5		吉続記、続史愚抄
7・17	定済	小野	④			（●）			5（？）		吉続記、長補、続史愚抄
文永9（1272）6・？	定済	小野	④			（●）			？		次第、新要録
7・6	道融	広沢	①	●							長補
文永10（1273）6・24	定済	小野	④			●			5		吉続記、長補、新要録
6・27	禰助	広沢	②	●							吉続記
7・5	—	東台密	—		水天供			水天供		五壇	吉続記、水天供現行記
7・10	道宝	小野	×	請雨経法					7		長補
文永11（1274）7・13	—	東台密	—		水天供			水天供		七壇	長補、続史愚抄
弘安2（1279）6・2	定済	小野	②	●							公衡公記、長補
弘安7（1284）5・27	—	東密	—		水天供					三壇	勘仲記、水天供現行記
6・21	—	東台密	—		水天供			水天供		七壇	
正応4（1291）6・？	—	東台密	—		水天供			水天供		七壇	長補
永仁1（1293）6・24	—	東密	—		水天供	水天供				四壇	親玄僧正日記
7・2	覚済	小野	×			（●）			10		次第、新要録
永仁5（1297）7・18	覚済	小野	×			（●）			3		次第、新要録
永仁6（1298）6・23	覚済	小野	×			（●）			4		次第、新要録

出典項の「長補」は『東寺長者補任』、「新要録」は『醍醐寺新要録』、「次第」は『醍醐寺座主次第』を指す。

長者覚成《かくぜい》（一一二六～一一九八）の腫物《しゅもつ》の病により、修法の沙汰は進まなかった。それゆえに、法親王は神泉苑で修法を行わせるべきなのではないかと摂政九条兼実（一一四九～一二〇七）に提案した。[3]そこで兼実は、三長者勝賢に十四日より三日間の神泉苑祈雨御読経を指示し、無験の場合、引き続いて十七日より請雨経法を修するように命じたのである。[4]その命を受けた勝賢は、その日に京へ向かい、後白河院（一一二七～一一九二）に対して、神泉苑の荒廃及び道具の調進の困難を理由に神泉苑の祈雨読経と請雨経法の勤修を辞退した。[5]院は、勝賢の申すところが道理に適っていると判断し、彼に請雨経法の代わりに孔雀経法の実修を命じた。[6]ただし、この時、勝賢は後白河院に次のように答えた。

> 於二孔雀経法一者、雖レ可レ然、是又多仁和寺之人所二勤修一也、当寺人雖二伝習一、猶邂逅事歟、但〔猶〕於二此条一者、仁和寺宮、有二其許一者、可レ随二重仰一歟、抑只被レ仰二醍醐之一寺一者、以二衆力之懇念一、必可レ有二其験一也、何必及二大法一哉者、[7]

すなわち、彼は、醍醐寺僧が孔雀経法を伝持こそしているものの、この修法はほぼ仁和寺（広沢流）の僧によって行われ、醍醐寺（小野流）の僧による執行例が稀であると指摘した。[8]そして、孔雀経法や請雨経法のような大法の代わりに、醍醐寺の衆僧に様々な祈願を行わせればよいのではないかと提案した。ただし、仁和寺の守覚法親王の許可があれば、命に従い醍醐寺で孔雀経法を修するとも付け加えた。

後白河院は、この問題の解決を兼実に委ねた。兼実は、神泉苑の荒廃により請雨経法の実行が不可能だとして、この法を行うにはまず神泉苑の修理が必要だと言上した。そして、醍醐寺開基聖宝の請雨無験の伝承に言及し、仁和寺僧のみが孔雀経法を修する権利があるということに対しては疑問を呈した。[9]なお、兼実は醍醐寺の衆僧に様々な祈願を行わせるという勝賢の申請について、醍醐寺の座主が孔雀経法を実修すれば一山の僧徒が自ずと挙って祈願することになるという理由で、その申請を受け入れなかった。[10] こうして結局勝賢に孔雀経法を実行するように命じたのである。

勝賢は、五月十六日にも、孔雀経法が主に広沢流により修される修法だと改めて兼実に伝え、再び孔雀経法を辞退しようとしたが、ついに命令を承諾し、十七日に下醍醐三宝院の灌頂堂でその法を開始した。二十二日の夜に大雨が降ったため、修法終了後、勧賞として、院宣により清瀧宮に五人の阿闍梨位の僧を置くことが許可された。[11]

守覚法親王など仁和寺僧は、勝賢が孔雀経法を修したという結果をどう思ったであろうか。実は、十六日に勝賢が再び孔雀経法の勤行を辞退した際、兼実は守覚に相談した。その時に守覚自身も、醍醐寺の僧侶が孔雀経法を実修することはほとんどないということを強調し、勝賢の辞退が当然であると語った。そして、勝賢が堅く辞退すれば、彼を呵責せず、大法を中止し、醍醐寺の衆僧に様々な祈願を遂行させればよいという意見であった。[12] しかし、その日に勝賢はついに孔雀経法勤行の命を受け入れるという領状を兼実に送ったため、結局醍醐寺で孔雀経法が行なわれた。

守覚法親王がこの結果に対して殊に反発したかどうかは資料上不明である。しかし、十六日の兼実との面談から推して、彼がその結果に対して批判的だったことは想像されよう。

この点について、守覚法親王が、真言宗の諸修法の再編成を企て、その過程において孔雀経法を広沢流専有の大法とし、他流がこの修法を修してはならないと主張した僧だったということは周知のことであろう。そのことは、守覚撰『追記』（一一八四年以降の成立と推定）の次の記述から知られる。

先年醍醐流欲レ令レ修二孔雀経御修法一事有レ之、是則緇素暗昏之故也、故御所（覚性入道親王）召二（平）時忠一于レ時左（右カ）中弁被レ仰二含事由一之処、奏聞之後、被レ召二返醍醐官符宣一、保寿院覚成僧正承レ之勤了、上無二義常一之故為二軽骨一、下無二知常一之故似二失面一、凡孔雀経法、広沢無双之大秘法、小野雖レ非レ無二孔雀経法一、応二公請一之事、自レ古至レ今当流許也、請雨経法、小野流之大法也、仍不レ可レ修二広沢之法一云々、[13]（（　）の内の文は著者註）

すなわち、ある時醍醐寺の僧に孔雀経法の実修を命じる宣旨を送付したが、結局その宣旨は故御所（覚《かく》性《しょう》入道親王〔一一二九～一一六九〕）の抗議により撤回され、広沢流の覚成（当時非長者）が孔雀経法を勤修することとなった。この事件がいつ起きたかは不明であるが、本文に出る平時忠（一一三〇～一一八九）が左（右）中弁を勤めた仁安元年（一一六六）～仁安二年（一一六七）正月までの間のことであろう。

守覚にとって醍醐寺僧に孔雀経法を修させることは東密の秩序に反することであった。そのために彼は修法の乱用を止めるために孔雀経法を広沢流の秘法とし、ほかの流派の僧は修してはならないと強く主張していたのである。

しかし、これはあくまでも仁和寺広沢流側の主張であり、小野流の主張ではない。そして、守覚の意志に従ってその後孔雀経法が広沢流専用の修法となったかどうかといえば、そうではなかったようである。たとえば、建暦元年（一二一一）七月十三日に、醍醐寺座主成賢《せいげん》（一一六二～一二三一）は、醍醐寺三宝院で祈雨孔雀経法を修している（本章表A）。

ともかく、（公請による）孔雀経法実修を広沢流に限定させるという守覚の意向が請雨経法復興の根底にあったと考えられる。以下説明するように、法親王は再び請雨経法を修することを可能にするために必要であった神泉苑修築の計画を立て、実行したが、この修築は東密諸修法の再編成という意図と深く関わっていたと推察される。

建久二年五月十四日に、兼実は「修㆓造神泉苑㆒之後、専可㆑被㆑行㆓此法㆒歟」と、神泉苑を修理した後に請雨経法を修させればよいであろうと言上した。しかし同時に、守覚が同十八日に勝賢に宛てた書状に、

愚身或宮、参㆓神泉㆒可㆓啓白㆒、深有㆓存趣㆒、其故云何、自㆓去年㆒廻㆓種々移私〔墨抹・秘カ〕計㆒、申㆓行築垣已下修〔理〕。[14]沙汰㆒、殆可㆑及㆓道場造営㆒、是偏為㆓朝家泰平蜜教紹隆㆒也、中㆑心之至、龍神定有㆓照察㆒歟、此刻無㆓霊験㆒者、亦何時哉、

とあるところから分かるように、法親王も神泉苑の修理を企図していた。そして、翌年の建久三年八月二七日に、彼は東寺と仁和寺の修理とともに神泉苑の修築を幕府に依頼したのである。[15]その後の経緯は不明であるが、建仁二年（一二〇二年）より後鳥羽院（一一八〇～一二三九）が頻繁に神泉苑に行幸した事実から、当苑が間違いなく修理されたことが判る。

右の書状において、守覚は神泉苑の修理が国家泰平・密教紹隆のためだと述べている。しかし筆者は、一方で、その修築が、請雨経法の運営を可能にし、孔雀経法を広沢流専用の修法にするという策略の一端でもあったと考える。

神泉苑の修築のおかげで、当苑で規定に則る請雨経法の道場を立てることが再び可能となった。しかし、前代に、小野流僧が請雨経法を辞退した理由には、規定を満たす道具調進の困難さという問題もあった。請雨経法は、青磁器・青法服・青幕などの新調の用途物がなければ、法験が期待できず、修し得ない。しかし、これについては、鎌倉初期に僧侶側、特に勧修寺側では、用途物の規定に対して柔軟な態度が示される

ようになった。

たとえば、醍醐寺座主成賢が建保三年に請雨経法を修した時の経緯を語る『建保三年六月六日神泉御修法日記』に、勧修寺長吏成宝の建保元年における実修に言及する一文がある。それによると、

昨日奉行人申云、於二大幕一者、去年勧修寺請雨経法之時被レ借二渡大膳職之古物一畢、〔中略〕凡此法毎物可二新調一之事也、勧修寺之例不レ能レ為二先規一、

と記すように、成宝が古物の使用を良しとしたことが分かる。

実は、建保元年に、請雨経法実修の命を受けるように、数人の勧修寺僧が成宝に勧めていたが、その僧のなかに有名な覚禅《かくぜん》（一一四三〜?）がいた。その覚禅は、すでに建保元年より五年前の承元二年（一二〇八）に、自著『覚禅鈔』に、請雨経法諸道具の規定について柔軟な態度をとるべきだとの私案を記した(16)。たとえば、この法で原則として青磁器を使用すべきだとしつつ、白磁器に金青を塗ったものを使ってもよいとした(17)。あるいは、五行説で金は水を生ずることから、金銅の道具が実際には祈雨法に最も相応しいとも記している(18)。そして、「注申　公家頗其煩也、凡理〔修歟〕何法末代ノ大阿闍梨支度多ニ可レ存レ略、於レ不二事闕一者、不レ可二注申一、還緩怠之因縁也」とあるように、覚禅はいずれの修法においても末代の大阿闍梨が道具の支度を省略すべきであり、欠如がなければ、ことさらに異議を申すべきではないという意見でもあった。すなわち、請雨経法の道具調達が困難であれば、柔軟に対応すべきだと考えたのである。ちなみに、建保元年の実修時には白磁器（青が塗られたかどうかは不明）が使用されたようである(19)。

要するに、請雨経法の復興をもたらした要因として、請雨経法を小野流、孔雀経法を広沢流専用の修法に

しようという守覚法親王の意志に発する神泉苑の修築、及び勧修寺における道具の規定に対する柔軟性をあげることができよう。

成宝の祈雨では、早くも二日目に降雨があった。この霊験により世間は、末代でも古来の請雨経法はなお威力ある修法だということを知ることができたであろう。

二　請雨経法の展開と終幕

建保元年以後、請雨経法はさらに六回実修された。具体的にいえば、建保三年（一二一五）、承久元年（一二一九）、仁治元年（一二四〇）、寛元二年（一二四四）、宝治元年（一二四七）と文永十年（一二七三）の六例である（本章表A）。しかし、文永十年以後、請雨経法は修されることなく、その法灯は消滅した。

この時期の請雨経法の実修者は、醍醐寺座主、あるいは勧修寺長吏であった。しかし、醍醐寺と勧修寺の請雨経法の間には、信仰上の相違点があった。醍醐寺僧の場合には、醍醐山の清瀧神への信仰が篤かったのである。

たとえば、建保三年の醍醐寺座主成賢による請雨経法では、全く降雨の気運がなかったため、十人の伴僧が神泉苑を出て、醍醐寺に向かい、下醍醐と上醍醐の清瀧社、及び上醍醐の清瀧神の本宮（洞窟）で祈請した[20]。これは先例のない出来事であったが、醍醐寺僧が行う請雨経法では醍醐山の龍神が尊重された事実を示す。

醍醐寺への参向は、本寺の鎮守清瀧神が神泉苑の龍神と何らかの関係を結んでいるという信仰に基づいていたに違いない（第三部第一章参照）。この信仰は、『建保三年六月六日神泉御修法日記』に次の形で表現されている。すなわち、十人の伴僧が本宮で祈願した後、清瀧峯の上空に黒雲が現れ、その時神泉苑でも祈雨道場の上に雲が蓋の形で集まってきたという奇瑞が現じた。すると、雨が降ったという(21)。そうした清瀧神への信仰は、もちろん醍醐寺僧が行う請雨経法の特徴であり、勧修寺僧が実施する法にはなかった。

むろん、鎌倉時代においても、請雨経法の道具を揃えることは朝廷にとってなお煩わしい務めであった。たとえば、仁治元年（一二四〇）の場合、七月五日より請雨経法が始まるはずだったが、開始日までに用途物が揃わず、修法の開始が三日間延期された。七月八日に、加賀国の賦課であった青衣と紺色の幕などが調進され、ようやく醍醐寺座主実賢《じつげん》（一一七六～一二四九）が請雨経法を開始することができたのである(22)。

なお、鎌倉時代の請雨経法には、前代と同様に、雨を降らせるのに九日の期限があった。それでも、祈雨日数期限を満たして雨が降らない場合、阿闍梨が修法の延長を申請するのが常であった。たとえば、仁治元年に実賢は七日間請雨経法を修し、先例により二日間延長が許されたが、ついに雨が降らなかった。十二世紀初めであれば、実賢は無験の恥を味わうことになったはずである。しかし、彼はなお七日間延行したいと申し出て、時の権力者西園寺公経《きんつね》（一一七一～一二四四）は、その申請を許可した。これで実賢は再び七日間請雨経法を修することができたのである。

この二度目の延長について『平戸記』の記主平経高（一一八〇～一二五五）は、「希代之例也、生涯可レ待二降雨一歟」という痛烈な皮肉を残した。しかし、平経高は一生待つ必要はなかった。延行が始まって間もなく雨が降ったからである(23)。

ところが、実賢は延長を申請することには熱心であったのに対して、修法を期限まで実修することには同じ程度の熱心さを持たなかった。彼は、寛元二年に請雨経法を修した時、早くも第二日目に雨が降ると、僧正の勧賞を下賜された後、その日の朝に密かに結願を修し、速やかに苑から姿を消した。平経高は、たとえ一時的に雨が降っても七日の期限を満たずに結願をし、神泉苑を去ることは相応しくないと批判した(24)。

中世日本の最後の請雨経法を実修した真言僧は、勧修寺の道宝《どうほう》(一二一四〜一二八一)であった。文永十年(一二七三)の時であった。その修法は、最初の七日の内に雨は降らなかったが、二日の延行の間に大雨となり、大成功に終わった。

この実修をもって請雨経法の歴史は終幕を迎えた。請雨経法だけではなく、祈雨孔雀経法の法灯も、すでにそれより先に、文永元年(一二六四)の実修をもって消えた(本章表A)。

しかし、この二つの祈雨修法の実修が見えなくなったということは、その秘伝(龍神信仰)が消滅したという意味ではない。その祈雨法の長い歴史の背後に熟成した信仰は、この時代に新しく成立した水天供(後述)という国家的祈雨法のなかに生まれ変わったのである。

第二部で論じるように、請雨経法と孔雀経法は、それぞれ異なる特徴を持っていたが、両者とも舎利・宝珠信仰及び水天信仰に依拠していた。水天信仰を通じて古来の祈雨法の秘事である舎利信仰や龍神信仰が存続したのである。

つまり、「請雨経法」と「孔雀経法」は「枠組み」にすぎず、その枠組みに変化はあっても、その内容である龍神信仰はなお伝えつづけられたのである。

三　内裏における祈雨の如法愛染王法

鎌倉時代の東密祈雨法の歴史について特記すべき事柄として、祈雨のための如法愛染王法（如意宝珠に基づいた愛染王法）の実修が挙げられる。これは従来の祈雨法研究または愛染王研究では全く注目されていない事実である。

寛喜三年（一二三一）と天福元年（一二三三）に、随心院（曼荼羅寺）の初代門跡・東寺一長者親厳《しんごん》（一一五一～一二三六）は宮中で祈雨のために愛染王の如意宝珠法を修した。これが特例の祈雨であったのは、それまで宮中において祈雨の密教修法が修された例はなかったことや[25]、祈雨の愛染王法はこの二度の事例しかないという事実でも分かる。

まず、二つの祈雨愛染法の実修状況を見よう。寛喜三年の実施について、やや長文ではあるが、『民経記』（藤原経光撰、DNKR）同年五月十日条に次の記述がある。

五月十日乙未、天晴〔中略〕此間炎旱過法、自二今日一被レ始二行清瀧御読経一云々、兼高奉行也、

十三日、戊戌、陰雲忽掩、甘雨頻灑、今月中大略不レ向二陰雲一、炎旱渉レ旬之処、是御祈祷之所レ至也、珍重也、〔中略〕又聞、自二今日一被レ始二行如法愛染王法一、蔵人大輔兼高奉行、大阿闍梨東寺一長者僧正親厳云々、用途已下事可レ尋レ記、如意法主珠自二鳥羽勝光明院一奉レ渡云々、新中納言家光卿、此一両日補二後院々司一奉レ渡レ之云々、是先例也、〔中略〕

十四日、己亥、雨猶下〔中略〕抑今日愛染王法出御可二祗候一之由、兼高相觸、只今還御云々、遅参了遺恨也、〔中略〕

廿日、乙巳、雨下(傍注)「如意輪法結願行幸壇所儀」〔中略〕、抑今夜如意輪法結願、行二幸壇所一云々、蔵人大輔兼高奉行、頭内蔵頭有親朝臣候二御共一、少将親氏朝臣持二御剱一前行云々〔中略〕、
廿一日、丙午、雨下〔中略以下は歴記〕如意輪円(宝イ)珠奉レ返二納鳥羽一事〔後略〕
六月一日、丙辰、雨下、〔中略〕蔵人大輔兼高御祈賞宣下云々〔後略、同日に行われた愛染王法と清瀧御読経の勧賞のこと〕

次は、再び長文であるが、天福元年の実修を『民経記』同年六月二十二日〜二十九日条、及び『明月記』（藤原定家撰）同年六月二十三日〜七月一日条の引用をもって見よう。

『民経記』
廿二日、乙未、(傍注)「内如法愛染王法始」天晴〔中略〕自二今日一、於二内裏一被レ始二行如法愛染王法一、蔵人大輔奉行、以二仁寿殿一為二道場一、五節所為二阿闍梨壇所一云々、宝珠自二鳥羽一被レ渡、公卿院司高三位経時卿、五位院司光資等参行云々、用途事、奉行職事兼高忽給二豊後国一、令レ致二御修法用途之沙汰一云々、豊後国(傍注)「二位」前宰相親定卿年来知行、如法懸命者也、其替賜二下野国一云々、
廿九日、(傍注)「内如法愛染王法結願」壬寅、天晴(傍注)「宝珠被返納事」〔中略〕今日内裏如法愛染王法被二結願一云々、宝珠被二返納一、〔後略〕

『明月記』
廿三日、丙申、天晴、終日風吹、昨日雖二風雲頻飛一、遂雨不レ降、長者僧正又被レ修二如意宝珠法一云々、〔中略〕旱天大風弥損二草木一、四條京極辺颰不二開目一云々、夜無レ露、
廿五日、戊戌、旱天如レ焦、日色赤〔中略〕真恵雨不レ降而可二結願一、親厳雨任意之由放二詞領状一、于レ今無レ験、天之

令然歟云々、
廿七日、庚子、〔中略〕移二時刻一之間、東南之天黒雲漸起、真恵僧正昨日帰二本寺一了、賢海於二醍醐一修レ法、又雨不レ降而結願了云々、聞二此事一、大僧正法験猶待二他人結願一歟、〔中略〕漸及二日入一大雨忽降、簷溜漸流、猶有二浮雲之気一、日没以前西天欲レ晴之間、雷公頻発レ声、秉燭以後雨猶如レ沃、及二于深更一不レ止、極貴事歟、
七月一日、癸卯、天晴、未時東南陰、雷鳴、〔中略〕長者僧正依二雨感悦一参二所々一、自愛自讃云々、皇上不レ令二嫌御一、令レ坐二膝上一、御親祭牢々、雨ふらしたるめでたし、又ふらせと有二仰事一云々、勧賞非二身上事一、東寺可レ被レ寄レ国之由、被レ申レ之、〔後略〕

寛喜三年の件については、『民経記』の引用から分かるように、その年の旱魃は深刻であったため、五月十日より醍醐寺で清瀧御読経が行われ、つづいて十三日から宮中で如法愛染王法が始行された。『民経記』に、愛染王法が祈雨のために行われたことはどこにも明記されていないが、それより二年後に親厳が同法を祈雨のために実修したことは確実であるため、今回も目的が祈雨だったと思われる。十三日より連続的に甘雨が降ったため、御読経と修法の祈雨祈願は大成功に終わった。

祈雨の愛染王法について、この時に鳥羽勝光明院宝蔵より「如意法主珠」（如意宝珠法の主である宝珠という意味か）が持ち出されたということが注目される。この宝珠は、本尊愛染王の別姿として使用されたに違いない。[26]ただ、祈雨法において勝光明院の宝珠が本尊として用いられたのは、寛喜三年が初めてではない。すでにそれより前、建久二年の醍醐寺の孔雀経法でも、同じ宝珠が祈雨祈祷の対象となっていたのである。[27]

ところが、寛喜三年の件については次の問題点がある。如法愛染王法は五月十三日より開始された。普通に考えれば、修法は通常七日間修されるものであるため、愛染王法の結願が二十日に行われたと判断され

る。しかし、『民経記』の二十日条には「愛染王法」ではなく「如意輪法」の結願のことが言及されている。如意輪法の件はそれより前の条には出てこない。また、十三日条では、勝光明院から運ばれて愛染王法で使用された宝珠は「如意法主珠」と呼ばれているが、二十一日条（暦記）では、勝光明院に返納された宝珠は「如意輪円珠」と称されている。その上、六月一日条に愛染王法の勧賞のことはあっても、如意輪法の勧賞のことは言及されていない。要するに、その時に如意輪法と愛染王法の二つの宝珠法が行われたのか、あるいは「愛染王法」と「如意輪法」という名称が実際には同じ修法を指しているのか、という疑問がある。「如意法主珠」と「如意輪円珠」が同じ宝珠の別名であるか、あるいは二つ異なる宝珠の名称であるかということも不分明である。

大日本史料は、愛染王法と如意輪法を別個の修法として扱っている。[28]その可能性はあるであろう。しかし、勝光明院に人造宝珠が二顆も安置されていたということは、不可能ではなくても、いささか疑問である。ゆえに、愛染法と如意輪法は実際には同じ修法だという可能性もあると考える。すなわち、愛染王と如意輪観音の二仏は、両者とも如意宝珠を三昧耶形（象徴）とするために真言僧によって同体異名と見られ、その知識が『民経記』の記主藤原経光（一二一三〜一二七四）の耳にも入ったために、その日記に同じ修法を指す用語として「愛染王法」と「如意輪法」の二名称が出ているのではないかと思われる。しかし、この点についてはさらに検討すべき課題としたい。

次に、天福元年の愛染王法の実修について述べよう。この場合でも勝光明院の如意宝珠が持ち出され、修法の本尊愛染王の変化身として使用された。その時、愛染王法と同時に神泉苑御読経と醍醐の清瀧御読経も行われたが、それぞれの読経儀礼は無験のまま終了した。ただ親厳だけは祈雨法を行い続けて、そのまま大雨が降った。彼は自画自賛したが、幼年の四条天皇（一二三一～一二四二）は喜んで、僧正の膝上に座って、「もう一度雨を降らして」と言ったようである。勧賞として、東寺に一国の管轄権が与えられた。これは異例の措置であった。

親厳がどのような経緯で宮中において祈雨愛染王法を修するようになったかについては、資料上全く知ることができない。また、なぜ親厳が愛染王法を選んだかという点も、謎である。しかし、確かに、彼は新しい祈雨法を創出したということができる。

一方で、祈雨愛染王法は何の根拠もなくに登場したのではなく、古来の請雨経法の伝統の遺産というべきかもしれない。第二部で論じるように、請雨経法は愛染王信仰をも含む高度な舎利・宝珠・龍神信仰に基づいた法である。よって、親厳が宝珠を愛染王の別姿とする祈雨法を行ったということは、新規とはいえ、実は古来の宝珠信仰に立脚したともとらえることができるのである。この点については第二部の結論で再度後述する。

四　水天供の確立と隆盛

十三世紀後半、ついに請雨経法と孔雀経法の法灯が消え、十三世紀末～十四世紀初めには、神泉苑孔雀経御読経と醍醐寺祈雨御読経の伝統にも終止符が打たれた(29)。

しかし、以上の祈雨儀礼を土台として展開した信仰（舎利・宝珠・龍神）は、以後もなお別の形で存続した。その別の形とは水天供《すいてんく》なのである。

古記録における水天供の初見は『中右記』（ZST 9）寛治三年（一〇八九）五月二十一日条である。だが『小野類秘鈔』に「康平八年、請雨御修法之比成尊闍梨奉仕又於二天台一被レ行二水天供十壇一、非二一人ノ験一ニ之由宇治殿（引用者註——藤原頼通）令レ申給、因レ之成尊ニ不レ蒙レ賞云々可レ尋レ之已上醍醐聖賢閑談之次示レ之」[30]という記述があり、それによれば水天供はすでに康平八年（治暦元年〔一〇六五〕）に比叡山で執り行われたこととなる。

治暦元年に比叡山で十壇の水天供が実修されたということが事実であれば、この実施は画期的だったというべきである。十世紀中葉以来国家のために密教祈雨法を実修した僧はみな真言僧だったからである。よって、事実であれば、この天台宗による水天供をもって東密が国家的祈雨修法を独占した時代が終焉したといえるのである。

次の水天供の所見は保安四年（一一二三）七月十三日の実修である。それより先、仁和寺の寛助《かんじょ》（一〇五七～一一二五）は、三日間神泉苑で孔雀経御読経を催したのであるが、本人は出仕しなかった。そして、御読経では結局雨が降らずに終わると、今度は七壇の水天供が実施されたが、寛助は仁和寺でその内の一壇の勤を奉仕した。ほかの六壇の阿闍梨の名は不明であるために、その阿闍梨がみな真言僧であったか、天台僧もいたかは判断できない。ともかく、この水天供の実施中に雨が降ったといわれている[31]。

その次の例は嘉応元年（一一六九）六月二十九日の九壇水天供である。この時の実修について注目されるのは、九壇の阿闍梨が「諸宗明徳」だったといわれることである[32]。おそらく東密と台密から九人の高僧が公請され、それらの高僧がそれぞれ自坊で一壇の水天の供養法を行ったのであろう。

つづいて、建久二年（一一九二）六月十一日に、醍醐寺で十壇の水天供が実行され、それらの壇法の実行者はみな東密僧であったが[33]、その次の正治元年（一一九九）八月二日の場合では、再び東密・台密の僧侶の

表B　十四世紀～十五世紀における東台密祈雨法の実修例（孔雀経読経事例を含む）

年号	僧名	神泉	東寺 （東密寺院）	醍醐	比叡 （台密寺院）	日数	備考	出典
正安 2 (1300) 6・19	—		（水天供）		水天供		七壇	水天供現行記
正安 3 (1301) 5・25	覚済			●		5		醍醐寺新要録
嘉元 1 (1303) 7・8	親玄			（●）		7（6）		醍醐寺新要録
徳治 1 (1306) 4・24 5・4 7・2	— 聖雲 —		水天供 水天供	 （●） 	? ?	 6 	七壇 壇数不明	東寺長者補任、続史愚抄 醍醐寺新要録 醍醐寺新要録
正和 4 (1315) 4・25 5・6	— —		水天供 水天供	水天供	水天供 水天供		十壇 壇数不明	管見記、水天供現行記、公衡公記
正和 5 (1316) 7・?	—		?		水天供		十壇	水天供現行記
文保 1 (1317) 4・29	—		水天供		水天供		七壇	花園天皇日記
文保 2 (1318) 7・9	—		?		水天供	3	壇数不明	水天供現行記
元応 2 (1320) 6・22 7・2	— —		? ?		水天供 水天供		七壇 壇数不明	水天供現行記
元応 3 (1321) 7・3	—		?		水天供	?（10）	七壇	水天供現行記
暦応 3 (1340) 7・24	—		?		水天供		壇数不明	水天供現行記
暦応 4 (1341) 5・22	—		?		水天供	13	壇数不明	水天供現行記、華頂要略
貞和 4 (1348) 5・18	—		?		水天供	6	壇数不明	水天供現行記
延文 2 (1357) 7・18	—		?		水天供		壇数不明	新拾遺和歌集
延文 4 (1359) 7・2 7・21 8・2	光済 — —		? ? 水天供	水天供 水天供	? 水天供 水天供	 5 15	一壇のみ？ 五壇 七壇	門葉記、続史愚抄 門葉記、続史愚抄 門葉記、続史愚抄
貞治 6 (1367) 7・21	—		水天供	水天供	水天供	7	十壇	門葉記
永徳 1 (1381) 6・1	—		水天供		水天供		七壇	愚管記
至徳 3 (1383) 7・26	—		水天供		?		七壇	東寺長者補任、続史愚抄
明徳 4 (1393) 6・29	—		水天供	水天供	?	14	七壇	東寺王代記、三宝院文書
応永 9 (1402) 7・1	—		水天供	水天供	?	7（?）	十四壇	吉田家日次記
応永11 (1404) 7・20			水天供		?	3	一壇のみ？	東寺百合文書
応永15 (1408) 6・19 6・24	頼暁 —		水天供 水天供		? ?	 3	一壇のみ？ 六壇	東寺百合文書
応永20 (1413) 7・4	—		水天供	水天供	水天供	4	壇数不明	満済准后日記、東寺百合文書
応永25 (1418) 4・27 5・11 6・13	— — —		水天供 水天供 水天供	水天供 水天供 水天供	水天供 水天供 水天供	7 5 7	壇数不明 壇数不明 壇数不明	満済准后日記
応永27 (1420) 7・2	禅信	●						看聞日記、東寺長者補任、続史愚抄
応永29 (1422) 6・30	—		?	水天供	?	12	壇数不明	満済准后日記
永享 1 (1429) 7・1	—		?	水天供	?	8	壇数不明	満済准后日記
永享 5 (1433) 5・9 6・3 7・10	— — —		水天供 水天供 ?	水天供 水天供 （水天供）	水天供 水天供 ?	14（?） 5 14	壇数不明 十壇 壇数不明	満済准后日記 東寺百合文書 師郷記
永享 6 (1434) 3・24 7・24	— —		水天供 ?	 水天供	? ?	 13	壇数不明 七壇	東寺百合文書、続史愚抄 満済准后日記
永享 8 (1436) 6・10	—		水天供		?	7	壇数不明	東寺執行日記、東寺百合文書
文安 2 (1445) 5・29	—		水天供		?	7	壇数不明	東寺百合文書

協力のもと十五壇の水天供が行われた。『醍醐寺座主次第』「座主実継」の項目では、その時の実修の詳細が次のように記されている。

同年八月二日、為二炎旱御祈一、以二自他宗僧一被レ始レ行二水天供一、十五壇、其内勤二修一壇一、七日、自二寅時一雨降、至二八日朝一雨脚不レ止、九日結願、

裏書　水天供十五壇名

東寺　大僧正延杲一長者　法務実任　大僧都仁隆
少僧都宗光　覚承　隆遍　実継
律師寛瑜　能遍
延暦寺　僧正弁雅座主　前大僧正寛忠
園城寺　法印公胤　大僧都行舜　法眼顕運
律師禅覚

記事に見るように、その時の十五壇水天供の阿闍梨は、東寺、延暦寺及び園城寺の僧侶であった。各自はおそらく本坊で一壇の水天供を修したであろう。資料上、水天供の壇数と実行場所（実行者の名）は分からない場合が多いが、おおよそ七壇または十壇が基本であり、阿闍梨としては通常東寺・園城寺・延暦寺の僧が依頼されたのである。

十三世紀末までの水天供の事例はそれほど多くはないが（第五章表A、本章表A）、それ以後、伝統的祈雨儀礼の法灯が次々と消滅してしまうと、東密・台密協力の水天供の祈雨事例が急増していった（本章表A・

表B)。結局、正和四年(一三一五)以後、ほぼ水天供しか行われなくなった。そして、十五世紀中葉、応仁の乱が勃発する数十年前まで、東密・台密の水天供は大いに繁栄した。実は、十四~十五世紀における祈雨法の活動は、前代と比べると少しも衰えていなかったといえる。しかし、十五世紀後期以後、国家的祈雨は行われなくなった。密教祈雨法の歴史は、その時に完全に終わったのである[34]。

水天供は、朝廷がまず数人の高僧に宣旨を下し、その高僧より領状・支度状を受領した後、諸国に用途物を調達させるという方式であった[35]。それは請雨経法や孔雀経法という伝統的祈雨法と同じである。しかし、それぞれの高僧が行う祈雨法はただ一壇の供養法のみであり、仮屋などの建立は不要という点でより容易に運営できるものだったのかもしれない。なお、同時に数人の祈雨験者が祈雨法を行うために、世間の人々が一人の験者に注目するのではなく、もし雨が降らなかった場合、数人の高僧が責任を負うようになっているという相違もある。仁海のように、一人の祈雨験者が祈雨霊験で名声を立てるというのは、この時代にはもう見られなくなったのである。また、逆に祈雨無験で恥をかき、都の仏教界から隠退せざるを得なかった元真や範俊などのようなケースもない。それでも、霊験があった場合、朝廷が高僧たちを賞賛し、勧賞を下賜する習慣は続いた。いわば、この時代に祈雨法の実修はもはや一つの「収入手段」にすぎず、形骸化したものとなったのである。

水天供は、その成立過程について不明なところは多いが、東密の水天供に限っていえば、それが神泉苑の祈雨伝統から展開したものであると考えられる。神泉苑の龍王は、東密の伝承(後述)ではインドより当苑に来住した無熱池《むねっち》の龍王とされた。だが、『孔雀経』によれば、無熱池の龍王は水天である[36]。そのために、特に十一世紀後半から神泉苑の孔雀経御読経が盛行するようになった後、東密では神泉苑の龍が水天だという信仰が一般化したのである。[37]

永久五年の請雨経法実修の際、勝覚は祈雨道場仮屋の東庇において水天供の一壇法及び『孔雀経』の読経を行わせた。これは請雨経法の先例にない新しい作法であった。[38] その上、勝覚は神泉苑の龍王を供養する法（龍供）の時に水天の陀羅尼を用いたといわれている。[39] なお、この時代に、請雨経法に付随する作法として、初夜の座の修法が終わった後、仮屋の外で西方水天の礼拝も行われていた。[40] 西方は、諸龍王を率いる水天の相応方向なのである。

要するに、東密の水天供は、古来の神泉苑龍神信仰のなかに胚胎していた水天信仰に基づいていたと推定されよう。

台密の水天供の場合では、どうであろうか。なぜ台密が水天供を修するようになったかについては全く何も知られていない。おそらく天台宗は、寛治三年に座主良真が神泉苑の龍神信仰を比叡山に取り入れようとしたという伝承が示すように（前章第二節第一項参照）、真言宗が独占していた国家的祈雨修法に連携するように様々な働きかけをしたのであろう。

それはさておいて、この問題に関して、天台宗では古くより水天供が秘法として尊重されていた事実が重要な点であるかもしれない。

延久四年（一〇七二）に北宋に渡り、同五年（一〇七三）三月に宮廷後苑で『法華経』による祈雨を行い、三日後に法験を見せた成尋《じょうじん》（一〇一一～一〇八一）の事績は有名であろう。しかし、成尋には当初は法花法ではなく、水天法を修する意図があった。彼は、その年の三月二日に祈雨の勅命を受けた日、まず「須㆑修㆓水天法・倶梨迦龍㆒」と主張したのである。[41] しかし成尋は、神宗皇帝が『法華経』を講読させた時に感応があったなど『法華経』関連の先例が多いことを知るようになると、法花法を修することに決めたのである。[42]

その祈雨が終わった後、成尋は空海や仁海など日本の祈雨行者の事績について宮廷官人に語ったが、官人からなぜたとえば仁海のように請雨経法を修しなかったのかと聞かれた。成尋は次のように答えた。

答云、成尋非㆓真言宗㆒、非㆓弘法大師門徒㆒、不㆑学㆓請雨経法㆒、真言宗中尚伝㆓此法㆒人両三人、深秘口伝況他宗哉、成尋是天台宗智証大師門徒、祖師従㆓青龍寺法全和尚㆒究㆓学真言秘奥㆒有㆓水天祈雨〔法イ〕秘法㆒、有㆓倶哩迦龍祈雨法㆒、智学伝受、而修㆓法花法㆒所以何者、唐朝光宅寺雲法師講㆓法花経㆒祈雨、至㆓薬草喩品其雨普等四方倶下之文㆒大感降㆑雨、加㆑之誦㆓法花㆒人感雨有㆓其数㆒、況八大龍王皆蒙㆘於㆓閻浮提㆒可㆑降㆑雨仏勅㆖、若干眷属在㆓法花坐㆒、此曼荼羅中列㆓諸龍王㆒、因㆑之修㆓此法㆒感雨也、[43]

成尋はまず、真言僧ではないために東密専用の請雨経法を伝承していないことを説明した。次に、彼の祖師である智証大師円珍《えんちん》（八一四～八九一）が、青龍寺の法全《はっせん》に就いて水天法及び倶梨伽羅龍王の祈雨法を学んだことを述べた。しかし、結局、唐土において『法華経』による祈雨霊験の先例が多かったために法花法を修することにしたのであると明かした。

これにより、天台宗寺門派で水天の祈雨法が秘法とされていた事実が分かる。その事実は、十一世紀後期～十二世紀中期になぜ天台宗が水天供という新規国家的祈雨を行うようになったかを検討する場合、重要であると考える。つまり、水天供が台頭した背景に、天台宗が古くから水天法の秘法を伝持しているという点を主張していたことが想像される。

最後に、水天供が平安京だけではなく鎌倉においても実施されたということを付け加えておこう。鎌倉幕

表C　鎌倉における仏教的祈雨事例の一覧

年号	僧名	宗別	鎌倉八幡宮	日数	備考	出典（備考）
建久4（1193）6・20	？		祈願			吾妻鏡
承元2（1208）6・16	？		祈願		江ノ島	吾妻鏡
建保2（1214）5・28	？		祈願			吾妻鏡
貞応1（1222）6・11	？		祈願			吾妻鏡
元仁1（1224）5・15	？		水天供・不動法・一字金輪法		水天供百壇	吾妻鏡
6・6	定豪等	東密	水天供		十壇	吾妻鏡
嘉禄1（1225）5・22	定豪	東密	読経			吾妻鏡
寛喜3（1231）5・17			読経		大般若経	吾妻鏡
天福1（1233）6・25	定豪	東密	祈願			吾妻鏡
嘉禎2（1236）4・20	定豪	東密	祈願			吾妻鏡
仁治1（1240）6・1	定親	東密	最勝王経法			吾妻鏡
6・16		東密	孔雀経法		場所不明	吾妻鏡
6・22			読経		最勝王経	吾妻鏡
7・4	定親等	東密	水天供	7（3）	十壇	吾妻鏡
仁治2（1241）6・9	定親	東密	祈願		江ノ島	吾妻鏡
寛元2（1244）6・3	良信等	東密	水天供	7（？）	十壇（不動念誦含）	吾妻鏡
建長4（1252）5・7	良基	東密	修法		七瀬	吾妻鏡
6・19	隆弁	台密	北斗			吾妻鏡
7・10	隆弁	台密	祈願			吾妻鏡
建長5（1253）5・23	？		祈願		場所不明	吾妻鏡
正嘉1（1257）7・5	隆弁	台密	修法			吾妻鏡
永仁1（1293）5・？	承俊	台密	祈願			鶴岡八幡宮寺供僧次第
応長1（1311）6・25	？		読経		大般若経	鶴岡社務記録
暦応1（1338）閏7・4	頼仲	東密	水天供		一壇？（宝篋印陀羅尼供含）	鶴岡八幡宮寺社務職次第
暦応2（1339）5・26	頼仲	東密	陀羅尼			鶴岡社務記録
康永3（1344）6・9	頼仲	東密	水天供		一壇？	鶴岡社務記録
応永5（1398）5・25	？		読誦			鶴岡事書日記

府は、鶴岡八幡宮を拠点として独自の宗教体制を構築したが、その過程において京の密教僧を招き、鶴岡八幡宮の別当や鎌倉近辺寺院の住職に据えた[44]。そして、鶴岡八幡宮あるいは江ノ島において、彼らに様々な仏教的祈雨を行わせることもしばしばであった。

表Cを見れば分かるように、鎌倉における仏教的祈雨は、十四世紀末まで随時行われていた。どのような儀礼が行われたか分からない事例も多いが、水天供の実施は度々確認できる。その事例の内、元仁元年（一二二四）五月十五日の実施が注目される。その時の水天供は、「百壇不動供、一字金輪、水天供、降雨法[45]」というように、大規模な祈雨の一環として営まれた。その際、水天供が何壇行われたかは不明であるが、数壇に渡ったであろう。

この時の水天供が不動明王と一字《いちじ》金輪《きんりん》の供養法とともに行われたことは興味深い。すべての尊格は「剣」と何らかの関わりを持っているからである。不動尊は右手に智剣を持っていることは著名であろう。水天も、右手に剣を執る尊格である。[46] そして一字金輪については、その尊像は剣を握ってはいないが、十三世紀初めにこの仏が三種の神器の御剣の変化だという秘説があり、あるいはこの秘説が鎌倉でも伝わっていたのかもしれない。[47] そのことから考えれば、鎌倉幕府において剣と関係が深い仏たちが人気を集めていたことが推測されよう。要するに、剣を振るう武士にとって、同じく剣を振るう仏が馴染みやすく、尊敬されやすかったようなのである。そして、それが鎌倉における水天供の隆盛を招いた一つの要因であったのかもしれない。[48]

註

(1)『玉葉』建久二年五月五日条。

(2)『建久二年祈雨日記』に「於二法親王一者、先例不下令レ承二祈雨法一給上事也」とあるように、法親王・御室は原則として祈雨法を行わない（ZGR 25-2: 291）。

(3)『玉葉』建久二年五月十二日条。

(4)『醍醐祈雨記』（高山寺典籍文書綜合調査団編『高山寺古典籍纂集』、高山寺資料叢書、第十七冊、東京大学出版会、一九八八年所収）、五三四・五三五頁。

(5)結局、神泉苑の祈雨御読経は四長者延杲により行われた（『玉葉』同年五月十四日条）。

（6）『建久二年祈雨日記』（ZGR 25-2：290）。

（7）『玉葉』建久二年五月十四日条。

（8）当時孔雀経法がほぼ広沢流の僧によってのみ修されていたという指摘は事実である。これについて、横内裕人「仁和寺御室考―中世前期における院権力と真言密教―」（『日本中世の仏教と東アジア』塙書房、二〇〇八年、初出は一九九六年）参照。

（9）『玉葉』建久二年五月十四日条（第三章第二節で引用した）。

（10）『玉葉』建久二年五月十四日条の「至㆓于本寺懇祈㆒者、貫首承㆓大法㆒者、彌可レ励㆓贔負之心㆒歟」による。

（11）以上は『玉葉』建久二年五月十四日～十七日条、『建久二年祈雨日記』（ZGR 25-2：303）による。

（12）『玉葉』同年五月十六日条。

（13）『追記』（T no. 2494, 78.617c17–25）。

（14）『醍醐祈雨記』（前掲『高山寺古典籍纂集』所収）、五四六・五四七頁。

（15）『仁和寺文書』（DNS IV, 4：153–154）。

（16）覚禅のこの私案は、大正蔵『覚禅鈔』に所載されていない「請雨経法」一巻（『覚禅鈔』第三巻、覚禅鈔研究会編、勧修寺善本影印集成1、親王院尭榮文庫、二〇〇〇年、一九八～三二七頁の〔請雨経法（二八）〕）にある。

（17）「抑行㆓此法㆒之時、右皆青瓷器、若無レ此者白瓷器塗《ニ》㆓金青㆒、如㆓閼伽器㆒皆用レ之云々、永久如レ之云々、但小野僧正勤修時次第未㆓分明㆒」（覚禅鈔研究会編『覚禅鈔』第三巻、三二一頁）による。覚禅は、白瓷器の使用は永久五年の例によるというが、永久五年に請雨経法を辞退しようとした勝覚が白磁器に金青を塗ったものをよしと考えたかどうかは疑問であり、むしろ不可と考えたであろう。

（18）「加レ之、五行相剋《ノ》相生《ヲ》云《ヘハ》、金生レ水、土剋レ水云々、金色尤叶物儀、瓷器豈非㆓土之性㆒哉、尤可㆓思惟㆒」（覚禅鈔研究会編『覚禅鈔』第三巻、三二〇頁）。

（19）『建暦三年請雨経法私日記』（高山寺典籍文書綜合調査団編『高山寺古典籍纂集』、高山寺資料叢書、第十七冊、東京大学出版会、一九八八年所収）八九一頁。

(20)『建保三年六月六日神泉御修法日記』（DNS IV–13：630–631）。
(21) 同（DNS IV–13：631）。
(22)『平戸記』（ZST 32）仁治元年七月一日～八日条。
(23)『平戸記』（ZST 32）仁治元年七月十八日条。
(24)『平戸記』（ZST 33）寛元二年七月一日条。
(25) 第三章第三節第三項で論じたように、十世紀に度々内裏で行われた孔雀経法は、旱災を消滅させるという目的を含む場合があっても、狭義の祈雨法ではなかった。これに対して、愛染王法は具体的に祈雨を目的として執り行われた。
(26) この宝珠について、詳しくは第五章第一節第四項（註36）参照。
(27) 第五章第二節第二項参照。
(28) DNS V, 6：573。
(29) 応永二十七年（一四二〇）に神泉苑で孔雀経御読経が営まれたが、孤立例である。
(30) 寛信撰『小野類秘鈔』巻第三（SZ 36：17）。この事例を指摘してくださった上野勝之氏に感謝の意を申し上げる。
(31)『東寺長者補任』（ZZGR 2：538）。
(32)『兵範記』（ZST 22）嘉応元年六月二十九日条。
(33)『玉葉』建久二年六月十一日条。
(34) ただし、祈雨法の秘事が「舎利信仰」としてなお伝え続けられたことは十分に考えられる。しかし、この問題については、今後の研究に期したい。
(35)『水天供現行記』（ZGR 25–2）参照。
(36)『仏母大孔雀明王経』（T no. 982, 19.417b06）。
(37) 要するに、『孔雀経』に基づいた祈雨は、孔雀明王信仰だけではなく、龍神である水天の信仰にも立脚していたという事実を見逃してはならない。

(38)『秘鈔問答』巻第六（T no. 2536, 79.395c19–20）。

(39)『厚造紙』所収「三宝院僧都祈雨日記」の「龍供真言云、唵嚩嚕拏野娑婆賀、用二此真言一事正口伝也、孔雀経云、無熱悩池嚩嚕拏（筆者註――水天）、此義尤叶歟」による（T no. 2483, 78.269a9–11）。

(40)『雨言雑秘記』「初夜時庭中礼拝事」（ZGR 25–2：256）。

(41)平林文雄『参天台五台山記　校本並に研究』（風間書房、一九七八年）巻七、二二六頁。

(42)つまり、当時宋朝宮廷で活躍していた僧侶の間では『法華経』が効果的だと信じられていたに違いなく、成尋は自然にその信仰に合わせて祈雨を行ったのである。確かに、周りの人々の信念と異なる信仰で祈雨を行うことは難しいと認められよう。

(43)前掲平林文雄『参天台五台山記　校本並に研究』二三三頁。

(44)神奈川県立金沢文庫編『〔企画展〕鎌倉密教―将軍護持の寺と僧―』（神奈川県立金沢文庫、二〇一二年）五～一六頁。

(45)『吾妻鏡』（SZKT 32–33）元仁元年五月十五日条。

(46)『金剛頂瑜伽護摩儀軌』（T no. 908, 18.919b29〔註67〕）。

(47)「夢想記」（慈円撰『毘逝別』の内、『続天台宗全書・密教3』、経典註釈類Ⅱ、二三一～二三五頁）の「金輪聖王者一字金輪也、〔中略〕此宝剣則金輪聖王也」による。

(48)なお、たとえば仁治元年（一二四〇）七月四日の祈祷（『吾妻鏡』同年七月十三日条）や建長四年（一二五二）六月十九日の祈雨の場合（同、同年六月二十三日条）、祈雨行者に勧賞として剣が下賜されたことも興味深い。つまり、武士の社会では剣の仏たちが信仰され、剣の勧賞が賜われたのである。

結論

第一部「請雨経法の歴史」において、請雨経法を中心に中世日本真言密教の祈雨法の歴史を実証的な立場から再考察した。具体的には、九世紀後半における神泉苑請雨経法の確立から、十五世紀中葉の水天供の終焉までの祈雨法の展開を検討した。請雨経法の歴史は長く、注目に値する事件は多いが、以下、第一部の結論として、最も重要な局面を取り上げながらその歴史の概要を述べたい。

九世紀後半、摂政藤原基経が災異消去に強い関心を見せ、儒教的徳治政策の一環として様々な新規祈雨儀礼を行わせたことを背景に、真言僧は神泉苑で請雨経法を修するようになった。その請雨経法は十世紀以降に、延長三年（九二五）の天台僧志全による祈雨という例外を除いて、通常東密の祈雨法として実修された。

神泉苑の請雨経法は、準備に相当の時間と努力を要する修法であるため、準備中に雨が降りだす時があった。その場合、修法を中止し、東寺や真言院で孔雀経法を修し直すという慣例があった。請雨経法では降雨の発願しかできないため、すでに雨が降りだした場合、この法を開始できない。よって、その場合、それまでの請雨経法準備の労力は無駄に終わってしまう。しかし、孔雀経法は、祈雨・止雨の両方の祈願が可能である修法であり、その利益から、雨天により請雨経法を中止せざるをえなくなった時、その欠点を補う祈雨法としてその代わりに行われたのである。

当初、請雨経法は東寺僧綱の僧によって実修されていた。しかし、この法では三日や五日、あるいは応和三年以後には七日以内の降雨が期待され、二日などの延行が許可されることがあっても、慣例上の条件や信仰上の制限があって、期限の内にいまだ雨が降らないまま祈雨法を終わらせた場合があった。十世紀中期に、寛空や救世など広沢池周辺寺院関係の東寺僧綱が無験の恥・危機に遭遇する事件が続発した結果、請雨経法の命がより下位の僧、あるいは無官の僧に回され、そのような僧侶によって修されるようになった。その僧侶がみな醍醐寺僧だったということも注目されるべき事実である。つまり、おそらく朝廷では、かつて宇多法皇が法流を広めた広沢池付近の仁和寺関係の僧が祈雨法に失敗するのを忌避し、醍醐寺僧による祈雨の方をよしとしたのではないかと考えられる。

しかし、当時疫病や天変・怪異の災いを恐れていた貴族たちは、病気平癒や息災のために密教僧の祈祷に頼っており、僧の個人的な霊力による験を重視していた。そうしたなかで、祈雨による霊験も称賛され、行者に僧官などの勧賞を下賜するようになった。これにより、祈雨霊験で名声を立て、僧綱に昇任される真言僧がこの時代に初めて登場してきたのである。

それらの真言僧のなかに、もともと内供奉にすぎなかった醍醐寺延命院の元杲がいた。資料上、祈雨の勧賞で僧官（権律師から権少僧都へ）を下賜されたのは彼が最初であった。その後、元杲の弟子仁海も、請雨経法の霊験で初めて僧官を帯びるようになり、その後さらに順調に昇進し、長寿にも恵まれたため、ついに一長者の地位に就任することさえできた。

仁海が祈雨霊験で輝かしい経歴を築いた時代に、後の請雨経法の運命を決定づけた次の事件が起きた。その事件とは、長元五年～六年の間における、東寺の執行権をめぐる深覚と仁海の論争である。その間、貴種出身の深覚は自らの官職を弟子深観に譲官したために無官であったが、なお東寺執行権を保持しようとして、一長者になるはずだった二長者仁海と対立していた。この対立の過程で仁海は東寺執行権の正統性を祈雨霊験と結びつけ、一長者には空海と同じように祈雨験者が相応しいという点を主張していた。だが仁海は結局負けた。朝廷の命令で、無官のまま深覚が一長者の地位に復任したからである。仁海は最終的に一長者となったが、それは長久四年（一〇四三）の深覚の死去後、すでに八十八歳の高齢になった時である。それでも、一長者の地位を三年間占めていた。

祈雨霊験を東寺執行権の条件とした仁海の主張は、以後の真言宗内で反響しつづけたようである。仁海没後、深覚一門は東寺の寺務を執行することになり、その時代に、東寺長者の権限として、東寺孔雀経法と神泉苑孔雀経御読経の祈雨儀礼が確立された。その時から祈雨孔雀経法は請雨経法に付属する二次的な修法ではなく、独立した祈雨法として行われていった。このように、請雨経法の正脈を受け継いでいない東寺長者が再び国家的祈雨の権限を手に入れたのである。

『孔雀経』所依祈雨の確立後、仁海の法門である小野流に継承された請雨経法は次第に衰退していった。神泉苑では孔雀経御読経が優先的に実施されるようになり、請雨経法はその後にしか行われないという境遇に立たされた。ある祈雨儀礼が終わった後に改めて祈雨を祈願することは望ましい状況ではない。しかも、その時代に朝廷は請雨経法の準備に対して懈怠を示すようになり、白河天皇は、孔雀経法を保護し、その法の場合直ちに七日の延行を許可していた。その上、永保二年（一〇八二）に範俊は信仰上の制限で九日しか請雨経法を実修できず、失敗した。その後、同法の正流を受け継いだ小野流僧は、故実としてではなく――請雨経法を二・三度辞退するのが慣例であった――実質的にこの法の命を辞退するようになった。彼らは、辞退の理由としておおよそ修法環境の不備をあげていた。

このような状況下、範俊の失敗より七年後、延暦寺座主良真はついに神泉苑の龍神信仰を取り入れ、比叡山で新たな祈雨伝統を築こうとした。彼は十四日間比叡山で七仏薬師法を修し、神泉苑から龍を請来したが、さしたる験を見せることができなかった。そこで、その後醍醐寺で祈雨孔雀経法が実修されたところ、その祈雨は大成功に終わった。このような経緯で、請雨経法の正伝を継承する醍醐寺においても『孔雀経』に基づいた祈雨が確立したのである。

以上のような展開の帰結として、永久五年（一一一七）以後、鎌倉初期まで、神泉苑請雨経法は途絶した。その間に、この法の正流を相伝した醍醐寺僧は本寺で孔雀経御読経、時には孔雀経法を行っていた。このような請雨経法から『孔雀経』所依祈雨への変遷は、東密祈雨史上における大きな変化であった。その変化を正当化する意味合いで、また、請雨経法相伝者による『孔雀経』での祈雨の裏付けとして、醍醐寺開基聖宝が請雨経法の無験後に孔雀経法により雨を降らせたという伝や、初代座主観賢が祈雨孔雀経法を神泉苑で修したとの伝承が流布され、強調されてきた。しかし、第一部で論じたように、当時でさえそのような伝承の資料上の確実な根拠はなかった。よって、その伝承はおそらく事実ではなく、あるいは聖宝や観賢が請雨経法中止後に実修した（東寺・真言院における）孔雀経法のことが曲解されたものにすぎないと考えられる。いずれにしても、後世にはその伝承は様々な祈雨記事と混淆され、諸書に事実として記録されていた。それが真言密教祈雨法の歴史の真相を大いに歪ませる要因となったのである。

十二世紀末、小野流僧による孔雀経法の実修を阻止し、同法を広沢流専用の修法に限定させるための仁和寺御室守覚の政治的意図の一環として、神泉苑が修築され、請雨経法の実修環境が改善された。従来、醍醐寺僧は請雨経法の設営準備が煩わしいという名目で絶えずこの法の実修を固辞し、代わって醍醐寺で孔雀経御読経、時として孔雀経法を行っていた。しかし、十二世紀末～十三世紀初めに仁和寺守覚側から諸修法の再編策が講じられ、請雨経法を辞退する理由となる諸問題も解決されて、ついに古来の神泉苑祈雨法が蘇った。

ところが、請雨経法が復興した後でも、東寺・神泉苑・醍醐寺における『孔雀経』所依の祈雨は依然として実施されつづけられていた。さらに、当時鎌倉初期までにはすでに新しい祈雨法の制度が台頭し、徐々に影響力を増してきていた。その制度は、東密・台密の数人（七人～十五人）の高僧にそれぞれの宿坊で一壇の水天供を行わせるというシステムである。その成立過程は詳しくは分かっていないが、神泉苑の龍は古くより水天と同視されたため、その信仰から水天供が派生したと考えられる。このような東密台密協力の水天供は、十三世紀後期～十四世紀初頭に請雨経法・孔雀経法・同御読経の法灯が消滅してしまうと、それらにとって替わっておよそ十五世紀中期まで盛んに実施された。しかし、以後、国家的祈雨法はとうとう完全に姿を消してしまったのである。

さて、以上が東密祈雨法の歴史の概要であるが、その歴史について最も注目すべき問題の一つとして、範俊の言動がある。

請雨経法の失敗事件が起きる前、範俊は小野流嫡流や曼荼羅寺執行権をめぐって兄弟弟子義範と論争し、その過程で真言宗における自己の優位を請雨経法の正伝をもって主張していた。彼は、請雨経法の秘伝が空海の「一心」、東密の最極秘、小野流の嫡伝の証であるといい、自分だけがその秘密を正しく受け継いだと誇示した。したがって、範俊の立場からは、請雨経法は東密諸修法のなかの単なる一修法ではなく、究極の秘法であったのである。

この時に小野流の僧が請雨経法を東密の最極秘としたことは、見逃してはいけない重要な事実である。しかしまた、ある意味では、それは驚くには値しないことでもある。範俊は仁海―成尊の法流（小野流）を相伝したが、仁海は請雨経法で名声を得て輝かしい僧歴を作り、祈雨霊験を東寺執行権の条件と主張したため、その法流において請雨経法が最大の秘事とされたことは当然なことだというべきである。それゆえ、範俊が請雨経法を最秘事としたことも、不思議に思うべきことではない。

したがって、この問題について見逃してはいけないのは――しかし、先行研究ではほとんど見逃されるが――初期小野流が請雨経法の正伝を伝持する流派として成立し、伝わっていったものだという点である。初期小野流は、請雨経法の嫡流にほかならないのである。

問題は、範俊が構想した請雨経法の秘事は具体的にどのようなものだったのであろうかということである。それは不明であるが、少なくともその秘事が舎利・宝珠信仰に関わる事柄だったことは認められる。

既述のように、範俊は、祈雨に失敗したにもかかわらず、それまでに、舎利・宝珠信仰をもって白河天皇にアピールし、天皇の恩寵を受けることに成功していた。範俊が初めて宝珠信仰を世に広めた真言僧だということは真言密教研究でよく知られている事実であるが、筆者はその事実を、彼が請雨経法を最極秘としたという点とリンクさせなければならないと思う。つまり、範俊が舎利・宝珠信仰を世の中に広めたという行動は、彼が小野流嫡流を主張する過程で舎利＝宝珠法である請雨経法を最秘事としていた事実と直接に関わっている問題だと考えるのである。言い換えるならば、範俊は請雨経法の舎利・宝珠信仰を第一に重んじ、その信仰を権力者に示したいがゆえに様々な手段で舎利・宝珠信仰を喧伝したのではないかと思う。

おそらく、範俊が構想していた請雨経法の舎利・宝珠信仰は、単純なものではなかったであろう。その法が最秘事だと主張するぐらいに、その内実は相当に高度なものであったはずである。それが具体的にどのようなものだったかについては、同時代の資料からは推測できない。しかし、第二部で論じるように、十二世紀から請雨経法の行法について多くの聖教（次第・口伝書）が記され、それらの聖教の内容を綿密に検討すれば、そこからこの祈雨法の舎利・宝珠・龍神信仰がかなり充実したものだったことが分かる。

さて、その龍神信仰は具体的にどのような内容だったであろうか。それでは、いよいよ次の第二部で請雨経法の秘教的世界を探ってゆき、その世界の深奥を明らかにしよう。

付録

祈雨法実修例の一覧

（凡例）

一、以下、中世日本における祈雨法（密教祈雨修法）の実修例の一覧表を掲げる。参考のために、孔雀経祈雨読経の事例も入れておいた。

二、便宜上、出典を省略したが、第一部の各表で確認することができる。

三、「請雨」は請雨経法、「尊勝」は尊勝法、「孔雀」は孔雀経法、●は孔雀経御読経、「水天」は水天供、「愛染」は如法愛染王法、▽は修法の中止を示す。

年号	僧名	宗派	神泉苑	東寺 （その他の東密寺院）	醍醐寺	比叡 （その他の台密寺院）	内裏
斉衡1（854）4	恵運	真言	祈雨？				
斉衡3（856）？	常暁	真言	修法				
貞観8（866）5・17	安恵	天台	請雨？				
貞観15（875）6・15	？	真言	請雨				
元慶1（877）6・25	教日	真言	金翅				
寛平3（891）6・18	益信	真言	請雨				
延喜8（908）7・19	聖宝	真言	（請雨）				
延喜15（915）6・24	観賢	真言	請雨				
延喜17（917）7・12	（観賢）	真言	請雨				
延喜19（919）6・28	観賢	真言	請雨				
延喜22（922）7・14	（観賢）	真言	請雨				
8・3	（観賢）	真言	請雨▽	孔雀			
延長3（925）7・13	志全	天台	請雨				
延長3（925）7・16	尊意	天台				尊勝	
延長5（927）7・5	観宿	真言	請雨				
延長8（930）6・29	尊意	天台				尊勝	
天慶2（939）7・15	尊意	天台				尊勝	
天慶8（945）4・17	義海	天台	孔雀？				
天暦2（948）5・16	寛空	真言	請雨▽	孔雀			
6・13	寛空	真言	請雨				
天暦10（956）？	？	—	請雨				
応和3（963）7・9	救世	真言	請雨				
安和2（969）6・24	寛静	真言	請雨				
天禄3（972）6・20	元杲	真言	請雨				
天元5（982）7・18	元杲	真言	請雨				
寛和1（985）6・28	元杲	真言	請雨				
寛和2（986）7・？	元杲	真言	請雨				
永延1（987）5・24	元真	真言	請雨				
正暦2（991）6・3	元真	真言	請雨				
長和5（1016）6・9	深覚	広沢	読誦				
寛仁2（1018）6・4	仁海	小野	請雨				
長元5（1032）5・1	仁海	小野	請雨				
長元6（1033）5・14	仁海	小野	請雨				
長久4（1043）5・8	仁海	小野	請雨				
寛徳2（1045）7・12	仁海	小野		請雨			
永承2（1047）7・？	深観	広沢		孔雀			
治暦1（1065）5・23	？	—	●				
6・15	成尊	小野	請雨			水天	
治暦2（1066）7・19	長信	広沢	●				
治暦3（1067）6・25	済延	広沢		孔雀			
永保2（1082）7・11	信覚	広沢	●				
7・16	範俊	小野	請雨				
7・28	信覚	広沢		孔雀			
寛治1（1087）7・29	定賢	小野	●				
寛治1（1087）8・10	義範	小野	請雨				
寛治3（1089）5・13	増誉	天台	●				
5・21	定賢	小野		孔雀		（水天）	
6・？	良真	天台				薬師法	
7・9	定賢	小野			孔雀		
永長1（1096）6・13	？	—	●				
6・26	勝覚	小野	請雨▽				
承徳1（1097）6・19	経範	広沢	●				
康和1（1099）8・8	経範	広沢	●				
康和3（1101）7・29	経範	広沢		孔雀			

長治1（1104） 6・30	範俊	小野	●				
嘉承1（1106） 7・3	覚意	広沢	●				
7・5	覚意	広沢		孔雀			
天永2（1111） 7・26	?	—	●				
天永3（1112） 6・25	寛助	広沢	●				
永久5（1117） ?・?	?	—	●				
6・14	勝覚	小野	請雨				
7・2	厳覚	小野	●				
元永1（1118） 5・28	寛助	広沢	●				
保安1（1120） 7・17	厳覚	小野	●				
保安4（1123） 7・3	寛助	広沢	●				
7・13	—	—		水天	?	?	
天治2（1125） 7・1	定海	小野			●		
大治3（1128） 6・28	信証	広沢	●				
大治5（1130） 7・3	信証	広沢	●				
7・5	信証	広沢		孔雀			
7・11	定海	小野			●		
保元2（1157） 7・16	寛遍	広沢		孔雀			
応保1（1161） 6・30	禎喜	広沢	●				
仁安1（1166） 6・26	禎喜	広沢	●				
7・12	?	小野			読経		
嘉応1（1169） 6・25	長幸	広沢	●				
6・29	—	東台密		水天	?	水天	
7・1	乗海	小野			●		
嘉応2（1170） 5・28	禎喜	広沢	●				
承安3（1173） 6・22	乗海	小野			●		
承安4（1174） 5・23	禎喜	広沢		孔雀			
5・25	乗海	小野			●		
6・20	任覚	広沢	●				
治承4（1180） 4・?	定遍	広沢	●				
養和1（1181） 6・16	覚成	広沢	●				
?・?	勝賢	小野			(●)		
元暦1（1184） 8・1	?	—	●				
文治2（1186） 5・15	俊証	広沢	●				
5・28	?	小野			(●)		
文治3（1187） 6・28	?	小野			(●)		
7・11	仁証	広沢	●				
建久1（1190） 6・26	覚成	広沢	●				
建久2（1191） 5・7	勝賢	小野			●		
5・14	延杲	広沢	●				
5・17	勝賢	小野			孔雀		
6・11	—	小野			水天		
建久4（1193） 7・19	勝賢	小野			●		
建久5（1194） 7・12	—	—		(水天)	(●)	(水天)	
7・16	印性	広沢	●				
建久6（1195） 7・16	実継	小野			●		
建久7（1196） 7・9	延杲	広沢	●				
建久8（1197）閏6・20	延杲	広沢	●				
閏6・27	?	—		水天	?	?	
正治1（1199） 6・30	印性	広沢	●				
7・12	実継	小野			(●)		
7・16	真円	台密				金剛童子法	
8・2	—	東台密		水天	?	水天	
8・3	延杲	広沢	●				
正治2（1200） 7・19	仁隆	広沢	●				
建仁1（1201） 5・7	実継	小野			●		
元久1（1204） 6・20	成賢	小野			●		
7・2	印性	広沢	●				

年号	僧名	宗派	神泉苑	東寺（その他の東密寺院）	醍醐寺	比叡（その他の台密寺院）	内裏
元久2（1205）7・12	隆遍	広沢	●				
7・22	延杲	広沢		孔雀			
閏7・7	印性	広沢		孔雀			
建暦1（1211）6・14	親覚	広沢	●				
6・18	成賢	小野			(●)		
7・13	成賢	小野			孔雀		
建暦2（1212）8・1	道尊	広沢	●				
建保1（1213）8・1	祐尊	広沢	●				
8・8	成宝	小野	請雨				
建保2（1214）6・11	道尊	広沢	●				
6・?	慈円	天台		?	?	水天	
建保3（1215）5・2	?	小野			(●)		
5・5	道尊	広沢	●				
6・7	成賢	小野	請雨				
建保6（1218）5・19	道尊	広沢	●				
承久1（1219）3・22	良遍	広沢	●				
4・8	成宝	小野	請雨				
7・6	良遍	広沢	●				
7・14	親厳	小野	●				
元仁1（1224）5・18	親厳	小野	●				
閏7・9	覚教	広沢	●				
嘉禄1（1225）7・7	聖海	小野			●		
7・13	親厳	小野	●				
安貞2（1228）5・?	光宝	小野			(●)		
5・4	定豪	広沢	●				
寛喜1（1229）8・10	真恵	広沢	●				
寛喜3（1231）5・10	道禅	小野			(●)		
5・13	親厳	小野					愛染
天福1（1233）6・17	—	東台密		水天	水天	水天	
6・17	真恵	広沢	●				
6・18	賢海	小野			●		
6・22	親厳	小野					愛染
文暦1（1234）7・?	親厳	小野	●				
7・21	賢海	小野			●		
嘉禎3（1237）5・20	実賢	小野			●		
仁治1（1240）6・16	実賢	小野			●		
7・8	実賢	小野	請雨				
仁治2（1241）6・?	実賢	小野			(●)		
6・14	厳海	広沢	●				
6・23	良恵	広沢	●				
仁治3（1242）6・22	—	東台密		(水天)	?	(水天)	
寛元2（1244）6・13	仁恵		●				
6・26	実賢	小野	請雨				
寛元4（1246）6・14	勝尊	小野			●		
6・19	行遍	広沢	●				
宝治1（1247）5・26	定親	広沢	●				
6・9	実賢	小野	請雨				
6・16	—	東台密		(水天)	?	(水天)	
6・29	良恵	広沢		孔雀			
建長1（1249）5・?	俊厳	小野	●				
建長4（1252）5・2	—	—		?	?	水天	
6・20	俊厳	小野	●				
建長5（1253）6・16	—	—		(水天)	?	(水天)	
5・19	房円	広沢	●				
5・21	憲深	小野			●		
正嘉1（1257）7・10	定親	広沢	●				
7・12	定済	小野			●		

文永1（1264） 5・21	定済	小野			(●)		
6・22	道勝	広沢	●				
6・29	道勝	広沢		孔雀			
文永5（1268） 7・7	宥助	広沢	●				
7・17	定済	小野			(●)		
文永9（1272） 6・?	定済	小野			(●)		
7・6	道融	広沢	●				
文永10（1273） 6・24	定済	小野			●		
6・27	宥助	広沢	●				
7・5	—	東台密		水天	?	水天	
7・10	道宝	小野	請雨				
文永11（1274） 7・13	—	東台密		水天	?	水天	
弘安2（1279） 6・2	定済	小野	●				
弘安7（1284） 5・27	—	東密		水天			
6・21	—	東台密		水天	?	水天	
正応4（1291） 6・?	—	東台密		水天	?	水天	
永仁1（1293） 6・24	—	東密		水天	水天		
7・2	覚済	小野			(●)		
永仁5（1297） 7・18	覚済	小野			(●)		
永仁6（1298） 6・23	覚済	小野			(●)		
正安2（1300） 6・19	—	東台密		(水天)	?	水天	
正安3（1301） 5・25	覚済	小野			●		
嘉元1（1303） 7・8	親玄	小野			(●)		
徳治1（1306） 4・24	—	東台密		水天	?	(水天)	
5・4	聖雲	小野			(●)		
7・2	—	—		水天	?	?	
正和4（1315） 4・25	—	東台密		水天	水天	水天	
5・6	—	東台密		水天	?	水天	
正和5（1316） 7・?	—	東台密		?	?	水天	
文保1（1317） 4・29	—	東台密		水天	?	水天	
文保2（1318） 7・9	—	—		?	?	水天	
元応2（1320） 6・22	—	東台密		?	?	水天	
7・2	—	—		?	?	水天	
元応3（1321） 7・3	—	東台密		?	?	水天	
暦応3（1340） 7・24	—	—		?	?	水天	
暦応4（1341） 5・22	—	—		?	?	水天	
貞和4（1348） 5・18	—	—		?	?	水天	
延文2（1357） 7・18	—	—		?	?	水天	
延文4（1359） 7・2	光済	—		?	水天	?	
7・21	—	東台密		?	?	水天	
8・2	—	東台密		水天	水天	水天	
貞治6（1367） 7・21	—	東台密		水天	水天	水天	
永徳1（1381） 6・1	—	東台密		水天	?	水天	
至徳3（1383） 7・26	—	東台密		水天	?	?	
明徳4（1393） 6・29	—	東台密		水天	水天	?	
応永9（1402） 7・1	—	東台密		水天	水天	?	
応永11（1404） 7・20	—	—		水天	?	?	
応永15（1408） 6・19	頼暁	—		水天	?	?	
6・24	—	東台密		水天	?	?	
応永20（1413） 7・4	—	東台密		水天	水天	水天	
応永25（1418） 4・27	—	東台密		水天	水天	水天	
5・11	—	東台密		水天	水天	水天	
6・13	—	東台密		水天	水天	水天	
応永27（1420） 7・2	禅信	広沢	●				
応永29（1422） 6・30	—	—		?	水天	?	
永享1（1429） 7・1	—	—		?	水天	?	

年号	僧名	宗派	神泉苑	東寺（その他の東密寺院）	醍醐寺	比叡（その他の台密寺院）	内裏
永享5（1433）5・9	—	東台密		水天	水天	水天	
6・3	—	東台密		水天	水天	水天	
7・10	—	—		?	（水天）	?	
永享6（1434）3・24	—	—		水天	?	?	
7・24	—	東台密		?	水天	?	
永享8（1436）6・10	—	—		水天	?	?	
文安2（1445）5・29	—	—		水天	?	?	

第二部　請雨経法の実修と龍神信仰

第一章　中世日本における請雨経法の実修

一　請雨経法の基本的特徴

本章では、請雨経法の実修の諸様相とその龍神信仰の内容を解明する。第一部で論じたように、請雨経法は九世紀末に確立した東密祈雨法であり、その後、十一世紀中期に孔雀経法、十二世紀初期に水天供という祈雨法も台頭したが、それらの祈雨法は古来の請雨経法の伝統（龍神信仰）の上に立脚していた。よって、東密祈雨法の儀礼世界と信仰を考察する場合、まずは請雨経法の実修と信仰を究明しなければならない。

それでは、本節ではまず請雨経法の基本的特徴を説明したい。

請雨経法とは、狭義には『請雨経』に基づいた密教修法である。しかし、留意しなければならないのは、この修法を行っていた東密の阿闍梨（修法の導師）が『請雨経』だけではなく、ほかの漢訳経典も参考にし、その経典の説を請雨経法に適用していたという事実である。つまり、中世日本の請雨経法とはけっして『請雨経』にのみ立脚した修法ではなかった。

具体的には、『覚禅鈔』によれば[1]、請雨経法の行者は特に次の経典に注目したようである。

『大雲輪請雨経』二巻、那連提耶舎訳、T no. 991
『大方等大雲経請雨品第六十四』一巻、闍那耶舎訳、T no. 992
『大方等大雲経』（『大方等無想経』）六巻、曇無讖訳、T no. 387
『大雲輪請雨経』二巻、不空訳、T no. 989
『大雲経祈雨壇法』一巻、不空訳、T no. 990
『陀羅尼集経』第十一「祈雨法壇」、阿地瞿多訳、T no. 901
『大宝広博楼閣善住秘密陀羅尼経』第一巻（全三巻）、不空訳、T no. 1005
『尊勝仏頂修瑜伽法軌儀』第二巻「祈雨法品第十一」、善無畏訳、T no. 973
『不空羂索神変真言経』第二十九巻「祈雨法品第七十一」、菩提流支訳、T no. 1092
『守護国界主陀羅尼経』第九巻「念誦軌儀法則」、般若・牟尼室利訳、T no. 997

最初の五本の経典はすべてMahāmeghasūtra（『大雲経』）関係の漢訳本である。その五本は請雨経法実修のための基本的作法をあげているが、なかでも特に不空訳のT nos. 989–990が重視された。それ以外の五本は、請雨経法の阿闍梨がたとえば曼荼羅や陀羅尼などの点について特に注目した経典である。それらの経典が参考にされたことで、『請雨経』に記載されていない側面が請雨経法の儀礼世界に加えられたのである（後述）。また、右に掲げた経典以外にさらにほかの経典の教えが加味されたが、それについても、本章で後述する。

請雨経法は、日本密教の修法種別の一つである「大法《だいほう》」に属する。大法とは、大壇、護摩壇、十二天壇、聖天壇《しょうてんだん》など諸壇法を含む大規模な修法を意味する。したがって、神泉苑の請雨経法では、少なくとも以上の四壇の壇法が行われていた。しかし、狭義には『請雨経』に基づいた壇法とは大壇法だけであり、ほかの壇法は、『請雨経』には典拠を持たない、大壇法の効果を高めるための補助的な作法である。

阿闍梨が大壇法を修しはじめた後、十五人または二十人の伴僧《ばんそう》（上番と下番に分かれる）は交代しながら不断に不空訳『大雲輪請雨経』を読誦する。修法の一座の行法が終わった後から次の一座までの間にも、読誦が続けられたわけである。

その『大雲輪請雨経』の内容は、おおよそ次の通りである。ある時、釈迦牟尼は難陀《なんだ》・跋難陀《ばつなんだ》龍王の龍宮に赴き、その龍宮で諸菩薩・比丘・龍王の大衆会を対向衆として説法を行った。難陀・跋難陀の龍宮は、仏教の世界観では須弥山と佉陀羅《きゃだら》山（須弥山を取り巻く七金山の一山）の間の海の底にあるとされている[2]。つまり、この龍宮はほぼ全世界の中心軸の下方の海底に所在すると構想された。しかしまた、不空訳『大雲経祈雨壇法』では、釈迦如来が赴いた龍宮は海龍王（娑伽羅《しゃから》龍王）の龍宮と見立てられている。このことも記憶に留めておいてほしい。

この経典で登場する「龍」とは、「ナーガ」すなわちコブラを神格化したものであり、蛇神である。その姿は、上半身が菩薩形、下半身が蛇形、後頭部に単頭または多頭のコブラをもつものである。インドで龍がそのような形で構想されたのは、バールフット（Bhārhut）塔出土玉垣の龍王像（図6）から分かるように、少なくとも紀元前二世紀中期からである（図6に木〔釈迦〕を礼拝する、頭上に数個の蛇を頂くもの、及びその後ろの池のようなところから上半身を見せ、同じく蛇を頂くものが描かれているが、それが龍＝ナーガである）。

『大雲輪請雨経』では、百八十以上の龍王名が列記されているが、そのなかで「無辺荘厳海雲威徳輪蓋龍

図6　仏を礼拝するエーラーパトラ龍王（バールフット玉垣、前2世紀中期、カルカッタ博物館）

王」（略号は「輪蓋《りんがい》龍王」）という偉大なる龍王が、諸龍の代表として仏に向かって、いかにして諸龍の苦難を除き、衆生のために雨を降らせることができるかと聞いた。そこで、仏は、慈悲に住することが第一だと教え、さらに一切龍王の苦を除去する様々な陀羅尼を説いた。これが『大雲輪請雨経』の概要であり、請雨経法の縁起である。

　ところが、中世日本の請雨経法では先の「輪蓋龍王」に加えてさらに「善如《ぜんによ》龍王」という存在も本法の中心的龍王として高く崇敬されていた。真言宗の最も有名な伝説の一つであるが、以下、空海仮託書『御遺告』（十〜十一世紀成立）からその龍の特徴をあげよう。

従レ爾以降、帝経二四朝一奉二為国家一建レ壇修レ法五十一箇度、亦神泉薗池辺御願修レ法祈レ雨霊験其明、上従二殿上一下至二四元一、此池有二龍王一名二善如一、元是無熱達池龍王類、有レ慈為レ人不レ至二害心一、以レ何知レ之、御修法之比吒レ人示

レ之、即敬二真言奥旨一従二池中一現レ形之時悉地成就、彼現二形業一宛如二金色長八寸計蛇一、此金色蛇居二在長九尺計蛇之頂一也[3]、

つまり、空海が神泉苑で祈雨法を修した際、池に善如龍王が姿を現したという伝説である（図7）。この龍は閻浮洲の中心に位置するとされる無熱（阿那婆達多《あなばたった》、Anavatapta）という大池に棲むものであり、慈悲の心を持ち、人に害を与えないものである。そして、その姿は、九尺ほどの大蛇の頭に乗っている、八寸の金色小蛇という形状であった。

この伝説については籔元晶氏の詳細な研究がある。氏は、文献学的立場から、無熱池善如龍王の信仰が少なくとも十世紀後半までに成立していたことを論証している[4]。しかし、その成立の背景としては、様々な仮説が立てられているが、最終的には不明とされている。

それらの仮説については籔氏の研究を参照されたいが、ここでは、「善如龍王」という名称についての私見を述べたい。

「善如」という龍名は（偽経でない）仏典にはみえないが[5]、中世日本の真言僧は、『御遺告』所載の「善如」という無熱池の龍王が『請雨経』の輪蓋龍王の別名だと信じていた。「輪蓋」は本名、「善如」はその慈悲を強調する別名だと伝えていたのである[6]。

しかし、なぜ伝説に「善如」という名が採用され、神泉苑池の龍が無熱池の龍と結びつけられたのか。筆者は、これについて、無熱池の信仰が歴史的に九世紀後半の神泉苑における請雨経法の確立過程において高揚されたのではないかと思う。

図7　空海の神泉苑における祈雨（上図：善如龍王を礼拝する空海。大蛇頭上に金色の小蛇が描かれている。下図：請雨経法仮屋図）（『弘法大師行状絵詞（下）』小松茂美編『続日本絵巻大成』6より転載）

第一部第二章で述べたように、貞観十七年（八七五）の請雨経法実修の後、神泉苑では中国風の祭祀（同年）、及び金翅鳥王経法（八七七年）が行なわれた。つまり、寛平三年（八九一）における請雨経法の再行まで、神泉苑で種類が異なる祈雨法が行われたのである。

これに関して、請雨経法は仏法を奉じる「法行《ほうぎょう》龍王」(7)を対象にしているのに対して、中国風の祭祀と金翅鳥王経法はそれと異質な龍を対象にしたという事実に注意すべきである。中国風の祭祀は、「神龍」を対象にして、神泉苑の池水を放出し、苑で雅楽を演奏して、歌舞をさせるという儀礼であった。これは中国古来の習慣にしたがって龍の存在と不可分の関係にある水を放出して、つまり、龍を苦しめて、強制的に甘雨を降らせようとする儀礼であった(8)。そして、それより二年後に行われた金翅鳥王経法は、龍の不倶戴天の敵である金翅鳥（迦楼羅）の王の威勢に依拠して、龍への強制、あるいは毒を吐く悪龍（非法行龍王）を退治することで降雨を願う修法であった(9)。

このように、請雨経法では「善龍」、中国風祭祀では「神龍」、金翅鳥王経法では「悪龍」を食う金翅鳥が中心であったという相違から見れば、その時代に神泉苑の龍をめぐって一定の信仰がまだ定まっていなかったという事実がうかがわれる。つまり、その時代には池に仏教的な善龍が定住するという概念はまだ固定されていなかったであろう。

ところが、閻浮洲の中心に位置する無熱池の龍の典型的な特徴は、この龍には三熱の苦難―熱風や熱砂に身を焼かれること、風により衣服を奪われ、身を焼かれること、そして金翅鳥の餌となる苦―がないということである。つまり、その池の龍には金翅鳥の威力は通用しない。ましてや、金翅鳥がその池に住もうと思えば、たちまち命が絶えてしまうとまで説く経典もある(10)。

それゆえに、想像の域を出ないが、真言宗で「無熱池」の「善龍」のことが強調されるようになった理由として、金翅鳥王経法の実施をきっかけに、請雨経法・法行龍王の利益の方を重視する一派が、金翅鳥と法行龍王との不適合性を訴えたという事情が隠されているのではないかと思う。[11] つまり、神泉苑の龍が無熱池の善龍だという話は、再び金翅鳥王経法が行われることを防ぐ策略として意図的に流布されたものなのではないかと推察する。

ちなみに、延久四年（一〇七二）に宋朝で祈雨を行った成尋（一〇一一〜一〇八一）は、宮廷官人に対して善如龍王のことを「此金色龍是無熱池善如龍王之類也云々」[12]というように説明した。すなわち、彼は「善如」を一定の龍王ではなく、無熱達池に棲むあらゆる善龍王たち（法行龍王）を指す総称として使用していたのである。これはおそらく「善如龍王」の当初の意味だったと考えるが、やがて総称の「善如龍王」は請雨経法で中心的な役割を果たす龍、神泉苑池の龍の異名として伝承されていったと思われる。

二　請雨経法の道場の荘厳

さて、仏教的善龍を祈願対象にしていた請雨経法は、どのように実施されたのであろうか。まず、請雨経法の道場の整備（祈雨道場の建立など）や荘厳の諸様相を解明しよう。[13]

朝廷は、請雨経法の実修を決定し、阿闍梨を決めた後、その宿坊に依頼（宣旨など）を送っていた。その依頼を受けた僧は、故実によりまず「不肖《ふしょう》」などと称し、二・三度辞退していた（しかし、場合によってはその辞退は単なる故実ではなく、重大な支障があるための実質的辞退もあった）。次は、大きな支障がなければこの僧は領状、及び朝廷が用意すべき修法の用途物を記載する支度状を奏上した。

用途物の調達と並行して、朝廷は木工寮・修理職に命じ、神泉苑で祈雨法の道場（仮屋）を建立させた（図8・9）。この仮屋については、次の問題点がある。

平安初期に神泉苑では池に南面する乾臨閣という建物があったが、十一世紀初めまでにその乾臨閣は転倒し、なくなっていた[15]。現存資料は請雨経法の仮屋が乾臨閣遺跡上に建立されていたと記す。しかし、この法の道場や行法などについての最古の情報源は仁海（九五一～一〇四六）の長久四年（一〇四三）の実修にかかる記録である[16]。よって、乾臨閣がまだ存在していた時代の請雨経法の実修については何も分からない。たとえば、神泉苑に乾臨閣があった時代には請雨経法が仮屋で行われていたのか、あるいは乾臨閣のなかで実施されていたのかは不明である。だが、『請雨経』関係の訳本は祈雨法を路地で行うべきと指示しており[17]、当初から請雨経法はおそらく乾臨閣のなかではなく、その外――たとえば南庭――の仮屋のなかで実修されたであろう。

現存資料からは、請雨経法が通常池の北辺から一～三丈去ったところに立てられた五間三面（または二面）の仮屋のなかで行われていたことが分かる。「壇所」とも呼ばれるこの仮屋は、壁として垂蔀・切掛を構え、南北棟の木造の建物であった。そして、その上方または四方に青幕が引かれ、幕の西方には戸が設けられていた。

祈雨道場のほかに、伴僧の宿所、阿闍梨の宿所、人供屋、及び仏供屋の仮屋も立てられた。人供屋（行水所）は、なかに釜があり、調理所、及び僧が沐浴していた場所である[18]。仏供屋では、諸尊に供えるべく熟飯が用意されていた。阿闍梨の宿所の位置は、伴僧宿所の東、祈雨道場の東、または道場の南庇など、場合に

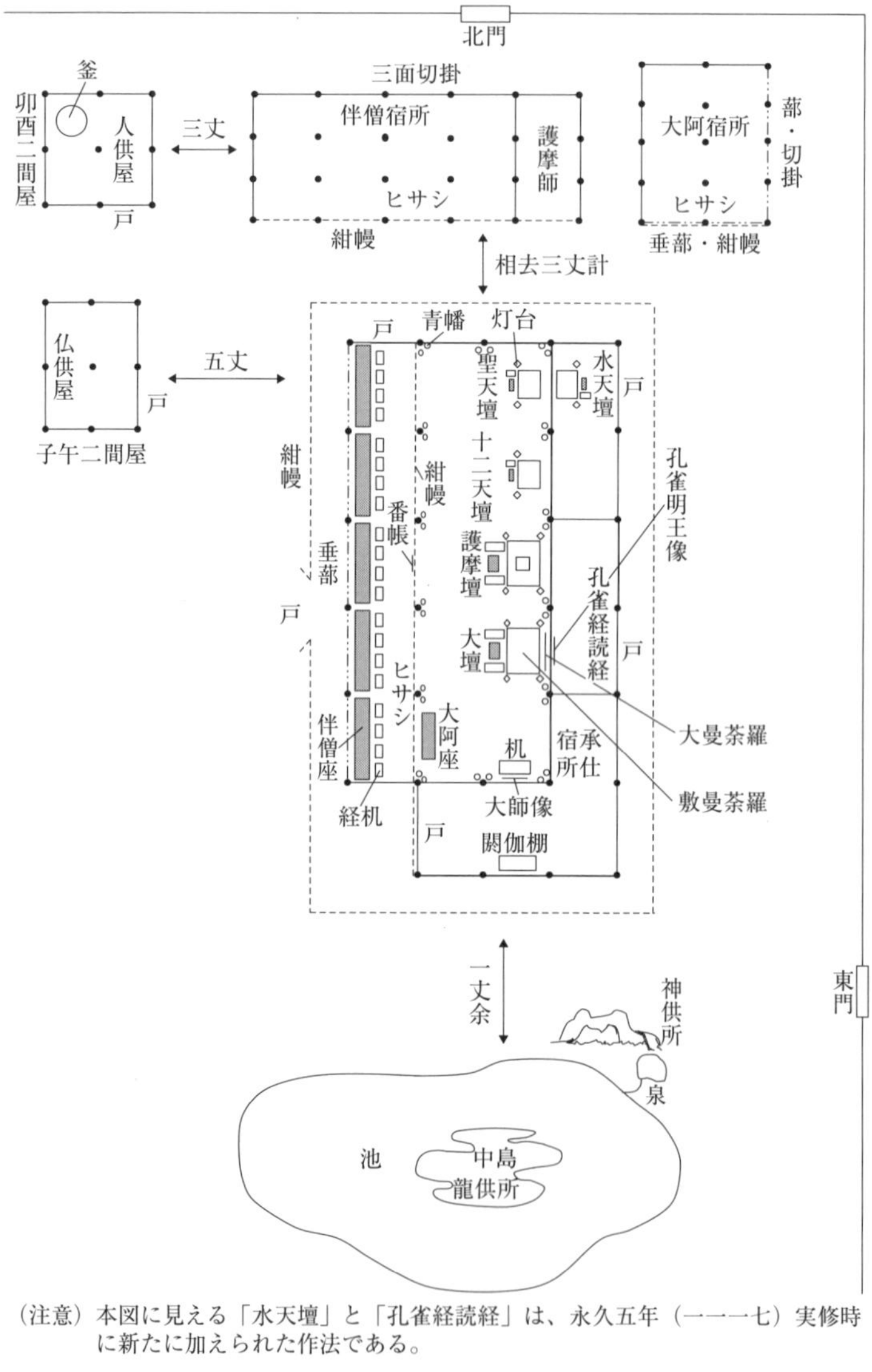

（注意）本図に見える「水天壇」と「孔雀経読経」は、永久五年（一一一七）実修時に新たに加えられた作法である。

図8　神泉苑請雨経法壇所図（永久五年様[14]）

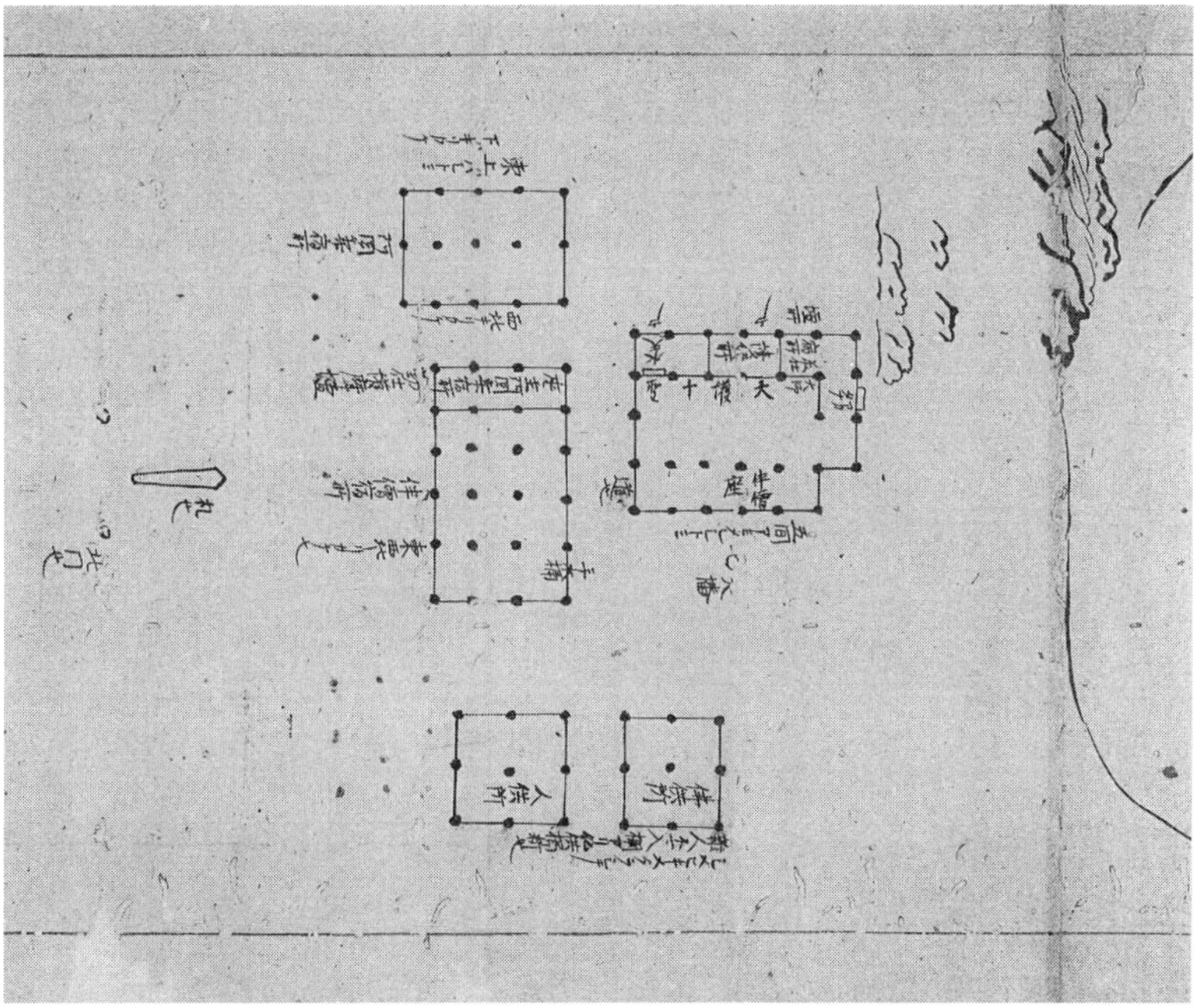

図9　永久五年請雨経法壇所図（勧修寺本『覚禅鈔』所載）

よって異なっていた。

なお、陰陽道の五龍祭も執り行われた場合、東門の近くに陰陽師の宿所（仮屋）が立てられていた。五龍祭そのものは池の東端で実施されていた。

神泉苑で仮屋が建てられる日に阿闍梨は壇所で仏師に二つの曼荼羅を画かせた。一つは、大壇の後ろの切掛に、行者に面して懸ける「懸曼荼羅」（または「大曼荼羅」・「本尊曼荼羅」・「娑伽羅曼荼羅」とも）であり、もう一つは、大壇の上に敷く「敷曼荼羅」であった。

懸曼荼羅は、不空訳『大雲経祈雨壇法』に基づいたものである。中央に、七宝《しっぽう》水池の底に「摩尼宝楼閣《まにほうろうかく》」という龍宮があり、龍宮のなかに釈

図10　請雨経法懸曼荼羅（大正図像部三『別尊雑記』巻第十四所載）

図11　請雨経法敷曼荼羅（大正図像部三『別尊雑記』巻第十四所載）

迦如来が結跏趺坐をしている。向かって釈迦の左真横に観音、右真横に金剛手《こんごうしゅ》が立ち、右前に難陀と跋難陀の二龍王、左前に輪蓋龍王がある。[19] 経説では、曼荼羅の四方にもさらに各々一龍王があるはずであるが、中世日本で描かれていた懸曼荼羅では、通常その龍王が省かれていた。

なお、経説にはないが、中世日本の懸曼荼羅は、ほとんどの場合、仏供を載せる机と、その机の横に立つ比丘の姿を描いている（図10・12）。醍醐寺小野流の一海（一一一六〜一一七九）の口決を記すと奥書にある『雑抄』（延慶二年〔一三〇九〕隆勝写、KB 43.4）によれば、比丘は仏弟子の一人、空思想の達人と謳われる須菩提であり、[20] 仏供は五輪塔《ごりんとう》かと推測されていた。[21] また、別の説によれば比丘は祈雨行者（阿闍梨）その人である。[22]

敷曼荼羅は、五方の五龍王を示すものである。すなわち、懸曼荼羅に省かれている四方龍王は、敷曼荼羅の方に描かれていたのである。この曼荼羅は、より詳しくいえば、海水のなか、五方にナーガ（下半身は蛇、上半身は菩薩形を示す龍）、四隅に獣形の龍（四蛇煩悩か）を配するものである。

五方五龍の敷曼荼羅は、ほぼ『陀羅尼集経』巻十一「祈雨法壇」の所説に基づいている。しかし、通常の中世日本作の敷曼荼羅の中央龍の姿は経説と異なっている。経説では中央龍は首の後ろに蛇一頭のナーガとなっているが、中世日本で作られた敷曼荼羅では菩薩形となっており、その上半身は龍頭《りゅうず》または獅子《しし》頭《がしら》と思しいものの上に突っ立っている。そして頭上に蛇ではなく獅子を被っている。さらに、その菩薩形の髪は密教の忿怒尊の図像によくみえる逆髪、つまり、逆立った髪である（図11）。実態不明で不思議な尊格《そんかく》であるが、この中央龍は、請雨経法の儀礼世界の秘密を解く鍵を秘めている。これについては後述する。

五龍は、勝賢撰『雨言雑秘記』によれば、『灌頂経』または『金光明最勝王経』所説の五龍である。[23]『灌頂経』の五龍は、東方青龍神王・南方赤龍神王・西方白龍神王・北方黒龍神王・中央黄龍神王であり、(24)『金光明最勝王経』の五龍は、末那斯《まなし》、電光、無熱池、電舌、妙光の龍王である。(25)後者の五龍では無熱池の龍が中心的である点より、請雨経法の阿闍梨が五龍の中央龍を無熱池の龍、つまり善如龍王と見做していたことが

図12　請雨経法懸曼荼羅図（歴博所蔵『請雨経法』〔『大雲経祈雨次第』〕）。机上の仏供は五つの部分からなっており、五輪塔を彷彿とさせる。

うかがえよう。

また『雑抄』（KB 43.4）によれば、五龍は東方青帝木神《せいていもくじん》龍王・南方赤帝火神《せきていかじん》龍王・西方白帝金神《はくていこんじん》龍王・北方黒帝水神《こくていすいじん》龍王・中央黄帝土神《こうていどじん》龍王であるという。要するに、中世の請雨経法の阿闍梨は、五龍が、陰陽五行説では全世界の元素とされる五行に相当する存在だと信じていたのである。これで、謎の中央龍が土神とも見られた点が資料上明確に分かる。

次は、仮屋（祈雨道場）の荘厳について述べよう。まず、仮屋母屋のなかには十四本の柱があるが、柱ごとに二流の青幡が掛けられていた。合計で二十八流の幡は、長さ五尺または八尺であり、それぞれの幡の片面に梵字で諸龍の真言または梵号が書かれていた。そして、仮屋の屋上にも、十三流の龍頭幡が竿に付けたまま安置されていた。そのなかの十二流の幡は、一丈あるいは六尺に作り、悉曇字で十二天の真言あるいは梵号を書いたものであった。中央幡は、長さ一丈六尺または一丈であった。

その中央大幡については、守覚撰『請雨経御修法次第』に、

中央一旒一丈六尺、或一丈上坪以二梵字一書二一字金輪〔傍書「[illegible]」〕真言一、以二石墨一書レ之、自餘幡皆如レ此、或説書二不動一字明一、次坪画二八輻輪一、書二不動咒一時不レ画レ輪(26)

とあるように、上坪に梵字で一字金輪の真言（ボロン／Bhrūṃ）(27)、あるいは不動明王の一字明（カーン／Hāṃ）を書き(28)、その下の坪に八輻輪、あるいは不動尊の呪（慈救呪《じくしゅ》）(29)（Namaḥ samanta vajrāṇāṃ caṇḍa mahā roṣaṇa sphaṭaya hūṃ traka hāṃ māṃ、図13）を書くという。不動の呪を書く場合、八輻輪は省かれた。

このように、中央幡の尊格として一字金輪あるいは不動尊という選択肢があったようである。しかし、勝覚実修の時には両尊の真言が書かれたことを暗示する説もある。(30)ともかく、中央の大幡は、一字金輪及び不

動尊の両仏と関連づけられていたのである[31]。

仮屋内に二十八流の青幡を懸けることは『請雨経』の経説に随っているが[32]、仮屋上の十三流の幡は、一字金輪と不動明王のことを含めて、どの祈雨法関係の漢訳経軌を検しても見当たらない要素である。つまり、これは日本中世請雨経法の阿闍梨がつけ加えたものである。なぜ中央幡の尊格として一字金輪または不動明王が採用されたのか。これは請雨経法の儀礼世界を正しく把握するためにはかなり重要な問題であるが、こ

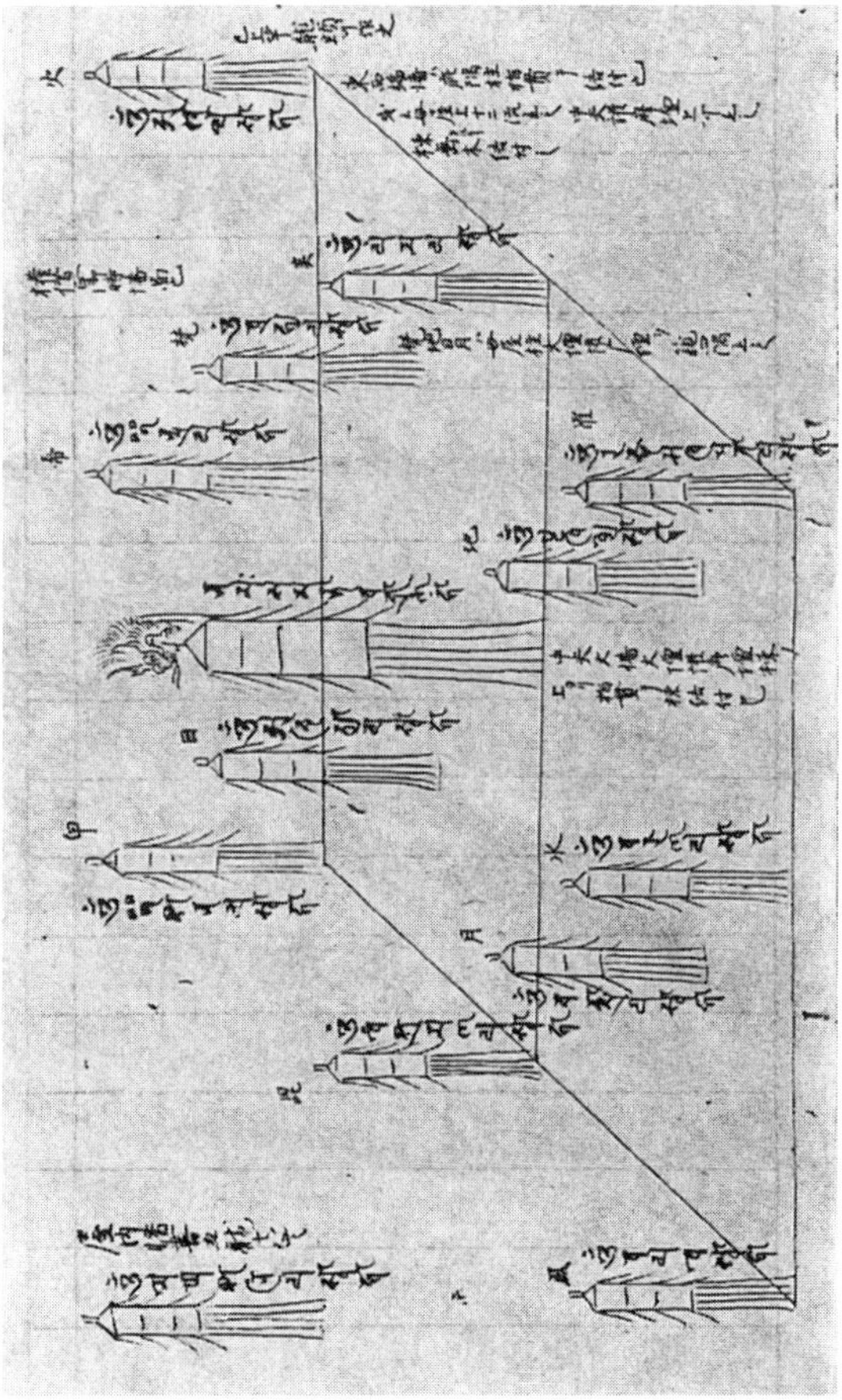

図13 屋上幡図（勝賢記・守覚自筆写『雨言秘記』）。十三流の幡を示す。中央の龍頭幡に不動尊の慈救呪が悉曇字で書かれている。

の問題については第四節で後述したい。

次は、仮屋内の諸壇の荘厳について、要点のみを説明しよう。まず、母屋の南の第二間に設置された大壇は、その後ろの壁に懸曼荼羅がかけられ、壇面の壇敷布（紺布）の上に敷曼荼羅が敷かれた。敷曼荼羅の中央に、不空訳『大雲輪請雨経』を納める経箱一合が安置された。その箱には仏舎利も入っていた(33)。あるいは、大壇中央に小野流相伝の如意宝珠を納めた黒箱を置くべきだという伝もある(34)。文献上、仏舎利の安置は永久五年（一一一七）の実修からしか確認できないが、それより古い作法だと推定される(35)。その仏舎利の役割については後述する。

仏舎利の使用自体は、勝賢撰『雨言雑秘記』によれば『不空羂索神変真言経』「祈雨法品第七十一」の経説によるという。すなわち、この経では祈雨法を舎利塔の前で行うべきだと説かれており、請雨経法の阿闍梨はその説にしたがって仏舎利を利用したという(36)。

永久五年には、実修者勝覚は仏舎利を経箱のなかではなく、特殊なスタイルで壇上に置いた。彼は仏舎利を瑠璃壺のなかに籠め、その壺を木造の蓮華座・茎・蓮華座を重ねたものの上に乗せて、敷曼荼羅の中央に安置した（図14）。これは経説にはない方法である(37)。

茎付きの蓮華と舎利を込めた瑠璃壺のこの容器は、様々な理由で注目に値する。まず、瑠璃は宝珠の様々な色の一つとされ(38)、壺は宝珠形を想起させるため、修法中に舎利が宝珠と重ね合わせて観想されたに違いない。しかも、瑠璃壺のなかに舎利を籠めるという作法は、一種の人造宝珠にほかならず、その作法が『御遺告』宝珠譚に説かれる能作性如意宝珠の信仰を裏付けとしていたとも考えられよう。

その上、蓮華と瑠璃壺の造形は、いわゆる「密観《みっかん》宝珠」（図15）に近似している。「密観宝珠」とは、「密

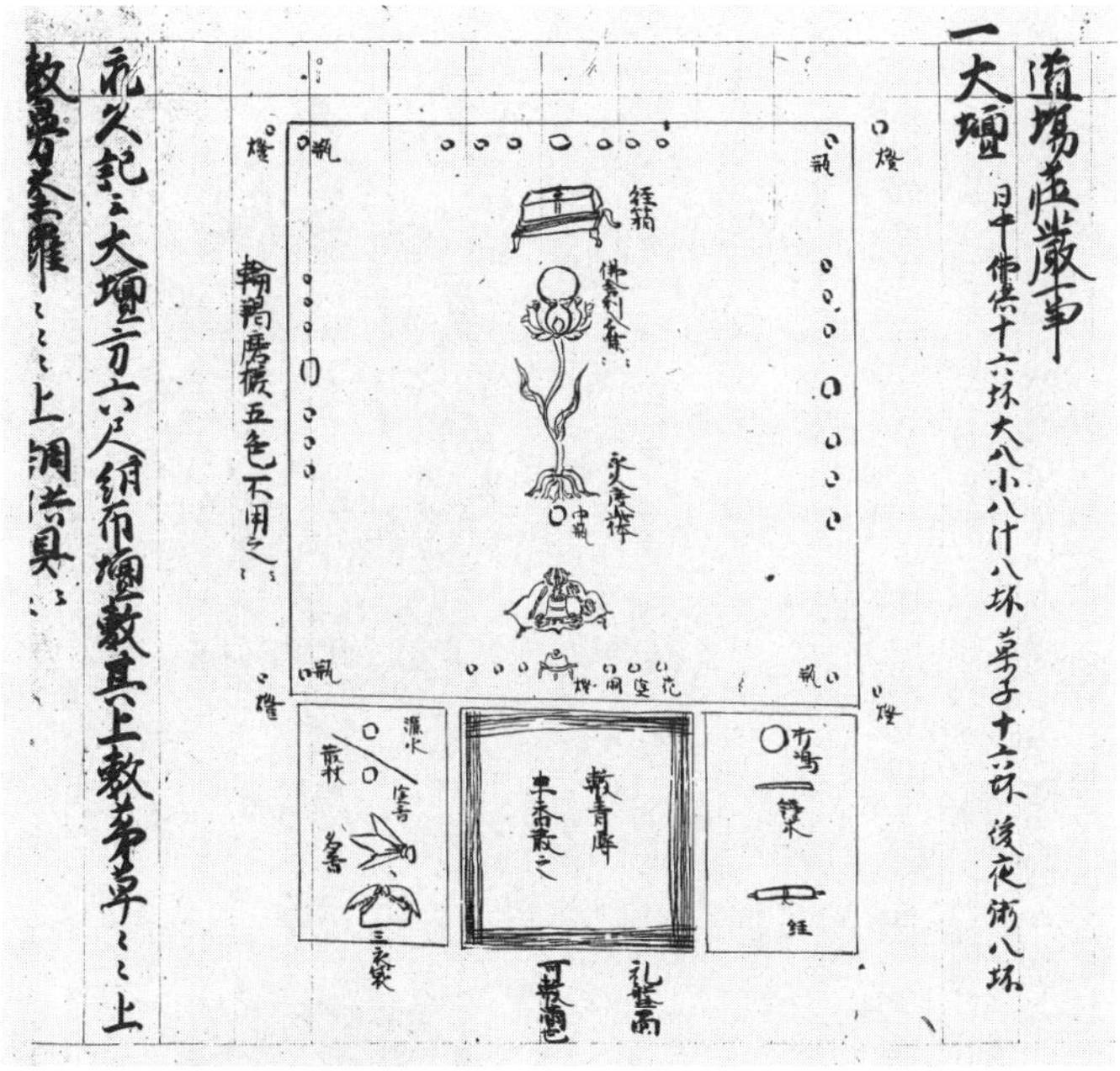

図14　大壇と仏舎利壺（『覚禅抄』「請雨経法」〔勝賢筆『雨言雑秘記』〕金沢文庫保管称名寺聖教486. 1. 11）

教の観想で用いられる宝珠」という意味で、順に蓮華座、独鈷杵茎、蓮華座、宝珠を積み重ねるものであり、その形状をもつ美術作品は鎌倉後期から散見される。この種の宝珠については内藤栄氏の詳しい研究がある。氏は、中世醍醐寺の秘伝では「密観宝珠」が如意輪観音の三昧耶形であり、「密観宝珠」はその秘伝から成立したと論じている(39)。勝覚が請雨経法実修時に蓮華上の瑠璃壺を如意輪の象徴と見做したかどうかは断定できないが、その可能性は認めることができる。ともかく、「密観宝珠」の形状の起源は、醍醐寺秘伝の如意輪法にあるという点に加えて、永久五年請雨経法の宝珠（龍神）信仰まで遡及できる点を特筆し

図15　金銅密観宝珠形舎利容器（広島・浄土寺、十四世紀）

たい。

大壇中央の経箱の前、あるいは木造蓮華の前、及び四隅には花瓶（青甕）が安置された。毎日寅の剋（午前三～五時）に神泉苑の水を酌んで、花瓶の水を入れ替えるべきという規定があった。行法の際に五龍が勧請される時、龍が五瓶のなかに入ることが観想された。

仮屋母屋のなかには、大壇以外に護摩壇、十二天壇、聖天壇も据えられた。そして、永久五年以後、東庇に水天壇も設置されていた。これらの壇法は、阿闍梨が大壇法の効果を高めるために伴僧の一人に行わせていた。すなわち、大壇法では本尊釈迦如来や諸龍などが供養されたが、護摩壇法は、悪龍を降伏するために修され(40)、十二天の壇法は、僧侶や道場を守護するために行われていた。そして聖天壇では、双身歓喜天を供養し、大壇法を遮る障害物（悪霊・祟りなど）を排除させるという役割を果たしていた。水天壇の法は、無熱池の龍王である水天（善如龍王）を特別に供養するために修されていた。

さらに、祈雨道場の第一間、南切掛の上に弘法大師の真影が掛けられ、そして、同間では、母屋と西庇を区切る垂幕の近くに阿闍梨の座が敷かれた。西庇の五間には伴僧（二十人または十五人）の座があり、各僧の座の前に経机が安置された。また、永久五年の実修以来、東庇の第二・第三間で『孔雀経』が読誦され、そのために、その東庇の西方の切掛に孔雀明王像が掛けられていた。

三　請雨経法の行法

祈雨道場の整備と荘厳が完了した後、準備中にいまだ雨が降り出さない場合、請雨経法はいよいよ開始される(41)。一日の修法は三座の行法からなっていた。すなわち、初夜（夕暮れ～真夜中の間）、後夜《ごや》（およそ朝五時～七時）と日中（正午前後）の三座である(42)。請雨経法の最初の座は、開白《かいひゃく》座とも呼ばれ、初夜の座であり、最後の座である結願儀礼は、通常日中に実修されていた。

開白座では、青色の浄衣を着て、さらにその上に平袈裟を纏う阿闍梨と伴僧が道場の前に集合し、阿闍梨は「道場門観」や「開道場観」の観想法を行い、次いで祈雨道場のなかに入った。阿闍梨はまず大師御影の前まで進み、大師に祈念した。その後、大壇の前に行き、一人の伴僧に『大雲輪請雨経』を左の脇机に置いてもらい、礼盤《らいはん》の前に立ちながら三回礼拝した。その後、礼盤に着座して、修法をはじめた(43)。

阿闍梨は修法の初めに三密行法により浄三業《じょうさんごう》（三毒）や護身法を行い、表白《ひょうひゃく》や神分《じんぶん》などの文を唱誦し、懺悔法を行った。その後、諸尊を壇上に招くために勧請法を行い、その後、道場観を修した。これは大曼荼羅と敷曼荼羅の諸尊の姿を合わせて壇上に投影させて見るという瞑想法である（本章の第四節で詳述する）。

その次に伴僧は読経をはじめ、そして阿闍梨は供養法と念誦法を行う。念誦法は、行者自身と本尊や諸龍などとが相応渉入するという、修法の最も肝心な瞑想法である。すなわち、この段階では、阿闍梨が自身の精神と身体を龍宮中の釈迦如来や龍など、二つの曼荼羅に描かれる諸尊と同化させるという神秘的な体験が実現されたのである。

供養法が始まると、下番の伴僧は仮屋を退出し、宿舎で休みを取った。そしてその時護摩師は座を起ち、幕を潜って、護摩法をはじめた。また、小壇の行者も同時に起立し、小壇法の実修に着手した。初夜には十二天供、後夜と日中には聖天供を修していた。そして水天供の師は、初夜の座でその勤を行っていた。

念誦法の後、阿闍梨は散念誦を実践していた。散念誦は、前段階で本尊と融合した達成の余韻を味わうかのようにして、本尊を含め諸尊の真言を心ゆくまで数回念誦する行法である(44)。具体的には、請雨経法の場合では阿闍梨は仏眼仏母《ぶつげんぶつも》、大日如来、釈迦如来、観自在、金剛手、輪蓋、難陀・跋難陀、五龍、能寂母《のうじゃくも》、祈雨の諸陀羅尼、宝珠の陀羅尼、『大雲輪請雨経』の本文、大金剛輪陀羅尼、一字金輪という順に、様々な真言や陀羅尼を何遍も念誦していた(45)。

その後阿闍梨は讃と廻向《えこう》（修法の功徳が他に渡るように祈願すること）の文を読誦し、それが終わった後、上番と下番の伴僧の交代があり、阿闍梨は一座の修法を終わらせた。そして、祈雨道場の外の庭に出て、西面したまま上向きに水天を礼拝した。あるいは、別の座の時には、池の方に南面して、大師及び善如龍王を拝んだ。

請雨経法の行法には、ほかに結願儀礼など様々な作法があったが、省略する。ただ、ここで特筆すべき作法として、神供《じんぐ》、龍供《りゅうく》、仏舎利の供養、及び五龍祭がある。

神供は、神供師（伴僧の一人）が毎夜修する作法である。一説によれば、池の東北角、泉が湧き出し立石が多い場所に、十二天と輪蓋・難陀・抜難陀の三龍王、また、善如龍王（水天）・五大龍王・清瀧神などをも勧請して供養するという儀礼である。[46]

次に、龍供とは、たとえば御室覚性（一一二九〜一一六九）の「請雨経法加雑事」の説によれば、以下のような作法であった。

当二第五日一（中略）自二件日一阿闍梨始二龍供一、秉燭阿闍梨渡二中嶋一用レ筏、相二具親弟子一人一令レ差レ之、浄折敷上備二浄飯五杯一供二五龍一也、用二発心一奉二持一器一、浄食之偈作法大略如二神供一、但請二輪蓋善如一七杓可レ供レ之、難陀等諸龍又可レ請レ之、其後供物ヲ入二龍穴一大師於二東北角一令レ供給、仁海僧正以後、於二中嶋一行レ之、[47]

すなわち、龍供はほぼ神供と同様の供養法であるが、神供師ではなく阿闍梨が第五日より毎夜、弟子一人と一緒に池の中島で行った行法であり、そして、特に論蓋龍王・善如龍王を供養する作法である。伝説では空海は龍供を池の東北角（神供所）で行ったとされるが、仁海以後、中嶋で実行されるようになったといわれている。つまり、池の中嶋における龍供は、仁海が新しく導入した作法のようである。

龍供の作法は毎夜同じであったが、第三夜には、阿闍梨はさらに茅草で九尺の大龍と八寸の小龍、もしくはただ小龍（小蛇）のみを作成した。その龍は蛇の形であった。そして、小龍に紙を、さらにその上に金箔を押して、額または腹に仏舎利一粒を籠めるか、あるいは舎利を小蛇の頭の上に付けた。または、仏舎利を茅造の蛇形に付けず、個別に龍穴《りゅうけつ》に供奉するという選択肢もあった。次いで、小龍を大龍の頭頂に載せ（これは『御遺告』所説の善如龍王の姿である〔図16〕）、仏眼仏母と大日如来の真言をもって開眼《かいげん》の作法を行い、その後、二つの龍はそのまま池水のなかに放された。[48]

龍供以外にも、吉日に池の龍王に仏舎利を供えるという作法もあった。これは阿闍梨が決めた日に、一人の弟子を連れ、仏舎利を五宝・五香・五薬・五穀とともに銀の壷に納めて、龍穴に入れるという作法である。すなわち、阿闍梨は中嶋に渡って、護身結界の法を行った後、腕を深く池水のなかに差し込み、銀壷を龍穴に沈めた。[49]その龍穴の正確な場所は秘密であり、それゆえに異説が多いが、中嶋より東北の方、水のなかに石があり、その石にある深い穴が龍穴だという説があった。[50]

最後に、五龍祭は、第一部で述べたように、仁海の実修以来度々請雨経法と同時に神泉苑で行われていた。この祭祀のために、神泉苑東門の近くに陰陽師の宿所が建立されていたが、五龍祭そのものは、神泉苑の池の東端で行われて

図16　茅龍図（勝賢記・守覚自筆写『雨言秘記』）。『御遺告』所説の善如龍王の姿。

いた。そこで青幕を四方に張り巡らして一空間を作り、その空間のなかで五人の陰陽師《おんみょうじ》が五方に座り、それぞれ五龍の一龍を祀っていた。五龍は無論五行を表している。龍そのものは茅草で作られるが、その形状はおそらく蛇体であったであろう。その身体のなかに、阿闍梨が書いた龍の種子が込められていた(51)。

十三世紀の真言宗側の説によれば、五龍祭は次のような作法であった。

> 或記云、陰陽五龍祭事、以二楊柳一造二五龍形一、五色色取レ祭レ之、五方坐也、供物魚物海藻飯酒等也、其五龍灑レ水故雨沢云々、其時想二応水天上一雪〔雷イ〕始レ雨也、又龍舌水也、盤下出レ水則𑖀耨法水取レ之、陰陽師極秘事云〔也イ〕々(52)、

つまり、陰陽師は柳で作られた龍に魚、海藻、飯、酒などの供物を供え、その龍形の上に水をかける。その時に、水天が空に上昇し、雷が鳴り、雨が降りはじめることを心に念じていた。なお、陰陽師は陰陽道の占い道具である式盤《しきばん》（天盤・地盤からなる道具）を操り、その式盤の下方にある地盤より「𑖀耨《あのく》法水」、つまり、「阿耨達池」＝「無熱達池」の水が出ると信じていた。ここで式盤は占い道具としてではなく、水を生成する霊物として操作されているのである。祭祀時に龍形の上にかけられた水は、その式盤が生成した法水だったようである。

「水天」と「無熱達池」という言葉が出ている点から、陰陽師が密教の龍神信仰を取り入れていたことが分かる。ここで密教と陰陽道は完全に混淆されているといえよう。

しかし、以上の説明は密教僧の書に記されているため、その説明が陰陽師側の作法と信仰をそのまま忠実に表しているかどうかは少し疑問である。それでも、陰陽師が五龍祭の極秘として密教・陰陽道を融合した思想を持っていた可能性は十分にあるであろう。

四　請雨経法の舎利・宝珠・龍神信仰

さて、いよいよ本書の論の最も肝心なところに入ろう。

すでに前節で触れたように、請雨経法の大壇法では大壇の中央に仏舎利が安置されていた。そして、永久五年の実修の際、その舎利が瑠璃壺のなかに納められ、宝珠と観想されたにちがいないということも述べた。

請雨経法が舎利＝宝珠法だったという点は、『白宝抄』の「請雨経法習二宝珠法一焉」(53)や、『秘鈔口決』の「師云、此《ノ》法《ハ》如法《ノ》（引用者註——如意宝珠法）最秘事也」(54)という文からも分かる。しかも、後者の文が示すように、諸々の舎利＝宝珠法及び宝珠法のなかでもこの祈雨法が「最秘事」とされていたようである。

しかし、それではこの請雨経法という舎利＝宝珠法の秘事は、具体的にどのような教えであったのだろうか。本節では、請雨経法の儀礼世界を分析しながら、その舎利・宝珠信仰の深層を探っていこう。

大壇の世界

請雨経法の大壇法の行法では「道場観」という重要な観想法が行われていた。これは阿闍梨が懸曼荼羅と敷曼荼羅の諸尊の姿を大壇の上に投影させ、自分の心のなかに可視化するという特殊な瞑想法であった。しかし、これに関して大切なのは、二つの曼荼羅の諸尊を合わせて大壇上に一つの世界を作っていたという点である。つまり、現実世界では諸尊は懸曼荼羅と敷曼荼羅に分けられていたが、大壇上の瞑想世界において、その諸尊は統合されていたのである。

まず、大壇面の上には、七宝水池、池底の海龍王宮、龍宮中の釈迦如来、その左右に観自在菩薩と金剛手、その手前に輪蓋・難陀・跋難陀の龍の姿があり、さらに、五龍とその眷属の姿も観想されていた（図17）[55]。その結果として、大壇中央に釈迦如来と五龍の中心龍の姿がほぼ重なり合うこととなっていた。

　しかし、正確には、『雑抄』（KB 43.4）の「道場観之時ハ五龍中心龍王ハ釈迦ノ前ニ可レ観レ之」という説が示すよう、道場観の際に釈迦と中心龍の姿は少しずらしていたようである[56]。だが、それでも、それぞれの尊形《そんぎょう》の位置がほぼ同じであるため、釈迦と中心龍が密接な関係にあると信じられていたにちがいない。

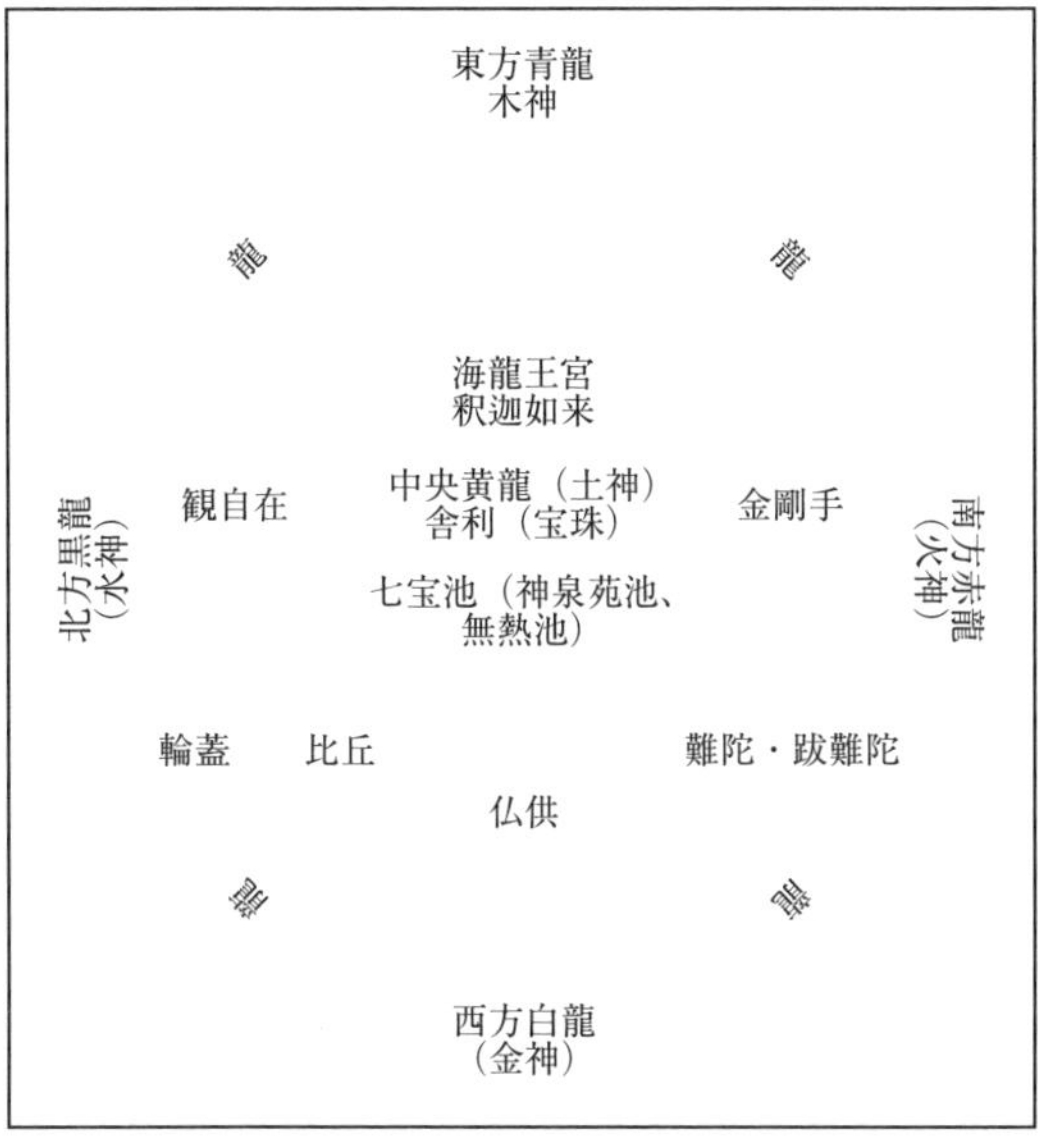

図17　請雨経法大壇の諸尊（道場観時に合一される大曼荼羅と敷曼荼羅の諸尊）

　大壇の中心龍は、まず、本章の第二節で触れたように、陰陽五行五龍のなかの黄帝土龍に当たる。そして、釈迦が結跏趺坐している龍宮は、一説によれば海龍王の龍宮と想定されたため[57]、中心龍が海龍王とも関係づけられたと考えられる。

　実は、本尊釈迦について「娑竭龍王者即釈迦之化身也、仍為二本尊一[58]」という説があった。つまり、その説では釈迦と「娑伽羅」（「海」という意味）という龍王が互いの別姿として扱われている。この説は「釈迦」が「娑迦」（娑迦羅の略）だという言葉遊びに基づいていたようである[59]。よって、大壇の中心龍が海龍王・娑伽羅龍王の姿を想起させたことは間違いないのである。

さらに、同じく第二節で述べたように、五龍は『金光明最勝王経』所説の五龍であり、その五龍の中心龍は無熱池の龍である。つまり、大壇の中心龍は無熱池の善如龍王の姿も想起させたであろう。そのリンクは次の理屈でも裏付けられる。『請雨経』は大曼荼羅の龍宮が「七宝水池の中」、つまり、池底にあるという[60]。その池はもちろん神泉苑の池（無熱池）と連想された。そのことは、当時神泉苑池の中島の下に龍宮があるという信仰があったことでも分かる[61]。したがって、大壇の七宝水池の底にある龍宮は神泉苑池の底にある龍宮であるため、大壇の中心龍は無熱池の善如龍王であるとも連想されたであろう。

このように、大壇の中心龍には様々な信仰が集約され、その龍の正体について一つの定説はなく、種々の説が存在したことが知られよう。そして大壇の中心は、それが釈迦、娑迦羅、黄龍王、無熱池、土神など、本来無関係である様々な概念が重なり合って統合された興味深い場所だったということも覚えておいてほしい。

しかも、忘れてはいけないのは、大壇の中央に釈迦の遺骨である仏舎利も安置されていたという事実である。この舎利の役割に関して、『秘鈔』（勝賢口、守覚記）には次の記述がある。

口伝云、道場観時、本尊観畢作二此観一、謂毘盧遮那仏、成二釈迦牟尼仏一、為レ度二人天一、釈迦即成二如意宝珠一、起二雲雨於四方一、普潤二世界一、利二益水陸之情非情一、龍王依二此宝珠一増二威光一降レ雨、其宝珠依二大龍果報一施二力用一降云々、供二舎利一時、同作二此観一、〔御〕遺告意也、大壇中心舎利納レ箱安二置之一、即観二之宝〔珠〕一、又与二室生山一一体之旨、可レ観二念一也、是最秘云々、

すなわち、大壇中央に安置された仏舎利は、如意宝珠と観想され、降雨をもたらすと構想されたのである。[62] より詳しくいえば、本尊釈迦如来は毘盧遮那仏（大日如来）の化身として姿を如意宝珠に変え、宝珠は龍の威力を増すために、龍王は雨を降らせる。あるいは、龍の果報（働き）により宝珠が雨を降らすともいう。つまり、雨を降らす力はひとえに龍の宝珠にあるが、その宝珠は実質的に大壇中央に安置された仏舎利に集約して現されるものなのである。

要するに、大壇の中央は、釈迦・仏舎利・宝珠・龍の力が重なり合い一つとなった大きな霊威のあるスポットだったのである。

大壇の中心龍

しかし、大壇の中心龍については、いまだその本質に辿りついていない。この龍は、実のところ、請雨経法の秘密を一身に隠しているものなのである。それを理解するためには、ここでより深く請雨経法の儀礼世界を掘り下げて、その奥深い真相を明らかにしなければならない。

膨大な数に上る請雨経法の諸聖教のなかに、この法の深層を垣間見せるわずか一行にしか及ばない一つの秘伝がある。それは十二天壇法に関わる次の教えである。

十二天壇法という小壇法について、『雨言雑秘記』には「私云、十二天供中央不動種子[illegible]三昧耶形倶哩迦羅大龍王可レ観レ之、尤可二降雨一也、屋上幢等可レ思二合之一、可レ尋二師説一耳」[63] とある。すなわち、この教説によれば、十二天の小壇で十二天を供養する際、壇の中心で十二天に君臨する不動尊の三昧耶形である倶利《くり》伽羅《から》龍王を観想すべきであるという。この龍王は、周知のように、逆立つ剣を絡み付けて剣先を呑み込もうとする蛇龍の姿を取るものである（図18）。そして、その姿を仮屋屋根上の幢幡と思い合わせるべきだともいう。すなわち、十二天壇法の観想法では、小壇中央の不動尊（倶利伽羅）を屋根上の中央大幡（不動または一字金輪）と結びつけるべきだと教えているのである。

この教説は重要な意味を持っている。この説は、修法中に仮屋内の壇の中尊と仮屋屋根上の中尊が観念的に結びつけられていたという事実を示しているからである。この教えは十二天供壇における行法として記されているが、十二天供を行う僧はあくまでも伴僧の一人にすぎないため、伴僧を率いて大壇法を行う阿闍梨も、このような内と外の結びつきの理を承知していたに相違ない。したがって、大壇法を実修する阿闍梨が大檀の中心龍と屋根上の中央大幡の尊格（不動尊または一字金輪）を一対として理解していたということは、ほぼ間違いない。

上に論じた通り、大壇の中心龍は、黄帝土龍、海龍王、無熱達龍王（善如龍王）など、様々な概念と連結させられていた。しかし、その姿の裏には、さらに次の信仰も隠されていた。

すでに述べたように、中世日本で作られた敷曼荼羅の中心龍は、経説のような一身一蛇頭の姿ではなく、頭上に獅子冠を持ち、上半身が獅子または龍のような獣頭より出て、髪が逆立ち、両手で何らかの丸い物（宝珠か）を持つ菩薩形である。この姿については、諸聖教には一切説明が見当たらず、謎めいたものである。しかし、一つの特殊な図像（図19）は、その謎を解いてくれる。

本図像は、醍醐寺所蔵『図像抄』（一一三九年成立、鎌倉初期写）所載の「請雨経曼荼羅図」である[64]。稀にしかみえない彩色の敷曼荼羅図である（口絵参照）。その曼荼羅の中央に現れているのは、膨らんだ顔、金色の腕輪、忿怒明王によく見る髪の逆立ち、怒りに富んだ三つの細目、及び頭上に獅子冠をもつ赤色肌の尊格である。説明文がなくとも、この尊格が愛染王《あいぜんおう》（愛染とも）にほかならないと誰にでも認められるであろう。密教には獅子冠、三つの眼、そして赤色肌を有する忿怒尊は愛染王以外にはないからである。

確かに、愛染王の姿は通常六臂の尊像である。しかし、変化図が多く、二臂の像がないわけでもない。それゆえに、敷曼荼羅の愛染王がこの尊格の特殊な姿だと考えてよいであろう。

なお、請雨経法の聖教には「中心龍は愛染王だ」という明確な文は見られないが、にもかかわらず、その龍が愛染王と見なされたことを暗示する文章として、次の資料の文がある。

勧修寺僧栄然《ようねん》（一一七二〜一二五九）の『請雨経法条々事』（KB 327.15）に、請雨経法についての様々な教説が記録されているが、その諸説のなかに、通常ほかの聖教にはみえない善女龍王の種子、三昧耶形、尊形、印と真言の説明がある（図20）。本文によれば、これは承久元年（一二一九）四月二十一日の「大阿闍梨耶成──」（おそらく勧修寺長吏成宝〔一一五九〜一二二八〕であろう）による記である。

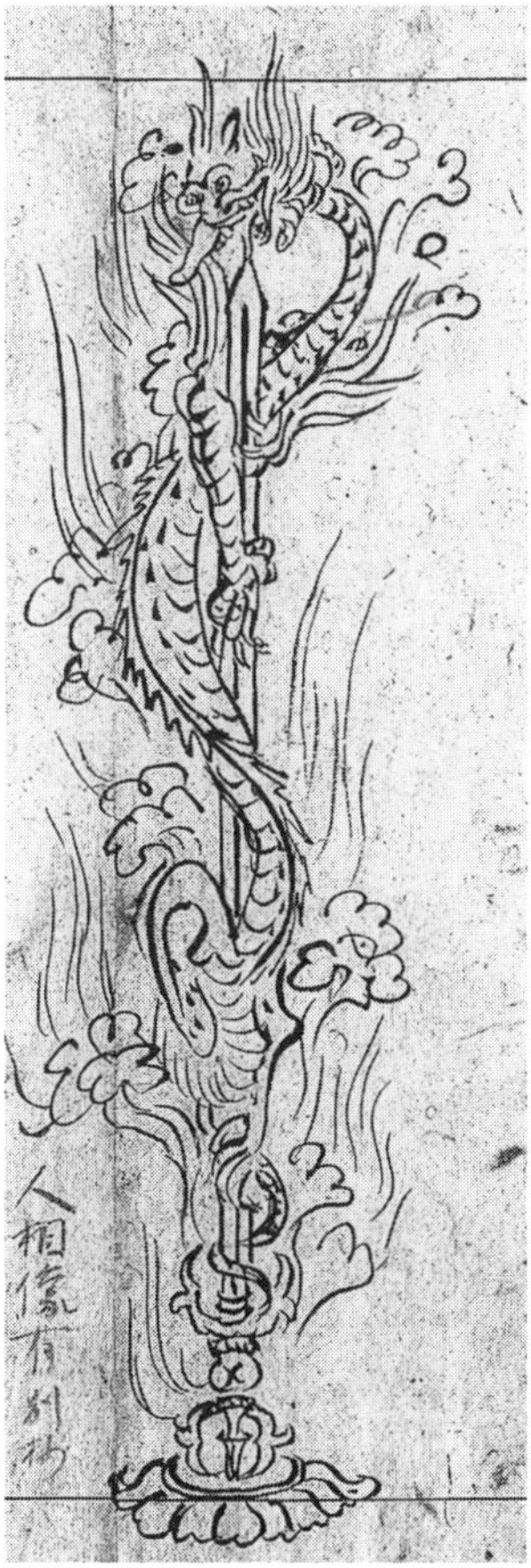

図18　倶利伽羅龍王（勧修寺本『覚禅鈔』所載）

図19　請雨経曼荼羅図（醍醐寺所蔵『図像抄』）

龍王の種子《しゅじ》は、悉曇字のHhūṃに近似し、頭に小さな宝珠をもつ二匹の蛇の形に似たものである。三昧耶形は、「金剛台蔵黄青二重之宝珠」とあるように、金胎二顆の宝珠が重なっている形である。そして尊形は、「現形の体」であるという。これは、本文にも示される通り、『御遺告』所説の、九尺大蛇の頭に乗っている八寸の小蛇である。この尊形は、両部大日の不二思想を二蛇で表したものとされる(65)。その思想は、二蛇に似た種子の字形にも反映されていると考えられよう。最後に、龍の印は、「雨重之五鈷印」、その真言は、「五字々々摩尼入縛羅Hhuṃ」（五字宝珠光明Hhuṃ）である。

以上は善如龍王の印明などであるが、注意すべきなのは、それらの象徴が愛染王にも通じるという事実である。すなわち、頭に宝珠をもち、蛇体及びHhūṃ字に似る姿は、仁海によって感得されたといわれる「田夫《でんぶ》愛染」という愛染王の特殊なエンブレムなのである（図21）(66)。そして、Hhūṃ（またはHhuṃ）は、愛染王の種子である(67)。この点からも、二匹の重なる蛇で示現したといわれる善如龍王が愛染王と結びつけられていたことがうかがえるのである。さらに、五鈷印もよく愛染王の基本的印契に用いられていた(68)。

要するに、『請雨経法条々事』の口決の内容を考慮に入れると、『図像抄』「請雨経曼荼羅図」の中心龍が愛染王だという解釈が、最も妥当だと判断することができよう。

愛染王について

さて、論を進めるために、ここで新しく登場してきた愛染王についてもう少し詳しく述べる必要がある。

愛染王は、中世日本密教では「煩悩即菩提」、つまり、煩悩の菩提への止揚が可能だという密教思想を表す尊格として大いに重視されていた。より具体的にいえば、密教では、涅槃と輪廻の二元を超えた仏の境地

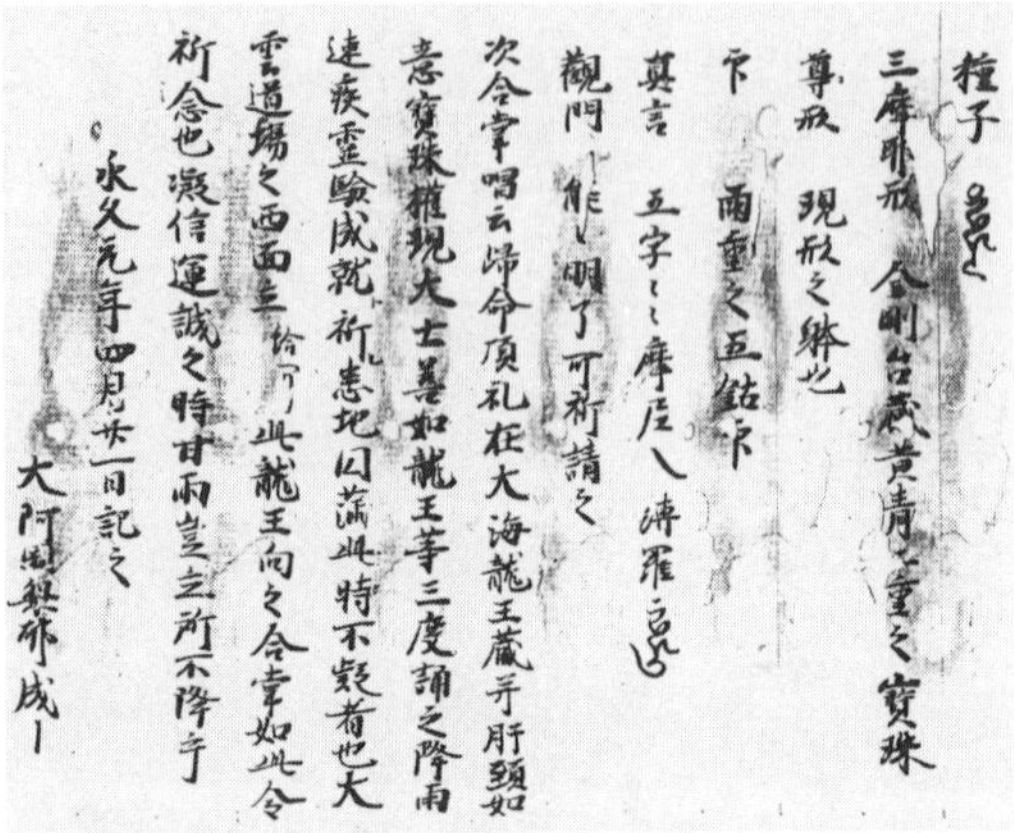
種子
三摩耶形　金剛台蔵黄青重々宝珠
尊形　現形之躰也
印　両重之五鈷印
真言　五字々々摩尼ヘ　沸羅
観門　能々明了可祈請之
次合掌唱云帰命頂礼在大海龍王蔵并肝頸如
意宝珠摧現大士善如龍王等三度誦之降雨
速疾霊験成就ト祈　患地囚満此特不疑者也大
雲道場之西面ニ立　給ヘノ此龍王向之合掌如此令
祈念也　凝信運誠之時甘雨豈所不降乎
永久元年四月廿一日記之
大阿闍梨阿成

図20　善如龍王の種子や三昧耶形など（栄然撰『請雨経法条々事』、金沢文庫保管称名寺聖教327. 15）

図21　田夫愛染図（神道灌頂・麗気本尊図）（京都・仁和寺所蔵）

においては煩悩、なかでも愛染王に象徴される愛欲そのものが菩提であり、よって、成仏への手段として菩提を生成する力でもあるとされていた。愛染王は、そうした宗教理念を端的に象徴する仏なのである[69]。

通常忿怒形を見せる「明王」という部類に属するこの著名な尊格の尊形、印明や功徳などは、金剛智または不空訳と仮託される『金剛峯楼閣一切瑜伽瑜祇経』（T no. 867、以下『瑜祇経』）「愛染王品第五」に本拠を持っている[70]。それによれば、愛染王は宝珠を涌きだす宝瓶に載る蓮華の上に座る六臂・赤肌忿怒尊であり（図22）[71]、その功徳は、一切悪心の断滅、毒悪龍の降伏、敬愛、増益《そうやく》や息災など、多岐に亘るという。

『瑜祇経』は九世紀初頭に真言宗と天台宗の諸徳により請来された。本来、愛染王の法の次第（修法の手引き）や儀軌は存在しなかったが、日本では十世紀からその次第が創作されていた。最近発表された小川豊生氏の貴重な研究によれば、真言宗の観賢（八五四～九二五）は金剛愛染菩薩（大陸における愛染王の原形）に基づいた敬愛法の伝を寛空（八八四～九七二）に伝授した。この金剛愛染菩薩の法は、不空真撰と見るに足る『大楽金剛薩埵修行成就儀軌』（T no. 1119）末尾の敬愛法に基づいており、日本中世の愛染法の原形をとどめている。次いで、石山寺で隠遁した醍醐寺僧淳祐（八九〇～九五三）も、愛染王法の実修に不可欠である道

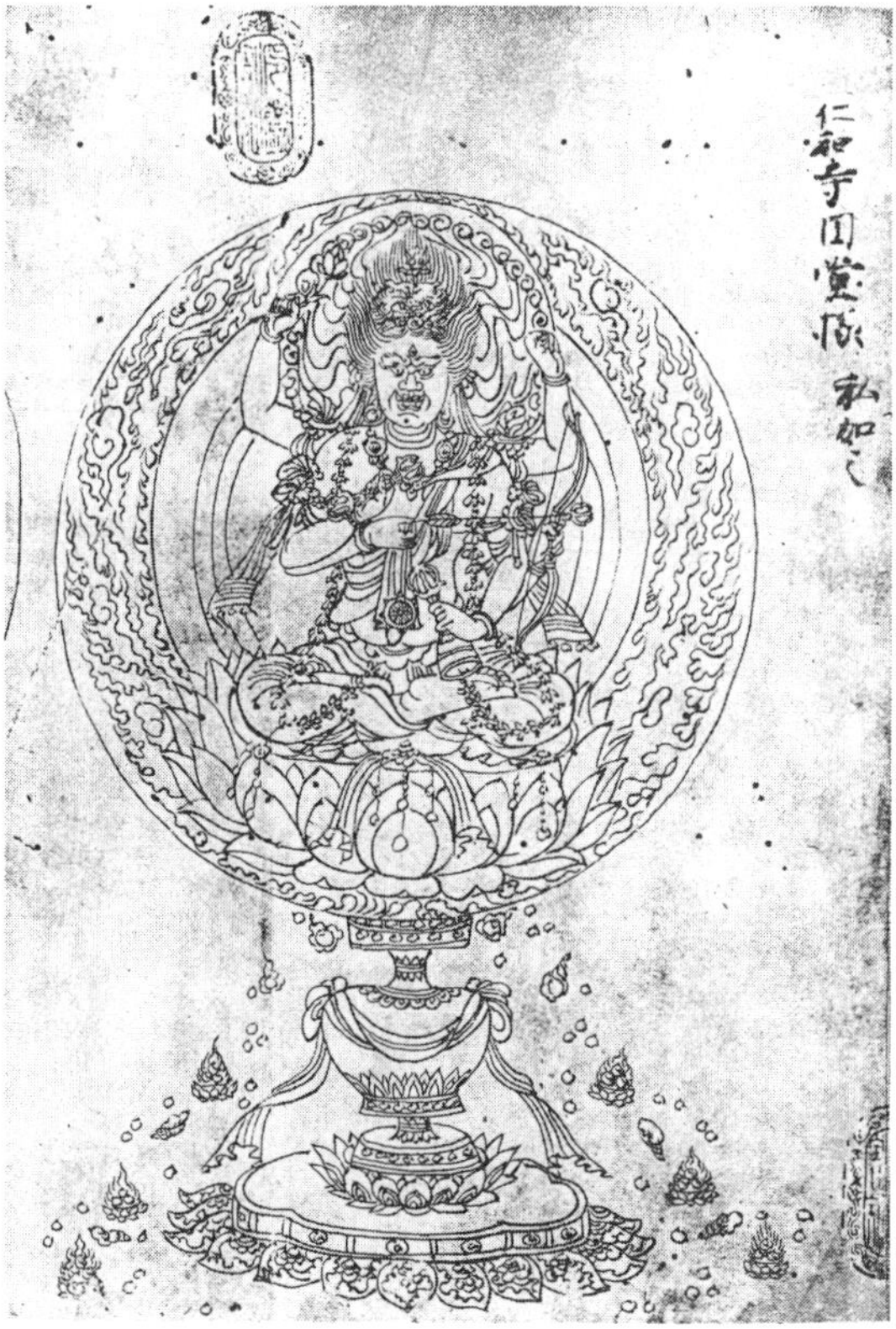

図22　愛染王（大正図像部三『別尊雑記』巻第三十五所載）

場観や根本印を列記する聖教を残した。その後、仁海は金剛愛染菩薩の法の伝を受け継ぎ、初めて『愛染王大次第』という本格的な愛染王法次第を整えた。この次第は現存しないが、弟子成尊（一〇一一～一〇七四）が『大次第口決』を記し、その口決の引用文から仁海の説を窺い知ることができる(72)。

成尊は、周知のように愛染王の調伏法を行って後冷泉天皇（一〇二五～一〇六八）を呪殺したとされる(73)。そしてその弟子範俊（一〇三八～一一一二）は、如法愛染法（愛染王を舎利・宝珠の化身として行われる修法）を創り、白河天皇のために修し、その法を勧修寺の厳覚（嫡弟子）、醍醐寺の勝覚、及び仁和寺の覚法法親王に付した。その後、中世を通じて愛染王法は小野流僧と仁和寺広沢流の御室によってしばしば修されていた(74)。

愛染王の本拠である『瑜祇経《ゆぎきょう》』について、早く天台僧安然《あんねん》（八四一？～九一五？）は注釈書（『金剛峯樓閣一切瑜伽瑜祇經修行法』、『瑜祇経疏』とも、T no. 2228）を作った。なお、彼が初めて本経に両部合糅の性格を見出したと指摘されている(75)。ゆえに、愛染王が真言宗だけではなく天台宗でも知られていたことは無論のことである。しかし、愛染王の修法は台密ではなく、特に東密で展開し盛行した。なぜそうなったかは分かっていないが、中世においては、天台僧が愛染法を修しないのは、成尊の調伏祈願の後、王家がその法流を信頼し、専ら東密の僧にその法の実修を公請したからであるといわれている(76)。

愛染王法の盛行による結果として、そして、もともとこの法の儀軌・次第が存在しなかったため、中世日本密教ではこの愛染王について数多くの異説が作られた。それらの説のなかで本論の視点から特に注目すべきは、両頭《りょうず》愛染王（図23）の信仰である。

一身両面の愛染王像の作例は、早く円珍請来とされる「愛染王曼荼羅」に確認することができる（当曼荼羅の現存最古の遺品は The Mary and Jackson Burke Collection 所蔵の一一〇七年作のものである）。これは九尊を配する曼荼羅であり、中央の一面六臂の愛染王の外、その下の観音菩薩より時計回りの順に、大威徳明王、倶利伽羅龍王、十二臂大勝金剛（十二臂大日如来）、弥勒菩薩、両頭愛染王、宝幢と不動尊を描いたものである[77]（図24）。

この愛染王曼荼羅の由来について、円珍請来または円珍創作の二説があり[78]、さらに空海が請来したという説もみえるが[79]、真相は不明である。ともあれ、当曼荼羅が十一世紀までに天台宗だけではなく真言宗でも伝わっていたことは文献上確認することができる[80]。よって、その時代までに両頭愛染王の図像も東密で知られてきたと推定される。

図23　両頭愛染王（勧修寺本『覚禅鈔』所載）

そして、後の東密では、その図像について次の解釈が伝えられるようになった。すなわち、『覚禅鈔』に「秘釈醍醐僧正（引用者註――聖宝）云、不動愛染王無二差別一、一身両頭、左面不動尊也、右面愛染云々」[81]とあり、醍醐寺開祖聖宝に由来するとされる説として、一身両頭の愛染王が不動と愛染の合体だという。聖宝がこの説を伝えた

図24　円珍請来「愛染王曼荼羅」（大正図像部三『諸尊図像』所載）

かどうかは判断できないが、十二世紀末までに醍醐寺小野流においてその解釈が流布されたことは確かである。

不動・愛染の融合信仰は、同時代の守覚法親王撰『追記』に、「孔雀者不動也、明王者愛染也、二明王不二称二孔雀明王一也、舎利愛染舎利不動者、此孔雀明王事也、孔雀尾光宝珠者、𑖀〔A〕字能生二𑖠𑖝𑖲〔Dhatu〕一也」[82]というようにも表現されている。これは孔雀明王の秘説であり、両頭愛染王についての秘口ではないが、ここから十二世紀末の東密広沢流でも不動・愛染の合体性を説く信仰が相伝されたことが分かる。

以上より、不動と愛染の融合が平安後期までに真言密教の一大秘事として相伝されてきたことがうかがわれる。しかし、愛染王曼荼羅に一身両頭の愛染王像がみえるにもかかわらず、諸経典を見てもそこに両尊の融合を説く根拠は発見できない。よって、現在の密教学研究では、両尊の融合が平安中期～後期に日本で創作された信仰だと考えられている。

不動・愛染一体説の経典上の根拠がないということは、実は当時の真言宗内でも理解されていたようである。『秘密口伝抄』（KB 82.5、別名は『覚源口伝抄』、宝篋撰、高野山の覚海〔一一四二～一二二三〕と融源〔一一七〇の頃〕の口決）に、

馬陰蔵《ト》云《ハ》事人々《ノ》竪義不同《ナレトモ》、慥《ニ》大日経不動愛染王《ニ》引合《せテ》辻《ツシヲ》云《ハ》事無也、此即自宗《ノ》真言宗《ノ》不具《共ノ》法門一大事《ノ》秘事也[83]、

という文がある。すなわち、愛染王の特徴である馬陰蔵の瞑想法について多くの説が流布されているが、『大日経』には不動と愛染を引き合わせる文章がなく、その信仰は日本真言宗のみの秘事であると説明している（つまり、この文から、一説では愛染王馬陰蔵の瞑想法が不動・愛染の信仰を含んでいたという点が分かる）。

では、不動と愛染の習合信仰が平安中期～後期に創作されたとすれば、はたして何を根拠にこの二仏が引き合わせられたのであろうか。その問題について、あるいは平安中期に中国から請来した新訳経典の影響、あるいは中世日本密教僧に強い恣意的・独創的思索の傾向という二つの要因を考慮すべきであるかもしれない。

しかし、さらに次の可能性もある。実は、愛染王曼荼羅が作成された時点ですでに不動・愛染の信仰が存在し、その信仰こそ本曼荼羅の構造を裏打ちしていたと考えられるのである。その理由は、次の論証による。

Goepper 氏が指摘した通り、愛染王曼荼羅の構造と九尊の配列は神秘的なビジョンで感得したものではなく、学僧が何か具体的な教義に基づいて意図的に作ったものだと考えてよい。つまり、諸尊はそれぞれ恣意的ではなく、何らかの思想的な関係性で愛染王を中心に一つの曼荼羅に関連付けられたと推定する方が妥当なのである。(84)

その学僧が中国の僧侶か、あるいは日本密教僧か、当曼荼羅の由来が不明であるために判定しにくいが、(85)ともあれ中世日本では、愛染王曼荼羅の諸尊の間の関係性は注目されていた。たとえば、『秘密口伝抄』に「惣《シテ》九仏《ニ》万法愛染《ノ》義《ヲ》尽也」、また「中尊《ハ》惣愛染《ノ》意也」とあり、(86)その文は、中心の愛染王が曼荼羅九尊の総体と見られていたことを示す。あるいは『覚禅鈔』では、弥勒と観音、倶利伽羅と宝幢、両頭愛染王と大威徳、大勝金剛と不動がそれぞれ一対をなしているという視点が記されている。(87)

そして、さらに、中世日本密教ではそのほかに次の関連性も伝えられていた。

又九仏《ノ》愛染王《ヲ》画共倶利加羅《ヲ》云也、其故《ハ》倶梨カラ即愛染《ノ》意也、所謂《ル》不動尊《ノ》持物《ハ》剣索也、剣索《ト》申《ハ》即大日如来《ノ》智拳印《ヲ》一《ツニ》引分《ケタル》也、索理《ハ》也、即無中〔明カ〕煩悩《ヲ》縛《スル》由、剣智《ナリ》、故真言教意智〔理脱カ〕互《ニ》能証所証《ト》ナル由顕也、所謂倶梨加羅《ハ》理也、剣《ハ》智也、剣《ヲ》呑《ムハ》即理《カ》智《ヲ》証《スル》意也、(88)

宝篋《ほうきょう》上人（生没年不詳、鎌倉初期の三宝院流僧、三輪流の祖）が記したこの説は、「九仏の愛染王」、つまり愛染王曼荼羅に倶利伽羅龍王（不動尊の三昧耶形）が描かれている理由は、愛染王が実際には倶利伽羅だという思惟によると説く。そして倶利伽羅龍王＝愛染王が「理」（胎蔵界）、不動の剣が「智」（金剛界）だというように、不動と愛染が両部不二《りょうぶふに》の思想を表していることも説く。

要するに、中世真言宗では、愛染王曼荼羅で六臂《ろっぴ》愛染王の真横に倶利伽羅が描かれているために、その二つの尊格の間に密接な関係があると思索されたのである。ある意味では、この思索は荒唐無稽のものではない。愛染王は煩悩を表し、大乗仏典では煩悩はよく毒蛇・悪龍として表現されている。(89)よって、愛染王曼荼羅を見る真言僧が倶利伽羅を愛染王の別姿と見做したということは、ごく自然なことだといわねばならない。

従って、本曼荼羅を作成した学僧にも当然その思惟があったはずである。繰り返しになるが、本曼荼羅の九仏が恣意的に選ばれ、位置づけられたとは考えにくい。作成時点の当初より、中心の愛染王がほかの尊格の特徴を何らかの形で包括しているという思考があったとすることが妥当であろう。

つまり、曼荼羅の作者は前もって愛染王と倶利伽羅と不動の関係性を知っていたためにその三仏を描いた可能性が極めて高いというべきである。倶利伽羅が不動尊の象徴、愛染王が煩悩、煩悩が蛇龍だという知識は、当時の密教僧は誰でも持っていたはずである。よって、すでに曼荼羅の成立時に倶利伽羅を媒介に愛染と不動が融合されていたということはほぼ確かだと考える。そして、その観点から、同曼荼羅の右上の角に描かれている両頭愛染王像について、それが不動・愛染の結合を表す別姿だという見方も自然に導き出されるということも強調したい。

要するに、愛染王曼荼羅の構造そのものから、日本における不動・愛染の融合信仰の由来という問題の解決の糸口が得られる。仮説であるが、愛染王曼荼羅が少なくとも十一世紀までに天台・真言両宗で伝わっており、その時までに、あるいはそれ以後、両宗の僧のだれかが当曼荼羅における不動・倶利伽羅・愛染の関係性に気づいて、不動・愛染の融合説を発展させたのではないか(90)。実情は不明であるが、愛染王曼荼羅は不動・愛染信仰の形成史を考察する上で、かなり重要な手がかりである。

請雨経法の三点構造

さて、ここで請雨経法の儀礼世界の論に戻ろう。

前項で論じたように、少なくとも鎌倉初期までに醍醐寺小野流及び高野山内では不動と愛染を結びつける信仰が秘説とされていた。この融合信仰は、おそらく不動の別姿である倶利伽羅龍王信仰を媒介にしていた。つまり、愛染は倶利伽羅龍王として不動と一対と見られたのである。したがって、最も重要なのは、この時代に愛染王が「龍」と見做されていたということである。

同時代に、醍醐寺座主勝賢は自撰『雨言雑秘記』に、請雨経法の十二天供の行者が十二天壇中央の倶利伽羅龍王を屋根上の幢幡と思い合わせるべきだという伝を記した。先述のように、屋根上の中央大幡は不動わせられ、一対と見做されていたであろう。要するに、十二天供では小壇中央の倶利伽羅と屋根中央の不動尊が思い合（または一字金輪）を表していた。

これは十二天供の伝であるが、無論、大壇法を修する阿闍梨も壇と屋根の関係性を知り、大壇中央の尊格と屋根中央の尊格を思い合わせて一対と看取していたであろう。壇と屋根の関係性が十二天供にしか当てはまらないとすることは、十二天供は補助的小壇法にすぎないために、合理的ではない。むしろ、その関係性が請雨経法全般にわたる特徴だと考えるべきであろう。

つまり、大壇中央の龍と仮屋屋根中央の不動（金輪）は、現実世界のそれぞれの位置がずれていたとしても、観想上の世界では思い合わせられ、観念的縦軸に沿って結ばれていたと考えられる。そして当時小野流で不動の変化身である蛇龍がほかならぬ愛染王だと信じられていたため、大壇法の行者が、観念的に屋根上の不動と融合されている中心龍を愛染王と想定したと考えることも、妥当なことであろう。本節「大壇の中心龍」の項で説明した、大壇の中心龍が愛染王だと示す『図像抄』「請雨経曼荼羅図」、また善如龍王が愛染王だと教える『請雨経法条々事』の内容は、その想定の正しさを裏付けている。

こうして見れば、観念上の次元で請雨経法大壇法の儀礼構造は図25のような図式となる。つまり、請雨経法は不動・愛染の舎利＝宝珠法にほかならなかったのである。

すなわち、大壇（大地）より屋根（天上界）への直線を辿っていくと、順番に、龍宮より大壇の面まで湧き上がる愛染という龍、舎利（宝珠）、そして、天に聳える不動尊（金輪）の姿がみえる。現実世界では舎利は敷曼荼羅の中央龍の姿の真上に置かれており、愛染王と舎利の間にはほとんど空間がなかった。だが、勝覚の祈雨時には舎利は木造の蓮華座の上に置かれた瑠璃壺の中に納入されており、つまり、愛染王の姿の上方

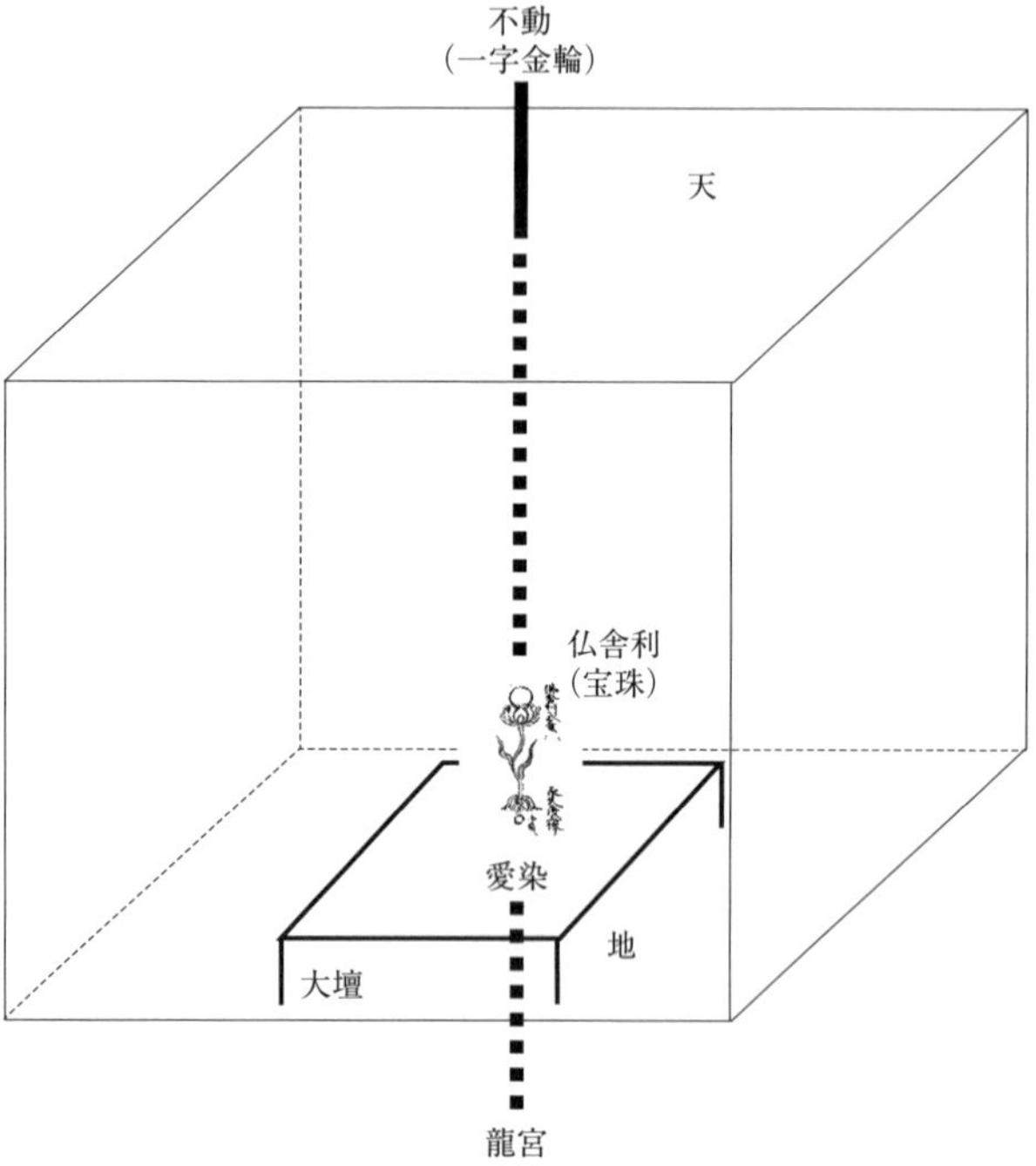

図25　請雨経法大壇法の儀礼構造：愛染・仏舎利（宝珠）・不動（または一字金輪）

に少し浮いていた。この場合、愛染王と舎利・宝珠の間に少し間が空いているために、両者が密接な関係にあるのは無論としても、少々区別されたことが推察される。

なお、既述の通り、大壇の五龍は五行に相当するが、覚鑁《かくばん》（一〇九五～一一四三）の『五輪九字明秘密釈』の内容が示すように、中世真言密教では五行は五輪に対応するという思想が奉じられていた。つまり、五龍が五輪の変化と見られたと考えてよい。懸曼荼羅に描かれる仏供が五輪塔だと伝承されたことも、その点を示す。

つまり、請雨経法大壇法は、愛染、五輪中の舎利・宝珠、及び不動の三要素を縦の一直線に沿って連ねる構造をもつ修法だったのである。そして、その大壇法の縦の構造を横に倒せば、三尊形式的舎利・宝珠信仰が現れるのである。

　その構造における舎利・宝珠は、具体的にどの尊格と結び付けられていたであろうか。少なくともその舎利の背後には本尊釈迦如来の存在が想定されたと思われる。しかし、ここで勝覚が永久五年時に大壇上に安置した蓮華と瑠璃壺が「密観宝珠」に近似しているという点を想起したい。内藤氏が論じたように、醍醐寺で密観宝珠は如意輪観音の象徴と見られていた。そこで、もし勝覚実修時に大壇上の蓮華と壺が如意輪と奉じられたならば、その時の請雨経法はほかならぬ不動・如意輪・愛染という三尊を秘事に据えた法として登場するのである。

図26　一字金輪曼荼羅図（真下に輪宝を置き、右回りに如意宝、玉女宝、馬宝、象宝、主蔵臣宝、主兵臣宝、仏眼仏母を配している）（大正図像部三『別尊雑記』巻第九）

　これに関しては、もう一度本節「大壇の中心龍」項で引用した栄然撰『請雨経法条々事』所載の善如龍王の印明にも触れておきたい。見たように、この聖教では龍王の真言が「五字々々摩尼入縛羅Hhum」（五字宝珠光明 Hhum）であると説かれている。実は、この真言は如意輪観音の真言を想起させるものである。如意輪の真言は「唵跛娜麼振跢麼抳入嚩攞吽

（Oṃ padma cintāmaṇi jvala hūṃ）」である。(91) これは龍王の真言と少し異なるが、後半の「振跢麼抳（註――宝珠）入嚩攞（註――光明）」は龍王真言の「摩尼入縛羅」と一致している。すなわち、これは如意輪と善如龍王が密接な関係にあると信じられたことを示すであろう。よって、栄然撰『請雨経法条々事』から、当時小野流内では請雨経法の龍王の姿の裏に如意輪観音の威力も想定されたことが推定されるのである。これは永久五年の勝覚の祈雨まで遡る秘説だと考えてもよいように思われる。

不動と一字金輪の関連性について

前項で示した請雨経法の儀礼構造を、もう少しより深く掘り下げよう。具体的には、なぜ屋根上の中央大幡の尊格として不動尊のほかに一字金輪――すなわち輪宝《りんぽう》、珠宝《しゅほう》、女宝《にょほう》、馬宝《めほう》、象宝《ぞうほう》、主蔵宝《しゅぞうほう》、主兵宝《しゅへいほう》の七宝を持つ理想上の仏教的君主（図26参照）――も構想されたかという問題に視線を向けよう。

簡単に考えるならば、まず不動尊についていえば、この仏が十二天という天部の神々に君臨するものとして屋上に安置されたのは、経説で不動明王が須弥山を座として諸天・宿曜の統治者とされることによるといえよう。(92) そして一字金輪は、後に説明するように、この仏が北極星のような役割を果たすものと見られたため、天井のような性格をもつ屋上の中央にこの仏が想定されたことも理に適っていると考えられよう。

しかし、この二つの仏の関連性の裏にはさらに別の思想もあったと推定される。その思想とは何かを理解するためには、まず『瑜祇経』所説の一字金輪縁起を見なければならない。

時金剛薩埵對二一切如来前一、忽然現三作一切仏母身〔仏眼〕一、住二大白蓮一、身作二白月暉一、（中略）従二一切支分一、出三生十儗誐沙倶胝仏㆒、一一仏皆作礼、敬㆓本所出生㆒、於㆓刹那間㆒、一時化㆓作一字頂輪王㆒、執㆓輪印㆒、頂放㆓光明㆒、倨傲目視、現㆓大神通㆒、還来礼㆓敬本所出生一切仏母真言㆒、(93)

すなわち、引用文に「一字頂輪王」と称される一字金輪は、金剛薩埵《こんごうさった》の化身である仏眼仏母の身体またはその真言より生ずる尊格とされる。この教えは仏眼の智慧が一切の仏の菩提を生み出し、両方が不可分の関係にあるという構想を表しているといえよう。

中世日本の真言密教では仏眼と一字金輪のこの関係はよく知られていた(94)。実は、すべての東密修法の散念誦の段階では阿闍梨は仏眼と一字金輪真言の念誦を最初と最後に唱えていた。通常、仏眼は胎蔵界大日(95)、一字金輪は金剛界大日の変化身と解されていた。この解釈にしたがって、各修法で両尊の真言を念誦することで、その修法において両部世界が完成されたということになろう。また、この両仏について、仏眼と金輪がそれぞれ世間の母と父、その父母の和合によって「駄都《だと》」（舎利・仏界）が生まれるという信仰もあった(96)。つまり、真言密教では仏眼と一字金輪は二つで一つと見られ、その性質から、両部不二思想を示すものとされていたのである。

ところが、東密の仏眼信仰について注意すべきなのは、仏眼が愛染王と同格・同体とされたという事実である。醍醐寺小野流の秘伝を記す『雑抄』（KB 434）に「愛染王仏眼者一事也愚云、二・三相違可㆑尋、鳥羽（引用者註——範俊）二ケ、権僧正（引用者註——勝覚）ハ三ケ歟」と、細かな相違点があるものの、醍醐寺では仏眼と愛染王が「一事」をなすと見做されたという。

その「一事」とは具体的に何を指しているのであろうか。この問題に関して、先行研究ではそれほど注目されていないが、以下のように『瑜祇経』で愛染王が仏眼と同様に「一切仏母」だと説かれている事実に触れなければならない。

復説二愛染王一、一字心明曰、Hhūṃ ṭakki hūṃ jjaḥ（梵字）〔中略〕復説二根本印一、〔中略〕名二羯磨印契一、亦名二三昧耶一、若纔結二一遍一、及誦二本真言一、能滅二無量罪一、能生二無量福一、扇底迦（筆者註――息災）等法、四事速円満、三世三界中、一切無レ能レ越、此名二金剛王一、頂中最勝名、金剛薩埵定、一切諸仏母、(97)

この文を意訳すれば、次の通りである。つまり、愛染王の一字心明は「Hhūṃ ṭakki hūṃ jjaḥ」であり、その根本印である五鈷印（引用文ではその印の説明は省略）は、「羯《かつ》磨《ま》印《いん》」、または「三昧耶」とも呼ばれる。その印を結んで、愛染王の真言（一字心明）を誦せば、滅罪、増益や息災などの法が全て成就する。この愛染王の印と真言は、三世・三界において最も優れたものである。だから、その印明は「金剛王」とも名づけられている。そして愛染王印明の異名である「金剛王」というこの名は、金剛頂（経）の密教において最も優れた名であり(98)、金剛薩埵の「定《じょう》」（三昧境地）、及び一切仏の母である。(99)

つまり、この『瑜祇経』の説で愛染王の印明は、仏眼の真言と同じように、「一切仏母」にほかならないという点が説かれている。そのために真言宗で愛染王が仏母と理解され(100)、仏眼仏母と「一事」をなしていると意識されたのであろう(101)。

ここで請雨経法の大壇法に戻ろう。以上に論じた事柄を考慮に入れると、この法の祈雨道場の屋根中央に不動尊あるいは一字金輪が想定されたのは、大壇の中心龍がより具体的に「仏母」と信じられたためだと推定することができる。つまり、大壇の中央龍が一字金輪を生み出す仏母と見られた場合、屋根中央の尊格として一字金輪が想定された。他方、中心龍が倶利伽羅の化身でもある愛染王仏母と考えられた場合、屋上に不動尊が想定されたのだと筆者は考える。つまり、倶利伽羅・愛染・不動・金輪を一つの修法の枠組のなかに集めさせた具体的な要因は、『瑜祇経』の仏母（仏眼・愛染）信仰だったと推定される(102)。

「仏母法」としての請雨経法

このように見れば、請雨経法の阿闍梨は実際には『瑜祇経』の仏母（仏眼・愛染王）信仰を行法の基盤として取り入れたと結論することができる。本章の冒頭に、中世の請雨経法の阿闍梨が様々な経典の教えを参考にしたと述べたが、ここで、そのなかで『瑜祇経』が最も重要な典拠の一つであったことを強調したい。

実は、仏眼は請雨経法関係の諸聖教に散見する尊格である。たとえば、龍供の時、池に茅龍を放つ前、仏眼仏母と大日如来の印明で龍の開眼祈願を行うべきだといわれる(103)。さらに、請雨経法が「総じて仏眼相応の法だ」とさえ伝承されていたのである(104)。

さらに、仏眼と請雨経法との関係に関する、次の中世の秘説にも触れておこう。『愚聞日記遺告秘口』（一二九八年写、KB 290.4）という『御遺告』の注釈書に、

凡後夜念誦・十八日観音供・晦御念誦・後七日御修法・法花ハ〔本〕尊愛染王仏眼等法也、即皆如意宝珠法也、又避蛇法也、又奥砂子平法也、又請雨経法也、上件法呂《ハ》宗大事、法身心也、仁和・酉酉浅深重々也、然而小野正流以二〔御〕遺告一為二亀鏡一伝受者也、自二小野僧正仁海一至二勧修寺法務寛信一五代嫡々不レ絶云々

と記す。すなわち、初期の小野流では、請雨経法を含めてほぼすべての大法・秘法が愛染王または仏眼を本尊にする「如意宝珠法」とされたのである。この中世の秘説が事実を反映しているかどうかについては、本

資料だけからは判断できないが、請雨経法が「仏母」（仏眼・愛染）信仰を取り入れる修法だという本項の議論と符合するものとして掲げておきたい。

請雨経法の場合、この法と「仏母」の関係が「宝珠信仰」を媒介にしていたものだと推察することができる。中世真言密教では、「仏母」である愛染王と仏眼は両者とも宝珠信仰と深い関係を持っていた。愛染王の場合、この尊と宝珠との結合は、おそらくこの明王が宝珠を沸出する宝瓶の上に座っているという『瑜祇経』の経説に起因するであろう。仏眼の場合、『大日経疏』で仏眼曼荼羅の台が「大真陀末尼」（大宝珠）だと説かれ[105]、また、別の経典では仏眼が右手に如意宝珠を掲げているといわれており[106]、このような経説が仏眼と宝珠の結びつきの根底にあると考えられる。ともかく、天台僧安然（八四一〜九一五？）は仏眼を「真陀摩尼」と称し、醍醐寺でも、同尊は宝珠の変化として崇敬されていた[107]。

このように宝珠の霊力を象徴する仏眼と愛染王は、その特徴から体内に宝珠を持つと信じられる龍王と容易に結び付けられるものである。すなわち、龍王は宝珠、宝珠は仏母たる仏眼や愛染王に通じるのである。そのような連鎖的信仰から請雨経法に仏母信仰が取り入れられ、この法が「仏母法」として作り上げられたと察せられる。

請雨経法の両部不二的性格

請雨経法の大壇法は、少なくとも鎌倉初期までには〈不動・舎利／宝珠・愛染〉、あるいは〈金輪・舎利／宝珠・仏眼〉という秘密的構造を持つようになった。中世日本では、逆の説もあるが、不動は金剛界大日如来、愛染は胎蔵界大日如来を代表していた。また、一字金輪は金剛界大日、仏眼仏母は胎蔵界大日だという理解も一般的であった。したがって、請雨経法大壇法でも、屋根上の金輪・不動は金剛界、大壇中心の仏眼・愛染王は胎蔵界を代表しているという信仰があったかもしれない。いずれにせよ、祈雨道場の大壇と屋根の間の観念的空間が両部不二的な空間と見られたにちがいない。その祈雨道場で修法を行う阿闍梨は、念誦法の時にその空間と一体となって、国土に雨を降らせようとしたのであろう。

強調したいのは、祈雨道場の大壇─屋根の間の空間が物質的世界に現れる両部不二的世界の小型版だという点である。しかも、この道場は、両部不二という菩提の精神的境地だけではなく、天地という物質的宇宙そのものの小型版でもあった。阿闍梨の目の前にある正方形の大壇は、そこに池（無熱池）と海底の龍宮が見え、大地の観念を思い起こしたであろう。これに対して、屋根の世界は天界を想起させたに違いない。

屋根上の中央幢幡が金輪を代表したこともその屋根が天界と想定されたという考えを裏付ける。なぜならば、たとえば『秘密集』（KB 84.13.2）に「北斗曼荼羅《ノ》中臺《ニ》金輪坐給《ハ》諸星《ノ》王《ニテ》八輻輪《ノ》諸尊《ノ》灾《ヲ》除給也、件曼荼羅図《ニ》シタテマツル様《ハ》天盤《ノ》様也」とあるよう、おしなべて中世日本では一字金輪は「天盤」（陰陽師の占い道具である式盤の天盤のこと）の主、つまり、諸々の天体の王である北極星と信望されていたからである。

請雨経法の両部不二・天地一体的性格は、この法のほかの側面にも現れる。たとえば、上に述べたように、神泉苑池の龍王の尊形である二つ重なる蛇の形は両部思想を表していた。そのほかに、以下説明するように、池の中島で修されていた龍供も両部不二・天地一体の思想に立脚していた。

龍供の作法について、仁海伝とされる『龍供極秘々々』（KB 296.4.7）という聖教がある。その本文によると、龍供は五龍・輪蓋・無熱池の善如などの龍を供養する作法である。これはすでに第三節で述べた龍供の基本的作法であるが、本聖教はそれより詳しい実践法を説いてくれている。すなわち、龍供では鉢に水と仏舎利を入れ、水を無熱池の水とし、仏舎利をボロン字（一字金輪の種字）、さらに天地を結合する如意宝珠と観想すべきだという。また如意宝珠を善如龍王と釈迦如来の変化身と観想すべきであるともいう[108]。つまり、舎利・宝珠は天地という物質世界を包括する霊物と見られたのである。

あるいは、請雨経法の舎利・宝珠の両部不二的特性は次の側面にも現れてくる。

> 雨言法（引用者註——請雨経法）二字観事
> 寛喜三年八月十六日、於二遍智院一承レ之、本尊加持之時、率都婆印内ニ𑖀𑖪𑖽〔A Vaṃ〕二字観ヲ也、二大指即二字也、𑖀字理之上ニ一切万法出生、𑖪𑖽字光ヲ放テ万機ヲ照ス、此𑖪𑖽字ノ潤ニ依テ諸法生長、此両字即如意宝珠也、此珠ヨリ雲雨ヲ起、如レ是不レ観都不レ降レ雨也、秘之中極秘也、此事祖師義範僧都、寛治二年後〔閏カ〕十月五日、於二上醍醐真言坊一入滅之時、権僧正勝覚最後受法之大事也被レ仰ト[109]、

寛喜三年（一二三一）に三宝院流の道教《どうきょう》（一二〇〇～一二三六）が師成賢から受けた請雨経法の教義だが、それによれば、本尊釈迦如来（舎利／宝珠）を加持するために率都婆《そとば》印《いん》（塔印—両手を合わせ、二本の親指と人差指の指先を繋いで二輪を作る印）を結んで、その印の二本の親指を阿字とVaṃ字と観想すべきであるという。密教の常識では阿字は胎蔵、Vaṃ字は金剛界を象徴するが、その両字は結合して如意宝珠でもあるという。ここに言及される宝珠の信仰は、おそらく大壇中央に安置されていた仏舎利と関係づけられたであろう。

以上のような事柄から考えて、請雨経法大壇法に安置されていた仏舎利は、修法中に大壇の中心龍（愛染・仏母・胎蔵）と屋根上の中尊（不動・金輪・金剛界）を結び、したがって両部・天地・陰陽を一体化する霊

物という機能を果たしていたといえよう。

こうして、仏舎利に集約される両部不二の思想が請雨経法の重要な特徴だったという点が分かるが、実際には、東密のすべての修法は両部思想を取り入れていた。すでに述べたように、多くの中世東密修法でも仏舎利が壇上に安置され、すべての法の散念誦では仏眼（胎蔵）と金輪（金剛界）の真言が誦されていた。この観点から、請雨経法の両部不二的性格は、あながち強調するには値しないかもしれない。

しかし、それでも請雨経法の両部不二的性格は特殊だったというべきである。なぜなら、この法では両部不二の思想はただ観念のレベルだけではなく物質的にも道場内の大壇と屋根という形で現れ、現実世界の一つの空間に形象化されていたからである。祈雨行者はその空間のなかに身心を入れ、祈雨祈願をし、成仏を成し遂げたのである。菩提の世界を形象化した空間で法を実践するというのはほかに類例を見ない事例であり、請雨経法の重要な特徴だというべきである。

なお、請雨経法の両部不二的性格は、胎蔵界大日と金剛界大日という「普通の」両部不二的構想のみではなく、一説では、より興味深いというべき不動・愛染二仏の不二法であった。つまり、祈雨祈祷の対象となっていたのは理智や定恵という抽象的な概念を表す両部大日ではなく、究極煩悩体である愛染（蛇龍）と究極菩提身である不動だったのである。いわば、請雨経法は、煩悩即菩提の究極の実践法だったのである。煩悩と菩提という二つの精神境地が一体となると成仏し、その瞬間に、大壇上の仏舎利が浄《じょう》菩《ぼ》提心《だいしん》の如意宝珠の輝きを放ち、雨を降らす。その雨は、衆生に利益を与えるものだが、それと同時に物質世界に現れた祈雨行者の成仏の証でもある。

請雨経法の特殊性――祈雨孔雀経法との対比の観点より

最後に、本項目で請雨経法と祈雨孔雀経法との対比を行い、舎利＝宝珠法としての請雨経法の特殊性をさらに解明していきたい。

孔雀経法は、請雨経法と同じように大壇、護摩壇、聖天壇と十二天壇の諸壇からなる複合的修法であった。両方の修法の間の明白な相違点は、請雨経法では釈迦如来が本尊であり、『請雨経』が読誦されたのに対して、孔雀経法では孔雀明王が本尊であり、『孔雀経』が誦されたというところにある。

しかし、そのような明白な相違があっても、両修法では同じく念誦法の最初に仏眼、その最後に一字金輪の真言が誦されていた。要するに、仏眼は胎蔵界、一字金輪は金剛界を表しているために、孔雀経法もその作法中に両部不二の理念を取り入れていたのである。

さらに、当時の真言僧の間では孔雀明王の両部不二的性格はよく意識されていた。そして彼らはその性格を孔雀明王の図像にも求めていた。本書図27の図像では、孔雀明王が跨る孔雀の尾の後ろに大円相がみえるが、この大円は日輪、金剛界大日の化身としての一字金輪を表すという説があった。そして、孔雀明王の姿そのものが仏眼仏母[110]・胎蔵界大日であるとされた。この明王の胎蔵界との繋がりは、画面上部の浮雲の上に載る小円でも表現されている。つまり、この小円（ほかの図像では小円のなかに胎蔵界大日を表す阿字も描かれているが、図27ではそれが省略されている）は、胎蔵界大日を象徴すると説かれていた[111]。

なお、孔雀明王の両部不二的性格は、すでに「愛染王について」の項に触れた守覚撰『追記』の孔雀明王の秘伝にも見て取れる。その秘伝では、孔雀明王は不動と愛染――つまり、両部大日の化身――の合体である。そして、孔雀尾に宝珠があり、その宝珠が「Dhatu」（駄都＝舎利・法界）を生み出すものだともいう。

図27の画面上部に見える、ちょうど孔雀尾の真後ろから上へ浮き上がってきた小円（阿字）は、あの舎利・宝珠にほかならないであろう。

さらに、祈雨孔雀経法でも、特に小野流の伝では、請雨経法と同様に大壇の上に仏舎利が安置されていた。ある伝承では、醍醐寺座主勝賢は（建久二年の）祈雨孔雀経法の際に経箱に仏舎利を入れ、それを大壇

図27　孔雀明王像（大正図像部三『別尊雑記』巻第十五所載）

中央に安置したという。(112) だが、別の説では、勝賢はその祈雨孔雀経法において勝光明院の人造宝珠（仏舎利を含むもの）を使用した。(113) どちらの説が正しいか判定しにくいが、その時の祈雨法で仏舎利が使用されたことは確かである。

祈雨孔雀経法と舎利の関係に関しては、次の醍醐流の口決も示唆的である。

口授云、其海和尚於二神泉池一修二孔雀経法一時、同善女龍王来給、其度ハ龍王蹤爪一ハ留メ給フ、其爪東寺ノ長者ノ家ニ在云々、以二孔雀経一行二祈雨法ノ一時、以二彼龍爪一安三置壇上二修二此法一也云々、〔後略〕(114)

つまり、この口決によれば、空海が神泉苑で孔雀経法を修した際（無論これは伝説であるが）、善如龍王が示現し、爪一つを残した。その「爪」は、祈雨孔雀経法実修時に大壇の上に置かれていたようである。その龍爪は、仏舎利と同じような意味を持っていたであろう。つまり、舎利は釈迦如来の遺体の一部分だが、釈迦が龍王だとも信じられていたため、龍王の身体の部分も、たとえば爪や鱗など、一種の舎利と見做されていたと考えよう。言い換えれば、釈迦如来の遺骨が宝珠になると同様に、龍の爪も宝珠に変化するという信仰のもとで、龍爪（実体は仏舎利であろう）が祈雨孔雀経法の大壇の上に据えられたのであろう。

以上のような観点から見れば、祈雨孔雀経法と請雨経法は本質的にはそれほど異なる修法ではなかったといわざるを得ない。両者とも秘説のレベルでは不動・愛染の舎利・宝珠信仰に基づいた法だったからである。

しかも、『𑖠𑖯𑖝𑖲〔Dhatu〕法口伝集』（一二八一年〜一二八二年写、KB 295.15）という聖教があげる次の教えにも注意を要する。この聖教は「駄《だ》都《ど》法《ほう》」、つまり舎利＝宝珠法を説き、その法の極秘説として不動・愛染を本尊とすべきだと記す[115]。すなわち、多くの東密修法において舎利が使用されていたため、理論的に（実際はそうであったかどうは定かではないが）、中世東密の多くの修法は秘説では不動・愛染の実践法と構想されていたのかもしれない。

それでは、請雨経法の特殊性はどこにあるのであろうか。秘説では請雨経法も祈雨孔雀経法も不動・愛染の舎利・宝珠信仰に基づいた修法だったとすれば、請雨経法の特殊性がどこにあるかはいささか判然としないであろう。

それでも、請雨経法は特殊な舎利＝宝珠法だった。まず、不動と愛染が観念的なレベルだけではなく実質的にも儀礼に採用され、位置を与えられたのは、東密密教修法としては、請雨経法以外にはないのである。これは見逃してはいけない重要な事実である。この法では、不動と愛染は実質的な形をもって大壇の中心龍及び屋根中央の大幡の尊格として採用され、大規模な祈雨道場の建物に厳かに位置づけられていたのである。ほかの修法ではこの二仏は観念的なレベルでしか採用されていない。筆者は、そのことが請雨経法が不動・愛染信仰と特別な関係を結んでいた事実を示していると解する。つまり、それはこの請雨経法こそが本来の不動・愛染の舎利＝宝珠法だったという真実を垣間見せていると理解するのである。

本章の諸分析から分かるように、請雨経法がすでに十二世紀末、醍醐寺座主勝賢の時代までに不動・愛染の舎利＝宝珠法として確立されていたことは、ほぼ確実である。しかし、仁海が仏舎利や金輪に依拠して請雨経法を行ったという事実や、彼が初めて「田夫愛染」の姿を感得したという伝説から、請雨経法が不動・愛染の法として樹立した時期は、あるいは十一世紀中期まで遡るかもしれないと考えられる。

ともあれ、仮に不動・愛染の舎利・宝珠信仰が実際には別の宗教的背景のもとで成立したとしても、請雨経法より古い不動・愛染の舎利＝宝珠法は指摘できない。つまり、この法が不動・愛染の宝珠信仰の発祥地ではなくても、東密の歴史で、請雨経法より古く、より盛大に不動・愛染の融合信仰を取り入れた実践法はない。この「現〝実〟世界」という点を強調することで、本章を締めくくりたい。

註

（1）『覚禅鈔』〔請雨法中〕（TZ 4：605c16–28）。

（2）前田恵学「インドの仏典に現われた龍と龍宮」（『東海仏教』第五輯、一九五九年）、三二・三三頁、定方晟「仏典におけるナーガ」（『印度学仏教学研究』三九、一九七一年）、四三九頁。

（3）『御遺告』（T no. 2431, 77.409a19–26）。

（4）籔元晶「空海請雨伝承の成立と展開」（『雨乞儀礼の成立と展開』岩田書院、二〇〇二年、初出は一九九三年）一四五・一四六頁。

（5）『如意宝珠転輪秘密呪王現身成仏金輪経』（T no. 961, 19.333b14）には「善女龍王女」の名、『宝悉地成仏陀羅尼経』（T no. 0962, 19.337b12）には「無熱悩池龍王善如龍王女」がみえる。しかし、T no. 901の本文に仏舎利で作る人造宝珠のことも言及されているため、本経はおそらく日本作の偽経であろう。そして、T no. 962は、T no. 961と内容的に重複する部分があって、おそらく同じく偽経である。

（6）『白宝抄』〔請雨経法雑集下〕「輪蓋善女同異事」（TZ 10：721b20–c3）。

（7）「法行龍王」について、前掲前田恵学「インドの仏典に現われた龍と龍宮」三一頁参照。

（8）Marinus W. de Visser, *The Dragon in China and Japan* (Amsterdam : Johannes Muller, 1913 ; reprint 1969), pp. 160–161.

（9）たとえば、『仏説瑜伽大教王経』（T no. 890, 18.579c10–11）に、「復想下金翅鳥逼二諸龍王一、以レ觜啄上之、令レ降二甘雨一」とある。また、金翅鳥が降伏するのが特に悪龍だという意識について、『雨言雑秘記』「立幡雨下事」（ZGR 25-2：246）に「聖賢云、金翅鳥降二伏諸龍一、更不レ可レ来二此砌（筆者註——砌＝神泉苑）一、尤可レ被二取捨一云々、〔中略〕賢覚門人云、〔中略〕又金翅鳥来降二諸悪龍一下レ雨何苦哉」の文がある。この文は、永久五年の請雨経法実修時に発生した僧侶らの議論に関わっている。その時、仮屋屋根上の大幡のほかに、金翅鳥信仰に基づいて庭中にも一本の大幡を立てるべきか否かという議論があった。その議論では、伴僧の一人聖賢は、金翅鳥の威力に依存すれば諸龍が神泉苑に来臨できなくなるために捨てるべきだという意見を述べた。それに対して、もう一人の伴僧賢覚は、金翅鳥が降伏するのは悪龍だけであるためにその威力を使用してよいであろうと反論した。結果的に、庭中の大幡は撤去された。

(10) 『長阿含経』巻第十八「世記経」（T no. 1, 1.117a1-13）。

(11) 註9に引用した『雨言雑秘記』所載の議論の内容からも分かるように、真言僧の間には神泉苑で金翅鳥の法をよしとした僧もいれば、よしとしない者もいたのである。

(12) 平林文雄『参天台五台山記——校本並に研究』（風間書房、一九七八年）巻七、二三三頁。

(13) 中世日本で修された請雨経法の作法次第に関する聖教類はかなり多く、すべてを列記することはできない。しかし、心覚撰『別尊雑記』（TZ 3：172c4-173b13）所収の「観音院根本大僧都手跡本」（長久四年〔一〇四三〕、延尋撰）、寛信撰『伝受集』（T no. 2482）、元海撰『厚造紙』所収の「祈雨法日記」（長久四年、延尋撰、T no. 2483, 78.267a6-b29）及び「三宝院僧都祈雨日記」（永久五年の実修について、T no. 2483, 78.267c1-269a19）、守覚撰・勝賢口『秘鈔』（T no. 2489）、守覚撰『請雨経御修法次第』（阿部泰郎・山崎誠編『守覚法親王と仁和寺御流の文献学的研究』資料篇〔仁和寺蔵御流聖教〕勉誠社、一九九八年、七二七〜七四四頁）、勝賢撰『雨言雑秘記』（ZGR 25-2、本記は『覚禅鈔』〔請雨法中〕TZ 4にも所収されている）などは重要である。なかでも勝賢撰『雨言雑秘記』は詳しく、指示がない場合、本章の請雨経法の記述はすべて『雨言雑秘記』に依拠している。なお、以上の聖教はすべて十二世紀成立のものである。

(14) 本図は、土谷恵「中世初頭の仁和寺御流と三宝院流——守覚法親王と勝賢、請雨経法をめぐって」（阿部泰郎・山崎

誠編『守覚法親王と仁和寺御流の文献学的研究』論文篇、勉誠社、一九九八年）二六二頁掲載図、勧修寺本『覚禅鈔』〔請雨経法（二八）〕（覚禅鈔研究会編、勧修寺善本影印集成1、第三巻、親王院尭榮文庫、二〇〇〇年）、三〇七頁の図（本書図9）や、「86　請雨経法図」（神奈川県立金沢文庫編『金沢文庫資料全書』第九巻、寺院指図篇、便利堂、一九八八年、一二一頁、二五七頁）に基づいている。

（15）『小右記』（DNKR）長和五年（一〇一六）六月十一日条に「乾騏閣先年傾倒畢」とある。

（16）延尋筆の記録である（本章註13参照）。

（17）『大雲経祈雨壇法』（T no. 0990, 19.492c22）。

（18）『請雨経』の規定により祈雨行者は毎日沐浴をしなければならない（『大雲経祈雨壇法』の「毎日香湯沐浴」による〔T no. 990, 19.493a17〕）。

（19）第一部第一章で論じたように、大曼荼羅は不空が大雲経第四十六品の四方四龍説をほかの経典の説をもって拡大させ、中央に三尊プラス四方四龍という複合的な五方構造へと変化させたものである。

（20）須菩提は、『放光般若経』「雨法雨品第三十」（T no. 221, 8.41a04）によれば、説法で雨を降らせたという。なお、「須菩提者是東方世界青龍陀仏」という『法華義疏』（T no. 1721, 34.578c25–26）の経説にしたがって、須菩提が龍だという信仰もあった。

（21）『雑抄』（金沢文庫43.4）の「其僧形前《ニ》鷺足丸机一脚《ヲ》画《ク》、其上《ニ》如飯之物図《ヲ》之、此《ハ》五輪塔《ノ》歟師云、件僧《ハ》須菩提云々」による。本書掲載の図12は、五つの部分からなる、つまり、五輪塔を想起させる仏供を見せている。この点は米と宝珠信仰（宇賀神など）の関係を考える上で重要な意味を持っていると考えるが、これについては別の機会で論じたい。

（22）『実帰鈔』「雨言事」項の「今《ノ》所《ノ》用曼陀羅（引用者註――大曼荼羅）ニモ有二僧形一、此《ハ》呪師行者、或須菩提《ハ》五百生之間受二龍身一者也云々」による（T no. 2497, 78.705b27–29）。ここにも須菩提が龍だという信仰が言及される。

（23）『雨言雑秘記』（ZGR 25–2：268）。

（24）『仏説灌頂経』（T no. 1331, 21.521b20–522c03）。

（25）『金光明最勝王経』（T no. 0665,16.434b01–02）。

（26）守覚撰『請雨経御修法次第』（前掲阿部泰郎・山崎誠編『守覚法親王と仁和寺御流の文献学的研究』資料篇所収）七二八頁。

（27）『雨言雑秘記』（ZGR 25-2：247）も参照。なお、長久四年（一〇四三）の仁海の請雨経法実修を描いた記録に「中心幡書二金輪仏頂種子并輪一枚一、為二法成就一也者」（『別尊雑記』TZ 3：173a10–13）とあって、その時に大幡に一字金輪の種字が書かれたという。

（28）『秘鈔問答』も「彼幡或書二金輪種子一、或書二不動慈救呪一」（T no. 2536：394b21）、また、「中央幡〔帰〕忿怒帰命〔Hāṃ〕（引用者註——不動の種字）也、以レ是為二秘中秘一云云」（394c1–2）と記す。

（29）『雨言秘記』（守覚法親王による勝賢撰『雨言雑秘記』の書写本）に仮屋屋上の様相を示す図があって、その図の中央幡に不動の慈救呪が書かれている（本書図13）。本書図13は、前掲土谷恵「中世初頭の仁和寺御流と三宝院流——守覚法親王と勝賢、請雨経法をめぐって」二六二頁掲載図による。

（30）『白宝抄』〔請雨経法雑集上〕の「宝心闍梨云、永久壇所上并四面悉紺布曳迴、〔中略〕中央二ハ不動慈救呪、仍屋上二十三本幡也、〔中略〕十二天幡ハ六尺中、中幡書二〔Bhrūṃ〕字一、金輪仏頂種子真言也、又書二一枚一為二悉地成就一」（TZ 10：697a15–22）による。

（31）永久五年実修時に大幡が庭中に立てられたという文は諸聖教に散見するが、「又彼賢覚門人云、永久度屋上中央并庭中立レ之云々」（『雨言雑事記』ZGR 25-2：246）とあるように、屋根上と庭中、両方の場所に大幡が取り付けられたと考える方が妥当である。つまり、屋上の大幡は普段請雨経法にあるべきものだと考えられたであろう。

（32）『大雲輪請雨経』（T no. 991, 19.500b1–2）。

（33）『秘鈔』の「大壇中心舎利納レ箱安二置之一」による（T no. 2489, 78.506b10–11）。

（34）『白宝抄』〔請雨経法雑集上〕の「本ハ小野黒箱ヲ奉置也、是ハ相伝如意宝珠也、甚秘々々、近来ハ仏舎利ヲ安レ之」（TZ 10：698c24–26）による。

（35）『厚造紙』「三宝院僧都祈雨日記」（永久五年実修時の記録）に、「大壇中央安二置仏舎利一」（T no. 2483, 78.267c18）とあって、これが大壇に仏舎利が安置された記録として最も古い。しかし、歴史的事実として、空海は天長四年に内裏で仏舎利を礼拝灌浴し（『祈雨日記』、『日本後紀』逸文、ZGR 25–2：218）、仁海は長元五年に神泉苑池の中島で龍王に仏舎利を供奉した（『祈雨日記』「小野僧正仁海記」ZGR 25–2：228）。よって、大壇法で仏舎利を使用することが永久五年より古い作法であることが推定される。

(36)『雨言雑秘記』（ZGR 25–2：260）、『不空羂索神変真言経』（T no. 1092, 20.388b02）。

(37)『雨言雑秘記』に「壇中央檜木造蓮華、茎長一尺余、茎下返花荷葉也、蓮華上瑠璃壷納二仏舎利一、蓮華青也永久度如レ此云々、宝心記也」とある（ZGR 25–2：257, 260）。割注に出る宝心は、永久五年実修時に伴僧を勤めた一人であった。

(38)『覚禅鈔』〔宝珠〕（TZ 5：612b16–17）。

(39)詳しくは、内藤栄「密観宝珠形舎利容器について」（『舎利荘厳美術の研究』青史出版、二〇一〇年、初出は一九九九年）一二六〜一二八頁参照。

(40)旱魃は悪龍の仕業とされていた。より具体的にいえば、衆生の罪業と毒龍の悪心は仏法を行う龍王の力を衰弱させ、そのために龍王が雨を降らせないと信じられており（『白宝抄』〔請雨経法雑集中〕TZ 10：708c23–25、〔同下〕721c24–28参照）、護摩壇法でそれらの悪龍が降伏されていた。この護摩法の本尊は水天であり、剣を振るい、悪龍を退治するといわれている（『伝受集』T no. 2482, 78.238c26–27、『実帰鈔』T no. 2497, 78.705b26–c2）。祈雨・止雨法において剣で悪龍を降伏するという構想は『牟利曼荼羅呪経』（T no. 1007, 19.658b22–26）と『金剛光焔止風雨陀羅尼経』（T no. 1027A, 19.731b9–19）に言及され、請雨経法の護摩はそのような経説に基づいていたかもしれない。なお、請雨経法の護摩法では原則として曼荼羅は使用されていないが、『四巻』巻第二に「護摩壇懸[illegible]〔曼荼羅〕、中台比丘形也本尊釈迦、廻二龍王一也」（T no. 2500, 78.794b29–c1）とあるように、場合によって護摩壇でも一種の懸曼荼羅が使われたようである。『別尊雑記』〔請雨経〕（TZ 3：177）に、剣を持つ諸龍を描いた異形の請雨経曼荼羅が所収されているが、あるいはそれは護摩壇懸曼荼羅の遺品かもしれない。

(41)修法の用意は一日では終わらず、数日がかかったため、準備の間に雨が降り出す場合があった。その場合、第一部第三章第三節で説明したように、請雨経法を中止し、その代わりに孔雀経法を神泉苑以外の場所で行うという方式があった。

(42)『白宝抄』(TZ 10：703b27–704c10)。

(43) 請雨経法の行法は、金剛界または十八道の行法次第に基づいていた(『覚禅鈔』〈請雨法下〉TZ 4：620b10)。その ような次第については、栂尾祥雲『秘密事相の研究』(栂尾祥雲全書第二巻、臨川書店、一九八二年)、上田霊城 『真言密教事相概説—諸尊法・灌頂部—(上・下)』(同朋舎出版、一九八九〜一九九〇年)、田中海応『秘密事相の 解説』(鹿野苑、一九六二年)など参照。

(44) 宮坂宥洪「密教儀礼の構造」(立川武蔵・頼富本宏編『日本密教』〈シリーズ密教4〉春秋社、二〇〇〇年)三一 一〜三一三頁。

(45)『雨言雑秘記』(ZGR 25–2：264a–265)。

(46)『雨言雑秘記』(ZGR 25–2：276)、『秘鈔』(T no. 2489, 78.508a25–29)、『秘鈔問答』巻第六(T no. 2536, 79.395a 21–b17)。清瀧権現は醍醐寺鎮守清瀧神のことであり、この神が勧請されたのは、醍醐寺僧が請雨経法を行った時だ けだったであろう。

(47) 前掲土谷恵「中世初頭の仁和寺御流と三宝院流—守覚法親王と勝賢、請雨経法をめぐって—」二四九頁。土谷氏 は、この龍供の作法が本来範俊伝だと論じている。

(48)『厚造紙』(T no. 2483, 78.269a1–11)、『秘鈔問答』(T no. 2536, 79.396a10–b10)。二龍の作成は『御遺告』所収の善 如龍王示現伝説に基づいていた。なお、『厚造紙』「祈雨法日記」(長久四年延尋撰)に「茅龍放レ池供養事、望二大切 之時一只一度云云」(T no. 2483, 78.267b22–23)とあることから、その作法は少なくとも仁海の長久四年の実修時から 行われていたことがうかがえる。

(49) 守覚撰『請雨経御修法次第』(前掲阿部泰郎・山崎誠編『守覚法親王と仁和寺御流の文献学的研究』資料篇所収) 七四二頁、『秘鈔問答』(T no. 2536, 79. 396c17–22, 397c8–16)。

(50) 龍穴在所の所説について、『秘鈔問答』巻第六(T no. 2536, 79.397a25–c07)参照。

(51)『厚造紙』「祈雨法日記」(T no. 2483, 78.267b15–20)、『秘鈔問答』(T no. 2536, 79.395c20–396a10)。

(52)『秘鈔問答』(T no. 2536, 79.396a6–10)。

(53)『白宝抄』(TZ 10：692c4)。

(54) 教舜撰『秘鈔口決』巻第十二〔請雨経法〕(SZ 28：172)。

(55)『雨言雑秘記』(ZGR 25–2：262–263)、『秘鈔』(T no. 2489, 78.506a6–b12)、『秘鈔問答』(T. no. 2536, 79.383b4–c26)、『白宝抄』〔請雨経法雑集中〕(TZ 10：707a4–c20) など参照。

(56) この説は『伝受集』巻第四 (T no. 2482, 78.250a14–15)、及び『別尊雑記』(TZ 3：178a22–23) にも言及される。

(57)「於二壇中一画二七宝水池一、池中画二海龍王宮一」(『大雲経祈雨壇法』T no. 990, 18.492c24–493–a1)。

(58)『別尊雑記』(TZ 3：179a22–23)。

(59)『別尊雑記』(TZ 3：179a26–27)。なお、釈迦は北方の尊主であり、北方は五行のなかの水行に当り、水は龍の本質であるために釈迦は龍王だという説明もあった (『白宝抄』〔請雨経法雑集上〕TZ 10：716b29–c2)。

(60) 註57参照。

(61)「嘉承二季七月廿九日申時許、無人時ニノタマハク、神泉中嶋下是龍宮也」(『教鈔』KB 128.5)。

(62)『白宝抄』〔請雨経法雑集上〕にも「以二大壇安置舎利一（納二経筥一）想二宝珠一、即与二六一山一同体冥会（最秘説）」とある (TZ 10：705a29–b1)。

(63)『雨言雑秘記』(ZGR 25–2：272)。

(64) 佐和隆研〔など〕編『醍醐』(淺野長武〔など〕編『秘宝』第八巻、講談社、一九六七年) 一二〇頁。

(65)『請雨経法条々事』は、小蛇と大蛇について「秘而言レ之者、胎蔵九尊之月輪載二金剛八葉之蓮花一、〔中略〕此則両部大日之躰也」と説く。

(66) 田夫愛染については、伊藤聡「田夫愛染法—神道化する密教秘説—」(『中世天照大神信仰の研究』法蔵館、二〇一一年、初出は二〇〇五年) 三九六〜四一九頁に詳しく、参照されたい。「田夫愛染」は、経軌の所説がなく、伝承によれば仁海が感得した愛染王の特殊な姿の一つである。田夫愛染王関係の資料を読めば、この尊格が『御遺告』宝珠譚の宝珠信仰と深く関わっている点が分かる。だが、先行研究で「田夫愛染」と『御遺告』宝珠譚との関係は指摘されているが、宝珠譚が祈雨法の龍神 (善如龍王など) 信仰と深く関わっているという点はいまだ考慮に入れられていない。しかし、その点は「田夫愛染」の信仰を理解するためには最も肝心なところで、見逃してはならないと考える。「田夫愛染」は中世神道において中枢的役割を果たしているが、それについては別の機会で考察したい。

（67） Roger Goepper, *Aizen-Myōō: The Esoteric King of Lust: An Iconological Study*, Artibus Asiae, Supplementum 39 (Zurich: Rietberg Museum, 1993), p. 120。中世日本ではHhūmという種字の意味について諸説があったが、基本的に理智冥合・両部不二の理を表すとされていた（同、p. 122）。なお、『請雨経口伝』（KB 296.4.3）に「両重Hhuṃ字ハ両部ノ金剛薩埵也、成二黄青二ノ宝珠一二金剛薩埵入二宝部三摩地一成二宝珠一、此宝珠為二降雨一成二善女龍王ト一、両宝珠ノ合成二此龍王一」とある。この言説ではHhuṃ字は金剛薩埵と結びつけられているが、Hhuṃ字が金剛薩埵の種字だと説く経軌はない。Hhuṃ／Hhūṃ字はあくまでも愛染王の種字なのである。したがって、この言説の裏に愛染王が金剛薩埵の化身だという『瑜祇経』の説が想定されているのであろう。

（68） 小野流の愛染王の種子と印については、『覚禅鈔』〔愛染法上〕（TZ 5: 228c23–229a26）参照。愛染王の基本種子はHūṃであるが、ほかにHhūṃ（229a10）またはHhuṃ（229a13）が用いられていた。

（69） ベルナール・フランク「愛染明王―愛・怒・色―」（『日本仏教曼荼羅』仏蘭久淳子訳、藤原書店、二〇〇二年所収）一五八・一五九頁、三四七・三四八頁註6。

（70） 『瑜祇経』はおそらく中国作の偽訳本であろうが、作者が金剛智または不空か、定かではない（前掲Goepper, Aizen-Myōō: The Esoteric King of Lust, p. 10）。現在、不空以後に金剛智に仮託されて作られた経典だという説が有力である（小川豊生「愛染王の来歴―十一・十二世紀日本の修法世界と東アジア―」『中世日本の神話・文字・身体』森話社、二〇一四年、四九・五〇頁）。

（71） 愛染王の肌色について『地蔵房口伝』（KB 120.18）に「赤色又表二慈悲一、見二大論等ニ一、又大染発レ愛義歟、大染又慈悲義也」とあり、赤色が慈悲と愛を表すという。

（72） 前掲小川豊生「愛染王の来歴―十一・十二世紀日本の修法世界と東アジア―」五八〜六二頁、七四〜八〇頁。

（73） 『覚禅鈔』〔愛染法下〕（TZ 5: 253a14–16）。これについては、小川豊生「調伏の思想―愛染王法と唯識論―」（『中世日本の神話・文字・身体』森話社、二〇一四年）一一九〜一二三頁にも詳しい。

(74) 速水侑『平安貴族社会と仏教』（吉川弘文館、一九七五年）、小島裕子「院政期における愛染王御修法の展開」（阿部泰郎・山崎誠編『守覚法親王と仁和寺御流の文献学的研究』論文篇、一九九八年）、田中貴子『外法と愛法の中世』（平凡社、二〇〇六年、初出は砂子屋書房、一九九三年）、松本郁代「鳥羽勝光明院宝蔵の『御遺告』と宝珠―院政期小野流の真言密教―」（『中世王権と即位灌頂―聖教のなかの歴史叙述―』森話社、二〇〇五年、初出は二〇〇四年）など参照。

(75) 小川豊生「生殖する文字―梵字悉曇と〈和合〉の精神史―」（『中世日本の神話・文字・身体』森話社、二〇一四年）五〇九頁。

(76) 『阿娑縛抄』（TZ 9：299b1–b22）。

(77) これらの諸尊の意味については、『覚禅鈔』〔愛染法下〕（TZ 5：257a6–14）参照。

(78) 円珍請来説は、『覚禅鈔』の「右曼荼羅図、有二安養房（引用者註――芳源）抄一、皇慶闍利、三井山王院大師（引用者註――円珍）、被レ渡二愛染王[Siddham]〔曼荼羅〕一幀、（中略）彼大師之御持念目録中有二此[Siddham]一、無二其法名一」（TZ 5：257a6–14）による。皇慶（九七七〜一〇四九）は、天台僧であり、安養房芳源は、十一世紀に活躍していた仁和寺僧である（『伝受集』T no. 2482, 78.250b23–24）。円珍創作説は、『秘密口伝抄』（『覚源口伝抄』KB 82.5）の「一身両頭愛染王云事、是他門《ヨリ》出事也、所謂智証大師九仏愛染王作給《フ》、其随一《ナリ》、説処分明《ナル》文《ハ》無《シ》、但随意愛染王《ノ》内証作顕給也、経文全不レ見処也」による（『覚源抄』SZ 36：340も参照）。二つの説があるが、『秘密口伝抄』は十二世紀後半の高野山僧の秘口を伝える書であるために、それより古い皇慶口伝の方が事実を反映しているように思われる。

(79) 『阿娑縛抄』の「東寺恵什闍梨云、曼荼羅大師御世《ヨリ》有《ケル》物《ナメリ》云々、用草云、八家秘録云、愛染王曼荼羅一楨海文、可尋レ之」（TZ 9：303a12–14）による。「八家秘録」とは安然撰『八家秘録』を指し、それに空海請来とされる「愛染王曼荼羅」が記されている（T no. 2176, 55.1131b28）。

(80) 註78参照。

(81) 『覚禅鈔』〔愛染法下〕（TZ 5：254a16–18）。なお、両頭愛染王について、ルチア・ドルチェ「二元的原理の儀礼化

―不動・愛染と力の秘像―」（ルチア・ドルチェ、松本郁代編『儀礼の力―中世宗教の実践世界―』法藏館、二〇一〇年）、鍵和田聖子「両頭愛染曼荼羅の成立に関する一考察―金胎不二の図像的表現を中心に―」（『印度学仏教学研究』六十―二、二〇一二年）参照。

（82）守覚撰『追記』（T no. 2494, 78.0618c08–12）。

（83）『覚源抄』に同文があるが（SZ 36 : 343）、「大日不動愛染王」と記し、「経」の脱字があるために、意味が取りにくい。

（84）前掲 Goepper, *Aizen-Myōō: The Esoteric King of Lust*, pp. 76–77.

（85）だが、円珍請来説の方がより妥当であるため（註78）、曼荼羅を作った僧、あるいはその構造の概念を考え出した僧が中国の学僧だったという可能性を考慮すべきであろう。

（86）『覚源抄』（SZ 36：342）も参照。

（87）『覚禅鈔』（TZ 5：257a8–14）。

（88）『覚源抄』（SZ 36：328）に同様の内容をもつ記事があるが、愛染と倶利伽羅について「又九仏愛染中ノ其ノ随一ニ置二倶利伽羅ヲ一、是レ倶利伽羅即愛染ノ意也」と記す。真言宗全書本『覚源抄』の底本は一六七七年の刊本であるが、『秘密口伝抄』（別名は『覚源口伝抄』）は、鎌倉後期の写本である。

（89）第三部第三章第一節第三項参照。

（90）この私説が当を得ているならば、愛染王曼荼羅は天台・真言両宗で流布されていたため、理論的には両宗で不動・愛染の融合信仰が発達したはずである。しかし、歴史的には、その信仰は主に東密内で重視され、展開したのである。その理由については確実なことは不明であるが、おそらく成尊の愛染王法による調伏祈願以後、王家が専ら東密僧に愛染王法の実修を依頼したという経緯は重要な要因であろう。

（91）『観自在菩薩如意輪念誦儀軌』（T no. 1085, 20.206b15）。

（92）たとえば、『供養護世八天法』（T no. 1295, 21）参照。

（93）『瑜祇経』（T no. 867, 18.260a6–12）。

(94)『覚禅鈔』〔一字金輪〕(TZ 4：585a10–15)。

(95)『覚禅鈔』〔仏眼〕に「或云、仏眼与二胎蔵大日一全同也、但師子冠為レ異云々」とある(TZ 4：394b28–29)。

(96)守覚撰『追記』の「諸尊行法散信心之始終皆仏眼金輪呪事、聊有二深意一之事也、是又二明五之由、是眼者胎界、化(引用者註——一字金輪)者金界也、(中略)仏眼明王金輪明王者、如二世間父母一也、母父慈和合而生二धतु〔Dhatu〕一事也、此仏眼金輪三昧也」による(T no. 2494, 78.618c16)。

(97)『瑜祇経』(T no. 867, 18.257a19–b3)。

(98)道範(一一七八～一二五二)撰『瑜祇経口決』では「頂中」が「金剛頂の中」という意味で捉えられているため、本書の意訳でもその解釈を採用した。

(99)引用文の最後の四節の主語は一節目冒頭の「此」だが、その「此」とは、愛染王の印明を指すであろう。四節の各節で主語が同じく「此」だという解釈は、道範(一一七八～一二五二)撰『瑜祇経口決』の「此《ヲ》名金剛王《ト》、頂中最勝名《ノ》、金剛薩埵《ノ》定《ナリ》、一切諸仏母《ナリ》」(SZ 5：63)という文をもって裏付けることができる。Goepper 氏のこの四節の英訳では、第三節と第四節で主語が「此」から「金剛薩埵の定」に替わっているが、これは適切ではないと思う(前掲 Goepper, *Aizen-Myōō: The Esoteric King of Lust*, p. 16)。これによって Goepper 氏の英訳では愛染王(その印明)が「一切仏母」だという事実が読み取れない。

(100)東密で愛染が仏母と解釈された文献上の手掛かりはいくつかあるが、詳細は省いておく。一例として『覚禅鈔』〔愛染法下〕の「愛染又仏母尊也」をあげておく(TZ 5：254c6–7)。

(101)なお、筆者が知っているかぎりでは、頭頂に獅子冠をもつ尊格としては、仏眼と愛染王しかない。なお、『覚禅鈔』〔愛染法上〕裏書に、獅子冠について「師子冠悪《ハ》毒五龍王義云々」(TZ 5：234c1–2)とあり、愛染と五龍との関係を暗示して、興味深い。

(102)慈円の有名な「夢想記」(慈円撰『毘逝別』の内、『続天台宗全書・密教3』、経典註釈類Ⅱ、二三一～二三五頁)でも仏眼仏母・不動・一字金輪が連想されていることを注記しておこう。しかし、筆者はこれを中世神道に関わる問題として見ているために、本書ではなく、別の機会に詳しく論じたい。

(103)『厚造紙』(T no. 2483, 78.269a3–4)。

(104)『厚造紙』「凡此法以二仏眼尊一為二相応一、仍尤彼真言能可レ誦、或用二部主一云々」(T no. 2483, 78.269a18–19)。

(105)『大日経疏』(T no. 1796, 39.743b)。

(106)『菩提場所説一字頂輪王経』(T no. 950, 19.199a8–9)。

(107)水上文義「慈円の夢想記と仏眼法」〔福井文雅博士古稀・退職記念論集刊行会編『アジア文化の思想と儀礼』春秋社、二〇〇五年、七九九~八一九頁〕参照。

(108)「金銀若白瓷鉢一口、入二神泉苑〔水脱カ〕一ヲ居二壇中一、入二名香等一、白檀・沈水・龍脳・安息・薫陸等香也、又鉢中奉レ入二仏舎利一、是最極秘事也、入二金銀壷若水精塔一也、別本尊不《ヲ》レ用レ之云々〔中略〕彼鉢水無熱池《ノヲ》可《ト》レ観、此鉢水中《ノノヘ》勧二請善女龍王一云々〔中略〕壇上宝鉢水中《ノ》有《ニ》二〔A〕字一、成二満月輪一、月輪内有《ニ》二〔Bhrūṃ〕一、天地惣合 成《シテ》二如意宝珠《ト》一、々々即是釈迦金輪、為《ナリ》レ利二益 衆生《セムヲ》一変二成《シテ》善女龍王一、々々即一切諸龍眷属《トシテ》 此鉢中顕現《ヘシテ》 所願成就《ヲシ》、無量無数諸大小龍衆前後囲繞、女是観了《ニ》一」(『龍供極秘々々』)。

(109)『遍口鈔』(T no. 2496, 78.691a26–b6)。

(110)孔雀明王も「仏母」と称されたことはこの仏眼同体説を促したであろう。

(111)詳しくは、橋村愛子「但馬・今瀧寺所蔵孔雀明王像の図像学的考察—中世日本における祈雨・孔雀経法の実践、そして思想をめぐって—」(『密教図像』第二十五号、二〇〇六年)三八頁、四四頁・註45(『白宝抄』〔孔雀経法雑集上〕TZ 10: 671c10–17引用)参照。

(112)前掲橋村愛子「但馬・今瀧寺所蔵孔雀明王像の図像学的考察—中世日本における祈雨・孔雀経法の実践、そして思想をめぐって—」三九頁、四五頁註48(『幸心鈔』T no. 2498, 78.735b10–17引用)。

(113)『玉葉』建久三年四月八日条。

(114)『善女龍王如心宀珠〔如意宝珠〕并□〔蹤のつくり〕爪口伝酉』KB 311.70 (71)。

(115)「一本尊事、此事口伝多有レ之、或両部大日随意可レ用也 或宝生、又宝菩薩、又如意輪秘事、普賢延命秘事、又米粒大事、又水精、又愛染不動極秘、又仏眼今用レ之、如此尊皆有二其由一致二一々一、尋習ヘシ」(『〔Dhatu〕法口伝集』)。

第二章　『御遺告』の「如意宝珠権現」

前章で、少なくとも十二世紀末までに請雨経法が不動・舎利／宝珠・愛染の三要素に立脚する舎利＝宝珠法として確立していたという点を論じた。本章では、請雨経法の宝珠信仰の世界が、中世真言密教であらゆる舎利＝宝珠法及び宝珠法の基盤として機能していた空海仮託書『御遺告』の宝珠譚（第二十四条）とどのような関係にあるのかを探りたい。

繰り返しとなるが、中世真言密教では多くの修法において仏舎利が使用されていた。そして請雨経法に限らず、後七日御修法や五大虚空蔵法などの多くの東密修法では舎利が宝珠に変化し、さらに本尊の姿に変ずるという観想法が行われていた。

しかし、前章で論じたように、請雨経法は特別な舎利＝宝珠法であった。この法では、十四世紀初頭に文観によって『御遺告』宝珠信仰の最極秘とされた不動・宝珠・愛染の三要素を観念のレベルだけではなく、物質的な形でも、龍（愛染）、仮屋屋上中央幢幡の仏（不動）、及び（経箱・瑠璃壺中の）仏舎利（宝珠）として用いていた。そして、請雨経法より古い不動・愛染の舎利＝宝珠法は指摘できないことも、この法の特殊性を例証する。

要するに、このような事実から、請雨経法があらゆる舎利＝宝珠法のなかで特別であり、また、この法と『御遺告』宝珠譚（第二十四条）の間に何らかの特別な関係があるということが推察されるのである。よって、本章では、請雨経法が『御遺告』宝珠譚とどのように関係しているかを確認したい。

一 『御遺告』の宝珠譚

序章でも述べたように、一般的に中世日本の舎利・如意宝珠習合信仰は空海の遺言とされた『御遺告』（『二十五箇条御遺告』）の宝珠譚に本拠していた。したがって、東密宝珠信仰を研究するに当たっては、その宝珠譚の内容と意味を正しく把握することが肝要である。

『御遺告』は、空海が入定する数日前に諸弟子に伝えた教えを記すものとあるが、実際には、その内容から推すと、おそらく十世紀に真言宗のある東寺長者――しばしば観賢の名が挙げられるが――により編纂された書物であろうと理解されている。

その内容は多岐にわたり、第一条～第二十二条は、空海の経歴、東寺の由緒、三論・法相兼学の奨励、僧坊における飲酒の禁止や伝法灌頂のことなど、基本的に東寺の座主大阿闍梨（一長者）たちが守らなければならない様々な規定を記す。その次の第二十三条～第二十五条は、おおむね如意宝珠の信仰についてである。

第二十三条は、嘉祥三年（八五〇）に堅恵（示寂年不明）という密教僧が開基した室生山の仏隆寺で、毎月一日より三日間の夜に「避蛇法」を修すべきだという縁起を記す。この法は室生山ではなく、東寺長者が遠方より室生山で埋納されたとされる宝珠を観想しながら行った法である。この修法については第三部第三章でより詳しく説明する。次の第二十四条は、本格的な如意宝珠縁起譚であり、宝珠の由来、人造宝珠の作成方法や宝珠の礼拝のことが説かれている。そして最後の第二十五条は、一種の舎利＝宝珠法であると考えられる調伏法の由縁を述べている。これについても第三部第三章で後述するつもりである。

このように、『御遺告』の宝珠信仰は、第二十三・第二十四・第二十五の三箇条に分割されているが、本章では、宝珠そのものの縁起を説く『御遺告』第二十四条に焦点を当て、それがどのような内容であるかを詳しく見ていきたい。

まず、第二十四条の全体像を示すために、『御遺告』第二十四条の原文の意訳を少し簡略化して掲載する(原文は文末註参照[1])。

① 東寺の座主大阿闍梨(一長者)が如意宝珠を護持すべきである縁起(第二十四)。如意宝珠は、大昔より龍の肝、あるいは鳳凰の脳にあるのではなく、自然道理の(釈迦)如来の分身である。ある人はひたすら如意宝珠が鳳凰の肝または龍の脳のなかにあるといっているが、これは虚言である。その理由は何故かというと、自然道理(釈迦)如来の分身こそ真実の如意宝珠だからである。自然道理如来の分身とは何かというと、それは師恵果大阿闍梨の口決によって作成することができる玉のことである。この玉は、秘密の上の秘密、深奥の上の深奥なるものである。この玉についての教えを容易く文面に記すべきではない。大日如来の説なのである。

② 作成できる玉とは、「能作性」の玉、つまり人が作ることができる宝珠のことである。その宝珠は九種の物質をもって作ることができる。その九種とは、一には仏舎利三十二粒、二には清浄なる沙金五十両、三には紫檀十

両、四には白檀十両、五には百心樹の沈香《じんこう》十両、六には桑木の沈香十両、七には桃木の沈香十両、八には大唐香木の沈香十両、九には漢桃木の沈香十両である。この九種の物の内に沙金五十両と白銀五十両があり、これをもって壺を作る。その壺のなかに三十二粒の舎利を安置し、それから、壺口を閉じて、呪をもって堅く封じるべきである。次は、六種香木の沈香を鉄臼に入れて挽く。挽いた分を絹の袋に入れ替えて、濡らし絞ること七度。その糟もまた同じく挽いて、挽き終われば再び袋に入れて濡らし絞る。次は、汚物が除かれた清浄なる沈香を真漆で練り合わせて丸くする。等しい分量に合成し、丸くして、その球体を仏舎利の壺に入れる。〔より詳しくいえば、〕方形と円形(2)を合わせ丸めて、上下が等分である玉を作るべきである。玉を作る間に大阿闍梨は屏風を立て、その内に浄行の細工人に沈香を練り合わせて丸くさせる。細工人の口に名香を含ませて、雑言することなく丸くさせるべきである。大阿闍梨も同じく口に名香を含んで、不動尊の真言を三百遍誦し、次いで仏眼の真言を一千遍誦しながら丸くさせている。大阿闍梨が以上の遍数を満たしても、玉の作成が終わるまでは外の僧が真言を誦しつづけるべきである。また、同門の智行僧十五人は交代で不断に修法を行う。修法場所は、屏風より三丈離れているところである。しかし、同門の僧とはいえ、宝珠作成の経緯について知らせてはいけない。玉を作り終わった後でも、七日間は不断修法を行うべきである。その後、宝珠を檜の深い箱に入れて、宝台の上に安置せよ。その後、さらにまた五人の智行僧が大阿闍梨に従い、百日念誦法を行う。その間、大阿闍梨は宝珠を見てはいけない。百日の後、大阿闍梨は宝珠を赤色の九条衣で裹み、また、「再拝」の真言を誦す。「再拝」と言っても、実は三度礼拝するのである。すなわち、宝珠を取って月輪の観想法を行い、その後、宝珠を赤色の袈裟に裹むのである。大阿闍梨はこの宝珠を身近に持って、常に頂礼し、礼拝すべきである。また、入室の弟子でも、宝珠を見せてはいけない。たとえ弟子が箱を見つけても、それが宝珠の所在だということを知らせてはいけない。

③

宝珠を作成する道理の本意は何かというと、次の通りである。大海の底にある龍宮の宝蔵に無数の玉がある。

しかし、多くの玉のなかで如意宝珠は皇帝のように最も優れたものである。如意宝珠の実体は何かといえば、それは自然道理の釈迦如来の分身にほかならない。どうしてそれを知るであろうか。この宝珠は、龍宮の宝蔵より、海龍王の肝（心）に当たるその頸の下のところに通じる。(3) つまり、宝蔵の宝珠と龍王頸中の宝珠は不可分のもので、いつも一つのものとして常住している。この如意宝珠は、ある時には善い風を起し、四州の方に雨雲を発し、万物を成長させ、一切衆生に利益を与える。水のなか、あるいは大地に生きる万物の生き物はすべてその利益を蒙る。しかし、世間の凡夫は、己の愚痴に左右されて、如意宝珠より玉が湧き出すとばかり言っている。海底龍宮の宝蔵にある宝珠は、常に〔仏舎利が入っている〕能作性の宝珠の居場所に通じ、密接にその特性を分かち合っている。ゆえに、宝珠を観想する大阿闍梨は、「大海龍王の蔵及び龍王の肝頸に所在する如意宝珠、その権現、及び大士などに帰命頂礼する」という文を誦しなければならない。三度これを誦するのである。このように観念し、さらに本尊の真言を念誦すべきである。心より一切の悪念を断ち、善性の心を発揮すべきである。

④

この（宝珠を作成する）法は、『大日経』の文に依拠している。しかし、秘密の上の秘密、深奥の上の深奥なる教えである。秘句は経文にあらず、ただ大阿闍梨の心にのみ留めてある。この秘密を書面に記し、世の中に流布させてはならない。もしこの秘密を披露すれば、密教は長く伝わらないであろう。親しい弟子でも、その心性が備わらなければ授けてはいけない。代々東寺の座主大阿闍梨は、門徒衆の内から堪能の僧を見定めて、彼にこの秘密を付すべきである。但し、もし数人の僧にこの秘密の法を付すれば、秘教は枝々に分かれ、他門の人の間にも移って、やがて不信の僧にまで披露される恐れがある。ついに、この教えは浅薄のものとなって、自然に湮没してしまうであろう。そして、これにより密教は消滅するであろう。そのために、とにかく東寺一長者の地位を継承する資格を持つ人には必ず授け伝えなければならない。ただし、慈愛の父母といえども、この秘密を容易に知らせてはいけない。この秘密は、三密（身口意）の教義の本質を護るために存在するのである。

⑤　私こと空海は、大唐の大師阿闍梨（恵果）より能作性の如意宝珠を授けられ、頂戴して、大日本国に戻ってきた後、その宝珠を名山の勝地に埋蔵した。その勝地とは、いわゆる室生山の精進ヶ峯で、「土心水師」（堅恵法師）が修行している岩窟の東の嶺である。(4) 決して後人に宝珠が埋蔵された場所を知らせてはいけない。その秘密を守れば、密教は長く繁栄し、密教の末資は増えていくであろう。（割注）また、東寺の大経蔵の仏舎利に関して、大阿闍梨はその仏舎利が一粒でも散逸してしまわないように守らなければならない。仏舎利は、如意宝珠なのである。そして、密教の道を守っているのである。どうしてそのことが言えるかというと、仏舎利は能作性の如意宝珠の「心本」（本質）だからである。

長文ではあったが、第二十四条の如意宝珠縁起譚の内容は、上記の通りである。便宜上意訳の文章を五つのセクションに分けた。以下、それぞれのセクションが伝えている要点をまとめて分析しよう。

まず、セクション①では如意宝珠の本質が強調されている。宝珠は俗説でいうようにただ龍または鳳凰の身体のなかにあるものだけではなく、より正しくは自然道理（釈迦）如来の分身だという。このセクション①では「釈迦」の語は出ず、ただ「如来」のみがみえるが、セクション③では「釈迦如来の分身」という文が明記され、ここの「如来の分身」も、釈迦如来の分身のことを言っていると考えてよいであろう。この「分身」とは、空海の師恵果の口決に基づいて作ることができるとされる宝珠である。

ここの「分身」という言葉は、「変化身」と解釈してもよかろうが、文字通りに「身体から分かれた分」、つまり、釈迦の遺骨である舎利の意味で取ってもよいように思われる。すなわち、ここで如意宝珠が本質的に仏舎利の変化だという知識が仄めかされていると考える。その考えは、次の論拠をもって裏付けられる。

すなわち、壇の中央に舎利を載せるという舎利＝宝珠法を説く『駄都』（KB 228–21）に、「如意宝珠即駄都也、従レ本以来如意珠者是即自然道理如来分身、今舎利也」とあり、ここではっきりと釈迦如来の分身が舎利だということが記されている。その解釈は『御遺告』の「如来分身」にも通じるであろう。

次に、セクション②では「能作性の如意宝珠」、つまり人造宝珠の作成方法とそれに伴う修法が説かれている[5]。作成方法は、基本的に六種の沈香を鉄臼で挽き、絹の袋で十分に濡らし絞って清め、次いで、清浄なる沈香を漆で丸めて玉を作る方法である。なお、その玉を仏舎利とともに金と銀で作られた壺のなかに入れて完成する。つまり、能作性の如意宝珠とは、金銀の壺に納入される仏舎利及び沈香・漆で作られた玉のことである（図28）[6]。

図28　金銅能作性塔及び能作性如意宝珠（個人蔵）

この金銀の壺がどのような形状を取っているかは『御遺告』の文からは判断できないが、その全体は図28のように仏教的宝珠の典型的な形を持っていたと考えられよう。

なお、この宝珠の作成に関して注目されるのは、宝珠が作られている間に大阿闍梨が不動明王と仏眼仏母の真言を念誦すべきだという点である。つまり、仏眼仏母を、同じく仏母である愛染にとって替えれば、そこに不動・愛染の舎利信仰が現れることとなり、興味深い。それはさておき、宝珠が完成して宝珠を加持するための念誦法が終われば、大阿闍梨はその宝珠を赤色の袈裟で包み、いつも身近に置き、礼拝すべきだといわれている。

つづいて、セクション③では、本論のために特に重要である如意宝珠の本源が説明されている。まず、如意宝珠が海龍王（娑迦羅龍王）の龍宮の宝蔵にあるものだといわれている。その実体は、釈迦如来の「分身」（舎利のことであろう）である。その理由として、宝珠がただ海底の龍宮のみではなく、同時に龍王の身体（頸）の中にもあるからであると説く（確証はないが、ここで海龍王〔シャカラ〕と釈迦が同体であるという知識が暗示されていると考える）。その宝珠は、時に風と雲を起し、雨を降らせ、一切生きとし生けるものに利益を与えるものだともいう。つまり、ここに、宝珠が雨を降らせる霊物だとしていることから、祈雨法との関係性が暗示されていると考えるが、その点については後述する。

なお、セクション③は、龍宮の如意宝珠及び龍王身体中の宝珠が本質的に人造宝珠とも同じであるといい、それゆえ、その人造宝珠を観想する大阿闍梨は、その観想法の時に「大海龍王の龍宮蔵及び龍王の肝頸に所在する如意宝珠、宝珠の権現《ごんげん》、及び大士などに帰命頂礼する」という言葉を三度念誦すべきであると説く。

次は、セクション④において、宝珠に関する法（宝珠の製作法か）が『大日経』に依拠する法だということ、如意宝珠の秘密をたやすく人に教えてはいけないということ、東寺の一長者が密教の存続のためにその秘密を守るべきだということ、さらに、宝珠が身口意の三密行法の本質を表しているものだという大事が述べられている。

宝珠の法が『大日経』の経説に基づいているという主張について、本経には宝珠に関する教義はあるものの、宝珠の製作法の記載はない。『大日経』に、如意宝珠が浄菩提心の象徴だという（中世聖教にしばしば引用されている）文はある。[7] しかしそれ以外に、宝珠の徳を強調する個所は見当たらない。だが、『御遺告』で言及される「大日経」とは『大日経疏』をも含むかもしれない。その『大日経疏』においては、身口意の三密がそれぞれ宝珠だと説かれている。そのことから、セクション④の末尾に記される、宝珠が三密の本質を守っているという文は、この『大日経疏』の教えを踏襲していることが推察される。『経疏』の教えは、具体的には次の通りである。

今復顕㆓示普門語漫荼羅㆒、如㆓如意珠㆒寂然無心亦無㆓定相㆒、而能普応㆓一切㆒皆令㆑称㆓悦其心㆒、故名㆓巧色摩尼㆒、従㆓巧色摩尼身㆒、出㆓巧色摩尼語㆒、示㆓巧色摩尼心㆒、普雨㆓法財㆒、満㆓法界衆生種種希願㆒。[8]

まず、この文は「普門語曼荼羅」、つまり語密（口密）が如意宝珠のように寂然無心・無定相であるために「巧色摩尼」（巧妙なる宝珠）と呼ばれている点を説く。次いで、「巧色摩尼身」（身密）より「巧色摩尼語」（語密）が出生し、その摩尼身が「巧色摩尼心」（意密）を明らかにするという。言い換えれば、この文は「身語心」、つまり身口意の三密が三つの「摩尼」、つまり三つの宝珠だという教義を説くのである。これは『御遺告』宝珠譚の教義的根拠の一つだったに違いないであろう。

最後に、セクション⑤は、空海が師恵果の製作した如意宝珠をいただき、それを日本国の室生山の東峰（仏隆寺堅恵の修行場所）に埋めたと伝える。そして、第二十四条の締め括りとして、仏舎利が真の如意宝珠だという点を記す。

二　如意宝珠の「権現」をめぐって

さて、『御遺告』第二十四条の内容については、さらに様々な追論を加えるべきところがあるが、本書では、第二十四条に請雨経法の龍神信仰との関係が見出せるという事実の論証に留めておきたい。

では、果たして第二十四条の内容が請雨経法と関係するであろうか。というのは、第二十四条には「請雨経法」という言葉は一切出てこないからである。全体的にいえば、宝珠を作成するにあたっての修法以外、第二十四条の宝珠譚には祈雨法など特定の修法を指す表現はない。しかし、それにもかかわらず、筆者はその宝珠譚が請雨経法の龍神信仰と深い関係をもつものであると考える。それは次の理由による。

まず、『御遺告』第二十四条セクション③の「如意宝珠は、ある時に善い風を起し、四州の方に雨雲を発し、万物を成長させ、一切衆生に利益を与える。水のなか、あるいは大地に生きる万物の生き物はすべてその利益を蒙る」という文が注目される。つまり、宝珠が雲を発し、雨を降らせる霊物だという意味である。この文は単に、宝珠が水の精である龍の身体のなかにあるために雨を降らす霊物だという大乗仏教の基本的信仰を表現しているものにすぎないとも評価できる。それは無論頷くべきことであるが、しかし、それと同時に、それはこの文を書き、または読んだ真言僧の脳裏に祈雨法への連想があった可能性も示している。それは見逃してはいけない重要なポイントである。

実際、中世真言僧の間には『御遺告』の引用箇所と請雨経法との関連は意識されていた。そのことは、すでに前章で引用した『秘鈔』所収の請雨経法道場観の秘説からうかがえる。重要な論証であるため、ここでもう一度その秘説を掲げよう。

口伝云、道場観時、本尊観畢作二此観一、謂毘盧遮那仏、成二釈迦牟尼仏一、為レ度二人天一、釈迦即成二如意宝珠一、起二雲雨於四方一、普潤二世界一、利二益水陸之情非情一、龍王依二此宝珠一増二威光一降レ雨、其宝珠依二大龍果報一施二力用一降云々、供二舎利一時、同作二此観一、（御）遺告意也、大壇中心、舎利納レ箱安二置之一、即観二之宝（珠）一、又与二室生山一一体之旨、可二観念一也、是最秘云々、

請雨経法の大壇の中央に安置された舎利は宝珠と観想され、さらに室生山埋納の宝珠とも連想されたという教えだが、注目されるのは、まず、「起二雲雨於四方一、普潤二世界一、利二益水陸之情非情一」という文である。この文が『御遺告』第二十四条セクション③の文を踏襲していることは明らかである。次に、「供二舎利一時、同作二此観一、（御）遺告意也」という文も注目される。この文は、請雨経法の舎利（釈迦）・宝珠・龍の観想法がおそらく全体として『御遺告』第二十四条の宝珠譚（セクション③）に依拠しているであろうという事実を示す。請雨経法の舎利・宝珠・龍神信仰と『御遺告』第二十四条の宝珠信仰が密接な関係にあることは、確かなのである。

ちなみに、『醍聞鈔三』（KB 49.10）という聖教では、「御遺告事」という項目に、「雲発二四州一等者、請雨経法大事也」と明記する。

確かに、本書の序章でも述べた通り、中世の後七日御修法でも大壇中央の舎利、本尊宝生如来の三昧耶形（宝珠）と室生山の宝珠は一体と見做されており、上の『秘鈔』で挙げられている舎利・宝珠の観想法の理念は、けっして請雨経法に限定されたものではなかった。しかし、後七日御修法では「釈迦」が「宝珠」となり、「龍」となって、衆生に利益を与えるという構想はない。[9] これは、見てきた通り、『御遺告』第二十四

条セクション③の構想なのであるが、その構想は請雨経法にはあっても、後七日御修法にはない。

要するに、『御遺告』宝珠譚セクション③の宗教的内容（龍宮・宝珠〔舎利〕・釈迦・龍）は、請雨経法の儀礼世界と直接的に関係するものである。その関係を示すほかの重要な手がかりもある。その手がかりは、セクション③で重要な役割を与えられている「如意宝珠の権現」という存在の正体にある。

如意宝珠の「権現」は、空海が自分の後継となる東寺座主大阿闍梨に対して特に礼拝するようにと指示した存在とされる。具体的に、『御遺告』には「所以可三観大阿闍梨曰二歸命頂礼在大海龍王蔵并肝頸如意宝珠権現大士等一、三般誦レ之念観可レ念二誦本尊真言一」とある。筆者はその文が、（宝珠を）観想する大阿闍梨が大海龍王の龍宮蔵及び龍王の肝頸に所在する如意宝珠、その宝珠の権現、また大士（「大士」とは菩薩の異称であるが、「大師」と同音である）などに帰命頂礼すべきであるという意味だと理解する。よって、中世真言密教では宝珠の「権現」が「大士」とともにかなり重要視されたものだったと想像される。しかし、宝珠の「権現」の正体は『御遺告』では明らかにされていない。実際に、中世真言宗で産み出された数多くのテキストにも、「権現」がどのようなものかを明かした文はほとんどない。ただし、わずかに存在する資料によれば、「権現」が「龍」だという解釈がなされていたことが分かる。

たとえば、『धतु〔Dhatu〕法口伝集』（KB 295.15、一二八〇年頃写）の次の記述を見よう。


又口云、帰命頂礼ハ稽首備足義、在大海ハ双ノ円性海也、龍王ハ両部大日、蔵者三無尽荘厳蔵、並肝如意珠ハ浄菩提心如意宝満二世出世勝希願一除レ疑究竟獲二三昧一、自利々他因是生(10)、権現善女龍王也、大士ハ尺迦也、

要するに、これは明らかに『御遺告』の「帰命頂礼在大海龍王蔵并肝頸如意宝珠権現大士等」という人造

宝珠への礼拝文の解説であるが、その解釈によれば、如意宝珠の「権現」は善如龍王であり、「大士」は釈迦如来であるという。

さらに、宝珠の権現が龍と関連づけられていたことを示す資料として、ほかに義演《ぎえん》（一五五八～一六二六）編『上清瀧宮遷座類聚』所収の『醍醐并清瀧事』の次の文もある。

> 酉酉《ハ》（引用者註——醍醐）如レ可二彼御遺告礼拝文一、宀一《ニモ》（註——室生）酉酉《ニモ》晨朝之時必誦レ之、大士者宀一酉酉共如意輪、権現者宀一《ニハ》雨止、酉酉《ニハ》清瀧、〔後略〕

弘長二年（一二六二）十一月二十七日に醍醐寺僧の間で交わされた会話の一節だが、それによると、『御遺告』の礼拝文、つまり、「如意宝珠の権現・大士に帰命頂礼する」という文について、その文が当時室生山でも醍醐山でも毎朝唱えられていたという。(11)そして、礼拝文の「大士」は室生山及び醍醐山では共に如意輪観音を指し、同じ礼拝文に言及される「権現」（如意宝珠の権現）は、室生山では「雨止《うし》」（「雨師」）、つまり善如龍王、(12)醍醐山では「清瀧《せいりょう》」、要するに醍醐寺の龍である清瀧権現だとも付け加える。(13)

如意宝珠の権現が龍だということを示す手がかりは、すでに前章で言及した『請雨経法条々事』の記事にも求められる。当資料には、承久元年（一二一九）四月二十一日に伝授された説として、善如龍王の種子・印明などの説明に次いで、「次合掌唱云、帰命頂礼在大海龍王蔵并肝頸如意宝珠権現大士善如龍王等、三度誦レ之、降雨速疾霊験成就祈《トレ》悉地円満」という文がある。すなわち、『御遺告』の礼拝文はそのまま請雨経法実修時に誦されていたが、この場合、礼拝分は「如意宝珠権現大士善如龍王等」という表現になって、権現と大士が善如龍王と結び付けられている。この結び付きは、当時の権現・大士の信仰が本質的に龍神信仰として考えられていたということを表していると解釈できる。

最後に、もう一つの手がかりをあげよう。それは『醍聞鈔三』（KB 49.10）にある、「御遺告事、帰命頂礼在大海龍王蔵等者、権現龍王歟」という短い記述である。推測形ではあるが、宝珠権現が龍だという認識があったことを明示する文である。

現在、以上の僅かな資料しか見つけられていないが、それらの断片的な手がかりは、中世真言密教では宝珠の「権現」という存在が、具体的に「龍」として認識されていたという重要な事実をうかがわせている。そもそも、宝珠を本地仏のレベルではなく、垂迹・権現のレベルで表す存在としては、特に宝珠を龍と結びつける『御遺告』のコンテクストを鑑みると、[14] 龍そのもの以外には考えられないであろう。『御遺告』の宝珠権現が龍であることは、むしろ当然なことだというべきである。しかし、それを明示してくれる資料がなければ、権現が龍だという考えは憶測に終わってしまう。今、以上の資料をもってその考えを裏付けることができる。

こうして、この説にしたがって『御遺告』第二十四条セクション③が具体的に何を指しているかというと、それは東寺の一長者が特に「龍」を礼拝しなければならないという点にほかならない。つまり、この説では龍は（「大士」とともに）最も重要で、最も貴い存在なのである。

この点は、中世真言密教研究のために重要な意味を持っている。従来の研究では、特に「舎利・宝珠」信仰に視線が向けられていた。しかし、『御遺告』が礼拝すべきだという存在は単に「舎利・宝珠」だけではなく、「宝珠の権現」でもある。そして現在分かっている範囲では、その「権現」とは「龍」である。よって、東密舎利・宝珠信仰の歴史を研究する上では、龍神信仰は特に重要な課題なのである。

中世の真言宗では、龍は特に神泉苑、醍醐寺、及び室生山と縁が深いとされていた。そして、その三つの場所では龍は特に祈雨の神として崇敬され、機能していた。したがって、宝珠譚を作り、宝珠権現を礼拝せよと主張した真言僧が、とりわけ祈雨法のことを脳裏に置いていた可能性が高い。あるいは、後世に『御遺告』第二十四条セクション③を読む真言僧が直ちに祈雨法へ思いを馳せたことも想像に難くない。

特に、請雨経法が隆盛していた十世紀～十一世紀に『御遺告』第二十四条セクション③は請雨経法を想起させていたに違いない。見てきた通り、セクション③は、龍宮、海龍王、釈迦如来、及び宝珠（舎利）のことを連鎖的に述べている。そのような連想は、大乗仏教の一般的信仰の表れでもあるが、しかし、実際に龍宮・海龍王・釈迦・舎利／宝珠という要素がすべて一つのスポットに集まっている東密修法としては、請雨経法の大壇法以外にはない。すなわち、請雨経法の儀礼世界はセクション③の内容に完璧に符合しているものなのである。よって、請雨経法に精通した真言僧ならば、だれでも、セクション③の宝珠譚を一読すれば、直ちにこの法の儀礼世界を認識したはずであろう。

この事実から、『御遺告』が請雨経法へ影響を与えたとも当然考えられるが、その逆に請雨経法の儀礼世界が『御遺告』第二十四条セクション③の内容の形成に貢献したとも想定できる。すなわち、『御遺告』の宝珠譚が本来請雨経法の舎利・宝珠信仰を重視し、その嫡流を受け継いだ僧によって作られたと考えることも可能なのである。ともあれ、請雨経法の嫡流を受け継いでいた醍醐寺小野流において、特に請雨経法が隆盛していた時期に、舎利・宝珠信仰の観念的構造が請雨経法の龍神信仰を軸としていたことはほぼ間違いないであろう。

註

（1）「一、東寺座主大阿闍梨耶可護持如意宝珠縁起第二十四此條章専不可令案文書散、護守此法宛如伝法印契蜜語夫以如意宝珠是従無始以来非有龍肝鳳脳等、自然道理如来分身者也、或偏鳳肝龍脳云云、是大虚言也、所以者何、自然道理如来分身、惟真実如意宝珠也、号自然道理如来分身者是任祖師大阿闍梨口決成生玉也、蜜之上蜜深之上深者、輒不注儀軌、是大日如来所説也、曰成生玉是能作性玉也、須以九種物為之、爾九種者、一仏舎利三十二粒、二未用他色沙金五十両、三紫檀十両、四白檀十両、五百心樹沈十両、六桑木沈十両、七桃木沈十両、八大唐香木沈十両謂香木沈以専名香木沈、不簡彼色唯以清淨用之九漢桃木沈十両也、是等之中沙金五十両白銀五十両未用他色以是合為壷、安置彼三十二粒舎利、即便永閉壷口誦封堅結、以彼六種香木沈入未用他色鉄臼舂之、以未用他色絹嚢漏之七箇度、其糟亦同舂末入同嚢漏之、如是乍無妨物未用他色以真漆丸之、等分合成奉入彼仏舎利壷、方円合丸高下等分、如此之間大阿闍梨立屏風率清淨細工入居屏風之内可令合丸、彼細工之口含名香、専不雑語為丸之、亦大阿闍梨耶者同口含名香、誦不動真言三百遍、次誦仏眼真言一千遍令爲丸、亦未用他色以香油炬五方明灯、但真言雖満呪遍及于事畢猶員外可誦之、亦同門之間以智行僧十五口立替、乍以一番二時為剋限、結三箇番不断修法、此十五口僧者却屏風三丈許也、雖同門僧不令知事心、造玉既畢而始従事発七箇日夜之間不断修法、此七箇日夜法前後可神供、然後以宝珠入檜深箱安置宝台、其宝台者作水壇、其中敷細絹可立台、壇迴引五色糸、然後不求吉日更亦率五口智行僧親従大阿闍梨三時念誦、亦以五口僧内毎時介〔芥〕子供、如是可満百箇日夜、十日之間神供、又彼宝珠至于満百箇日夜輒不可見大阿闍梨耶、何況他人可令見哉、満百日之後者以赤色九條衣可裏〔裹イ〕此玉、亦大阿闍梨誦再拝言、口曰再拝而実拝三般、即手取玉頂戴可月輪観行、然後玉乍裏〔裹〕赤色袈裟大阿闍梨隨身毎常歸命頂礼、出入前後左右可恃仰之、亦入室智行弟子不可令見知、假令雖見有箱不令見知宝珠所在、案道理意在大海底龍宮宝蔵無数玉、然而如意宝珠為皇帝、方伺其実体自然道理釈迦分身也、以何知之、此玉従宝蔵通海龍王肝頸下、蔵与頸不断常住、或時出善風発雲於四洲令生長万物利益一切衆生、水府陸地万物誰不蒙利益哉、而世間凡夫等任己愚口称如意玉涌宝、彼海底玉常此通能作性宝珠御許親近分徳、所以可観大阿闍梨曰歸命頂礼在大海龍王蔵并肝頸如意宝珠権現大士等一、三般誦レ之念観可レ念二誦本尊真言一、凡却二一切悪一可レ為レ攀〔擧〕二善性之心一、是法呂大毘盧遮那経文也、雖レ然蜜之上蜜深之上深者、堵二留秘句一唯為二阿闍梨心蟴一也、専不レ可レ令二写散一、若是披露者蜜教不レ久、親弟子等之内彼心性不調者更不レ可レ令二授知一、代代座主阿闍梨耶、若自門弟子、若同門之内相弟子、并諸門徒衆等之中、能〔堪〕者看定、以二怨親平等観行一、可レ令二預護一、若箇二付法弟子等中者一渉二枝枝一不レ留二大阿闍梨耶手一、移二門門一以被レ披二露不信者一、遂可レ為レ淡レ道自然隠没、因レ茲密教将レ滅、然則猶為二東寺座主長者一之人必応二付属一、彼擬二付属一之日三箇日洗浴観二念両部諸尊一、亦観二鷲普天之下率土之上冥官衆一、発二起四無量観一付属而已、雖二慈父母一勿レ令レ知レ之、如レ此秘密即是護二三蜜教肝性一也、但大唐大師阿闍梨耶所レ被二付属一能作性如意宝珠載〔戴イ〕頂、渡二大日本国一労二籠名山勝地一既畢、彼勝地者所レ謂精進峯士〔土カ〕心水師修行之岫東嶺而已、努力努力勿レ令レ知二後人彼処一、是以蜜教劫榮末徒博延復東寺大経蔵仏舎利大阿闍梨須レ如レ守二惜伝法印契蜜語一、勿レ令二一粒他散一、是即如意宝珠、是即護レ道、以レ何言レ之、彼能作玉心本之故」（『御遺告』T no. 2431, 77. 413a06–c23）。

（2）方形と円形は、それぞれ大地と天球を象徴しているのかもしれない。

（3）宝珠が龍の頸下にあるということは、『摩訶止観』の「故知下明月神珠在中九重淵内驪龍頷下上」（T no. 1911, 46.11a11）に基づいていると考えられる。

（4）中世真言密教では「土心水師」について様々な秘説が流布されていた。これについては、門屋温「「宀一山土心水師」をめぐって」（『説話文学研究』第三十二号、一九九七年）参照。

（5）人造宝珠については、内藤栄「真言宗小野流の舎利法と宝珠法」（『舎利荘厳美術の研究』青史出版、二〇一〇年）六九頁～七三頁に詳しい。内藤氏が指摘している通り、恵果、空海、範俊の宝珠製作伝承は有名だが、それ以外にも、中世の真言僧はしばしば宝珠を作成したようである（同、七三頁）。

（6）要するに、『御遺告』からは仏舎利が壺のなかに納入されたことが分かるが、舎利が球体のなかに籠められたかどうかは読み取れない。

（7）『大日経』に「浄菩提心如意宝、満二世出世勝希願一」（T no. 848, 18.45b20–21）とある。

（8）『大日経疏』（T no. 1796, 39. 672c20–24）。

（9）しかし、後七日御修法で室生山の宝珠が観想されていたということは、この法でもこの山の龍が信仰されていたことを意味する。その上、御修法では神泉苑の池水が加持香水として使われていた（『御質抄』ZGR 25-2：81–82)。それは御修法でも龍神信仰が大事とされたことを示すが、以上の点以外、この法における龍の役割が見出せない。すなわち、後七日御修法では龍の存在は明確には現れてこない。龍の役割が明確に出る密教儀礼は、神泉苑請雨経法、または醍醐寺の祈雨儀礼なのである。

(10) この文は『大日経』に基づいている（T no. 848, 18.45b20–22)。

(11) これは東寺長者が毎朝実行していた後夜念誦（室生山の宝珠を念誦する法）のことである。これに関して、『地蔵房口伝』（正応四年〔一二九一〕写、勧修寺成宝〔一一五九～一二二八〕記、KB 120.18）にも「御遺告口伝事、帰命頂礼〔挿入「在」〕大海龍王蔵〔挿入「并」〕肝顕如意宝珠権現大士等文、口云、三拝事《ハ》東寺長者毎朝向二亠一山方《ノ》二誦二此文《ヲ》一可レ礼レ之也、小野範一僧正毎月朔日後夜必被二〔修脱カ〕此法《ナリ》一云々」とある。

(12) 室生山の龍は、丹生川上神と同じく「雨師」と呼ばれていた。「雨師」は漢籍の用語であり、龍神のことを指す（Marinus W. de Visser, *The Dragon in China and Japan*［Amsterdam：Johannes Muller, 1913；reprint 1969], pp. 110–111, 155)。

(13) 『醍醐乳味鈔』巻二十四（葦原寂照編、麻生霊光校、太融寺、一九三七年〔再版〕、二六頁）にも、「如意宝珠トハ則チ法身、権現トハ則チ清瀧権現、大士トハ則チ亠一山灌頂堂ノ本尊如意輪報身ナリ」とある。

(14) 仏教では宝珠を持っている存在として龍以外にほかの動物（たとえば、迦楼羅）も構想されていたが、『御遺告』では龍王が強調されているため、「宝珠の権現」が龍だと考えることが最も道理に叶っているというべきであろう。

結　論

本書の第二部では、基本的に二つの点を論じた。一点目は、中世真言宗の小野流において請雨経法大壇法の儀礼構造が〈不動・宝珠・愛染〉の三要素を縦の軸に据えたものとして構想されていたという点である。不動は、祈雨道場屋根の中央幢幡の仏、愛染は、道場内の大壇中央の龍、宝珠は、その龍の姿の上に安置された仏舎利として姿を現じていた。

第二部第一章で示したように、その構造は本質的に『瑜祇経』所説の〈仏母が仏を出生させる〉という信仰に基づいていたと推定される。『瑜祇経』では、仏眼仏母が変身して一字金輪を生み出すという箇所があり、請雨経法は、この経典の〈仏母―仏〉の関係を舎利及び龍の宝珠と繋いで、〈仏母・舎利／宝珠・仏〉の三点を基本構造としていた祈雨法だったのである。その構造で舎利・宝珠はおそらく〈仏母―仏〉の不二性を象徴しているものとして機能していたであろうとも論じた。

すなわち、請雨経法祈雨道場内の大壇中央の龍は、『瑜祇経』の〈仏母〉、道場屋根上の中央幢幡の尊格は、その仏母が生み出す〈仏〉である。しかし、第二部で論じたように、『瑜祇経』所説の「仏母」とは、仏眼だけではなく、愛染王でもある。よって、屋上の中央幢幡の尊格は、それにしたがって、あるいは一字金輪、あるいは不動なのである。つまり、大壇中央の龍が、『瑜祇経』が説くように一字金輪を生み出す〈仏母〉と構想された場合、中央幢幡の尊格として一字金輪が採用されたが、一方、その龍が、当時真言宗で不動（倶利伽羅）の化身とも考えられてきた愛染王という〈仏母〉と捉えられた場合、中央幢幡の仏として不動尊が採択されたと推定される。あるいは、不動・一字金輪両方を中央幢幡と結びつけることもあったが、それも、龍が〈仏母〉であるという点から理解できる。

請雨経法における仏舎利の役割は、十一世紀前半の仁海の実修時から文献上確認できる。そして、仏舎利が大壇中央の龍の上に安置され、宝珠として観想されたことは、文献上永久五年（一一一七）の醍醐寺座主勝覚の実修から確定される。なお、仮屋屋上の中央に（一字）金輪の幢幡が安置されたことは、長久四年（一〇四三）の仁海実修時から行われ、同幡を不動と連想させる信仰は、勝賢筆のテキストに言及され、勝覚の実修時にあったと伝えられているところである。なお、勝覚の実修に関する記録では、請雨経法が仏眼相応の修法だと説明される。最後に、大壇中央の龍が愛染王と想定されたことは、鎌倉初期写『図像抄』の図像、及び栄然（一一七二〜一二五九）撰『請雨経法条々事』所収の承久元年（一二一九）付属の秘伝から見られる。したがって、〈不動（金輪）・舎利／宝珠・愛染（仏母）〉の龍神信仰は、十一世紀後半〜十二世紀末の間に発達してきたと考えてよいであろう。

日本における不動・愛染の信仰は、平安後期に文献に初出する。その由来は不明であるが、本書の第二部で論じた通り、円珍請来とされる「愛染王曼荼羅」はその信仰の一つの源泉だったに違いない。なぜなら、この九尊を配する曼荼羅では、愛染・倶利伽羅・不動・両頭愛染王がすべて中尊愛染王の一側面として描かれているため、その構造から不動・愛染信仰を発想したと考えることには無理がないからである。そして、この曼荼羅は、少なくとも十一世紀より真言宗内でも流布されたため、その時代より、曼荼羅の不動・愛染の関連性に気づいた真言僧が現れたと考えられる。

以上のことを考慮すれば、ある時、ある請雨経法の阿闍梨は、『瑜祇経』の仏母（仏眼・愛染王）の経説に不動・愛染（倶利伽羅）の信仰を加え、さらに舎利・宝珠・龍の関係性という大乗仏教の基本的教義を加味して、〈不動・舎利／宝珠・愛染〉の構造をもつ龍神信仰を発案したと推定される。これは、中世日本における不動・愛染の舎利＝宝珠信仰の起源だと、筆者は考える。

それでは、このような龍神信仰を発案した僧は誰であろうか。これは判定しにくいが、本書で論じた通り、現存資料から判断して、請雨経法の〈不動・宝珠・愛染〉の構造が十二世紀末、醍醐寺座主勝賢の時代までにすでに確立されていたことはほぼ確実である。だが、その構造が芽生えてきた時期はより古く、十一世紀中期～十二世紀前期まで遡るかもしれない。

その可能性を裏付ける同時代の資料がある。その資料は、上島享氏により紹介された、勝覚撰の『護持僧作法』である。[1] そのなかの「禁中加持作法」（一一〇九年伝受）に、「故国主玉躰御心中有二万法能生𑖀字、変二成威光遍照日輪一、々々反二成大广尼宝珠一」と、天皇の心に宝珠があると説かれている。また様々な印明が説かれるなかに、「不動宝剣」と「愛染最極秘」の印明が連続している。なお、その後、再び相次いで「宝珠」と「仏眼」の印明が言及される。まるで請雨経法の宝珠信仰の内実がここに「禁中加持作法」として形を変えているかのような作法である。このように、不動・愛染の宝珠信仰がすでに十二世紀初期までに形成されたという可能性は高いと認めるべきである。

このように、十二世紀末までに小野流で祈雨法が〈不動・宝珠・愛染〉の法として秘伝されてきたが、その点は第一部第六章で触れた、寛喜三年（一二三一）と天福元年（一二三三）に随心院の親厳が宮中で修した祈雨愛染王法を考察する上で重要でもあろう。すなわち、この法はそれまでにない新規祈雨法であったが、実際には請雨経法の遺産だったと解釈することができる。つまり、親厳は古来の請雨経法龍神信仰の一部を応用したと考えられる。

第二部で論じた二点目は、『御遺告』第二十四条の宝珠譚が、とりわけ請雨経法の龍神信仰と関わりが深いものだという点である。まず、第二十四条は、宝珠が雨雲を発すると述べて、中世には、その個所が請雨経法の儀礼世界に関わるものだということが認識されていた。次に、第二十四条が最も強調しているところは、東寺の座主大阿闍梨が特に宝珠とその「権現」（また「大士」）を礼拝しなければならないということであるが、「宝珠の権現」について語る現存資料は、すべてその権現が「龍」だと述べている。つまり、この説にしたがって、第二十四条は東寺一長者が「龍」を拝礼すべきだと言っているのである。しかも、現存資料ではその権現＝龍は善如龍王または清瀧権現、つまり、神泉苑・醍醐寺・室生山と縁が深く、とりわけ祈雨法（神泉苑請雨経法・醍醐寺祈雨）において中心的役割を果たす龍だとするのである。最後に、『御遺告』第二十四条の宝珠譚が特に請雨経法の儀礼世界と関連が深いということは、その条の次のところにも見出せる。第二十四条に、龍宮・海龍王・釈迦・舎利・宝珠の諸要素が連鎖されているが、その要素のすべてを明確に取り入れる東密修法としては、請雨経法の大壇法しかない。

したがって、以上のような手がかりから、あるいは『御遺告』宝珠譚が請雨経法の儀礼世界に影響を与えたということ、または『御遺告』第二十四条の宝珠信仰を記した真言僧が特に請雨経法の儀礼世界を重視し、その知識を投影したということを推定することができる。どちらの可能性が高いかは現存史料からは判断し難いが、筆者は後者の可能性が強いと考えている。

『御遺告』は、初めて観賢(八五四~九二五)によって編述されたと推定されている。そして現存最古の『御遺告』の写本は、安和二年の暦能の奥書を有する写本を万寿二年(一〇二五)醍醐寺の覚源(一〇〇〇~一〇六五)が師仁海から口伝により伝授されたものである。[2]観賢と仁海は、数回にわたって神泉苑で請雨経法を修し、当苑の池の善如龍王―室生山でも祀られる龍王―に祈り、霊験を見せることで名声を立てた僧であった。その観賢や仁海にとって、『御遺告』第二十四条は直ちに請雨経法の儀礼世界を想起させるものだったであろう。

要するに、明確に私見を述べれば、『御遺告』宝珠譚は、特に請雨経法の舎利・宝珠・龍神信仰を配慮していた観賢や仁海などのレインメーカーによって記されたのではないかと思われる。『御遺告』宝珠信仰と請雨経法の儀礼世界が深い関係にあるのは、そのためだと考えられる。

註

(1) 上島享「日本中世の神観念と国土観」(『日本中世社会の形成と王権』名古屋大学出版会、二〇一〇年、初出二〇〇四年改稿)四〇六~四一一頁。

(2) 序章註18参照。

第三部　中世真言密教龍神信仰の展開

第一章　醍醐寺の龍神信仰

はじめに

第二部で論じたように、『御遺告』で空海は東寺の座主大阿闍梨（一長者）が宝珠の徳性を具現化した「権現」を礼拝しなければならないと教訓している。現存資料では、その権現とは龍であるとされている。その龍は、まず神泉苑の請雨経法と最も密接な関係を結んでいた存在であり、また、無熱池龍王、海龍王や倶利伽羅（不動・愛染）など、様々なアイデンティティーを持っていた。

しかし、「宝珠権現」の信仰は、当然ながら神泉苑や請雨経法に限定されず、醍醐寺など祈雨験者が住む寺院や、室生山など龍が祀られる霊場にも伝わったという事実に留意しなければならない。すなわち、その信仰は、より広く東密の様々な領域に影響を及ぼしたものである。そこで、この第三部の第一章では、まず醍醐寺の「権現信仰」、つまり清瀧《せいりょう》という神に焦点を当てて、その信仰を検討していきたい。

第一部で述べたように、十一世紀末に請雨経法の正脈は成尊（一〇一二～七四）からその弟子義範（一〇二三～一〇八八）と範俊（一〇三八～一一一二）に伝わり、範俊の祈雨失敗の後、義範の弟子、醍醐寺座主勝覚（一〇五七～一一二九）に伝承された。勝覚は歴代座主の法流と、上醍醐延命院と仁海（九五一～一〇四六）開基の曼荼羅寺の教団を中心に展開した小野流を受け継いだ僧である。

しかし、同じく第一部で示したように、請雨経法の正伝を受け継いだ勝覚は、寛治三年（一〇八九）に師定賢（一〇二四～一一〇〇）と共に下醍醐釈迦堂で祈雨孔雀経法を行った。これは醍醐寺における国家的祈雨の最初の遂行であった。そして、永久五年（一一一七）以後、請雨経法の実修は途絶え、歴代の醍醐寺座主は専ら本寺で『孔雀経』に基づいた祈雨を営むようになった。

これらの醍醐寺座主たちは、請雨経法と異なる祈雨儀礼を遂行しながらも、請雨経法の舎利・宝珠信仰を守り、その信仰を本寺での祈雨にも応用した。しかし、醍醐寺では古くから清瀧神という水神が祀られており、その神を中心に請雨経法の龍神信仰が様々な変貌を遂げていった。本章ではその信仰の変貌の歴史的プロセスを明らかにしたい。

一　中世の清瀧神信仰

まず、日本中世に伝わっていた清瀧神（清瀧権現《せいりょうごんげん》とも）の諸伝承の内容を紹介し、その伝承の特徴をあげよう。

清瀧神についてはかなり多くの中世テキストがある。もとより、清瀧神は醍醐寺の鎮守であるが、この神が祀られていた場所としてほかに安祥寺や高雄山麓、または稲荷山や室生山などがあり、それらの霊場における清瀧神信仰は各自独特の特徴を有する。本節では、醍醐寺の清瀧神に焦点を当て、その信仰の内容を伝える諸テキストから主要なものを選び、それらを中心に中世の醍醐寺清瀧権現信仰を概観したい。

最初に取り上げたい清瀧権現に関する資料は、『醍醐寺縁起』である。本書の成立年代は不明であるが、最近の研究では清瀧権現に関する部分は十三世紀にその内容が整ったと考えられている。(1)『醍醐寺縁起』所載の清瀧伝は、次の通りである。

延喜二年二月七日、神宛女神女降二臨三密上乗之壇一、語二尊師一（引用者註——聖宝）曰、我是沙竭羅龍王之皇女、准胝如意輪化身也、昔有二大唐一之時、名レ我為二青龍一、吾住二彼寺一守二仏法一、故彼寺名二青龍寺一、是恵果京住之寺也、弘法大師帰朝之時、予乞レ被レ授二三摩耶戒一、大師不レ許レ之、尚追至二于船津一乞レ之、大師悟二志意深一、終令レ伝二授三昧耶戒一畢故大師名二津妃命一、含レ咲歓喜、而同レ船守護、遥凌二万里波濤一漸遷二日域一之刻、垂二迹於此山一施二恵於当国一（中略）然遷二彼峯一永所レ住也、大唐本名二青龍一、随レ水号二清瀧一、是併為レ守二大師請来之密教一、且又為レ利二未来悪世之衆生一也、当山者密厳国土、花蔵世界、金剛胎蔵冥会和合法性無漏智拳城也、重垢者無レ臨、薄福者無レ住、我本地身者准胝如意輪也、胎蔵遍智院秘密八印中陀羅尼菩薩、是准胝仏母也、金剛界会中金剛法菩薩、則如意輪也、理智不二宅、定恵具足、仮現二和光体一雨二如意宝珠一、饒二益有情一、抜二済群類一、炎旱降レ雨稼穡無レ愁、風雨順レ時五穀豊饒、万民豊楽、四海泰平、是若不レ信者不幸也、仰信者幸運也云々、因レ茲祈雨之時、孔雀経御読経同大法、仁王経御読経同大法、被二宣下一、自レ爾以降為二根本一、(2)恒例神事、金剛般若御読経毎年三季行レ之、(3)

以上の伝によれば、清瀧神は本来「青龍」と呼ばれていた龍であり、空海の師恵果が住した青龍寺の鎮守であった。空海とともに日本に渡り、名を「清瀧」に変えて、延喜二年（九〇二）に醍醐寺の開基聖宝（八三二〜九〇九）の前に示現し、醍醐山の峯（清瀧峯）に定住した。清瀧は、娑迦羅龍王の「皇女」であり、つ

図29　清瀧権現像（大須文庫所蔵『当寺鎮守青龍権現習事』所載）

まり女人成仏信仰で著名な『法華経』の龍女と関係が深い存在である。さらに、准胝仏母（胎蔵曼荼羅の陀羅尼菩薩の化身）と如意輪観音（金剛界曼荼羅の金剛法菩薩）という二仏の垂迹（権現）でもある。醍醐山に定住した後、清瀧権現は密教の法流、国家と万民を護り、旱魃の際に雨をもたらし、五穀を実らせたという。

次に、『清瀧権現御事』（永正十一年〔一五一四〕写）という書は、より詳しく清瀧という神が本来インドの神だという。そして密教の東流に伴って中国長安に入り、青龍寺で空海と遭遇し、彼とともに日本に渡った。その後、さらに空海と同行し相次いで九州と室生山に住し、空海入定後に醍醐山に遊行したという。清瀧は九州では「雨師明神」、室生山では「善女」（善如）という別名で呼ばれていたともいう。(4)

つづいて、清瀧神信仰を伝えるもう一つの基本的な資料として、『スラム清瀧』（大須文庫蔵）所載の伝承がある。本資料は、醍醐寺座主勝賢（一一三八～一一九六）筆とされ、大須文庫蔵『当寺鎮守青龍権現習事』という写本と同文である。(5) なお、義演（一五五八～一六二六）編『醍醐寺新要録』に引用されている「或記」の内容とも同じである。(6) 以下、『スラム清瀧』を『当寺鎮守青龍権現習事』と『醍醐寺新要録』「或記」と照合しつつ、その本文を掲げておく。

当寺鎮守清瀧権現習事、(7)

秘口云、清瀧大神本是西天無熱池龍王也、而守二龍猛真宗一、広二弘五天一、大唐青龍寺和尚（恵果）勧二請之一、為二密教鎮守一（寺号専依二此神一也）、高祖大師（空海）奉二請之一、崇《カム》二我朝霊池（神泉苑池）一、宗叡僧正又有二密契一(8)、尊師（聖宝）開山、当社ニハ現二威光一、此崇二山上一(9)ニ、為二護法神一ト、権僧正（勝覚）殊致二崇敬一ヲ、山下ニ勧二請之一、祈二一流興行一也、其本地垂跡有ニ至極之習一、本地者准胝・如意輪二尊是也、即習二台金両部大日一也（准金如台）、垂跡者一神清瀧権現是也、当流大事理智而二然不二也、此理智性霊現レ威成レ神ヲト、永為二鎮護一除二法障一ヲ、台金両部大日成二不二宝躰一、顕二密教妙理一、准胝如意二仏成(10)二不二神躰一ノヲ、守二真宗奥理一、所護既理智不二、能護又而二不二ナリ(11)、故二仏現二一神一ニ(12)実有二其謂一ノ哉、最秘々々、密教依レ之布二天下一、衆生依レ之成二悉地一、可レ尊可レ喜、垂跡事殊有二憚事一也、可レ恐々々、更不レ可二口外一也、為二後代一粗可レ記レ之、不レ可レ出二箱底一者也、下ノ二像ハ即垂跡本地ノ二尊霊神也、上塔婆ハ垂跡一神鎮護霊神体也、可レ秘々々、

秘口云、彼流（池イ）ニハ(13)ヲ垂跡為レ習ト、当社ニハ本地為レ宗、大都雨言（請雨経法）大〔事〕(14)可レ聞二口伝一也、不レ可二口外一、々々々々、

本地二尊垂跡一神、灌頂初重二印二明、第三重一印一明、如次（第脱カ）可二宛叶一、第三重畢レハ初重二印二明深故、今本跡ノ標示如レ此歟、

勝賢記レ之、（（ ）内の文は引用者註）

この資料の内容を要約すると、次の通りになる。清瀧権現は、インド無熱池の龍、後に日本平安京の神泉苑池で祈雨の対象となり、善如龍王として拝まれ、醍醐寺開基の際に醍醐山に定住してきた龍である。後にとりわけ座主勝覚によって高く崇敬された存在である。この龍は、両部大日の化身である准胝・如意輪二仏の垂迹であり、その両部大日（理智）が不二であるという至極を表す存在である。両部大日は、合体して不二の「宝体」（火焔宝珠か）の姿を取る。そして、准胝と如意輪は、絡み合っている二蛇として現れる。この二蛇は、本地仏である准胝・如意輪の「霊神」である。そして、その上に見える五輪塔は、垂迹である一身の清瀧神の「神体」である。

　このように、清瀧神の本地垂迹説が複雑な様相を呈していることが分かる。つまり、「宝体」（火焔宝珠）と「神体」（五輪塔）という区別があって、前者は本地仏レベルの両部不二、後者は垂迹レベルの不二思想を表しているように見受けられる。宝珠が本地の不二体、五輪塔が垂迹の不二体として解釈されていることは清瀧神の本地垂迹説の特徴だといえる。

　さらに、本資料の「彼流〔池イ〕ニハ垂跡ヲ為レ習ト、当社ニハ本地為レ宗、大都雨言（註――請雨経法）大〔事〕可レ聞二口伝一也」という文も注目に値する。この文は、龍（善如・清瀧）について、神泉苑では垂迹としての龍（善如）、清瀧社では龍の本地である准胝と如意輪が大事とされたことを示し、また、その秘説について請雨経法の口伝を聞くべきだという。つまり、この文より清瀧神信仰の裏に請雨経法の舎利・宝珠信仰が潜んでいたという重要な事実がうかがわれる。

　なお、本資料の文末に、清瀧神という龍神の大事が伝法灌頂と直接関係づいている点も述べられ、注目すべき点だが、これについては本章第三節で後述する。

以上の資料では清瀧神と神泉苑の龍との結びつきが言及されるが、それは中世清瀧神信仰の基本的な特徴であり、諸記録にしばしば示されるところである。たとえば、通海《つうかい》（一二三四～一三〇五）撰『清瀧権現講式』（一二九七年）に、醍醐流の醍醐水が笠取山《かさとりやま》の峯より神泉苑の池水のなかに流れ込み、その池で善如龍王を示現させるという伝承がある。なお、印融《いんにゅう》（一四三五～一五一九）撰『清瀧御事私口決』（KB 372.5、江戸期写本）は、清瀧神諸々の尊形の内の一つとして、男形を取る善如龍王をあげている。以上の事例は、中世に清瀧と善如龍王がほぼ同体異名の存在として扱われたことをうかがわせる。

以上の資料も、清瀧神信仰の基本的特徴を伝えるものとして重要であるが、実のところ、中世の清瀧神信仰については、清瀧神の諸伝承のなかで最も古くかつ詳細なものの一つである、『清瀧権現大事』という鎌倉後期写の称名寺聖教に注目しなければならない。

この資料は金沢文庫に KB 340.79と KB 418.37の二写本が蔵されている。KB 418.37は、神奈川県立金沢文庫編『金沢文庫の中世神道資料』に翻刻があるが[15]、その翻刻には多少の誤記もあるため、改めて KB 418.37の翻刻と照合しながら KB 340.79本文の翻刻を掲げることにした。

清瀧権現御事

此龍王ハ即無熱池龍王御類、即輪盖龍王（善如龍王）ノ御事也、大唐青龍寺鎮守、為レ護二高祖法流一、与二大師一共ニ来二我朝一、其間事如二別紙一、然ニ大師嫡々ノ法流ニ分《ワケ》入テ守護影ヲ浮二西西ノ法水ニ一、尋二御本地一者、金剛宝蓮ノ如意○、伺二垂迹御形一者、出家俗形不同也、俗形者、大師御筆以可レ為レ正ト、出家者、暫時ノ御化現例如二八幡ノ俗形ノ一、抑出家形者、其御形如二地巨サタ（地蔵薩埵）ノ一、着二衲袈裟ヲ一、両手張二立五指ヲ一、捧二左右ノ乳房ノ程ニ一、向レ外ニ各以レ大捻ヲ二火甲ヲ一、盤石ノ上ニ結加夫坐シ給ヘリ、俗形者、如二御影ノ一、右ノ御手地水二指ヲ張テ立、以二大腹一捻二火風腹ヲ一、左御手掌ニハ捧二金鉢一、々入二六果宀朱（宝珠）一、赤白青

各二果也、抑持物・御印相何事乎《ヲ》、有二甚深口決一、即是密宗至極也、
口云、右地水二《ハ》、両部大日也、即諸仏菩薩内証甚深境界、一分《トシテ》不レ赴《モ》レ他故、張《ニ》立《タリ》、火風二指《ハ》、両部大日既趣二神一返加
持《ノ》慈悲一給《ヘル》相也、即二明王也、謂《ク》、〔Ra〕《ハ》愛―〔Ha〕《ハ》不動也、二明王慈悲無所《トシ》不レ至《ニ》故、以レ空捻二二指一、空《ハ》是
清浄金剛ミタ（弥陀）、謂、二明王慈悲合《ノ》二ミタ法性加持一、成《ニ》二一切衆生能生本性《ノ》一之《ヲ》相也、此一仏二明王合《ヲ》一者、即
如意○（輪）《ノ》鉢也、金剛・宝・蓮思レ之《ヲ》、謂《ク》、二父《ノ》母《ハ》精霊、空《ハ》不二《ノ》形也、仍此三指《ハ》、一切衆生命根《ノ》躰也、次左御
持物者、即御本地《ノ》如意○也、謂《ク》、中《ノ》宀朱《ハ》如意、金鉢《ハ》○也、六果《ハ》当尊《ノ》六臂、即六道衆生《ノ》本尊也、赤白《リ》二明王《ノ》法水、青
色者白色所兼色《ノ》、是不二也(16)、意《ハ》云、陰陽間《ノ》雖レ受レ生、続人才《ノ》元気事《ハ》、以レ父為レ本《ト》(17)、故以二白所兼色《ノ》一為《ヲ》二不二《ノ》本色一《ト》、又
青《ニハ》兼レ黒《ヲ》、是又赤所兼黒色《ノ》也、所詮赤白所兼色《ハ》、備二青《ノ》一色一《ニ》、而青為レ本《モヲセリト》、能々思レ之《ヲ》、金色如意○《ハ》、赤白不二《ノ》形、龍
王《ハ》、即《チ》赤白所兼色《ノ》也、如意○《ハ》、本地《ノ》故《ニ》、顕二本色《ノ》不二一《ヲ》、龍王《ハ》、垂迹《ノ》故、以二所兼用色《ノ》一《ヲ》、表二不二一給也、各二果《ハ》、互具二
理智二法一《ヲ》給之由也、所詮右御手《ノ》者、本地身加持身造法能生源《ノ》、左御手《ノ》、所生法躰《ノ》、即是六道衆生能生依怙《ノ》本尊也、
本尊者、ヲノレヲノレカ本性神識《ノ》也、思レ之々々、
宀宗（密宗）至極在二即身成仏一、々々々々玄底只在二如意○一、故《ニ》、大師《ハ》以二大日一雖レ為二十八道本尊一《ト》、尊師（聖宝）《ハ》以
取二替如意○一《ニ》、顕二初心即極深秘《ノ》一給者也、（（　）内の文は引用者註）

さて、以上の資料の内容の要点を述べれば、次の通りである。清瀧神は、インド無熱池の輪蓋龍王（善如龍王）である。その本地は如意輪観音の一仏であり、垂迹は、俗形または出家形の姿を取る。俗形は、右手で印を結び、左手に鉢を掲げる龍王像（図30）であり、出家形は、八幡菩薩あるいは地蔵菩薩の僧形に似る。清瀧神はさらに、両部大日の化身である不動と愛染が合体した一身の神である。神の尊形が右手で結んでいる印の中指と人差指の二指は、それぞれ不動（風）と愛染（火）であり、親指（空）は、不動・愛染不二

の姿を表す阿弥陀如来である。龍王が左手にかかげる鉢は、不動・愛染・阿弥陀の合体を表し、本地仏如意輪観音の別姿でもある。

不動と愛染に関して、この二仏が父母の精霊である「赤白《しゃくびゃく》二水《にすい》」（精液と生理血）だと解釈している。その赤白が混ぜ合わされて不二となると、本地のレベルでは金色（如意輪の色）、垂迹のレベルでは青色（龍の

図30　善如龍王像（醍醐寺蔵、深賢筆、一二〇一年作）

肌色）となる。青色は、人間の生命存続の根源である白（精液）を兼ねている不二の本色とされている。(18) 総じて、清瀧は一切衆生の生命力の本性を表す神なのである。

この資料に言及される清瀧神の俗形は、醍醐寺で清瀧神とほぼ同体異名と解されていた善如龍王の像を指す。密教研究では周知のように、三井寺の定智《じょうち》は久安元年（一一四五）に高野山金剛峯寺のために「善如龍王像」を画いた（図30はその複製である）。現存するその画像には、雲上に立つ男性の龍王が見え、その龍は右手で印を結び、左手にいくつかの宝珠を納めた鉢をかかげている。鉢には四個（図30では三個）の宝珠しかみえないが、『清瀧権現大事』所説のように、おそらく六個が入っていると想定されていたであろう。この印の意味について『白宝抄』（一二八〇年頃成立）には次の記述がある。

> 円云、善女龍王ノ当時ノ羯磨ノ印相ハ、右ノ地水ヲ申竪、風火小屈シテ、空ヲモテ風ノ第三節ノ内方柱ヲヨ、地水ハ両部大日、風火ハ不二ノ人躰也、火ハ胸、風ハ頸ナリ、空ハ如意宝珠也、龍王ノ頸下ニ持二如意宝珠一義也、是ヲ並肝頸如意宝珠ト云也、左掌仰ケテ鉢形ニスルナリ、是大海ナリ、是則在大海龍王蔵并肝頸如意宝珠ヲ結願也、此双円海者、経レハ二行者ノ事ニ一臍輪也、故一切衆生己躰自然道理如意宝珠也、(19)

すなわち、右手の小指と薬指は両部大日であり、中指と人差指は不二の人体、親指は如意宝珠、つまり『御遺告』にも言及される龍王頸下の如意宝珠である。そして左手の鉢は、大海を象徴し、その大海は、龍宮蔵の宝珠と龍王頸下の宝珠の法水が結合されたものである。ここで「宝珠」は「水」として構想されているのである。なお、龍宮内の宝珠と龍王頸下の宝珠は「双円海」（二つの海水）であり、その二つが行者の人体を経れば（結合されれば?）、臍に当たるともいう。それゆえに、人間の身体そのものは如意宝珠だと説く。

以上の言説を『清瀧権現大事』所載の言説と対比すれば、清瀧神も善如龍王もともに両部不二の思想を表現していることが分かる。しかし、『白宝抄』では「両部大日」としか記されず、『清瀧権現大事』ではさらに不動・愛染が登場する。なお、二本の指を支え、あたかも両部大日を合体させるような役割を果たす親指について、『白宝抄』はそれを如意宝珠としているのに対して、『清瀧権現大事』ではその指が阿弥陀如来を象徴しているという構想になっている。しかし、そのような相違点があるにもかかわらず、中世醍醐寺で清瀧と善如が同体異名的な存在として、そして、両部不二思想を宝珠と結び付ける龍として捉えられていたことには疑いはない。

それでは、中世の清瀧神信仰の本質は何か。以上の諸伝承から抽出すれば、次の点であるといえる。すなわち、清瀧権現は本質的に宝珠が両部不二の体だという教義を象徴するものである。ただ、その両部不二の教義は単に〈金剛界大日・宝珠・胎蔵界大日〉という内訳だけではなく、〈不動・宝珠・愛染〉あるいは〈如意輪・五輪塔・准胝〉という構造も持っている複層的なものである。要するに、清瀧神は中世真言密教の両部不二教義を龍の宝珠を中心に表現する神なのである。無論、その裏に宝珠が龍の頸の中にあるという『御遺告』に記される根本的な真言密教信仰も潜んでいるとも考えられよう。

そして、清瀧または善如と呼ばれるこの龍神は、密教の教義を象徴するものとして、インドの無熱池から中国の長安へ、さらに日本に移動したものである。インドの神が日本に移住したという構想だが、それは密教の教えがインドから日本に伝わったということを表現するメタファーでもある。龍神はただの神ではなく、密教のすべての教理を一身に持つものなのである。つまり、清瀧神＝善如は醍醐法流の本質を一身に集約させ、醍醐寺の密教思想を最も端的に象徴する最高神なのである。

さて、上に清瀧権現に関する諸伝承の内容を概観し、中世清瀧権現信仰の特徴を明らかにしたが、このような信仰は、はたして歴史的にいつから、どのような背景のもとに成立し、展開したのであろうか。以下、清瀧神信仰の歴史的展開を探っていこう。

二　清瀧神信仰の歴史的展開

清瀧という神は、開基聖宝の時代より醍醐山で祀られていたと伝承されている。その伝承の信頼性はともかく、十一世紀初頭より、毎年春と秋の時に上醍醐で清瀧神のための読経法会が行われたことは確かなようである[20]。

慶延記『醍醐雑事記』（一一八六年成立、『慶延記』とも）に源師房（一〇〇八〜一〇七七、勝覚の祖父）の日記が引用されており、その引用文によれば、当初は清瀧神の社殿がなく、神の「本宮」は清瀧峯の岩窟だったという。だが、座主勝覚の時代に二つの社殿が建立された。勝覚は清瀧神を篤く信仰し、寛治三年（一〇八九）四月一日に上醍醐で清瀧社の造営を終了させ、さらに、永長二年（一〇九七）四月十七日に、下醍醐でも社殿を完成させた[21]。

そして勝覚は、十二世紀初頭に朝廷へ解文を送り、清瀧神の神位を申請した。その解文は、醍醐天皇の時代に清瀧神が第一品に叙せられ、仁海の祈雨霊験の際にも朝廷の特別な待遇を受けたとするが[22]、真偽は疑わしい。なお、『慶延記』巻第四（清瀧宮）は延喜二十二年（九二二）に清瀧神に五位の神階が授与されたことを記すが、津田氏が指摘した通り、『神階記』やほかの記録にそのことがみえないために信頼できない[23]。

ともかく、勝覚の時代には清瀧神の信仰が高まり、その結果、そこから清瀧神信仰が様々な展開・変貌を遂げていったことは想像に難くない。以下、清瀧神が勝覚の時代よりどのような変化を辿っていったのかを考察しよう。

(1) 龍神としての清瀧神

籔元晶氏は、雨乞儀礼についての研究で、本来清瀧神が龍神として祀られていたかどうかを疑問視している。[24] 氏が挙げた疑問点については後述するが、清瀧神の名が当初より「清瀧」だったとすれば、サンズイと「青龍」からなる名を持つこの神が古来龍神とされたことをあながち疑問視すべきことではなかろう。少なくとも十一世紀初めより「清瀧」という神が上醍醐で祀られたが、当初よりその神が水の支配者である龍神として崇敬されたであろう。

なお、「清瀧」と称される神は、かなり古い時代より、四神《しじん》のなかで東方を守る神である青龍とも連想された可能性が高いと思う。平安京(つまり、宇宙の中心)から見て、醍醐寺は東方の領域に位置するため、醍醐山の鎮守が当初より「清瀧」と称された存在であれば、その存在が古くより四神の青龍と繋がれたことは想像に難くない。

清瀧神が龍として現れる文献上の初見は、永久五年(一一一七)の請雨経法の記録『永久五年祈雨日記』(勝覚口、源師頼筆)である。その年の六月、醍醐寺座主勝覚が神泉苑で祈雨法を実修した際、第三日に雨が降り出したが、それより少し前に、次の出来事が起きていたようである。

衆僧等弥致二信仰一之間、漸及未時巽方有二陰雲一醍醐人々於二清瀧峯一祈請之間、俄片雲現二峰上一云々、少時之間、周二遍一天一（中略）于レ時雲雷数声、
雨脚滂沱、[25]

つまり、その際、醍醐寺僧は上醍醐清瀧峯で祈願していたが、雨が降り出す前、その清瀧峯より黒雲が上がり、[26]空を覆い、雨を降らせたという。当時でも雨雲が龍の仕業だということは常識だったため、その時には清瀧神が龍神として認識されていたことは明らかであろう。

『永久五年祈雨日記』は、保元三年（一一五八）に醍醐寺僧賢信《けんしん》（一一一八〜一一八七）によって書写された。その写本の末尾に付された「写本記」によると、賢信は保元三年八月十日に良勝《りょうしょう》（生没年未詳、厳覚と定海の弟子）という僧と永久五年請雨経法について面談した。[27]良勝は、その時に神泉苑池の中島より浮かんできた「青蛇」が仮屋中の大壇の下に潜り込んで、「巽方」の足を絡みながら壇面の方に上ったと言った。[28]この話のシンボリズムは解読しやすい。つまり、〈巽〉は〈醍醐寺〉、〈青蛇〉は〈青龍〉を指すであろう。よって、良勝の談話は、その時に神泉苑に示現した蛇が清瀧神そのものだったということにほかならない。

賢信は「写本記」において、青蛇のことは本来の日記には記されていなかったが、保元三年には青蛇の話がすでに広く知られていたものだったと追記した。[29]よって、賢信の追記の文から、保元三年までに神泉苑の龍が清瀧神と密接な関係を結んでいるという信仰が、少なくとも醍醐寺内では、すでによく知られていた事柄だったという事実が分かるのである。

したがって、おそらく当時から神泉苑の龍は、苑と醍醐寺を何らかの形で往来する存在だと信じられていたであろう。そのような信仰があったということは、寛信撰『祈雨記』（一一一七年成立）記載の、斉衡三年

における常暁の祈雨についての伝承からも読み取れる[30]。その伝承によれば、その際に仮屋屋根上の大幡に白龍がかかり、修法終了後、その龍が常暁の本寺法琳寺（現在廃寺）に移動したという。法琳寺は、醍醐寺西方よりさほど遠くないところに所在していた寺院である。『祈雨記』に、以上の伝承が「醍醐聖賢勘送」したもの、つまり、醍醐寺僧聖賢によって寛信へ送られたものだという。その事実から、当時醍醐寺では神泉苑の龍が祈雨行者居住の寺院と縁を結ぶ存在とされ、転じて、その龍が常暁以後に多くの祈雨験者を輩出した醍醐寺に棲んでいるものだという信仰があったことが推察される。

しかし、醍醐寺における祈雨についてては、その祈雨が初期には下醍醐釈迦堂で行われ、十二世紀後期以降、ほぼ清瀧宮で実施されていたという事実が注目される（表A）。その事実から、籔元晶氏は、初期に清瀧神が龍神として仰がれたかどうかが疑問であり、龍としての清瀧神信仰の成立は十二世紀後半からであろうと論じている[31]。つまり、氏は「清瀧」が本来は龍として礼拝されていなかったと考えている。

しかし、清瀧宮以外の場所で実施された祈雨でも、実際には清瀧神信仰を取り入れていたという可能性を見逃してはいけない。その可能性を示してくれるのは、建久二年の祈雨についての日記の内容である。その日記によれば、その年に勝賢が三宝院で祈雨孔雀経法を修した時、彼は五大堂、上下醍醐の清瀧社や清瀧本宮などでも祈祷を行わせたという。そして、勝賢はある時に三宝院から下醍醐の清瀧社に赴き、本殿で五輪塔に仏舎利を籠めた。その後三宝院に戻って、そこで清瀧神の夢想を見てから、大雨が降ったとも記す[32]。すなわち、三宝院で祈雨法を行っても、勝賢は清瀧神の龍神に重要な役割を果たさせたのである。

すなわち、この事例から、初期の醍醐寺釈迦堂の祈雨でも、同時に本宮などでも祈願がなされ、あるいは釈迦堂の祈雨行者が一時的に清瀧社に赴き、そこでも祈祷を行った可能性が十分にあることが考えられよ

表A　十三世紀初期までの醍醐寺における祈雨

年号	実行者	儀礼	場所	請雨経法辞退	出典
寛治3（1089）7・9	定賢・勝覚	孔雀経法	釈迦堂		祈雨日記、秘鈔口決、醍醐寺新要録
天治2（1125）7・1	定海	孔雀経御読経	釈迦堂	（有）	慶延記、中右記目録
大治5（1130）7・11	定海	孔雀経御読経	釈迦堂	（有）	中右記、長秋記、慶延記
仁安1（1166）7・12	？	仁王経御読経	清瀧宮		慶延記、醍醐寺新要録
嘉応1（1169）7・1	乗海	孔雀経御読経	釈迦堂	有	醍醐寺新要録
承安3（1173）6・22	乗海	孔雀経御読経	清瀧宮	有	玉葉
承安4（1174）5・25	乗海	孔雀経御読経	釈迦堂		醍醐寺新要録
養和1（1181）？・？	勝賢	（孔雀経）御読経	？		醍醐寺新要録
文治2（1186）5・28	？	（孔雀経）御読経	清瀧宮		玉葉
文治3（1187）6・28	？	（孔雀経）御読経	清瀧宮		玉葉
建久2（1191）5・7 5・17 6・11	勝賢 勝賢 ―	孔雀経御読経 孔雀経法 水天供	清瀧宮 三宝院	有	建久二年祈雨日記、玉葉 玉葉、醍醐寺新要録 玉葉
建久4（1193）7・19	勝賢	孔雀経御読経	？		醍醐寺座主次第
建久5（1194）7・12	？	（孔雀経）御読経	清瀧宮		玉葉
建久6（1195）7・16	実継	孔雀経御読経	清瀧宮		醍醐寺座主次第、玉葉
正治1（1199）7・12 8・2	実継 ―	（孔雀経）御読経 （水天供）	清瀧宮		醍醐寺座主次第 醍醐寺座主次第
建仁1（1201）5・7	実継	孔雀経御読経	清瀧宮		醍醐寺新要録
元久1（1204）6・20	成賢	孔雀経御読経	清瀧宮		醍醐寺座主次第（建永2・4・22は誤記ヵ）、吉続記
建暦1（1211）6・18 7・13	成賢 成賢	（孔雀経）御読経 孔雀経法	清瀧宮 三宝院		東寺長者補任 百錬抄、東寺長者補任
建保3（1215）5・2	？	（孔雀経）御読経	清瀧宮		百錬抄

う。ただ、釈迦堂における祈雨について日記など詳しい記録が残っていないため、その事実を資料で証明することができないだけである。要するに、現存資料が示す祈雨場所を基準に、その祈雨において清瀧神信仰が採用されたか否か、あるいは清瀧が龍神か否かという問題を論じることには無理があるのである。

　おそらく、釈迦堂における祈雨は、自然に龍神信仰と繋がっていたであろう。なぜなら、釈迦信仰は、『御遺告』の宝珠譚にあるように、自ずと舎利・宝珠・龍神信仰に通じるからである。したがって、釈迦如来像の前で行われた祈雨において、仏舎利及び龍神、転じて清瀧神への配慮や遥拝があったということは、十分にその可能性があると考えるべきであろう。

よって、十二世紀後期に祈雨場所が釈迦堂から清瀧社へと替わったことは、清瀧神が龍神でない神から龍神へと変わったことを意味しないと思う。第一部で論じたように、初期の醍醐寺における祈雨は、概ね請雨経法の代わりに実施されたものだった。その祈雨は主に釈迦堂で挙行されたが、何らかの形で醍醐山の清瀧信仰（神泉苑の龍と関係が深い龍神信仰）を取り入れていたと考える。だが、十二世紀後半に醍醐寺の「清瀧御読経」という国家的祈雨が独立し、定着した。それ以後の資料に祈雨場所として主に「清瀧宮」があげられているのは、そのためなのであろう。

(2) 清瀧神と龍女

前節でも見てきたように、中世に清瀧神は娑迦羅龍王の娘（皇女）と信じられていた。これにより清瀧神が、娑伽羅龍王の八歳の娘で、釈迦如来に宝珠を奉るやいなや男子に変じて、速やかに成仏したという、有名な『法華経』の龍女《りゅうにょ》の姉妹と見られたことを知ることができる(33)。

清瀧が龍女の姉妹だということを述べる最も古い資料の一つとして、勝賢筆『建久二年祈雨日記』がある。この記録によると、座主勝賢が建久二年五月に三宝院で祈雨の孔雀経法を実修した際、彼は清瀧社に赴き、本殿で祈雨祈願をし、その後、三宝院の護摩堂で続けて祈雨の孔雀経法を修すると、次の夢を見た。

於二護摩堂一修二自行一之日、所作向二南方一而坐、如レ夢如レ悟従二西面四足之門一令レ乗二厳麗唐車一車体如二糸毛車一、貴女来臨、所レ懸牛并所レ従等者有レ之、然而如レ在二雲霞之中一其形不二分明一、車簾巻上轅差車奉レ見レ之、其形如二天女一分明奉レ拝レ之畢、即思二惟之一、鎮守権現是女体也婆羯羅龍女善女龍王妹也、遍垂二影向一給歟、就中先々夢中奉二見此貴体一及二度々一、毎度有二其験一、今案此影向定悉地不レ空歟、悲喜充レ胸、感涙難レ禁、信心弥増レ色畢、(34)

すなわち、その夢で貴女・天女の姿を取る清瀧神が来臨したのであるが、勝賢はその出現を降雨の前兆として喜んだ。なお、貴女の正体について、「婆羯羅龍女善女龍王妹也」という注記から分かるように、座主はその貴女が娑迦羅龍王の娘、善如龍王の姉妹だと認識した。あるいは、注記の「善女」とは清瀧神の別名だとすれば、勝賢はここで沙竭羅龍王の龍女が清瀧神＝善女の姉妹だと記しているという解釈もできる。(35)

以上の資料のほかに、清瀧神と龍女の結び付きを示す古い伝承として、『白宝抄《びゃくほうしょう》』（一一八〇年頃）所載の醍醐寺僧宝心《ほうしん》（一〇九二～一一七四）が記した言い伝えがある。その伝承によれば、清瀧神、龍女と厳島明神の三神がすべて姉妹関係にあるという。(36)

このように、以上の文献上の手掛かりより、およそ十二世紀中期から清瀧神が娑迦羅龍王の娘だという信仰が流布されてきたことがうかがえる。しかし、そのような信仰はより具体的にいつから、そして、どのような背景で成立したのであろうか。

この問題について籔氏は、十二世紀後期より古い資料に所見がないために、清瀧神と龍女の習合説が成立したのは十二世紀後半以降であろうと論じている。また、その習合説の成立背景に関して、清瀧神と女人成仏との関係を物語る資料がないために、その説は女人成仏と関係なく、ただ祈雨との関係のみで成立したと考えている。[37]

しかし、「龍女」といえば、それは自ら女人成仏のことを想起させる有名な存在であるため、「清瀧神は龍女の姉妹だ」という表現だけでも、その神が女人成仏の理念と関わりがあることを表すのに十分である。逆に、資料がたとえば「だから清瀧神は女人成仏と関係がある」とまで明記しないのは、一つの宗教現象についてすべての内容要素を書き表さないという中世宗教文化の特徴に相応しいというべきかもしれない。よって、清瀧神と女人成仏との関係を記す明証がなくても、あながちその関係を否定するわけにはいかない。

さらに、清瀧神と龍女の関係を考察するならば、十一世紀末より醍醐寺で白河院（一〇五三〜一一二九）の中宮藤原賢子《けんし》（一〇五七―八四、源顕房の実子、藤原師実の養女）を初め、数人の皇室関係の女性の成仏祈願が行われた事実を看過してはいけないであろう。すなわち、当時の社会では龍女と女性成仏の関係が周知されていたため、[38]醍醐寺における女人成仏の祈願の影響として清瀧神と龍女が習合されるようになったと考えられる。以下、その説の論拠をより詳しく説明したい。

応徳元年（一〇八四）九月二十二日に、中宮賢子は三条内裏で崩御した。『古事談』によれば、中宮が亡くなってからも天皇はなおその遺体を抱いていたようである。[39]史書によっても、白河天皇は数日悲嘆にくれ、御膳も召されなかったという。[40]数か月後でも、天皇の悲しみはなお癒えていなかったようである。天皇は、翌年五月から悲痛を除くために四か月以上孔雀経法を行わせたのである。[41]

このような白河天皇の悲しみようから、賢子をいかに寵愛していたかがうかがわれる。十三世紀の伝承だが、「又仰云、賢子中宮是白川院御寵后也、重愛頗超二李夫・揚妃一、絶倫過法一天謳二歌之一云云」とあるように、[42]天皇の中宮への愛が、漢武帝の李夫人、あるいは唐の玄宗皇帝の楊貴妃への愛情さえ凌ぐものだったと世に聞こえていた。

白河天皇は、中宮の頓証菩提のために上醍醐で円光院を建立した[43]。当院が完成した応徳二年（一〇八五）八月二十九日より少し前、同年七月十日に中宮の遺骨が金銅の仏塔に納められ、仏塔は石辛櫃内に納入されたまま円光院仏壇の下に埋蔵された[44]。

天皇はさらに円光院に二つの荘園（近江国柏原荘及び越前国牛原荘）を寄付した[45]。当時醍醐寺の財政は衰退していたようであるが、この寄付によりその財政状況が再び好転したといわれている。後世、醍醐寺僧は当寺の繁栄が専ら円光院で葬られた中宮のおかげだとして中宮を「大権の化現《けげん》」、つまり、仏の化身とさえ呼んでいた[46]。

円光院の別当として、最初に座主定賢と義範が任命され、その後、当院は代々座主の管轄下に置かれた[47]。すなわち、円光院は醍醐寺上層部の僧が司るべき重要な寺院として見做されていたのである。

円光院の初代別当に定賢とともに義範が任命されたことは注目される。その時に定賢は座主であり、ゆえに彼が円光院の執行権を掌握したことは当然だといえるが、なぜ義範も任命されたかは簡単には説明できない。しかし、義範の別当補任は、おそらく彼が中宮賢子の帰依を受けていたことに因ると推定されている。白河天皇に皇子がいなかった時、義範は中宮安産のために孔雀経法を修し、その時に善仁親王（後の堀河天皇、一〇七九～一一〇七）が生まれた。賢子を含めて王家はその目出度い出産が義範及び醍醐山の仏眼仏母の霊力のおかげだとして、その縁で義範は座主定賢とともに円光院別当に任じられたであろうと論じられている。なお、賢子の遺骨が源氏の氏墓ではなく醍醐寺円光院で葬られたということ自体も義範との関係で説明されている。つまり、賢子の醍醐寺における納骨そのものが義範の計らいで実現されたと考えられているの

である。(48)

醍醐寺で女人の遺骨が埋納されたのは賢子が最初であったが、その後、ほかに数人の貴女の遺骨も醍醐寺に送られた。まず、賢子に次いで白河院最愛の娘である郁芳門院媞子《ていし》（一〇七六～一〇九六、賢子娘）の埋骨が行われた。媞子の菩提を弔うために、上皇はさらに承徳元年八月に下醍醐で無量光院を建立し、荘園（肥後国の山鹿荘）を寄進した。媞子の遺骨そのものは、円光院仏壇下、母の傍に安置させられた。媞子に次いで禧子《きし》内親王（一一二二～一一三三、鳥羽院・待賢門院璋子《しょうし》娘）と太皇太后宮令子《れいし》内親王（一〇七八～一一四四、白河院・賢子娘）の遺骨も円光院仏壇下に安置された。(49)

以上の事例から、応徳二年より十二世紀中頃までの間に円光院・無量光院を中心に醍醐寺で女性成仏祈願が隆盛となってきた事実がうかがえる。(50)

賢子の遺骨が奉納された円光院仏壇下の石辛櫃と金銅塔は、慶長十一年（一六〇六）に座主義演（一五五八～一六二六）により発掘された。円光院自体はすでにその時にはもう存在していなかったようである。その時に出土した石櫃は、総高は53cmであり、表面に「応徳二季乙丑七月　日」と刻み付けられており、(51)なかの塔は高さ40.2cm前後の金銅製三角五輪塔であった。塔の地・水・火の三輪はそれぞれ黄色・白色・赤色に塗られ、記載はないが、ほかの風・空の二輪はそれぞれ黒色・青色に塗られたと思われる。五輪塔の一番下の地輪のなかに中宮の火葬骨が入っており、さらに水輪のなかに銅板経が収納されていた。銅を薄く伸ばして紙の如くしたもの（高さ12.4cm、長さ81.8cm）の上に大日如来真言、阿弥陀如来真言、無《む》垢《く》浄光《じょうこう》陀羅尼、智炬如来《ちこにょらい》破《は》地獄《じごく》真言、滅悪趣《めったくしゅ》真言や摧罪真言などの真言が墨書されていた。(52)義演は、中身を確認し、記録した後に再び五輪塔をもとの場所に埋めた。(53)

「破地獄真言」や「滅悪趣真言」の真言名が暗示するように、賢子の遺骨が埋納された際、醍醐寺では中宮が悪趣に陥らないように様々な祈願が行われた。そのことは、応徳二年九月十五日より七日間、義範が頼照という僧に無垢浄光陀羅尼法、すなわち、亡者が悪趣から離れ、菩提位に至るための滅罪法を行わせた事実からも知られる[54]。

僧侶が皇室関係の女性のために滅罪や菩提を祈るということは無論すでに一般的であった。しかし、醍醐寺僧が賢子の成仏を実現させるために行った祈願のスタイルは、やや特殊なものであった。というのは、皇室関係女性の火葬骨を仏塔のなかに納入するのは、文献上賢子のケースが初めてだったようであるからである。上島享氏も論じたように、中宮賢子の遺骨を仏塔に納めることにより、その遺骨は「仏舎利」のような意味が持たされた[55]。つまり、五輪塔のなかに入っている中宮の火葬骨は釈迦の遺骨そのものではないが、それと同等の扱いを受けたのである。なお、五輪塔が胎蔵界大日の三昧耶形だということは密教の基本的知識であるため[56]、その遺骨が大日如来とも関係づけられたことも考えられよう。要するに、醍醐寺僧は中宮賢子の究竟菩提を実現させるために徹底的な工夫を行ったかのように見受けられる。

さて、このように中宮が速やかに最上の成仏を遂げるための諸祈願が行われた背景として、醍醐寺僧による龍女信仰の強調があったと推察される。『法華経』の龍女成仏譚によれば、舎利弗が女人には成仏が困難だと訴えたところ、八歳の龍女が現れ、仏に宝珠を奉り、たちまち男子に変じて速やかに成仏した[57]。この話には女性成仏の困難性と女性成仏の可能性の両面を含んでいるが、当時の醍醐寺僧はまるでその両面性に沿った宗教的行動を取ったかのようである。すなわち、頼照が行った滅罪法から、または塔に入った「滅悪趣真言」や「破地獄真言」などの文言から、三宝の力なくしては中宮が成仏するのが難しく、中宮が地獄に陥るであろうという信仰が読み取れる。しかし、他方、同じ醍醐寺僧が中宮遺骨を五輪塔に納め、「頓証菩提」という言葉を口にした事実から、彼らは中宮が究極の成仏位を達成できると確信していたこともうかがえる。そのような背景で、中宮成仏祈願に関わっていた醍醐寺僧が龍女の思想に思いを及ばさなかったとは考えにくく、それがむしろ最も自然だったというべきであろう。なお、賢子以後円光院で葬られた十一歳の幼い禧子内親王について、年八歳の龍女の成仏信仰への配慮があったことも想像に難くない。

なお、これについて円光院建立以後醍醐寺で『法華経』に基づいた様々な仏教儀礼が始行されるようになったことにも注目したい。まず、寛治四年（一〇九〇）に勝覚は円光院で法華三十講《ほっけさんじっこう》を開始した。この行事は毎年六月一日に実施されていたが、承徳二年（一〇九八）以後、その法会が無量光院に移転された。なお、『法華経』は清瀧社でも講読されるようになった。上醍醐の社殿では承徳二年より毎年四月一日に法華《ほっけ》八講《はっこう》が執り行われ、[58]下醍醐清瀧社では承徳元年（一〇九七）より毎年四月一七日に同じ法華八講が運営されていた。[59]また、法華八講が寛治五年（一〇九一）より毎年上醍醐准胝堂でも遂行されていたことも挙げられる。[60]

円光院や無量光院、また上醍醐・下醍醐の清瀧社で新しく『法華経』所依の法会が運営されるようになったことは、清瀧神と龍女が繋がれた歴史的過程を考察する場合、見逃せない重要な事実であろう。『法華経』の内容のうち、提婆達多品《だいばだったほん》の龍女成仏譚はその最も重要な教えの一つである。次に、円光院の祈願対象は女人の成仏である。ゆえに、その時代に龍女成仏の信仰が円光院の貴女と関係づけられ、その貴女たちの成仏祈願を裏付けてきたことはほぼ間違いないであろう。なお、その結果としてその信仰が醍醐山の龍神たる清瀧神に投影されたということも自然な結末だというべきである。

ちなみに、『醍醐寺縁起』では清瀧神が海龍王の「皇女」だと記されていることも興味深い。「皇女」は文字通り天皇の娘だという意味だからである。あるいはこれは当時醍醐寺僧の間で清瀧神が円光院で埋葬されている皇女たちと関係が深い存在だということが意識されていた事実を示しているのではないであろうか。

（3）権現としての清瀧神

次は、どのように清瀧神が清瀧権現、つまり二仏の化身として見られるようになったかという歴史的過程を考察しよう。

上に述べてきたように、中世には清瀧神は両部大日の垂迹として崇敬されていた。清瀧神は、あるいは如意輪観音と准胝仏母、あるいは不動明王と愛染王の二仏が融合した一身の神として信仰されたのである。一説（『醍醐寺縁起』）では准胝は胎蔵大日、如意輪は金剛界大日を代表するとされる。しかし、ほかの説（『当寺鎮守青龍権現習事』）ではその逆の配当が主張される。二仏と両部の関係について一定の説はなかったようであるが、ともかく、清瀧神という龍神は両部大日を一身に融合した垂迹神なのである。しかし、そのような信仰はいつの時代から流布されたであろうか。本項ではこの問題について考察したい。

津田徹英氏の研究によれば、清瀧宮建立以前に清瀧神が両部大日の垂迹として信奉されたということは考えにくく、それ以後だとする方が妥当である。氏は、一般に神々の本地が定まってゆくのが十一世紀後半以降であるということを根拠に、本来清瀧神の信仰は素朴なものにすぎず、清瀧宮の造立を契機に、その本地垂迹説が登場したのではないかと論じている。(61)

津田氏は、清瀧社殿造立の時期に清瀧神が権現として信仰されてきたという説を「御遷宮之事清瀧託宣事」

（座主義演編『上清瀧宮遷座類聚』所収）というテキストで裏付けている。それによれば、寛治二年（一〇八八）十一月十八日、勝覚の父左大臣源俊房が息子の病気見舞のために醍醐寺に訪問した日、勝覚の口を借りた清瀧神は自分が准胝と如意輪の垂迹だという託宣を残した。この託宣を切っ掛けに、上醍醐の清瀧社が建立されたともいう。本テキストは慶長十一年（一六〇六）の写本であるが、津田氏は、本文に使用されている年号を根拠に、その内容が清瀧宮造営の頃に成立したとみなし得ると論じている。[62]よって、氏は、すでにその頃に清瀧神が准胝と如意輪の権現と崇敬されていたと考えてよいとしている。筆者は津田氏の論が当を得て

図31　清瀧権現像（鎌倉時代、東京・畠山記念館）

いると思い、賛同する。

清瀧神が権現として崇敬されてきたのは社殿の建立よりそれほど離れていない時期からだということを暗示する資料や手掛かりは、ほかにもある。以下、その資料や手掛かりを紹介しよう。

まず、『実帰鈔』（成賢口、深賢筆、一二三一年成立）所載の次の記述がある。

両所御事、三宝院御経蔵御権僧正御房図絵御正体、一所仏母由、女形持二宝珠一給、今一体聖如意輪由、聖僧御也、此旨故行善房申シケルソト被レ仰也」(63)

すなわち、この記述によれば、勝覚は清瀧権現の姿として宝珠を持つ女形《にょぎょう》（准胝仏母）及び僧形《そうぎょう》（如意輪観音）の二つの図像を図画したという。これは行善房真海《しんかい》（生没年未詳）という僧の説であると伝えられている。

真海は、定海・元海《げんかい》（一〇九三―一一五六）・実運《じちうん》（一一〇五―六〇）の三人の座主の付法弟子であり、上醍醐別当及び円光院の供奉僧として勤めていた(64)。かなり重要な職務を帯びていた三宝院流の僧であったが、彼は清瀧神がそれぞれ女人と僧の形を取る仏眼と如意輪の化身だという説を伝えていた。その説の由来は勝覚まで遡るとされ、それが事実であるか否かはもはや確認できないが、その可能性もあるかもしれない。ともかく、以上の記述から、少なくとも十二世紀後期までに清瀧神が二仏の垂迹として信じられてきたと判断することができる。

つづいて、清瀧神がいつから両部不二的性格を身に付けてきたかという問題を考察する場合、清瀧神と密接な関係にあると捉えられていた善如龍王の画像（一一四五年作）の特徴の象徴性も考慮すべきである（本書

図30、345頁）。すでに説明したように、この画像では龍王が右手で特殊な印を結んでいる。その印の形は、小指と薬指が直立し、中指と人差指が共に親指に接するというものである。説明がなくても、この印の形状は二つの原理が実際には一つだという思想を表しているものだということは明らかであろう。要するに、この印は一一四五年までに龍（善如・清瀧）が両部不二的存在として、つまり、二仏の垂迹として見られてきたことを示すものである(65)。

なお、この善如龍王像について次の事実にも注意したい。現存する定智筆の善如龍王像は、本来の色彩が大分剥がされているが、建仁元年（一二〇一）に醍醐寺僧深賢《じんけん》（?～一二六一）が定智本に基づいて画いた画像に、本来どの色が施されていたかを指示する記文がある（本書図30参照）。それによると、肌の色は白緑《びゃくろく》、右手の裾は白、左手の裾は赤に彩られていた。この三色は注目されるべきであろう。なぜなら、中世清瀧神の伝承によれば、その三色が両部不二の思想を表しているからである。白は不動、赤は愛染、青は垂迹である龍の不二性を表すとされていた。深賢筆の画像から三色がどのように解釈されたかは読み取れないが、その裏に両部不二の思想が潜んでいるに違いないであろう。ゆえに、この点からもすでに一一四五年までに龍（善如・清瀧）が両部不二的存在として信奉されたことが推測されよう。その上、中世日本密教では「赤白」は通常精液と生理血を表す色彩とされていたため、龍が男女・陰陽和合的存在として仰がれたことも想像に難くない。

さて、上記の事柄から、清瀧神が准胝・如意輪二仏の垂迹だという信仰が社殿建立時期より間もない内に成立したと結論してよいと思うが、不動・愛染二仏の垂迹としての清瀧神信仰はいつ樹立したのであろうか。第二部で論じたように、善如龍王が中心的役割を果たす請雨経法は、醍醐寺では少なくとも座主勝賢の時代までに不動・愛染の舎利＝宝珠法として構想されていた。したがって、清瀧の姿の裏に不動・愛染が想定されたのもその時代まで遡ると考えてよいであろう。しかし、同第二部の結論で説明したように、勝覚撰『護持僧作法』において、不動、愛染、宝珠、仏眼の印明が相次いで列記されている。よって、すでに勝賢より以前、勝覚生存中に不動・愛染・宝珠（龍）を連ねる信仰が成立していた可能性があると思う。

なお、これに関連して次の事実にも注意したい。慶延《けいえん》記『醍醐雑事記』によれば、義範建立の遍智院では等身大の阿弥陀三尊の外、それぞれ三尺の高さを有する大日如来・不動・愛染王の仏像も安置されていた(66)。どうやら不動と愛染を結びつける信仰はすでに遍智院開基の時期に存在していたようである。遍智院で不動と愛染がさらに龍や宝珠と関係づけられていたがどうかは判定できないが、請雨経法の正伝を相伝した義範としては、その関係への配慮は難しくなかったであろう。

このように、文献ではっきりと証明することはできないが、不動・愛染と龍（清瀧・善如）を結びつける信仰は醍醐寺ではかなり古く、おそらく遍智院開基まで遡及するものだと推定することができる。なお、見てきた通り、中世清瀧神の伝承では清瀧は不動と愛染だけではなく、より正確には不動・愛染・阿弥陀の三仏の合体とされている。その信仰の淵源は不明であるが、これも遍智院の宗教的空間に遡る説であるかもしれない。

（4）清瀧権現と円光院

さて、両部大日の垂迹としての清瀧神の信仰について考察する場合、円光院の宗教的空間も重要な手がかりであると考える。本項ではその私見を述べておきたい。

既述のように、円光院仏壇下に国母賢子と数人の皇女の遺骨が埋葬された。いわば、当院は十二世紀後半までにあたかも女人成仏信仰の聖地《メッカ》となっていたようである。そして、すでに論じた通り、当院で女人成仏の祈願及び『法華経』所依の法会が実施された影響により龍女信仰が発揚され、その信仰が清瀧神に投影された。しかし、円光院を媒介に鎮守清瀧神に投影されたと考えられる信仰は龍女信仰だけではなかったかもしれない。

円光院についてまだ述べてこなかった重要な事実がある。それは初代別当義範が当院の本尊として金銅製両界曼荼羅を安置させたという事実である[67]。よって、円光院の宗教的空間は、中宮の火葬骨が入っている金銅製五輪塔及び金銅製両界曼荼羅という三点からなる構造であった（図32）。

この三点――五輪塔（中宮遺骨）・金剛界・胎蔵界――は何らかの密教思想――たとえば両部不二思想――によって結び付けられていたことは容易に想像できよう。しかし、その思想が具体的に何かについては、残念ながら記録が一つも残っていない。

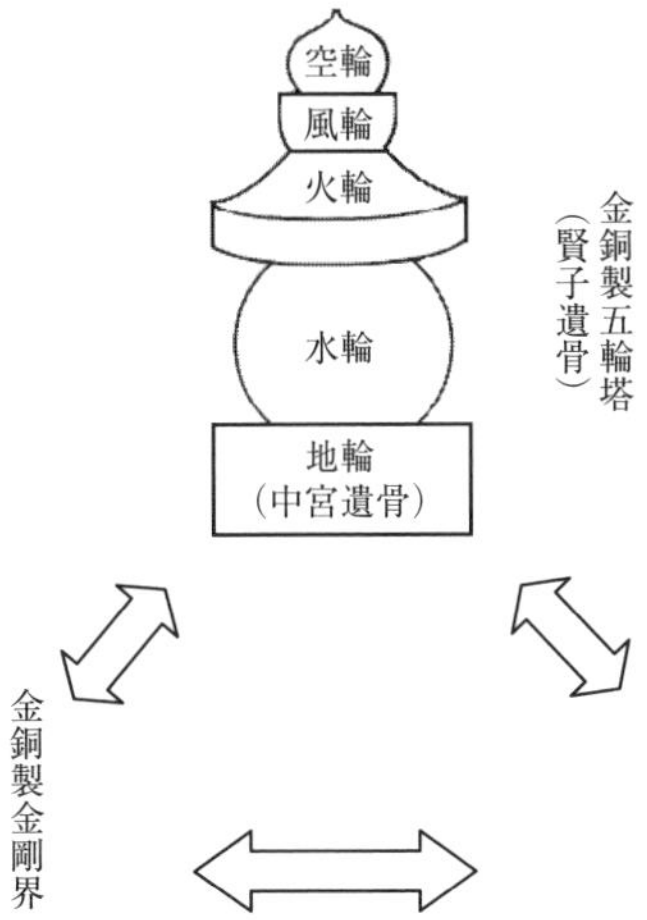

図32　上醍醐円光院の宗教的空間

ところが、中世の醍醐寺で両部と五輪塔との関係がどのように解釈されていたかということを教示してくれる同時代の資料として、勝覚筆『護持僧作法』がある。このテキストでは護持僧が行うべき観想法が解明されているが、その観想法の一環として、

観二禁裏一或宮中或殿内有二本不生不可得妙〔A〕字一、成二浄白円明月殿一或宮殿内有二〔Hriḥ〕字一、成二千葉宝蓮一、宝蓮上有二自性本有〔Vaṃ〕字一、々変二成常住五輪円塔一、塔変二成金剛界九会曼荼羅主法界躰性智遍照如来一、(68)

という思想が重視されていた。すなわち、禁裏に、通常胎蔵界大日を象徴し、本不生の理を表すとされる阿字を観想し、その阿字は円明月殿となり、その円明月殿のなかの蓮華上に、金剛界大日を表すとされるVaṃ字が現れる。さらに、そのVaṃ字は五輪塔（胎蔵界大日の象徴）に変成し、塔はついに金剛界大日へと変ずる。なお、引用以外の個所で、同書はこの観想法において天皇の心に阿字があり、その阿字から如意宝珠が生ずるというイメージも心に念ずるべきだとも説いている。

この観想法の意味は理解しにくいが、基本的に次の通りであろう。すなわち、天皇の居場所の阿字は、天皇の心にある阿字であり、胎蔵界大日であって、如意宝珠である。これは阿字が胎蔵界大日または宝珠を表すという密教の基本的教義に因る言説である(69)。ここで阿字がしばしば地輪《じりん》の象徴としても奉じられたことを追記しておこう。その阿字からVaṃ＝金剛界大日、さらに胎蔵界大日の別姿である五輪塔が現れ、五輪塔から金剛界大日が現ずる。要するに、この言説から醍醐寺で阿字（宝珠）が両部の源泉であり、五輪塔が両部の間の媒体のような役割をはたしているものとして解釈されたことがうかがえる。

そのような観想法を記録した勝覚は、師義範に次いで円光院別当となった僧である。よって、そのような勝覚にとって円光院の金銅製両部曼荼羅、金銅製五輪塔、及び地輪中の中宮遺骨が何らかの密接な関係を結んでいるものだったことに相違なかろう。

このように、円光院の宗教的空間は、実に注目すべきものである。特に、五輪塔の地輪中の中宮遺骨は、興味深い存在だといわねばならない。

すでに述べたように、五輪塔の地輪に入っている中宮遺骨は、おそらく仏舎利と同格のものと見做されていた。だが、以上に説明した通り、地輪は阿字、阿字は宝珠を象徴する梵字としても捉えられていた。つまり、中宮の遺骨が「宝珠」として信仰された可能性があるのである。それだけではない。『御遺告』の舎利・宝珠信仰にしたがってその遺骨がさらにより具体的に龍の宝珠と見做された可能性もある。

要するに、円光院で中宮賢子の遺骨が両部を生み出す阿字＝宝珠として信望されたと推察することができる。そして、その遺骨が〈龍珠〉だからこそ、円光院で高揚された両部・五輪塔の思想が自然に醍醐山の龍・清瀧神に投影されたと考えられる。

興味深いことに、勝賢伝とされる清瀧権現の図像、つまり火焔宝珠のなかに二蛇と五輪塔を据える図（図29、340頁）を円光院の宗教的空間（図32、365頁）と比べると、その二つがほぼ同じ構造を有しているということが気づかれる。さらに、円光院の両部海会を二蛇に置き替え、遺骨を火焔宝珠と見たてたら、清瀧権現の図像そのものが現れてくるのである。

清瀧神信仰と円光院信仰の類似性は、当時の醍醐寺では舎利（仏塔の中の遺骨）が宝珠・両部・五輪思想、さらに龍の信仰と強く結び付けられていたということを暗示する。それゆえに、円光院と清瀧宮の空間は無関係ではなく、舎利（遺骨）を媒介に相互的に対応し合う空間として表現されているのである。

（5）清瀧権現のジェンダー

前節で述べたように、三宝院流の真海は、勝覚が清瀧神の本地である准胝を女形とし、もう一つの本地である如意輪を僧形の姿で構想したと伝えていた。以後、同流の勝賢も、仏母であるがゆえに准胝を女形に配当していたようである。(70) つまり、清瀧神が男女の姿形を取る二仏の垂迹だという説があったのである。

ところが、一方、深賢の口決《くけつ》を記した『土巨鈔《とこしょう》』(親快記、京都大学付属図書館蔵)「清瀧御本地事」に、「又師(引用者註――成賢)云、賢海僧正説、如意輪《ハ》女形《ニテ》御《ス》、准胝禅尼《ノ》形《ニテ》御」とあるように、如意輪を女形、准胝を尼とする解釈もあった。これはすなわち、如意輪と准胝を男女ではなく、ともに女性の仏とする説である。この説は、金剛王院流の賢海《けんかい》(一一六二―一二三七)が教えたといわれている。

清瀧神本地仏のジェンダーについての以上の二説の相違は、本質的に、神の二つの姿の内の僧形を名実ともに僧として見るか、あるいは尼として見做すかという違いにある。確かなことは分からないが、勝覚が描いたといわれる清瀧神の二つの姿は、おそらく剃髪の人物と女形で、その剃髪の人物が僧または尼かが明白ではなかったのかもしれない。

真海(三宝院流)と賢海(金剛王院流)のそれぞれの説がその後醍醐寺でどのように伝わっていたかについては、成賢(一一六二～一二三一)の弟子憲深《けんじん》(一一九二―一二六三)の口決を記した親快《しんかい》(一二一五―一二七六)撰の『幸心鈔』の次の記述がある。

問、清瀧御正体一定何様《ニ》御《ト》可二存知一乎、答、両所之内僧形女形也、僧准胝、女如意輪云云、(中略)(割注)私(親快)云、此事先年尋二申地蔵院法印(深賢)一之処、先師遍智院僧正(成賢)云、両所之内僧形女形之由云云、不レ違二本説(今イ)一乎、但女形准胝、僧形如意輪由真海アサリ説云云遍智院僧正被申ケリ、又賢海僧正《ハ》女形如意輪、准胝禅尼形《ニテ》御《スト》申ケル、然者此賢海申様相(之イ)二似両僧正(成賢・憲深)之説一乎、真海アサリ説(+之イ)尤不審也(+不審イ)、委可二尋聞一也、(71)(傍註は筆者による)

すなわち、成賢とその弟子深賢は、二仏が共に女性であるという説、また男女であるという真海の説を両方伝え、知っていた。しかし、成賢のもう一人の弟子憲深は、おそらく真海の説も知っていたであろうが、弟子親快に二つの姿がともに女性であるという説のみを伝授したようである。(72) だが、深賢の弟子でもあった親快は、深賢より真海の説も受けた。受けたが、彼は二仏がともに女性であるという説を是と判断し、真海の説を怪しんだ。

この問題を考察する場合、十三世紀中期の醍醐寺内の状況及び親快の立場を知る必要がある。勝覚以後、貞永元年（一二三二）まで、歴代の醍醐寺座主はみな三宝院流の正伝を伝承した僧であった。しかし、貞永元年に金剛王院流の賢海が座主職に就き、以後、金剛王院僧は座主の職務を建長四年（一二五二）まで保持していた。建長四年に三宝院流の憲深は座主に就任したが、彼は本来ならば三宝院流の棟梁となるはずではなかった。三宝院流の正脈は成賢以後道教（一二〇〇～一二三六）に継がれたが、道教は若くして逝去し、その前に彼は親快を後継に指名し、その育成を憲深と深賢に託した。しかし、憲深は座主に就任すると、自らの弟子実深（一二〇六～一二七四）に三宝院流及び座主職を付したのである。(73)

要するに、親快は三宝院流の伝を深賢と憲深より受けて、当流の棟梁となるはずであったが、座主職に就かず、そのために三宝院流正統としての権限を充分に発揮することができなかった僧である。以後、醍醐寺では親快ではなく憲深の法流（報恩院流）を汲む僧が勢力を張るようになった。

すなわち、親快が憲深と深賢に清瀧権現の俗像について尋ねたこと、そして憲深と深賢があげた答えは、三宝院流正伝と座主職の継承問題という複雑な背景から見るべきである。上に述べたように、親快は鎮守本地仏の姿形について二つの説を受けたが、男女だという説を否定した。それは、たとえば深賢によれば成賢が主説として尼形《にぎょう》・女形の説を伝え、男女説を二次的な説として付したために、親快が尼形・女形の説が正しいと判断したからである。しかし、実際には、二次的な説としてあげられていた真海説は秘説として尊重された可能性がある。だが、あるいは実賢と憲深は親快のためにそれこそ三宝院流の秘説だということを明確にしたくなかったかもしれない。

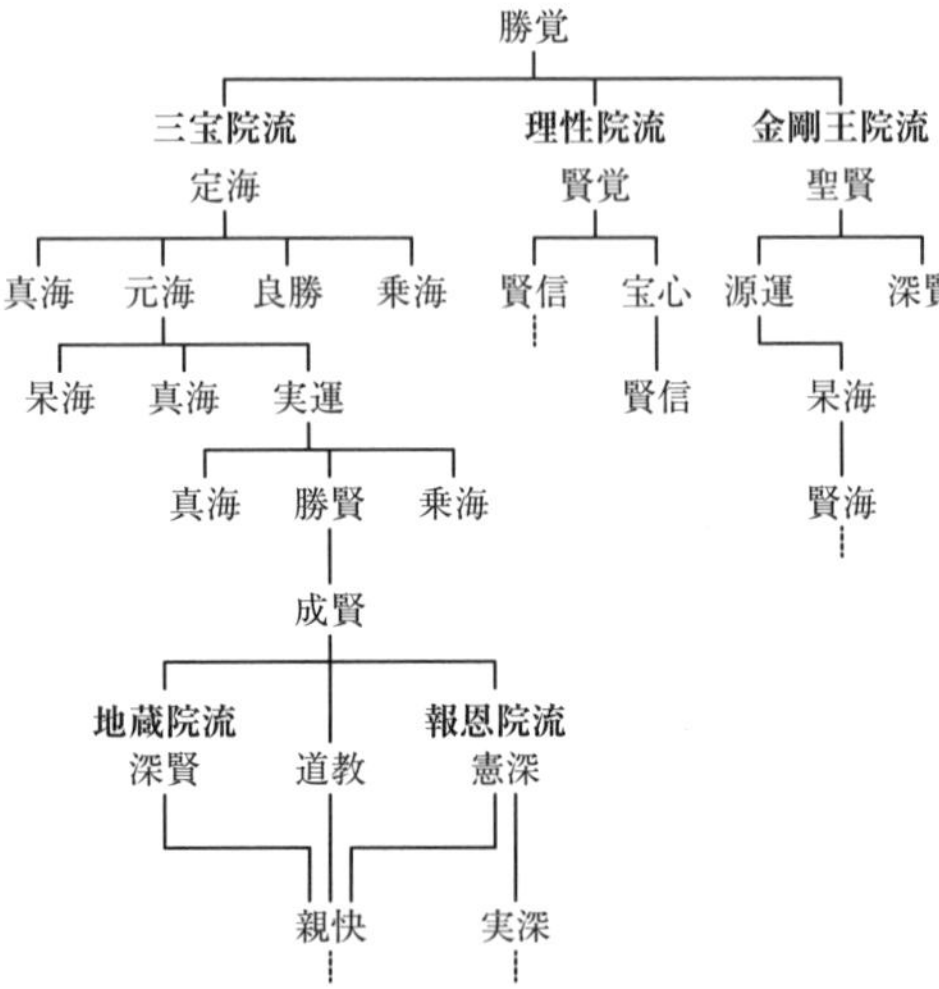

勝覚以後の醍醐寺小野流の系図

ともかく、親快が真海の説を不審に思っていたにもかかわらず、以後醍醐山内ではその説は続けて唱えられていたようである。義演編『上清瀧宮遷座類聚』所収の『醍醐并清瀧事』に、弘長二年（一二六二）十一月廿七日の静寛（生没年不明）という醍醐寺僧の口決として、次の説がある。

又云、清瀧《ハ》両所也、如意輪《ノ》垂迹《ハ》僧形也、准胝之垂迹《ハ》女形也、是依二本経文一也、其故《ハ》、准胝《ヲハ》本経《ニ》七倶胝仏母《ト》被レ説、故女形也、大聖如意輪《ト》被レ説故僧形也云々、

つまり、十二世紀後半に清瀧権現の二本地仏の形をそれぞれ僧形（男性原理）と女形（女性原理）と見做し、清瀧神を男女・陰陽和合の神として見做すという三宝院流真海の説は、十三世紀後半になってもなお醍

醐寺内で伝えつづけられていたのである。それが本説なのか、傍説なのかについては判断がつきがたいが、中世の醍醐寺では男女・陰陽和合体としての清瀧神信仰が伝えられていたことは注目すべき事実である(74)。

(6) 清瀧神と伝法灌頂

真言密教では、即身成仏はもちろん最も大事にされていた秘事であった。この世の今の人生で仏になるという即身成仏の秘密に密教の存在意義があるからである。東密の伝統では、その根源的な秘事は、南インドで鉄塔を開き、大日如来の菩提心を表現する胎蔵界と金剛界の両系統の密教の奥義を会得した金剛薩埵という菩薩から初めて人間に付されたとされる。そして一説によれば、金剛薩埵より密教の秘説を伝授された龍猛菩薩は、次にその奥義を龍智に伝え、以後、密教は相次いで金剛智、不空、恵果と空海に相承されたという。

その即身成仏の至極は、伝法灌頂《でんぽうかんじょう》という儀礼を通じて大阿闍梨によって弟子に教えられた。伝法灌頂には様々な種類があるが、おおよそ、大阿闍梨は弟子とともに修法を行い、その修法の間に弟子に秘密の印と明(真言)を伝授し、その印明《いんみょう》の秘義を伝えるというパターンであった。印明そのものは簡単なものでも、その秘義の内容は複雑であった。

中世真言密教、とりわけ小野流の伝法灌頂は、伝統的に三段階に分けられていた。いわゆる三重《さんじゅう》灌頂の儀礼である。ある中世の伝承によれば、範俊は初重灌頂を勝覚に、第二重の灌頂を厳覚(一〇五六〜一一二一)に付したが、白河院はほかにも密教の大事があるだろうと疑い、それを範俊に尋ねたところ、彼は院が正解だと答えた。そこで、範俊は仁和寺宮覚法(一〇九二〜一一五三)にすべて伝授せよと命じ、ついに覚法に第三重の灌頂を授けたといわれる(75)。

三重灌頂の起源が範俊に由来するかどうかは確定しがたいが、ともかく、中世小野流の数多くの口決類においてその三つの灌頂のことがしばしば取り上げられている。その灌頂の内容は、聖教によって大きく異なる場合があるが、『醍醐灌頂口決三宝院秘書之』（建仁二年〔一二〇二〕光宝《こうほう》撰、元徳三年〔一三三一〕写、KB 289.38）の説を例に取れば、次の通りである。

第一重は、二印二明の伝法であり、両部大日の原理をそれぞれ一印と一明をもって付法する灌頂である。次の第二重は、一印二明であり、両部を一印と二明で表す秘密の伝法である。最後の第三重は、一印一明であり、両部がただ一つであるという極秘の教えを付する灌頂である。同書によれば、以上の三つの伝法灌頂は本来別個に伝えられていたが、それらが初めて揃って勝覚に付法されて以来、代々醍醐寺の大阿闍梨がそれをセットとして伝授していったという。

二印二明は、より具体的にいえば、金剛界には塔印《とういん》（無所不至印《むしょふしいん》）と Vaṃ の一字、胎蔵界には外縛五鈷《げばくごこ》印《いん》と A Vi Ra Hūṃ Khaṃ の五字である。Vaṃ は、『瑜祇経』の経説では金剛界大日の変化身とされる普賢菩薩の種字である(76)。よって、この種字が金剛界を表す明として使用されたことは理に適う。だが、これに対して塔印は、通常は胎蔵界大日の印契に用いられていた。『醍醐灌頂口決三宝院秘書之』は、この不一致に配慮し、この印が金剛界を象徴するものとして用いられているのは、胎蔵界と金剛界が二つのものとして伝授されているにもかかわらず、それでも不二だという秘事を表すためであると説いている。

胎蔵界の印明についても同様である。A Vi Ra Hūṃ Khaṃ の五字は、胎蔵界の五仏（阿閦《あしゅく》、宝生、阿弥陀、不空成就〔釈迦〕、大日）を表し、しかも同じく胎蔵界の特徴である五輪（ A Va Ra Ha Kha）の理を思い起こす。よって、この五字明が胎蔵界大日の象徴として採用されていることは理に適っている。だが、外縛五鈷印は、五智金剛を表し、通常金剛薩埵または金剛界大日如来に使われる印であり、金剛界を想起させる。『醍醐灌頂口決三宝院秘書之』は、その印が胎蔵界大日の象徴として用いられているのは、やはり両部がそれぞれ不二であるという思想を悟らせるためであると説いている。

第二重の一印二明は、印は胎蔵界と金剛界の両方には塔印（無所不至印）であり、明は、金剛界には𑖪𑖽 𑖮𑖳𑖽 𑖝𑖿𑖨𑖯𑖾 𑖮𑖿𑖨𑖱𑖾 𑖀𑖾 Vaṃ Hūṃ Trāḥ Hrīḥ Aḥ の五字、胎蔵界には𑖀 𑖁 𑖀𑖽 𑖀𑖾 𑖁𑖾 A Ā Aṃ Aḥ Āḥ の真言である。金剛界に当てはめている五字は『瑜祇経』の所説であり、金剛界五仏、または五大虚空蔵を表すという。[77] これに対して胎蔵界の五字（「阿字五転」＝阿字とその四つの変形）は、『大日経疏』の所説として、[78] 胎蔵界の五仏を表すと説く。

最後の一印一明の灌頂では、金剛界と胎蔵界のそれぞれの象徴としてともに塔印と𑖀 𑖪𑖽 𑖨𑖽 𑖮𑖽 𑖏𑖽 A Vaṃ Raṃ Haṃ Khaṃ の五字が授けられる。この灌頂こそ、真実の不二、「大不二」とされる。その意味は、ありとあらゆる現象が「本有《ほんぬ》」であるという。つまり、すべてが、自身心を象徴する塔または胎蔵界の阿字門に帰するという信仰を表している。阿字は五字の内の最初の字に当り、ほかの四字とともに五字・五輪（A Va Ra Ha Kha）となす。阿字以外の四字に空点（ビンドゥ）がついているが、その空点は金剛界大日の菩提位を表すとされる。そして、「修生《しゅしょう》」の理を意味するともいう。つまり、覚悟（仏界）が修行により会得されるものだという思想を表すのである。ただし、最初の阿字に空点がないのは、阿字は、最終的にすべてが「本有」（本不生）だという理を象徴するからであると説く。

さて、三重灌頂については『醍醐灌頂口決三宝院秘書之』以外にも多くの中世資料があり、諸説様々であるが、ここで、醍醐寺小野流の伝法灌頂では清瀧神信仰が三重灌頂の宗教体系を裏打ちしていたという重要な事実に注意を引きたい。

本章第二節に引用した勝賢筆といわれる『スラム清瀧』は、清瀧神の図像（火焔宝珠中の五輪塔及び二蛇）をあげ、そして、その図像について「本地二尊垂跡一神、灌頂初重二印二明、第三重一印一明、如次（第脱カ）可二宛叶一、第三重畢レハ初重二印二明深故、今本跡ノ標示如レ此歟」という秘説を記す。つまり、その秘説に記されている通り、醍醐寺では清瀧神の「標示」（図像）は三重灌頂の至極を表すものとして奉じられていた。

なぜ清瀧神が伝法灌頂の至極を表すものとして信望されたのであろうか。まず、龍神が灌頂において重要な役割を与えられていること自体がさほど驚くに値しないことだと認められよう。灌頂とは、王の頭頂に大海の水を注ぐという古代インドの即位儀式に倣って、大阿闍梨が弟子の頭上に密教の法水を注ぐ儀礼である。その水が宗教文化的常識に従って水の精とされる龍とも繋がれたということは自然だというべきである。(79)

そして、中世醍醐寺では清瀧神の伝法灌頂における役割の由縁はより具体的にVaṃ字の秘義にあるとの秘説があった。およそ伝法灌頂では金剛界大日の象徴としてVaṃ字が付法されていたが、この梵字は水輪を表すVaの変化であり、水の徳を象徴する。(80)その理を根拠に究極菩提位である金剛界大日が水、転じて龍（清瀧）と関係付けられていたのである。

そのことを詳しく説くのは『三宝灌頂秘口決道教　下』（KB 290.10.2）という聖教である。本聖教は、醍醐寺座主成賢より三宝院流の嫡流を付された道教の秘訣を、修範という僧が正和四年（一三一五）に記したものである。そのテキストを中心に、醍醐寺で伝法灌頂と清瀧神との関係が具体的にどのように解釈されていたかを探ってゆこう。
まず、本テキストは醍醐寺の灌頂儀礼において准胝堂の閼伽井《あかい》の水が使われていたといい、その水は次のような意味を持っていると説く。

又西西《ノ》名字自二准胝堂閼伽井一ヲコレリ、尊師（聖宝）飲二此水一造二准胝・如意○《ノ》尊像一給《ヘリ》、此二尊《ハ》即惣山清瀧《ノ》御本地也、仍彼《ノ》水《ト》者秘経（『瑜祇経』）वं〔Vaṃ〕字《ノ》西西《ノ》法水也、思レ之々々、（（　）内の文は著者註）

すなわち、伝説によれば、開山聖宝は准胝堂の近くに湧いていた水を飲み、その後、清瀧神の本地である准胝と如意輪の尊像を作ったという。つまり、ここに、伝法灌頂の際に弟子の頭上に灌がれる准胝堂閼伽井の法水をVaṃ字の醍醐法水と称し、その法水が清瀧神と関係が深いことが暗示されているのである。
つづいて、同聖教では、以下に引用する箇所に、清瀧神とVaṃ字との関係がさらにより詳しく説き明かされている。

凡清瀧権現者、青龍権現也、青龍寺鎮主《トシテ》守二南天法流一給神也、（中略）大師入洛之後権現室生《ヘ》影向、奉二号《シ》善如龍王《ト》一、其後尊師《ニ》先立《テ》脇息《ノ》峯《ヘ》影向、尊師西西御建立《ノ》時、上西西《ノ》本宮《ヘ》ウツリ御坐《ス》、其後堀川天王《ノ》御宇、寛治四年四月四日、勝覚僧正西西《ノ》西谷准胝堂《ノ》傍《ヘ》奉二勧請一、其後又同僧正《ノ》時奉レ移二下西西一、于レ時帝王被レ下二正一位一、其時《ノ》官付于レ今在二御宝殿一、然《ニ》青龍《ニテ》ワタラセ給清瀧《ヲ》申《トハ》、龍《ト》者水精也、水精《ノ》龍《ヲ》申《トハ》也、青者留二東域《ニ》一可レ守二六宗《ヲ》一給之表示也、尋二御本地一者《ニ》、如意○也、如意○《ノ》大事者、金蓮宝三《ノ》也、金蓮《ハ》能成、宝《ハ》所成也、以金蓮《ノ》二《ヲ》成二宝《ノ》一《ヲ》一、二《ハ》両部《ノ》而二、一《ハ》両部《ノ》不二也、然《ニ》瑜祇大事者《ト》、在二序題号《ニ》一、序《ニ》有二不二《ノ》大事一、首題々《セヲ》二両部《ヲ》一、仍《テ》題号金剛峯《ハ》即《チ》三《カ》内《ノ》金剛、楼閣《ハ》即蓮花也、入文《ノ》普賢満月宝《ハ》也、金剛峯・楼閣・普賢満月即如意○《ノ》金蓮宝《ノ》三《ノ》大事也、此三大事者《ト》顕二五古一印《ニ》一、窮二वं〔Vaṃ〕一字《ノ》一也、वं字《ハ》即法界水《ノ》種子也、水《ノ》精《ノ》龍王者《ト》、即𑖪𑖽字《ノ》一字心《ノ》之神也、故𑖪𑖽字与清瀧者只一物異名《ノ》御事也、鏡《ノ》光《リ》返二照自躰一《ヲ》様《ニ》水精《ノ》龍守二水種𑖪𑖽字一給也、（中略）𑖪𑖽字即五智惣躰《ニシテ》具二両部《ノ》五智一《ヲ》、五古印《ノ》深義在二此意一《ニ》、サレハ以二清瀧守護《ノ》御本意一《ヲ》、東寺《ノ》大事《トハ》中也、

長文ではあるが、その要点は次の通りである。すなわち、まず、醍醐寺の伝法灌頂で使用される法水は水の種字Va(ṃ)だといい、そして、水は龍の精であるために、その法水が清瀧という龍の変化だということを説く。龍はVaṃ字の変化身なのである。

そして、この聖教は清瀧神の本地が如意輪観音だと説明し[81]、如意輪の大事がその三昧耶形である「金蓮宝」、つまり金剛・蓮華・宝珠の三つの理念にあると説く[82]。金剛は金剛界、蓮華は胎蔵界、宝珠は両部不二を表す。本聖教は、この如意輪の大事を『瑜祇経』の題名――「金剛峯楼閣一切瑜伽瑜祇経」――の秘説的解釈をもって裏付けている。すなわち、本経名の「金剛峯」は金剛界、「楼閣」は蓮華・胎蔵界、経内の「普賢満月」は宝珠を表すと解釈し、その三つが如意輪の金蓮宝の大事と符合すると説いている。

『三宝灌頂秘口決 道教 下』はさらにこの金蓮宝の思想がVaṃの一字に一体となると主張している。これは、この聖教には明記されていない、金剛界大日の化身たる普賢菩薩の一字明がVaṃ字だという『瑜祇経』の教えに立脚している主張であると考える。すなわち、普賢菩薩の満月は不二を表す宝珠とされているために、普賢の一字明Vaṃも同じく不二性を帯びるもの、さらに、金蓮宝の三つを含むものとして見られていたであろう。

以上が、中世醍醐寺の伝法灌頂の理念である。すなわち、灌頂の法水は水の種字の変化であるVaṃと解

釈される。その種字は水の精である清瀧神の本質であり、また、『瑜祇経』に説かれる、金剛界大日の変化身である普賢の一字明である。『瑜祇経』所説の普賢の満月は宝珠と見られ、その宝珠は『瑜祇経』の題名に見られる「金剛」（金剛界）と「楼閣」（蓮華・胎蔵界）を結合させるものと信じられる。その両部を結合させる宝珠は、清瀧神の本地如意輪の宝珠と符合される。

最後に、『定海三重口決』（内題「当流嫡々三重相承秘口決」KB 257.16）という聖教にある清瀧神と伝法灌頂との関係について紹介したい。

『定海三重口決』は、識語によれば永暦元年（一一六〇）二月十三日に実運（一一〇五〜一一六〇、同二月二十四日に死去）が記録したものである。なお同識語では、建久七年（一一九六）六月十八日に勝賢（同二十二日入寂）が本書を受領し、嫡弟子以外の人に付してはならないとの付記を加え、寛喜三年（一二三一）九月十八日に成賢（同十九日に逝去）が同書を嫡弟子道教に伝授したとの付記も記す。当事者が死去する前日や数日前に付記を付け加えたという点から本聖教の由来と真偽は疑わしいというべきだが、以下、この聖教で清瀧神と伝法灌頂の関係がどのように伝えられているかを簡潔に述べたい。

本聖教は、本来書面に残すべきでない極秘として、清瀧神が両部不二の至極であるという点を説いている。より詳しくいえば、この聖教では両部不二の境地について「六重の不二」の教義が設定され、その内に、「果より因に向かう」というプロセスを説く三重の不二と、「因より果に至る」という方向性を取る三重の不二があるが、清瀧神は「果より因に向かう」という両部不二の至極を表すとされている。その至極とは何かというと、「金胎理智之二仏冥合《シテ》生㆓一神《ヲ》㆒（中略）両部大日冥合《シテ》如㆑生《スルカ》㆓一金剛サタ《ヲ》㆒也」という点にあるという。つまり、清瀧神の本質は、両部不二の理を一身に冥合させており、理想上の密教行者でもある金剛薩埵の境地と同様だと説くのである。金胎両部は「果」、清瀧神は「因」である。さらに金剛薩埵は、この聖教で「不二ノ上ノ大不二」、つまり、両部大日の不二性を超越した究極の存在とされるが、清瀧神は同じく、金剛薩埵のような「大不二」の神として高く崇敬され、仰瞻されたのである。

このように、本項の論から理解されるように、中世醍醐寺小野流の伝法灌頂は、ただ両部曼荼羅の不二思想を付法する儀礼というだけではなく、より正確には「大不二」の清瀧神の至極を伝える最極秘の儀礼だといった方がよいかもしれない。とにかく、醍醐寺の密教の本質を龍神信仰に求めることができるのである。

おわりに

本章では、中世醍醐寺清瀧神信仰の諸伝承の内容とその歴史的形成過程を論じた。この神は、ただ醍醐寺の密教を守護する存在だというにとどまらず、むしろその密教の本質を具現化する最も崇敬すべき尊格だったと評するべきである。この神は、降雨の秘術はもちろん、即身成仏の秘密や伝法灌頂の大事など、醍醐法流の核となる教義を一身に備える神だとされていた。まさに、清瀧神信仰を考慮しなければ、醍醐寺の密教の特徴を十分に理解することはできないといえる。

清瀧神は、特に座主勝覚の時代より篤い信仰を集めていた。その勝覚が初めて上醍醐・下醍醐で清瀧社（清瀧宮）を建立して以来、本来は素朴な存在にすぎなかったと考えられている清瀧神は様々な信仰的性格を帯びるようになった。すなわち、清瀧社殿建立を契機に、また、請雨経法から醍醐寺祈雨への変遷や円光院（金銅製両部曼荼羅・金銅製五輪塔・中宮遺骨が安置された寺院）の建立と同院における女人成仏祈願という歴史的展開の影響により、醍醐寺の鎮守神の信仰は一新した。具体的には、清瀧神は古来の請雨経法の龍神信仰や舎利・宝珠信仰、円光院の五輪塔・両部不二の思想、醍醐寺伝来の仏眼・如意輪信仰や『法華経』の龍女思想など、諸信仰と結合されてきた。要するに、その時代に清瀧神は素朴な神からこれ以上なき崇高なる「龍神」へと変貌したのである。

なお、本章で見てきたように、清瀧神は中世に不動・愛染の冥合体としても信仰されていた。その特徴は鎌倉後期の写本にみえるところであり、それより古い文献には出てこない。しかし、当時の清瀧神は善如龍王とほぼ同体と見做され、その善如龍王は、第二部で論じたように、醍醐寺伝の請雨経法のコンテクストでは、少なくとも十二世紀末までに不動・愛染の舎利・宝珠信仰と結ばれていた。したがって、清瀧神の不動・愛染の冥合思想も、少なくともその時代まで遡ると考えてよいのである。

このように、本章の論から、少なくとも座主勝賢の時代までに〈如意輪・舎利／宝珠／五輪塔・仏眼〉、また〈不動・舎利／宝珠・愛染〉の「龍神信仰」が成立したと結論することができる。醍醐寺伝の龍神信仰が以上の二つの構造からなっていたという点は記憶に留めておいて欲しい。

註

（1）津田徹英「醍醐寺縁起の成立とその背景について」（『慶応義塾大学三田哲学会大学院生論文集』第一集、一九九〇年）。

（2）延喜二年（九〇二）以後『孔雀経』に基づいた祈雨が遂行されたというが、これは十二世紀前半に確立した醍醐寺祈雨を正当化するための伝承であり、事実ではなかろう。
（3）『醍醐寺縁起』（DNBZ 117：247–248）。
（4）『清瀧権現御事』（ST 89：537–538）。
（5）『スラム清瀧』大須文庫58–51M、国文学研究資料館マイクロ278–81–21、『当寺鎮守青龍権現習事』大須文庫75–8M、国文学研究資料館マイクロ278–83–4（本資料には高野山三宝院所蔵の永正一一年〔一五一四〕の写本もある）。
（6）『醍醐寺新要録』上巻（醍醐寺文化財研究所編、法蔵館、一九九一年）巻第八〔清瀧宮篇〕「神秘事」三九七～三九八頁。
（7）『当寺鎮守青龍権現習事』では「青龍」となっている（以下、同じ）。
（8）『当寺鎮守青龍権現習事』は「契」＋（割注）「具在別記」となっている。
（9）『当寺鎮守青龍権現習事』は「崇山」は「峯」となっている。
（10）『醍醐寺新要録』の「或記」では「成」の字は欠如している。
（11）ここに「所」（客体）と「能」（主体）という言葉が出ているが、その言葉の意味は、たとえば月輪中の蓮華を例に取れば、蓮華は主体（能動）、月輪は客体（受動）となる、ということである。逆に、蓮華座上の月輪を例に取る場合、蓮華は客体（受動）、月輪は主体（能動）となる。「能所」の観念は両部不二思想と関係が深い教義である。
（12）「有」は、『醍醐寺新要録』「或記」は「可」となっている。
（13）「流」は、『当寺鎮守青龍権現習事』及び『醍醐寺新要録』「或記」には「池」と記される。
（14）『当寺鎮守青龍権現習事』・『醍醐寺新要録』「或記」に「大」＋「事」となっている。
（15）神奈川県立金沢文庫編『金沢文庫の中世神道資料』（神奈川県立金沢文庫、一九九六年）五四・五五頁。
（16）前掲『金沢文庫の中世神道資料』に「赤白二《ハ》明王《ノ》法水青也、者白色所兼《ケンノ》色是不二也」と翻刻されるが、「也」は誤字で、正しくは「色」である。
（17）前掲『金沢文庫の中世神道資料』の翻刻に「陰陽《ノ》間雖受生続人才《ノ》無気事《ハ》以文為本ト」とあるが、KB 340.79の「陰陽《ノ》間雖受生続人才《ノ》元気事《ハ》以父為本《ト》」をもって修正した。

(18) 従来「赤白二渧」という教義は立川流の特徴とされる傾向があったが、近年、その教義が必ずしも立川流に限定されていなかったという見解が出されている。たとえば、伊藤聡「伊勢二字をめぐって―古今注・伊勢注と密教説・神道説の交渉―」（『中世天照大神信仰の研究』法蔵館、二〇一一年、初出は一九九六年）四六九～四七一頁参照。

(19) 『白宝抄』〔請雨経法雑集中〕（TZ 10：712b9–16）。

(20) 中島俊司編『醍醐雑事記』（醍醐寺、一九七三年〔初出は一九三一年〕）巻第二「清瀧宮季御読経執事頭帳」五四頁。

(21) 『醍醐雑事記』巻第二、四〇・四一頁、巻第四、一三五頁。また、津田徹英「醍醐寺における清瀧権現の成立とその背景について―醍醐寺如意輪観音像考序説―」（『慶応義塾大学三田哲学会大学院生論文集』第一集、一九九〇年）参照。

(22) 『醍醐雑事記』巻第四、一三六～一三八頁。

(23) 前掲津田徹英「醍醐寺における清瀧権現の成立とその背景について」七二頁（註23）。

(24) 籔元晶「善如龍王と清瀧権現―祈雨と龍女成仏譚について―」（『雨乞儀礼の成立と展開』（岩田書院、二〇〇二年、初出は一九九六年）一八二頁。

(25) 『永久五年祈雨日記』（ZGR 25-2：284）。この日記には幾多の写本が現存している。筆者は続群書本以外、『祈雨日記』（高山寺典籍文書綜合調査団編『高山寺古典籍纂集』東京大学出版会、一九八八年、五一三～五二〇頁）と『𑖮𑖰𑖄〔Hi-u〕日記』（KB 272.3）も参照した。続群書本は、賢信という醍醐寺僧の保元三年（一一五八）写本の江戸時代の転写本であり、高山寺本『祈雨日記』は、賢信の写本そのものである。金沢文庫本は、久安三年（一一四七）の写本が永仁六年（一二九八）に転写されたものである。すべての写本に清瀧峯における祈願が言及されているため、その祈願は本来の日記に記されていたと考えてよいであろう。

(26) 『建久二年祈雨日記』は、永久五年の祈雨の際に同時に上醍醐五大堂でも祈雨（広目天供）が行われたと記す（ZGR 25-2：296）。よって、永久五年の請雨経法時に上醍醐でも諸祈願が行われたことには疑いはない。

(27) 良勝は、永久五年請雨経法時に二十人の伴僧の一人であった。賢信は、その時に同じく伴僧として勤めていた賢覚（一〇八〇～一一五六）と宝心（一〇九二～一一七四）の弟子である。二十人の伴僧の名は『永久五年祈雨日記』（ZGR 25-2：283）参照。

(28) 『永久五年祈雨日記』の「中嶋青蛇泛二来水上一、蟠二大壇下一、其後昇二壇上一纏二巽方壇足一云々、以二此旨一令二披露一之処、御記状如〔加カ〕二注人有レ之歟、本御記状元所不レ被レ載二彼旨一也、賢信記レ之而已」（ZGR 25-2：287）による。

(29) 前註28参照。

(30) 第一部第二章第二節第二項参照。

(31) 前掲籔元晶「善如龍王と清瀧権現―祈雨と龍女成仏譚について―」一八二頁。

(32) 『建久二年祈雨日記』（ZGR 25-2：298-299）。

(33) 『妙法蓮華経』（T no. 262, 9.35c6-26）。

(34) 『建久二年祈雨日記』（ZGR 25-2：299）。

(35) 籔元晶氏も、二つの解釈が可能だということを指摘している（前掲籔元晶「善如龍王と清瀧権現―祈雨と龍女成仏譚について―」一七三頁）。

(36) 『白宝抄』（TZ 10：722b13-25）。

(37) 前掲籔元晶「善如龍王と清瀧権現―祈雨と龍女成仏譚について―」一八四頁参照。

(38) 平雅行「顕密仏教と女性」（『日本中世の社会と仏教』塙書房、一九九二年、初出一九八九年改稿）参照。

(39) 『古事談』（二―五十三）「賢子中宮は、寵愛他に異なる故《ゆゑ》に、禁裏において薨じ給ふなり。御悩《ごなう》危急為《た》りと雖《いへど》も、退出を許されざるなり。閉眼の時、猶《な》ほ御腰を抱きて起《た》ち避《さ》らしめ給はず、と云々。」（『古事談　続古事談』新日本古典文学大系41、川端善明・荒木浩校注、岩波書店、二〇〇五年、一八八頁）。

(40) 『扶桑略記』（SZKT 12）応徳元年九月二十二日・二十四日条。

(41) 『御室相承記』（奈良国立文化財研究所編『仁和寺史料』寺誌編一、奈良国立文化財研究所、一九六四年）一五・一六頁。その時の孔雀経法の実修者は仁和寺宮性信であった。

(42)『薄草子口決』(T no. 2535, 79.209a20–23)。

(43)『朝野群載』(SZKT 29–1) 巻第十六「仏事上」所収の奏状文(応徳二年九月十三日筆)参照。

(44)『醍醐雑事記』巻第一「円光院」。また、『為房卿記』応徳二年七月十日条の「又醍醐御堂上㆑棟立㆑柱奉㆓為前中宮職㆒、以㆓本職納物㆒、大夫所㆑被㆓造作㆒也、件御堂仏壇之内、奉㆓埋前宮御骨㆒、移㆓入金銅塔中㆒、奉㆓納石辛櫃㆒」(東京大学史料編纂所大日本史料データベース「稿文」)にもよる。

(45)『醍醐雑事記』巻第一「円光院」。

(46)『薄草子口決』巻第六(T no. 2535, 79. 209a20–23)。

(47)『醍醐雑事記』巻第一「円光院別当」。

(48)以上は中島俊司『醍醐寺略史』(醍醐寺寺務所、一九三〇年)二四〜二五頁による。

(49)『醍醐雑事記』巻第一「安置御骨等事」、『醍醐寺新要録』巻第十一〔無量光院篇〕「草創事」。

(50)『醍醐雑事記』巻第一、一八〜二〇頁、巻第四、一三八〜一四二頁。賢子など貴女遺骨の醍醐寺における埋葬の社会・宗教学的考察としては、土谷恵「願主と尼—醍醐寺の女性—」(大隅和雄・西口順子編『シリーズ女性と仏教一、「尼と尼寺」、平凡社、一九八九年)参照。

(51)従来、中宮遺骨が納められた塔が当初から五輪塔であったかどうかは定かではないとされ、三角五輪塔は勧進聖重源の創案とする説もあった(狭川真一「醍醐寺円光院跡出土の三角五輪塔」『瓦衣千年　森郁夫先生還暦記念論文集』森郁夫先生還暦記念論文集刊行会、一九九九年)。しかし、最近内藤氏の精密な研究によって、円光院の仏塔が義範流の秘伝にしたがって三角五輪塔だったという点が明らかになった。詳しくは、内藤栄「三角五輪塔と醍醐寺」(『舎利荘厳美術の研究』青史出版、二〇一〇年、初出は二〇〇七年)二三四〜二五一頁参照。

(52)『醍醐寺新要録』上巻、巻第三〔円光院篇〕「本願御骨石櫃事」一五六・一五七頁。

(53)現在でも、宮内庁の管理下に、中宮の遺骨が入っている仏塔が上醍醐円光院の旧地に埋められたままとなっている(前掲狭川真一「醍醐寺円光院跡出土の三角五輪塔」五六五頁)。

(54)『醍醐寺新要録』上巻、巻第三〔円光院篇〕「修無垢浄光陀羅尼法事」一六一・一六二頁。

（55）上島享「法勝寺創建の歴史的意義—浄土信仰を中心に—」（『日本中世社会の形成と王権』名古屋大学出版会、二〇一〇年、初出二〇〇六年改稿）四八七・四八八頁。上島氏はなお、仏塔を墓所としたのは白河上皇が最初であり、その遺骨も舎利のごとく仏塔に葬られたことを指摘している。
（56）密教大辞典再版委員会編『密教大辞典　縮刷版』（法藏館、一九七〇年）「大日如来」項。
（57）『妙法蓮華経』「提婆達多品」（T no. 262, 9.35c6–26）。龍女成仏の解釈は宗派によって異なっていたが、同時代の真言宗では、龍女は究極の成仏を遂げたと看做されていた。詳しくは、信証撰『住心決疑抄』（T no. 2437, 77.516a1–3）、北川真寛・土居夏樹「「一乗経劫」について—即身成仏思想に関する問題—」（『密教文化研究所紀要』第十九号、二〇〇六年）参照。
（58）『醍醐雑事記』巻第十、三八八頁。
（59）『醍醐寺新要録』上巻、第八巻〔清瀧宮篇〕（四一七頁）に、下醍醐清瀧社で毎年四月十七日に法華三十講が行われたと記されるが、それが何年に開始されたかは明記しない。しかし、同第八巻（四四三頁）に、永長元年（一〇九七）四月十七日に当社で『法華経』が講読されたという記述があるため、その年から毎年下醍醐清瀧社で『法華経』の講読が行われたと考えておきたい。
（60）『醍醐雑事記』巻第二、五〇～五一頁、『醍醐寺新要録』巻第一、三二～三三頁。
（61）前掲津田徹英「醍醐寺における清瀧権現の成立とその背景について」六一頁。
（62）津田氏は、ほぼすべての資料が上醍醐清瀧社の建立を「承徳元年」としているのに対して、本テキストだけがその建立を同年改元前の年号「永長二年」としているという事実に注目している。その事実から、本テキストが上醍醐清瀧社建立に近い時期に記されたことが察せられる（前掲津田徹英「醍醐寺における清瀧権現の成立とその背景について」七四頁〔註37〕）。
（63）『実帰鈔』（T no. 2497, 78.714b18–20）。
（64）『醍醐寺新要録』上巻、第三巻〔円光院篇〕二〇六頁、『三宝院伝法血脈』（ZGR 28-2：346, 348）。真海は、もとの僧名は皏海といった（『野沢血脈集』SZ 39：367–368）。

（65）この印相は、経軌の所説にはみえないため、中世日本の真言宗で創案されたものであろう。

（66）『醍醐雑事記』巻第五の「一遍智院、堂一宇一間四面前後有又庇、本仏弥陀三尊等身、今中尊大日、不動、愛染王各三尺」による（一五三頁）。『醍醐寺新要録』巻第十一〔遍智院篇〕では慶延記所説のほかに、遍智院の本尊が大日・不動・降三世の三仏だったとも述べる（六四〇頁）。ここでは愛染王が降三世に替わっているが、中世小野流では愛染王と降三世は一体分身とされた。たとえば、『地蔵房口伝』（KB 120.18）に「愛染与降三世一躰分身事、見二極深密門一」とある。その「極深密門」とは何かは未詳であるが、三世三毒を降伏する降三世明王が同じく三毒煩悩を克服する法門を表す愛染王と関連が深い尊格だということは理に適っているといえよう。

（67）『醍醐雑事記』巻第一、一三〜一四頁。また、『朝野群載』（SZKT 29-1）十六、四〇八〜四〇九頁参照。円光院は文治二年（一一八六）に焼失したが、その後間もない内に再建された。落成式の際の願文によれば、当院の曼荼羅は火事より救出されており、新院に戻されたという（『表白集』ZGR 28-1：451）。醍醐寺現存の両界種字曼荼羅は、美術史学者によりおおよそ鎌倉時代の技法をとどめているものとされるが、あるいはその曼荼羅は平安末期に修理が施された原作の曼荼羅かもしれないと考える。

（68）上島享「日本中世の神観念と国土観」（『日本中世社会の形成と王権』名古屋大学出版会、二〇一〇年、初出二〇〇四年改稿）四一〇頁参照。

（69）胎蔵界大日の種字について、縮刷版『密教大辞典』「大日如来」項、阿字と宝珠の関係については『大日経疏』（T 39, no. 1796：624a14–16）参照。

（70）『醍醐寺新要録』上巻、第八巻、三九九頁。

（71）『幸心鈔』（T no. 2498, 78.749b27–c6）。

（72）憲深の口決を記す『報物集』にも、准胝が尼形、如意輪が女形だとする説を記すのみである（林文子「報物集」〔醍醐寺文化財研究所『研究紀要』第十四号、一九九四年〕一八四・一八五頁）。

（73）詳しくは、田中悠文「報恩院検校前権僧正憲深広年譜」（『堯榮文庫研究紀要』第四号、二〇〇三年）九一〜九四頁。

(74) ちなみに、清瀧信仰は勝覚の弟子仁寛（?～一一一四）が創始したといわれる邪教立川流の研究のために重要な意味を持っているが、本書の論から外れる問題であるため、今後の機会に詳しく論じることにしたい。

(75) 神奈川県立金沢文庫編『〔特別展〕仁和寺御流の聖教―京・鎌倉の交流―』（神奈川県立金沢文庫、一九九六年）五四頁。

(76) 『醍醐灌頂口決三宝院秘書之』以外にも、普賢の種字が金剛界大日の種字だと説く中世東密テキストはかなり多い。それらのテキストは通常、その所以が『瑜祇経』の「時金剛界如来、復説二窣覩波（引用者註――塔）法界普賢一字心密言一、曰鑁〔Vaṃ〕」（T no. 867, 18.255b06–07）にあると説明する。

(77) ただし、この五字は実は大勝金剛（しばしば愛染王と一体とされる尊格）の真言である（『瑜祇経』T no. 867, 18.258b12）。

(78) 『大日経疏』「字輪品第十」（T no. 1796, 39.723b3–5）。五字は順番に菩提心、修行、菩提、涅槃、方便の理を表す。

(79) これに関連して、古代インドの王権観がVaruṇa（水天）という龍の信仰と深い関係を持っていたことも指摘しておく（Jan Gonda. *Ancient Indian Kingship from the. Religious Point of View*, reprinted from. Numen III and IV, with Addenda and Index [Leiden: E. J. Brill, 1969] 参照）。

(80) 『地蔵房口伝』（KB 120.18）の「祈雨殊可レ誦呪、相応経（引用者註――瑜祇経）一字明也、帰命𑖪𑖽〔Vaṃ〕ソハカ、是水輪種子也」という文も参考になる。

(81) ただ、ほかの箇所に『三宝灌頂秘口決道教下』は本地が准胝・如意輪の二仏だとも明記している。

(82) 一説では、如意輪観音の三昧耶形は「金剛宝蓮」である（不空訳『観自在菩薩如意輪瑜伽』T no. 1086, 20.209b14–b17）。真言密教ではその具体的な形状について諸説伝承されたが、その一つとして蓮華・宝幢・蓮華・輪宝・宝珠を積み重ねる形があった。内藤氏はその形の宝幢を金剛杵茎に置き換えた形状―いわゆる「密観宝珠」（蓮華座・金剛杵茎・蓮華座・宝珠を重ねる形）―が醍醐寺秘伝の如意輪の三昧耶形だと論じている（内藤栄「密観宝珠形舎利容器について」（『舎利荘厳美術の研究』青史出版、二〇一〇年、初出は一九九九年）一一〇～一一八頁参照）。第二部で触れたように、勝覚の請雨経法実修時に大壇中央に「密観宝珠」に近似する造形が安置され、これはその時の本尊が如意輪観音だったということを暗示する。

第二章　真言密教の龍神信仰と室生山

はじめに

本書の序章で述べたように、鎌倉後期に、般若寺の真言律宗の法系及び醍醐寺報恩院流（三宝院流）の密教を受け継いだ文観弘真（一二七八〜一三五七）は『御遺告』所載の宝珠譚に関わる諸秘訣（秘密の教え）を撰述し、不動・愛染・如意輪の宝珠法を開陳した。その宝珠法は、「三尊合行法」あるいは「三仏如意輪法」とも呼ばれ、文観の秘訣によれば、空海（七七四〜八三五）より代々相伝され、三宝院開祖勝覚（一〇五七〜一一二九）により特に重視された秘事であるという。

その秘訣では三尊は室生山の三峰の自然環境を背景として構想されている。現実にも当山では三峰が綺麗に見分けられるが、文観筆の聖教で描かれている三尊の図は、向かって右峰に不動尊、左峰に愛染王、中央峰に如意輪観音を象徴する五輪塔（中に二顆の宝珠を含んでいる）を配当している（本書図33、407頁）。

序章で触れた通り、従来この図で表現される室生山三尊信仰の由来について、勝覚建立説、または叡尊

（一二〇一〜一二九〇）創始説が提唱されてきたが、いまだ定説はなかった。しかし、本書で論じてきたように、不動・愛染・如意輪の舎利・宝珠信仰そのものは、醍醐寺で少なくともすでに平安末期までに「龍神信仰」として成立していた。醍醐寺では善如・清瀧という龍が奉じられ、その龍の姿の裏に、平安末期までには不動・愛染・如意輪の三尊が想定されていたのである。

このように、室生山を背景とする三尊信仰が醍醐寺の龍神信仰と深い関係にあることは明白である。したがって、三尊信仰をより正確に理解するために、室生山の龍神信仰を究明し、それが醍醐寺の龍神信仰と具体的にどのように関係しているかを検討することは重要な課題であろう。この第二章においては、基本的な特徴にのみ絞りながらその課題について考察したい。

一　室生山への真言密教の流入

室生山は、中世真言密教にとって重要な意味を持っている。『御遺告』によれば、空海は師恵果より授与された能作性如意宝珠（人造宝珠）を室生山に埋蔵した。本書で述べてきたように、この室生山の宝珠は請雨経法や後七日御修法など東密の重要修法において本尊と合わせて観想されていた。そして、同じ宝珠は、毎月朔日、避蛇法という修法においても東寺長者によって観想されていた。

この真言宗における室生山の重要性を理解するために、まず、当山と真言宗との関係の歴史について述べなければならない。室生山の宗教文化史についてはすでにいくつかの精密な研究が存在するので室生山の歴史についての詳しい説明はそれらの研究を参照されたい(1)。だが、本書の視野から改めて室生山の真言系龍神信仰を考察するために、先行研究から本書の論に関連するところを摘出し、私見を交えながら室生山と真言宗の関係史を概観したい。

室生山の室生川は、宇陀川・名張川・木津川と経由して、淀川から大阪湾へ注ぎ、古代から水源として尊重された。そして、太古の火山活動によって山の岩壁に三つの洞窟が形成されたが、古来より大陸文化では洞窟は龍が棲む「龍穴」と見られていたため、古くから室生山では龍神信仰が形成され、発展したと推定されている。

その龍ゆかりの山において、天応元年（七八一）～延暦二年（七八三）の間に、興福寺僧・法相学匠である賢璟《けんきょう》（?～七九三）は、興福寺僧の山林修行の別院として室生寺（室生山寺）を開基した。しかし、早くから天台・真言密教の学僧・修行僧も入山し、嘉祥三年（八五〇）に天台の堅恵《けんね》（示寂年不明）が、室生から南へ峠を一つ超えた赤埴《あかばね》という地に仏隆寺を建立し、その住持となった。この寺院の領知権も興福寺に掌握されていたが、堅恵自身は興福寺僧ではなく、天台僧円修（生没年未詳）の弟子であり、師円修とともに入唐求法し、帰国後、室生山仏隆寺で天台宗を広めた。

こうして初期には、室生寺と仏隆寺を拠点に、室生山では主に興福寺系法相宗と天台宗の仏教が栄えていたが、堅恵没後、弟子であり天台・真言両宗を学んだ神勢（生没年未詳）が仏隆寺に止住し、以後、当寺に真言宗の僧が入り、次第にその数が増大した。結局、十世紀中葉の天慶九年（九四六）に、寛算（生没年未詳、峯斅《ぶこう》（八三四～九〇八）の弟子）という僧に率いられる真言僧団が興福寺側の圧力により仏隆寺から追い出されたという事件が起こった。西田長男氏の精密な研究により判明した通り、その過程において、室生山における真言宗の存在を正当化する策略として、真言宗の僧団は、たとえば堅恵が空海の弟子だという話な

ど、様々な妄説を作るまでに至った。(2)

より詳しくいえば、仏隆寺の真言宗の一派は、仏隆寺（及び室生寺）の領知権をめぐって興福寺と対立するなか、自宗の立場の正当性を守るために、堅恵が空海の弟子として空海とともに入唐した、または、空海が室生寺の中興だといった妄説の多い文章を作り、それらを朝廷に提出した。

『御遺告』では、空海が神泉苑で祈雨法を行った際、姿を現した龍王を拝見することができたとされる伴僧のなかに仏隆寺開山堅恵がいたと記されている。(3)これも、西田長男氏の考察では、仏隆寺執行権をめぐる論争の過程で作り上げられた虚説の一つであるとされる。したがって、『御遺告』に言及される、空海が恵果付嘱の宝珠を室生山に埋蔵したという伝承や、東寺の座主大阿闍梨が堅恵の道場（仏隆寺）において避蛇法を行うべきだという遺言も、(4)西田氏の見解では、仏隆寺執行権の論争をきっかけに流布され、強調された信仰だと推定されている。(5)

以上は西田氏の論であるが、筆者はその論を重視する。すなわち、真言宗における室生山への特別な信仰は、仮にそれより古い時代にすでに成立していたとしても、それが『御遺告』に記すほどの大事とされたのは、仏隆寺へ真言教団が勢力を張ってきた後のこと、つまり、九世紀末〜十世紀前半以後だとすることが妥当だと考える。

天慶九年に仏隆寺から真言密教の勢力が退けられた後、仏隆寺は従来通り興福寺の管轄下に戻った。しばらくの間、室生山における真言密教の存在と影響力は薄れていた。しかし、真言密教の寺院では、仏隆寺開山堅恵が空海の弟子であり、また当山の龍が東密ゆかりの神泉苑の龍と縁を結んでいるという信仰は放棄されず、奉じつづけられたに違いない。十一世紀末になって、真言宗の室生山への関心が高まり、結局、院政期にいたって室生山における真言宗の存在は再び大きなものとなった。この事実を示す資料として、高山寺蔵『三五要集』の次の識語がある。

> 天養元年（一一四四）八月十七日参㆓詣宀一山（室生山）㆒、件夜子時件法（避蛇法か）行㆑之、真言一万遍満之次、朝一山巡㆓礼之㆒、塔迹并馬悩（ママ）之塔・大師（空海）御剃刀並水瓶迹礼㆑之、実峯躰殊勝厳麗也、(6)（（　）の内の文は著者註）

つまり、この識語より、十二世紀中期に、真言僧が室生山に参詣し、そこで「修法」（おそらく避蛇法であろう）を行い、空海の剃刀や水瓶などを礼拝するという風習が広まっていたことを垣間見ることができる。

十二世紀末より興福寺や東大寺の南都寺院でも真言密教兼学の比重が高まり、その時代から室生寺住僧の間でも真言密教を奉じる僧が増えたと推定される。そうした背景のもと、十四世紀初頭に、泉涌寺律宗と真言密教の兼学僧であった忍空《にんくう》（一二二三〜一三一八）は室生寺に入寺し、嘉元元年（一三〇三）に薬師堂で伝法灌頂を行い、延慶元年（一三〇八）に当山で灌頂堂を創建した。彼は室生寺で積極的に密教思想を広めていたが、忍空の後の住持は西大寺、唐招提寺や東大寺戒壇院から選出された律僧で、当時律僧は真言密教を兼学していたものが多かった。ゆえに、その後も室生寺で真言密教の信仰が高揚されつづけられていたであろう。(7)

平安後期から室生山において真言僧の巡礼活動が活発化し、室生寺で真言宗の信仰を標榜する僧の数が増えていったことを背景に、『宀一秘記《べんいちひき》』や『宀一山《べんいちさん》秘密記』（鎌倉中期〜後期写）といったテキストが撰述された。それらのテキストは、真言密教の立場から室生山の縁起と神秘を説くものであるが、藤巻和宏氏が指摘した通り、その言説には、醍醐寺三宝院流系の密教の影響が具体的に見出される。(8) たとえば、後述するように、あるテキストでは室生山は醍醐寺の鎮守清瀧神が祀られる三所の一所とされている。この点から、室生山縁起の形成に醍醐寺小野流の龍神信仰を信じる僧侶が貢献したという事実が判る。

江戸時代、元禄七年（一六九四）に室生寺は興福寺と袖を分かち、元禄十一年（一六九八）に新義真言宗豊山派の一本寺として独立した。現在室生寺が「女人高野」と称されていることはよく知られているであろう。(9)室生寺が真言宗の寺院となったことは、この寺は江戸時代まで形式上興福寺の末寺であっても、実質上、古くより真言宗の信仰に染まっていたという事実による自然な結末だったといえよう。

二　室生山の二系譜の龍神信仰

室生山の信仰は、いうまでもなく龍穴の龍神を中心に展開した。そしてこの龍神は、水の支配者であるために、古くより祈雨祈願の対象となった。龍穴前の私的祈雨の始まりはかなり古い時代まで遡ると思われるが、九世紀初め以後、当山で国家的祈雨が遂行されるようになった。文献上、弘仁八年（八一七）と同九年（八一八）に龍穴で執り行われた国家的祈雨は、その初見である。

資料上、次の室生山祈雨の事例は延喜十七年（九一七）の室生龍穴神社での祈雨読経である（表A）。それまでの約百年の間に、室生山で公的祈雨が行われたかどうかは不明である。しかし、貞観九年（八六七）に龍穴神が正五位下に叙せられたことから、九世紀を通じてその神は朝廷の崇敬を受けつづけていたであろう。しかも、『室生山寺旧記』（後述）によれば、叙位は龍穴神の雨をもたらす力を賞賛するためだったという。九世紀に大和国の「諸山・諸寺」で祈雨が実施されたという記述は資料に散見するが、その「諸山」の

表A　室生山における祈雨読経事例一覧

年号	僧名	経名	出典
弘仁８（817）６・２	修円		日本紀略・祈雨日記
弘仁９（818）７・14	（修円）		日本紀略
延喜17（917）７・12			西宮記、扶桑略記
延喜19（919）６・28 ７・12	基継		貞信公記、扶桑略記 祈雨日記（延喜廿か）
延喜20（920）７・８	（基継）		貞信公記
承平７（937）４・13		大般若経	宀一山年分度者奏状
天慶２（939）７・２			貞信公記
天暦２（948）５・11 ６・５	空請 （空請）		日本紀略 日本紀略、貞信公記
天暦８（954）５・１			祈雨日記
天徳４（960）７・19			日本紀略
応和１（961）６・19	祥延		祈雨記
応和２（962）７・１			祈雨日記
応和３（963）７・15	祥延		祈雨記、日本紀略
寛和１（985）６・28			小右記
正暦２（991）６・18		仁王経	日本紀略
長保４（1002）６・15	定澄	仁王経	類聚符宣抄
寛弘１（1004）７・８	観照		日本紀略、西宮記
寛仁２（1018）５・24	扶公		左経記、小右記
万寿２（1025）７・21	扶公	仁王経	左経記、小右記
万寿４（1027）７・20	（扶公）	仁王経	小右記
長元１（1028）７・９		仁王経	小右記
長元５（1032）４・30			左経記
長元８（1035）６・？			左経記

年号	僧名	経名	出典
治暦１（1065）５・23		大般若経	扶桑略記、百練抄
寛治１（1087）７・17	深賢	仁王経	祈雨日記
嘉保１（1094）７・８	済尋	仁王経	中右記
永長１（1096）６・13	経尋		中右記、後二条師通記
康和１（1099）８・21			本朝世紀
天永３（1112）６・25			中右記
天治２（1125）７・３			中右記目録
大治３（1128）６・22			中右記目録
応保１（1161）７・？	恵信		山槐記
嘉応１（1169）６・23	尋範	仁王経	兵範記
嘉応２（1170）５・27	尋範	仁王経	兵範記
養和１（1181）６・15	信円	仁王経	吉記、玉葉
文治３（1187）７・８	覚憲		玉葉
建久２（1191）５・９			玉葉
建久５（1194）７・15			玉葉
建保３（1215）５・２			百練抄
嘉禄１（1225）７・７	範円	仁王経	夕拝備急至要抄
嘉禎３（1237）５・19	円実	仁王経	夕拝備急至要抄
仁治１（1240）７・15			平戸記、百練抄
寛元２（1244）６・13	定玄	仁王経	夕拝備急至要抄
寛元４（1246）６・14			百練抄、民経記
宝治１（1247）５・21			葉黄記
建長５（1253）５・14			百練抄
文永５（1268）７・17	頼円		吉続記、続史愚抄
文永10（1273）６・24			吉続記

祈雨に室生龍穴での祈請も度々含まれていたかもしれない。

十世紀から十三世紀末まで、室生山ではしばしば国家的祈雨が実施されていた。その祈雨は、官幣使や国司が龍穴社へ奉幣し、室生寺の僧侶が神前読経（主に『大般若経』または『仁王経』）を行うという方式を取っていた。しかし、十世紀後半より奉幣はなくなり、読経のみという方法となった。祈雨読経法会は、室生寺の僧を率いる興福寺別当が行っていた。ちなみに、室生山で公的祈雨のために密教修法が行われた形跡は全く見えない。(10)

室生龍穴神社における祈雨の対象となっていた神は、「雨師」とも呼ばれていた大陸文化系の龍神で、龍穴神社付近の洞窟に棲むと信じられた存在であった。だが、僧侶の眼にはこの「神」はいうまでもなく仏教的な「龍王」であった。そのことは、たとえば『祈雨日記』に引用されている『村上天皇御記』応和元年（九六一）七月七日条からも読み取れる。当条によれば、興福寺別当祥延《しょうえん》（八九一〜九六六）は、室生山での祈雨読経を終了させた後に平安宮に参り、龍王に位階を加えるように願い出たという。(11)

しかし、祥延の申請を受けた官人は、「前因下祥延所レ祈二龍王位階一事上、此使二彼龍穴神名一歟」（同年七月十七日条）(12)といい、「龍王」を龍穴神の神名にするべきかという問いを発した。つまり、僧侶側では龍穴神が仏典の龍王に等しいものだという考えは当然だったであろうが、朝廷側では、龍穴神を「龍王」とすることは違和感を覚えることであったと思われる。

当時の室生寺僧及び興福寺僧が崇敬していた室生龍穴「龍王」の信仰はどのような内容であったであろうかといえば、それを語る資料として、承平七年（九三七）成立の『室生山寺旧記』（以下『旧記』、別名は『六一山年分度者奏状』）という記録がある。(13)この記録は、室生寺の住僧が年分度者を申請するために朝廷に提出した国解の案だが、本文中に、貞観九年（八六七）に朝廷は龍穴神の雨を降らせる力を賞賛し、神を正五位下に叙するように詔を下賜したと記載されている。その詔は『旧記』に簡略に引用されているが、その引用文によれば、詔の本文に「室生寺を龍王寺と号し、室生龍穴神を善如龍王と名づく」という語句があったようである[14]。要するに、それをそのまま信じるならば、貞観九年には室生寺住僧の間では室生龍穴社の神が、後に神泉苑で祀られていた龍と同じように、「善如龍王」の名で呼ばれていたということになる。

室生山の龍が貞観九年より「善如龍王」と称されていたという点は、先行研究では例外なく事実として受け止められている。そして、事実として認められているために、後に貞観十七年（八七五）より真言僧が神泉苑で祈雨法を行うことになると、その真言僧が室生山の龍神信仰を当苑に移したという学説も提唱されている[15]。しかし、貞観九年に室生山で「善如龍王」の信仰があったかどうかということは疑問である。

まず、平安朝後期まで通常「室生山寺」と称されていた室生寺を「龍王寺」と号する資料としては『室生山寺旧記』しかない。ゆえに、はたして朝廷がこの寺号を公用したかどうかは疑わしい。その上、当時の朝廷が発布した詔に龍穴神を「龍王」と呼称したという点も信じがたい。上に言及した通り、応和元年の時点の朝廷側にとって龍穴神を正式に「龍王」という名で呼ぶことは当然なことではなかったようであるからである。よって、九世紀中頃の朝廷が「神」を指すために公の詔文において仏教用語である「龍王」を積極的に用いたということは、いかにも不自然のようにみえる。

要するに、室生寺の住僧が承平七年に引用した貞観九年の詔文について、その引用文が本来の詔の内容を忠実に反映していることは定かではないという点に留意すべきだと考える。つまり、『旧記』に引用される詔の「龍王寺」や「善如龍王」とは、本来の朝廷発布の詔文にはなく、承平七年に僧侶の手によって加筆された語句だという可能性があるのである。ともかく、筆者は「善如龍王」が貞観九年に龍穴神の賜号として起こったということを確実な事実として受け取らないものである。その点については歴史的批判的立場から『室生山寺旧記』をそのまま信じるわけにはいかないからである。

一方で、『室生山寺旧記』が示唆する、承平七年までに室生山で「善如龍王」信仰が高揚されてきたという点は信頼できるであろう。しかし、それは九世紀中期より流布された当山固有の信仰というより、十世紀より入山する真言僧の数が多くなってきた結果として室生山で影響力を増した都の龍神信仰だったとした方がよいと考える。つまり、当時の室生山の「善如龍王」信仰は、まず神泉苑を中心に成立した信仰が、後に早くも十世紀より真言僧によって平安京から室生山に持ち込まれたものなのではないかと推察する。

ともかく、十世紀中期には善如龍王という龍が同時に平安京の神泉苑と室生山に棲む存在だという信仰は確立されていたであろう。その信仰を奉じる主体は主に真言僧だったであろうが、室生寺住僧の間にもその信仰を持った僧がいたかもしれない。

ちなみに、神泉苑と室生山のそれぞれの龍の関係は、鎌倉時代に作られた室生山縁起譚では様々な形で言及されている。一例として鎌倉期成立の『亠一秘記』所載の伝承をあげよう。それによれば、神泉苑で祈雨法を行った時に空海はインドから善女龍王を勧請し、祈雨の本尊として龍の宝珠を仰いで雨を降らせたという。その後、龍王がインドに帰らず本朝に留まるように、空海は宝珠を密教相応第一の霊場である室生山に埋納した。そうすると、龍王が神泉苑から室生山へ移動したといわれている。[16] この伝承からも『御遺告』所記の室生山の宝珠が神泉苑の善如龍王の宝珠だと信じられ、転じて、本書第二部で論じた通り、『御遺告』の「宝珠権現」が龍王として解釈されたという点を推察することができる。

室生寺住僧により撰述された『旧記』に「善如龍王」の名が出ていることは、それらの僧が真言僧と同じように「善如龍王」を信仰していた事実を暗示する。しかし、これら興福寺関係の僧侶が仰いでいた龍王が偏に神泉苑と縁が深い存在として崇敬されていたとは考えにくい。十世紀中期から神泉苑は真言宗の強い影響下に置かれるようになったからである。実は、興福寺関係の僧侶が奉じた龍王信仰は別系譜を辿ったようである。この信仰は源顕兼編『古事談』（一二一二〜一二一五年成立）で次のように記録されている。

室生の龍穴は、善達龍王の居る所なり。件《くだん》の龍王、初め猿沢の池に住せり。昔、采女《うねめ》身を投ぐる時、龍王避けて香山《こうぜん》春日山の南なりに住す。件の所に、下人、死人を棄つ。龍王又《ま》た避けて室生に住す。件の所は賢憬《けんきゃう》僧都の行ひ出だす所なり。賢憬は修円僧都の師なり。住年、日対上人、龍王の尊躰拝見の志有り。件の龍穴に入ること三四町許《ばか》り黒闇にして、其《そ》の後、青天の所有り、一の宮殿有り。上人、其《そ》の南の砌《みぎり》に立つ。之《こ》れを見るに、珠の簾を懸け、光明照輝し、風有りて珠の簾を吹き動かす間、其の隙《ひま》に彼の裏《うち》を伺ひ見るに、玉の机の上に法華経一部を置けり。頃之《しばらくありて》、人の気色《けしき》有り、問ひて云はく、「何人の来たれるや」と。上人答へて云はく、「御躰を拝見し奉らむが為《た》めに、上人日対参入する所なり」と。龍王曰《い》はく、「此の所においては見奉ること能《あた》はず。此の穴を出でて、其の趾三町許《ばか》りにして対面すべきなり」と。上人即《すなは》ち本《もと》の如く穴を出づ。約束の所において、衣冠を着せる俗、腰より上、地中より出づ。上人之れを拝見すれば即ち消え失せ畢《をは》んぬ。日対、件の処に社を立てて龍王の躰を造立す。今に見在す、と云々。祈雨の時、件の社頭において読経等の事有り、と云々。感応有る時、龍穴の上に黒雲有り。頃之《しばらくありて》、件の雲天上に周遍し、降雨の事有り、と云々。(17)

この逸話によれば、室生山の龍は本来興福寺猿沢池に棲んでいた「善達」というものである。池に采女が投身してしまったことによりその龍はまず春日山南方の香山《こうぜん》（高山）に移り、そこにも下人が死人を棄てたため、結局平城京の地より室生山へ移動したという。そして、室生山ではある時、日対上人という僧が龍王の姿を見るために龍穴に入り、一つの宮殿（龍宮）に辿りつき、そこで玉机の上の『法華経』を見て、龍王と対話したと伝承される。龍王は宮殿（龍宮）のなかで姿を現すことができないと言い、日対上人に対して龍穴の外で示現すると約束した。そこで、上人は龍穴を出たところ、龍王の姿を見て、その場所に社殿（龍穴神社）を建立したという。

以上の逸話は神泉苑に触れず、興福寺（猿沢池）、春日山（及び香山）、室生山、龍穴神社の関係地を連結している。よって、この逸話は真言系ではなく、興福寺（室生寺）系系譜の龍王信仰を反映しているということは明白である。

ここでの龍は「善達」とあり、「善如」ではない。この「善達」という名については、「スダッタ」という梵名をもつ龍に由来するとする仮説もあるもの の[18]、「善達」とは「善如」と「無熱達池」の二語から作られた造語なのではないかと思われる。後に紹介する『宀一秘記甲』にも「善如達」という語句が出ており、これも同じく「善如」と「無熱達池」の言葉より発生した名称だと推定する。したがって、興福寺系の「善達」とは、「善如龍王」を指すであろう。

室生山の龍神信仰の歴史的展開は複雑で、真相は闇に包まれているが、おそらく十世紀から室生山内では〈神泉苑〉と縁が深い真言系の「善如龍王」信仰と、〈興福寺・春日山〉と結びついた興福寺系の「善如龍王」信仰の二系譜の信仰があって、後に平安京で神泉苑の善如龍王信仰が広く社会に浸透すると、その真言系信仰との区別を付けるために、興福寺系の「善如」が「善達」と訛られてしまったのではないかと推察される。

三　鎌倉期室生山の真言宗小野流系の龍神信仰

ところが、真言僧の室生山への巡礼が活発化し、真言密教を兼学する興福寺僧・室生寺住僧の数が増えていった平安末期〜鎌倉中期に、山内で真言系系譜の龍神信仰の方が次第に有力となったと考えられる。しかも、当時においては真言系の龍、春日大明神、及び室生龍穴神が融合してしまったとも推定される。それを示唆するのは、『能作性口伝并避蛇法』（醍醐松橋流口伝、KB 9.2）の次の記述である。

岳東院僧一期ニ成二三果一、一果ハ大仏ノ眉間在レ之、一果ハ春日ノ社ニ在レ之、一果ハ持宝王院ニ置レ之、（後略）[19]

つまり、岳東院（覚洞院）権僧正・醍醐寺座主勝賢（一一三八〜一一九六）は、ある時に三顆の宝珠を造作した。一顆は東大寺大仏の眉の間に納入され[20]、もう一顆は勝賢自身が保持した。そしてもう一顆は、春日大社に奉納された。これが事実であるかどうかは検討すべきであるが、事実であれば、勝賢作の宝珠が春日明神に献納されたとするのは、醍醐寺では春日明神と醍醐寺系の宝珠信仰――無論当時の醍醐寺では龍と強く繋いでいた信仰――が密接な関係に捉えられていたことを示す。なお、興福寺・春日大社側がその宝珠を拝受したのは、興福寺・春日大社でも醍醐寺系の宝珠・龍神信仰が積極的に受け入れられていたことも暗示する。その点より、当時形式上は室生寺・龍穴神社が興福寺・春日大社の管轄下に置かれたにもかかわらず、室生寺で興福寺系の龍神の信仰を強調する意味がなくなったと理解することができる。そして、この事実から、その時代に室生寺側でも真言系、特に醍醐寺小野流系の宝珠・龍神信仰が受容されてきたことも推定できよう。

すでに述べたように、この時代には真言密教思想の立場から室生山の神秘的空間を意味づける様々な「縁起」テキストが撰述された。そして、あるテキストでは明らかに醍醐寺三宝院流系の龍神信仰が見出されるということもすでに触れた通りである。

そのようなテキストの一つとして、十三世紀中葉に成立されたと推定される『宀一秘記甲』がある。以下、そのテキストにみえる室生山の宝珠・龍神信仰の特徴をあげ、そして、その特徴が醍醐寺の龍神信仰とどのように関係しているかを探っていくことにしよう。

（1）『宀一秘記甲』の所説

『宀一秘記甲』（別名は『宀一山記』）は、正平八年（一三五三）の書写本であるが、その成立は鎌倉期まで遡ると考えられている。藤巻和宏氏が指摘した通り、本テキストで描かれる宗教世界は、醍醐寺三宝院流系の真言思想の影響を受けているものである。[21] よって、このテキストは醍醐寺系の龍神信仰がどのように室生山に受容されたかという課題を考察するためには有益なものである。

『宀一秘記甲』は、まず冒頭に当山の自然環境（峰や河など）が五部五智や三密行法の密教思想を象徴していると解き、また、宝珠一顆が仏隆寺より東の峰に埋納されているということを述べる。そして、第三十二代の東寺長者範俊（一〇三八〜一一一二）が一顆の能作性如意宝珠を白河院に献納したことに触れ、ついで、「空海造作」といわれる宝珠が室生山精進峯に埋蔵されていることを伝える。[22] その次に、以下の文がある。

又神泉薗善如〔女龍イ〕者、是無熱池龍王之類也、大師勧㆓請之㆒、即金〔色カ〕也長八寸許也、居㆓長九尺虵頂㆒、珠即実恵、真済、真雅、堅恵、真暁、真然等見レ之、同彼山安二置之一、西有二龍池一、即表二無熱池南面之相一、東有二龍穴一、顕二是無我空相一、中央有二御玉殿神一云二倶梨迦羅大龍雷電神一、或名二大刀辛雄神一、尋二其本地一等人座像不動也、又南天鉄塔大日下之所生不（十動イ）二三寸生身明王、或光尾、或如意峯、或明王御身、異説不同也、又光峯東金剛智水流出、西胎蔵流口開、（中略）又天下炎旱時、雷電神則登二虚空一発二雲四州一、降二大雨一利二益万物一、彼宝所之恩徳、雷電神力也、次山内有二両部不二浄土一、此中有二龍宮一也、嶋有レ之、（中略）嶋中央堂有レ之、名二五柱堂一、但於二中央柱一者、善女難陀等大龍捧二種々供具一供レ之、室生山者三部密号也、精進峯者五部秘号也、又善如達（女者イ）即宀一守二護諸仏教一授体也、此即醍醐寺青龍明神三所之内、中之一所是也、今二所稲荷上下是也、是即尊師勧二請之一為二密教之鎮守一也、（中略）毎日暁住二秘印一向二彼方一、一経十二品観レ之、并白蛇法可レ修レ之、是東寺小野秘伝也、彼山八葉也、東北角坐是弥勒所レ坐也、又東北角鬼門方也、為降二悪鬼悪龍東北角一、宀一者又日東国之中心、日本国者独古形也、彼山独古中心相当也、(23)

すなわち、ここに室生山に埋納された宝珠に関する補足的秘説として、空海の神泉苑における祈雨と善如龍王の示現譚があげられている。その祈雨の時、空海は神泉苑に善如龍王を勧請し、龍は二匹の蛇が重なる形をもって示現したという。本資料に「珠」という字が見え、その正確な解釈は掴みにくいが、あるいはその字は二匹の蛇が「宝珠」だという秘説を表しているのかもしれない。それはさておいて、龍の形を見ることができた諸弟子の内に室生山仏隆寺開山堅恵がいた。そして、祈雨が終わった後、空海はその龍（宝珠？）を室生山に安置したという。

この話にも、前節で触れた『宀一秘記』（『宀一秘記甲』とは別書）の伝承と同じように、室生山の宝珠を神泉苑の善如龍王と結びつける信仰が表されている。したがって、この資料においても『御遺告』所載の室生山を中心とする宝珠信仰が神泉苑の龍神信仰と関係が深いものとして捉えられていたという点を再確認することができる。

つづいて、『宀一秘記甲』は室生山の三峰についての秘説を説いている。まず西峰は「無熱池南面之相」を表しているという。理解しにくい語句だが、おそらくこれは観想法では南に向けて西峰に無熱池が念じられたことを意味するであろう。あるいは、神泉苑請雨経法では神泉苑池（無熱池）へ南面し、龍を拝むという作法が行われたが、[24]「無熱池南面之相」という語句の裏にその作法への配慮があるかもしれない。次は、東峰には無我・空を象徴する龍穴があるといい、最後に、「光尾峯」・「如意峯」・「明王御身」とも称される中央峰に倶梨伽羅龍王の玉殿があると説く。この倶梨伽羅龍は「雷電神」または「大刀辛雄神《おおたじからお》」とも呼ばれ、つまり、神話の「神」であり、その本地は不動明王であるという。これはすなわち龍穴神なのである。さらに、中央峰は両部不二の思想を象徴し、峰の東より金剛智の水、西より胎蔵の河が流れるともいわれる。

通常、両部の東西への配当といえば、西は金剛界、東は胎蔵界を表す。これは密教の常識である。『宀一秘記甲』では配当が逆になっているが、その裏に、西＝金剛界が胎蔵界、東＝胎蔵界が金剛界の法水を生み出すという理念が隠されているであろう。つまり、ここで、たとえば東より金剛智の水が流れるという構想は東＝金剛界という相似性ではなく、東＝胎蔵界と金剛界の相補性・不二性を表しているのであろう。

次に、本テキストは祈雨についても秘口を説いている。室生龍穴神――善如・倶利伽羅・大刀辛雄――に対して祈雨を行えば、倶梨伽羅は昇天し、雲を四州へ遍満させ、大雨を降らせて、一切衆生に利益を与えるという。ここに善如と倶梨伽羅が同体とされるが、第二部で論じた通り、倶利伽羅は請雨経法においても重要な役割を果たしていた。請雨経法では、倶利伽羅は十二天壇で観想されていた。その上、同法の大壇法でも、大壇の愛染王と仮屋屋上の不動が一対と観想され、その一対の姿の裏に、当時形成されていた愛染＝倶利伽羅という信仰が隠されていたと推定される。よって、『宀一秘記甲』に現れている室生山の龍神信仰は、ほかならぬ醍醐流の請雨経法龍神信仰から影響を受けたものだと判断できる。

次は、『宀一秘記甲』の筋道は中央峰に戻り、その峰のなかに両部不二の浄土があり、その浄土に龍宮及び嶋があって、嶋の中央にさらに五柱堂が立つという[25]。この五柱堂とは、いうまでもなく先に触れた倶梨伽羅龍王の玉殿である。この堂の中央柱へ、善如や難陀などの龍王が供物を捧げているといわれる。

これに次いで『宀一秘記甲』所記の伝承では室生山は醍醐寺清瀧明神が祀られる三所の一所に当たると説明される。すなわち、室生龍穴神は醍醐寺の鎮守清瀧神（善如）と同体とされる。ここにも本伝承が醍醐寺系の龍神信仰を踏襲している事実が再確認される。

そして、本テキストは毎朝――おそらく南面しながら――室生山の方に向いて、秘密の印を結び、その印の境地に住し、『法華経』第十二品すなわち提婆達多品を観想しながら「白蛇法」（避蛇法）を修しなければならないと伝えている。真言思想と法華思想を結びつけるこの修法は、「東寺小野」の秘伝であるといわれる。確かに、醍醐寺小野流では龍神信仰と法華思想が融合されていた。前章で論じた通り、中世に円光院や清瀧宮で法華八講などの年中行事が盛行し、『法華経』の龍女信仰が高揚され、清瀧神に投影されたのである。ゆえに、この『宀一秘記甲』の箇所にも醍醐寺系の龍神信仰からの影響が発見できるといえよう。

以上は『宀一秘記甲』より見て取れる龍神信仰の概要である。その信仰は、一言でいえば、醍醐寺小野流の龍神信仰を反映しているものである。本書の第二部で論じたように、少なくとも十二世紀末までに醍醐寺伝の龍神（善如・清瀧）信仰には、不動・愛染・仏眼・如意輪・倶利伽羅・舎利・宝珠の諸要素が含まれていた。『穴一秘記甲』に展開される龍穴神信仰は、その醍醐寺の龍神信仰を敷衍させたものである。確かに、このテキストには愛染王の名は出てこないが、不動尊の化身たる倶梨伽羅龍の裏に愛染王の存在が想定されていたという可能性は十分にあるであろう。

(2)『御遺告大事』の三尊信仰

さて、真言密教小野流の立場から室生山の信仰について語る鎌倉期のテキストとして文観筆の『御遺告大事』（『東長大事』とも）もある。

『穴一秘記甲』の記主が不明であるために、その内容が醍醐寺僧の言説か、または醍醐寺系の信仰を奉じた室生寺住僧や興福寺僧の口説かは判断できないが、『御遺告大事』の場合、撰述者が醍醐寺で修行した僧であり、内容が醍醐寺小野流の口説だということがはっきりしている。本項でそのテキストで説かれる室生山信仰（三尊信仰）を取り上げ、その特徴を解説するとともに、その歴史的位置づけについて考察する。

まず、文観についてであるが、周知のように、真言律及び醍醐寺報恩院流を受け継ぎ、優れた験者としての名声を樹立し後醍醐天皇（一二八八～一三三九）に重用され、醍醐寺座主、四天王寺別当、東寺一長者として僧界において雄飛した僧である。しかし、後に高野山僧によって邪教立川流と関係づけられて平安京から追放され、吉野へ後醍醐天皇に同行し、金剛寺で波乱万丈の人生を終えた。

文観は、十四世紀初期に醍醐報恩院流（三宝院流）の道順《どうじゅん》（？～一三二一）から授与された諸秘説を様々な聖教テキストにまとめた。そのなかに『御遺告大事』（一三一七年）、『秘密源底口訣』（一三三九年）、『最極秘密鈔』（一三三七年）や『御遺告秘決』（座主実運仮託、文観筆）などの聖教がある。

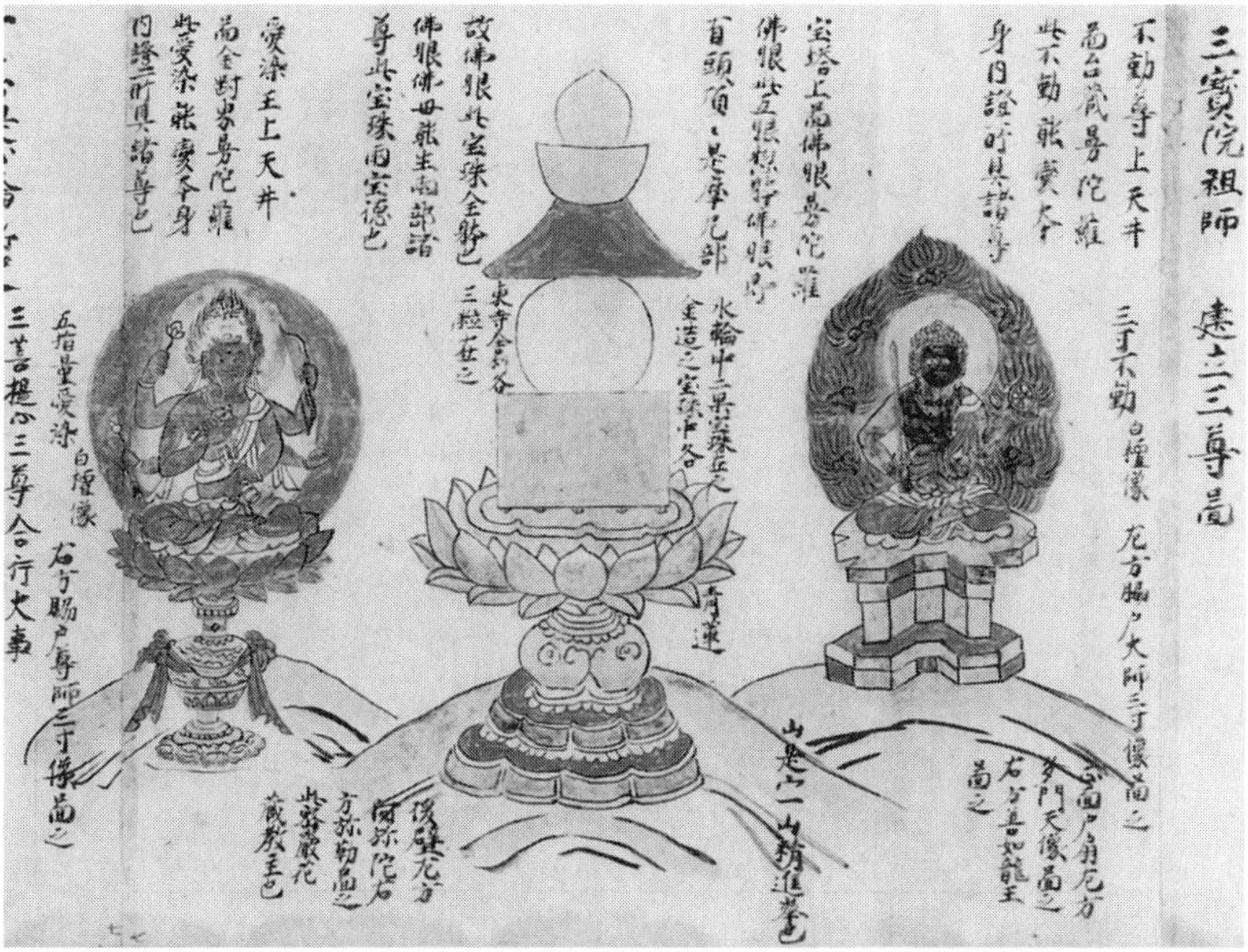

図33　三宝院祖師建立三尊図（『東長大事』所収、群馬・慈眼寺所蔵）

それらの内容より、文観が諸秘訣を撰述した理由は、南北朝争乱において空海より代々相承された密教秘説の散逸を恐れ、後世に伝えるためだったということが読み取れる。しかし、文観がその時代に文面に書き記した秘事が空海より代々伝わってきた教義だったということは事実として受け取りにくい。

近年、阿部泰郎氏は、文観が秘訣を記す過程において、極秘のステイタスを高めるために空海以後代々相承云々と主張し、また秘事の由来を実運（一一〇五～一一六〇）のような祖師に仮託したであろうという見解を提唱した。序章にも述べたように、阿部氏は文観が撰述した聖教に明かされる不動・如意輪・愛染の三尊形式の宝珠信仰についても、その由来が叡尊の如意輪法まで遡ると認めつつも、それより以前に存在したかどうかについては否定的である。そして、三尊合行法そのものは文観が創出した法だと論じている。(26)その問題については本節で後述するが、まず、文観筆『御遺告大事』所載の室生山三尊信仰の具体的な内容を概観しよう。

『御遺告大事』は、文観が師道順より口授した説を嘉暦二年（一三二七）に記した書であり、その内容は、おおよそ『御遺告』第二十三条〜第二十五条についての秘釈である。その秘釈は豊富なものであり、様々な教義・信仰を展開させているが、その一環として、醍醐寺三宝院開祖勝覚が、空海より代々伝わってきた三尊の宝珠秘説に基づいて作ったといわれる三尊像（「三尊帳」）についての教えがある。

その三尊とは、五輪塔（水輪中に二顆の宝珠がある）の形状を取る如意輪像、五指量（指五本の幅）の愛染王白檀像、及び三寸の不動白檀像である（図33）。勝覚は、その三尊像を室生山の三峰に安置しているものとして見立てて厨子に入れ、それを「三尊帳《さんぞんちょう》」と号した。それ以後その三尊の秘事は代々三宝院流の嫡弟子に伝授されたといわれる。

『御遺告大事』では、その三尊の伝来や意味は具体的に次のように説かれている（以下、便宜上、内藤氏の翻刻を使用する〔返り点は筆者による〕）。(27)

一、三尊合行亦様

師主御口伝云、前《ニ》所《ノ》レ記《スル》三尊合行《ノ》次第是《ハ》御遺告《ノ》最極甚深《ノ》大事、嫡弟一人《ニ》授レ之《ヲ》、更《ニ》於二三尊一各別《ノ》法《ニ》亦有二一《ノ》秘伝一、即如意輪観音《ヲ》為《シテ》二本尊一《ト》常《ノ》不動愛染《ノ》像《ヲ》左右《ニ》安レ之《ヲ》、祖師勝賢僧正以《テ》二此《ノ》習《ヲ》一北院《ノ》御室（引用者註——守覚）奉レ授レ之《ヲ》、此《ヲ》号《ス》二三仏如意輪《ノ》法《ト》一甚秘々々、即如意輪観音是《ハ》蓮花部之宝部四種《ノ》悉地《ヲ》相兼《テ》究竟甚深《ノ》尊也、此即弘法本身、天照太神《ノ》本地也、甚秘思レ之《ヲ》、即遺告《ノ》初段《ノ》意《ニ》相通《ス》、即如意《ト》者是宝生三昧《ノ》実相、浄菩提心《ノ》如意珠也、此即両部海会《ノ》万徳、塵数三昧《ノ》惣体也、次輪者即金剛輪宝能摧伏四魔障難即転得恒沙悉地、此即不動明王之三形也最秘々々無言々々、次観音者此性浄蓮花之異名、大悲敬愛之本身、愛染明王之三形持蓮手是也、即浄菩提心宝珠王為利生分理智大智輪摧邪大悲蓮同性、此調伏敬愛二徳也、仍以如意輪一尊為三輪合体尊也、更分悲智現二尊、不動愛染置左右、此即我宗骨目一伝也、大師以此一伝天長八年二月六日重貞観寺僧正（引用者註――真雅）奉授之、真雅僧正受大師御口伝以為嫡々相承之秘法也、祖師権僧正勝覚建立此三尊以授代々嫡弟、即中尊安五輪塔婆水輪納一果宝珠、右方愛染六臂像、左辺不動左持輪、此号三尊帳、中尊五輪此如意輪三形也、貞観寺御記示之、即彼御記云、浄月輪上有〔A Vaṃ Ra Ha Kha〕字、放雑色光明変成塔婆、々々中有宝珠、放光明照十方、変成随心金剛荘厳殊〔＋妙イ〕、六臂具足等文、甚秘々々、塔婆宝珠一体異名也、心納万法時一心名塔婆、心雨万法時一心号宝珠、今塔婆納宝珠此為六大法界体也、仍本尊加持印言専結誦此処也、即塔印開二大 A Vaṃ Raṃ Haṃ Khaṃ Hūṃ云々、法甚深在之云々、

仍如意輪是究竟甚極秘仏、故石山内供・延命院祖師皆以当尊十八道為本尊、此尊本誓殊応末代濁世得益偏在此尊、即持戒破戒浄与不浄日月吉凶皆不捨之、共以為当機貴哉可信哉、

三宝院祖師　建立三尊図

不動尊上天井

図胎蔵曼荼羅、

此不動能変本

身内証所具諸尊也、

三寸不動白檀像

（不動明王坐像の図）

左方脇戸大師三寸像図之、

正面戸扉左方

多聞天像図之、

右方善如龍王

図之、

宝塔上図仏眼曼荼羅、

仏眼此五眼惣体、仏眼即
有二頭頂一々是摩尼部、
故仏眼此宝珠全体也、
仏眼仏母能生二両部諸
尊一、此宝珠雨二宝徳一也、

愛染王上天井
図二金剛界曼荼羅一、
此愛染能変本身
内証所具諸尊也、

水輪中二果宝珠在レ之、
金造之宝珠中各　青蓮

（五輪塔の図）

東寺舎利各
三粒在レ之、

（愛染明王坐像の図）

白檀像
五指量愛染

山是宀一山精進峯也、

後壁左方
阿弥陀、右
方弥勒図レ之、
此密厳花
蔵教主也、

右方脇戸尊師三寸像図レ之、

さて、以下、右に掲げた『御遺告大事』の引用文を要約し、解説を加えよう。

まず、引用文は、本聖教の前段落に説かれている三尊合行の法について（本書では引用しなかった空海を中尊とする三尊法）[28]、さらに一つの秘伝があるという。それは如意輪観音を中尊とする「不動・如意輪・愛染」の三尊の秘法である。座主勝賢は、この法を「三仏如意輪法」と称し、それを仁和寺北院御室守覚法親王（一一五〇〜一二〇二）に付したといわれる。[29]如意輪の要は、この仏が空海の真の姿、そして天照大神の本地だという点にある。そして、「如意輪観音」の名の裏に三つの真理が隠されていると説く。まず、「如意」とは宝生如来の三昧耶形（宝珠）、浄菩提心の如意宝珠を表し、両部大日の総体である。次は、「輪」は諸魔族煩悩を粉砕する金剛輪宝であり、不動明王の三昧耶形である。最後に、「観音」とは性浄蓮華の意味であり、大悲敬愛の愛染王を表している。引用文はさらに、浄菩提心の境地（宝珠）は衆生に利益を与えるために理智（胎蔵大日・金剛界大日）に分立し、智は不動の輪になり調伏の徳を示し、理は愛染の蓮華に化し敬愛の原理を諭すという点を教えている。

これは空海が残した教えとされるがゆえに、宗祖は自身で自己が究極存在だということを弟子に付したというささか不合理な文脈になっているが、ともかく、空海はその極秘を嫡弟子真雅（八〇一〜八七九）に伝え、その秘伝はさらに真雅より代々嫡弟子に相伝されたという。後に、三宝院開基勝覚はこの至極の秘伝に基づいて三尊の像を造り、その三尊を厨子のなかに安置して、「三尊帳」と号した。その三尊中の五輪塔は如意輪の三昧耶形であるというが、五輪塔を如意輪と習う根拠は、真雅の記にあると説いている。その記は現存しないが、そのなかに仏塔中の宝珠が六臂具足の如意輪観音の変化身だと記されていたといわれる。

三尊が安置された厨子の様相は、次のようなものであった。厨子の天井に、五輪塔上に仏眼曼荼羅、不動尊上に胎蔵曼荼羅、愛染王上に金剛界曼荼羅が図絵されている。なお、厨子の正面の左扉に多聞天、右扉に善如龍王の姿が描かれ、厨子の背面の壁は、左には阿弥陀仏、右には弥勒菩薩が画いてある。さらに、厨子の左の脇戸に空海像、右の脇戸に尊師聖宝（八三二〜九〇九）の像が図絵される。厨子の内部は、室生山三峰を背景にするものと構想される。

五輪塔・不動・愛染と、厨子天井にそれぞれの尊格の上に図絵される三つの曼荼羅との関係については、通説的には次のような解釈がなされている。すなわち、仏眼仏母曼荼羅の仏眼は両部諸尊の総体であり、宝珠（おそらく五輪塔の中にあるといわれる二顆宝珠）の全体であるとされる。そして、不動尊は胎蔵界大日、愛染王は金剛界大日を代表していると理解されている(30)。

以上は通説であるが、しかし、不動と愛染がそれぞれ胎蔵界と金剛界を代表しているという説について、それは当を得ない見解であると考える。それは次の論拠による。

まず、不動を例に挙げるならば、『御遺告大事』の「不動尊上天井図胎蔵曼荼羅此不動能変本身内証所具諸尊也」の原文を正しく読めば、「不動尊ノ上ノ天井ニ胎蔵曼荼羅ヲ図ス、此レハ不動ガ能変本身ノ内証トシテ所具スル諸尊ナリ」というように、不動像の上の胎蔵曼荼羅の諸尊が、不動尊が身体の内面にもつ諸尊だという解釈になるであろう。これは愛染も同じである。

次いで、三尊の姿は、おそらく南に向きながら心のなかに念じられたと考えられる点が注目される。前項に見てきたように、『宀一秘記甲』の伝承では中央峰が「南天鉄塔」と連想されており、しかも、宝珠の徳を具する宝生如来は南方の仏であり、同じく宝珠と関係が深い龍女は、「南方無垢世界」に住する仏だといわれる。

さらにこれに関して考慮すべきなのは、『御遺告』で遺言されるように、東寺の座主大阿闍梨が室生山の宝珠を観想して避蛇法などの修法を修していたものだということである。つまり、室生山の宝珠は東寺など平安京寺院から遥拝されたわけだが、その寺院の視点から見て室生山は南方にある。それを考えると、三尊が北のポジションから観想されたということは最も理に適うであろう。したがって、三尊図そのものから不動が西峰の上、あるいは逆に東峰の上に立っているかは判定できないが、北方から観想されたという点を考慮すれば、不動は西峰、愛染は東峰の上に安置していると解釈することは最も合理的であろう。

そのように見ると、密教の基本的思想では西（右手）は金剛界、東（左手）は胎蔵界を表すことを考え合わせれば、三尊図の不動は金剛界大日を代表し、その上に描かれた胎蔵曼荼羅はその内部的内証を表すものであるという解釈が妥当であると思うのである。そして愛染王は、その逆である。

見てきたように、『宀一秘記甲』では、室生山の東峰から金剛界の河（法水）、西峰から胎蔵界の河が流れているという言説が記されている。論じたように、その象徴的言説の裏に、東峰＝胎蔵界は金剛界、西峰＝金剛界は胎蔵界とリンクしているという理念が隠されている。つまり、たとえば東と金剛界の関係は相似ではなく、相補の関係を表現しているのである。それと同じように、『御遺告大事』でも、西峰の不動とその上の胎蔵界、また東峰の愛染とその上の金剛界の関係は相似の関係ではなく、相補の関係だと考えるべきである。

つまり、簡単にいうと、西峰の不動は胎蔵曼荼羅諸尊を内証に有する金剛界大日の化身で、東峰の愛染王は金剛界曼荼羅諸尊を内証に持つ胎蔵界大日如来の変化身だと理解するのである(31)。

以上が『御遺告大事』所載の三尊合行法の概要及び解説である。この法についてはここで述べてきた点のほかにさらにつけ加えるべき特徴が多くあるが、本書では省略する。本書の主眼は、三尊合行法を詳細に説明することではなく、その法の中核である三尊形式の舎利・宝珠信仰を歴史的にどう位置づけるべきかという問題の究明にあるのである。

これについては、先に述べた阿部氏の論は現在定説となっているといってもよいであろう。三尊信仰を勝覚まで遡らせる論はあるが、説得力を欠くものである。

その問題については、本書でここまで強調してきたように、三尊の宝珠信仰がまず「龍神信仰」だと認めることが重要であると考える。室生山の宝珠は、その山の龍と不可分の関係にあることは言うまでもない。そして、『御遺告』で最も重要な役割を与えられている「如意宝珠の権現」と「大士」の内の「権現」は、「龍」だという説があった。どの程度までこの説が広まっていたのかについては、さらに検討すべきであるが、第二部第二章で論じたように、少なくとも中世の醍醐寺ではその解釈が流布していたようである。よって、醍醐寺の法流から生まれた三尊形式の宝珠信仰を考察する場合、その信仰を同法流の龍神信仰との関係から究明すべきだということは明白であると考える。

三尊の姿が想定されていた室生山は、「善如龍王」が棲む山である。『御遺告大事』は、三尊が安置されている厨子の正面の右扉に善如龍王が描かれているといい、それゆえにその龍が三尊信仰では二次的な役割しか果たしていないかのような印象を与えている。しかし、醍醐寺の秘説では、その龍は室生山の中央峰の上に立つ五輪塔・如意輪・仏眼・宝珠の諸要素を一身に集める存在とされていた。前章で論じた通り、醍醐寺では少なくとも十二世紀末の座主勝賢の時代までに〈如意輪・舎利/宝珠/五輪塔・仏眼〉及び〈不動・舎利/宝珠・愛染〉の二つの構造を有する「龍神」信仰が形成されていた。要するに、三尊図を解釈してみるならば、五輪塔や如意輪、あるいは不動や愛染などに目を奪われるのではなく、その宗教的要素がすべて龍神の内実を表しているという視線で見るべきなのである。

したがって筆者は、『御遺告大事』の三尊信仰は古来より醍醐寺小野流で伝わっていた龍神信仰の延長線上にあるものだと理解する。この書の三尊宝珠信仰は、神泉苑や醍醐寺に棲むと信じられた龍神の信仰が、同神の別の居場所とされた室生山に投影され、敷衍された信仰なのである。

文観は醍醐寺の古い龍神信仰を受け継ぎ、それを新たに『御遺告大事』において「三尊合行法」という新規修法の中核に据えた。ただ、興味深いことに、『御遺告大事』の三尊図には醍醐寺龍神信仰の二つの構造が五輪塔を中心にまるで十字形かのように組み合わせられている。〈不動・宝珠・愛染〉は横に、〈如意輪・宝珠・仏眼〉は縦に構想され、実に完璧ともいうべき舎利・宝珠・龍神信仰となっているのである。このような〈横〉と〈縦〉の複合的構造はほかの聖教にはみえず、『御遺告大事』の特徴だというべきである。

おわりに

本章では、室生山における真言密教の流入過程及び室生龍穴の龍神信仰の歴史的展開を論じ、室生山の龍神信仰と醍醐寺伝の龍神信仰との関係を検討した。

室生山では八世紀末に室生寺、九世紀中頃に仏隆寺という寺院が建立された。初期にはこの二つの寺院は興福寺の管轄下にあったが、十世紀半ばまでに、仏隆寺を拠点に真言密教の勢力が室生山で影響力を伸ばしてきた。真言宗で神泉苑の龍を室生龍穴の神と結合する信仰が確立したのはこの時代からだと推定される。東密の勢力は天慶九年（九四六）に興福寺側の訴えにより室生山から排除されたが、それ以後でも、真言僧は神泉苑の龍と室生山の龍との融合信仰を奉じつづけていたと推察される。

興福寺・室生寺側では、真言系の龍神信仰の影響を受けていたものの、神泉苑ではなく興福寺・春日山と縁を結ぶ別系譜の龍神信仰が伝わっていた。しかし、平安末期〜鎌倉初期に真言僧の室生山への巡礼が活発化し、興福寺でも真言密教、とりわけ醍醐寺の龍神信仰が積極的に受け入れられてくると、室生寺でも主に真言系の龍神信仰が信仰されるようになったと見受けられる。

醍醐寺小野流系の龍神信仰が室生山でも受容された事実は『宀一秘記甲』から読み取れる。すなわち、この書では龍穴神は醍醐寺の清瀧神の分身とされ、不動・倶利伽羅・善如龍王と結合されるが、本章ではこの信仰の源泉が醍醐寺の請雨経法龍神信仰にあるという点を論じた。よって、本テキストの著者が醍醐寺小野流の龍神信仰を奉じた僧――真言僧か興福寺僧かは不明だが――だったと推定される。

そして、本章で文観撰『御遺告大事』の三尊形式信仰――室生山の自然環境を背景にする信仰――についても考察した。その結果、その信仰が〈如意輪・宝珠・仏眼〉と〈不動・宝珠・愛染〉の二構造を交差させるものであり、つまり、少なくとも十二世紀末までに醍醐寺で成立していた龍神信仰――善如・清瀧信仰――の内実を表しているものだという点を明らかにした。要するに、『御遺告大事』の三尊式信仰は、平安京で神泉苑請雨経法や醍醐寺祈雨を背景に成立し展開した龍神信仰を、龍神の別の居場所として信じられた室生山に投影させたものだという論を述べた。

このように、文観筆『御遺告大事』の三尊信仰は、鎌倉中期〜後期に成立したものではなく、鎌倉時代より古い醍醐寺伝の龍神信仰にその淵源があると認めるべきである。確かに、十四世紀初頭に文観は諸テキストを撰述し、新たに「三尊合行法」という法を創出する段階で、秘説のステイタスを高めるために空海代々相承云々、あるいは実運相伝云々というように、祖師に仮託するという手段を用いた。しかし、それは彼が三尊形式の信仰そのものを創作したという意味ではないことは、ここまでの議論で明らかであろう。

註

(1) 本章では、特に西田長男「室生龍穴神社および室生寺の草創―東寺観智院本『宀一山年分度者奏状』の紹介によせて―」(『日本神道史研究』第四巻、中世編上、講談社、一九七八年)、逵日出典『室生寺史の研究』(巌南堂書店、一九七九年)、堀池春峰「室生寺の歴史」(『南都仏教史の研究』下、諸寺篇、法蔵館、一九八二年、初出は一九七六年)、同著「宀一山図と室生寺」(『南都仏教史の研究』下、初出は一九七六年)を参考にした。

(2) 前掲西田長男「室生龍穴神社および室生寺の草創」二六一～二八二頁。

(3) 『御遺告』の「見二此現形一弟子等実恵大徳并真濟真雅真照堅恵真曉真然等也」(T no. 2431, 77.409a26–28)による。

(4) 第二部第二章第一節、第三部第三章第一節参照。

(5) 前掲西田長男「室生龍穴神社および室生寺の草創」二八五～三一四頁。

(6) 前掲堀池春峰「宀一山図と室生寺」八六頁。

(7) 逵日出典「中世に於ける室生山内の変質」(前掲『室生寺史の研究』所収)一〇九～一一〇頁。

(8) 藤巻和宏「如意宝珠をめぐる東密系口伝の展開と宀一山縁起類の生成―『宀一山秘密記』を中心として―」(『国語国文』第七十一巻第一号、二〇〇二年)参照。

(9) 逵日出典「室生寺にみる興福寺の末寺支配―特に「室生山論争」とその結末を中心に」(前掲『室生寺史の研究』所収)一八一～一八二頁参照。

(10) 逵日出典氏は室生山では密教の祈雨法が行われたとしているが(同著「室生山に於ける雨乞」〔『室生寺史の研究』所収〕八二頁)、私的行法はともかく、公請による祈雨修法は室生山では一度も行われていない。

(11)『祈雨日記』（ZGR 25-2：223-224）。

(12) 聖賢撰『祈雨日記』（醍醐寺所蔵、東京大学史料編纂所影写本）による。寛信撰『祈雨記』は「前日祥延所レ祈二龍王位階一事、此使二彼龍穴神名一歟」と記す。筆者は『祈雨日記』の文に従う。

(13) 本記録の残存する写本はすべて鎌倉後期以降のものである。諸写本の内、興福寺大乗院の住持前大僧正〔何某〕の自筆書写本を正安三年（一三〇一）九月中旬に転写した金沢文庫本が最も古い。

(14)「即去貞観九年、龍王見レ叙二五位一、即詔文云、寺号二龍王寺一、神名二善〔如イ〕女龍王一」とある（前掲西田長男「室生龍穴神社および室生寺の草創」一二五頁）。

(15) 前掲堀池春峰「室生寺の歴史」四六頁、Brian O. Ruppert, Buddhist Rainmaking in Early Japan: The Dragon King and the Ritual Careers of Esoteric Monks, *History of Religions* 42, no. 2 (2002)：160-161。

(16)「依《テ》レ之更勅《ニ》二使《トシ》和気真綱《ヲ》一、召二請《シ》空海和尚《ヲ》一、令レ修《メ》二請雨之秘法《ヲ》一、和尚即《チ》応《シ》レ勅《ニ》而結二界《シ》神泉之苑《ヲ》一荘二厳《シ》乾臨之閣《ヲ》一、奉《リ》レ勧二請北天無熱之善女龍王《ヲ》一、為二本尊《ト》南天鉄塔之摩尼宝珠《ヲ》一、調《ヘ》二六種《ノ》供具《ヲ》一、捧《ケ》二百味之飲食《ヲ》一、灌《キ》二三密之法水《ヲ》一、抽《ツ》二一心之祈雨《ヲ》一、於《テ》レ是龍王感応現《シ》二体《ヲ》於池中《ニ》一、仏天相応、顕《ハス》二形《ヲ》於殿上《ニ》一（中略）甘雨已《ニ》滂沱《トシテ》而旱魃橋地《ノ》患悉《ク》除《ク》、（中略）因《テ》茲《ニ》聖主弥帰《シ》二密風《ニ》一而賢臣益々仰《ク》二真言《ヲ》一而遂則《チ》為《メニ》令レ封二納《シ》宝珠《ヲ》於日域《ニ》一、留二住《セ》龍王《ヲ》於和朝《ニ》一、密教相応勝地選《ヒ》二大和国《ニ》一、龍王鎮座《ノ》御所《ヲ》定《ル》二宇多郡《ニ》一日、雨荒《ク》風烈《シ》、自《リ》二神泉之池中一光明如《ク》レ電《ノ》出《テ》、白雲如《ク》レ龍《ノ》鬉《キ》、至《リ》二室生之蒼嶺《ニ》一而飛飜《ス》、一人（引用者註――堅恵か）仰《キ》レ之《ヲ》、万民拝《ス》レ之《ヲ》、肆《ニ》此日即以二室生寺《ヲ》一可《キ》レ為《ス》二永代真言密教之道場《ト》一旨、勅《シ》二空海和尚《ニ》一而令二和尚《ヲシテ》中興之師《タラ》一、（後略）」（奈良県編『大和志料』下巻、奈良県教育会、一九一五年、五四二頁）。

(17)『古事談』五―二十四（『古事談　続古事談』新日本古典文学大系41、川端善明・荒木浩校注、岩波書店、二〇〇五年、四六四・四六五頁）。

(18) Marinus W. de Visser, *The Dragon in China and Japan* (Amsterdam: Johannes Muller, 1913; reprint 1969), p. 168 (note 4)。

(19) 高橋秀榮「平安・鎌倉仏教要文集（上）」『駒沢大学仏教学部研究紀要』第五十号、一九九二年、一九九頁）。

(20) 勝賢は宣旨により二顆の如意宝珠を造り、一顆を覚洞院護摩法の本尊とし、もう一顆は造東大寺勧進聖重源（一一一二一～一二〇六）が新造大仏の体内に入れたということは、憲深口・賢親記『報物集』にも見られる（「仰云、覚洞院僧正御房申、宣旨、如意宝珠作《ヲ》、一《ヲハ》南無阿弥陀仏（引用者註――重源）大仏《ノ》御身籠《ニ》、今一《ハ》覚洞院《ニ》為二護摩本尊一、被レ置レ之、〔中略〕此宝珠造立事、南無阿弥陀仏結構也」（『醍醐寺新要録』巻第十一〔遍智院篇〕、六五八頁）。なお、宝珠が大仏眉間に納入されたことは、教舜撰『秘鈔口決』〔駄都法口決鈔末〕にもみえる（「実賢僧正云、故勝憲自作《ラル》二宝珠《ヲ》一、件《ノ》宝珠《ハ》大仏《ノ》聖人申請《テ》、東大寺大仏眉間《ノ》底《ニ》収レ之《ヲ》」SZ 28：146）。本資料は、東大寺の再建が速やかに完成したのは宝珠の加持力によるとも説く。また、大仏への宝珠納入及び勝賢と重源の協力による宝珠の製作については、伊藤聡「重源と宝珠」（『中世天照大神信仰の研究』法蔵館、二〇一一年、初出は二〇〇二年）に詳しい。

（21）前掲藤巻和宏「如意宝珠をめぐる東密系口伝の展開と宀一山縁起類の生成」。

（22）室生山の宝珠（空海造立宝珠や恵果付嘱の人造宝珠など）の性格やその数については諸説があった。それについては、教舜撰『秘鈔口決』〔駄都法口決鈔末〕、また前掲藤巻和宏「如意宝珠をめぐる東密系口伝の展開と宀一山縁起類の生成」参照。醍醐流では室生山に宝珠が埋納されていると信じられたが、勧修寺流では室生山にはもはや宝珠がないとされた。勧修寺流の口伝では『地蔵房口伝』（KB 120.18）「宀事、鳥羽僧正（引用者註――範俊）令レ献レ院給《ヘリ》宝《ハ》宀一山《ノ》宝《ナリ》、更無二二宝一、遺告《ノ》意《ヲ》人不レ知歟、已上御口伝也」など、範俊が掘り出し白河院に献上したとする。

（23）『宀一秘記甲』（DNBZ 120：26–27）。

（24）第二部第一章第三節参照。

（25）「五柱堂」とは、おそらく無熱池龍池のなかにあるといわれる五柱堂のことであろう（『長阿含経』巻第十八、T no. 1, 1.116c29–117a1）。

（26）序章註29、註35。

（27）内藤栄「密観宝珠形舎利容器について」（『舎利荘厳美術の研究』青史出版、二〇一〇年、初出は一九九九年）一一五～一一八頁。『御遺告大事』について、『東長大事』（慈眼寺蔵）と別称される写本は真鍋俊照「虚空蔵求聞持法画像と儀軌の東国進出（下）」（『金沢文庫研究』二九五、一九九五年）によって紹介され、その影印は奈良国立博物館編『仏舎利と宝珠―釈迦を慕う心―』（奈良国立博物館、二〇〇一年）に掲載されている。この写本は前欠であり、本題名が「御遺告大事」だったことは不明となっているが、全文の別写本（山岸文庫蔵、近世後期写）の影印は、牧野和夫・藤巻和宏「実践女子大学附属図書館山岸文庫蔵『御遺告大事』一軸　解題・影印」（『実践女子大学文学部紀要』四四、二〇〇二年）に紹介されている。

(28)『御遺告大事』では、空海の頭部を宝珠として、「実恵・空海・真雅」、「白蛇・空海・奥蛇」、「不動・空海・愛染」や「龍・空海・龍」などの三尊形式的信仰も説かれている。

(29)本文のこの箇所において勝賢が三尊の法を守覚法親王に伝えたとしか記されず、嫡弟子成賢にも付したとまで明記されていないが、後の箇所では三尊法が勝覚から「代々の嫡弟」に伝わったと記される。おそらく成賢にも付したという意味で書かれた文章であったと考えられるが、それが明記されず読み取りにくい文章になったのであろう。もちろん、伝承自体が事実であるかどうかについては別である。筆者は、三尊形式の宝珠信仰が勝賢から守覚法親王や成賢に伝授された可能性があると思うが、『御遺告大事』所載の「三尊合行法」そのものは、文観が創出したものだと考える。

(30)この解釈は三尊図についてのすべての論考において例外なく採用されているが、ここでは具体的な論考の題名は省いておく。

(31)これに似たような解釈は『覚源抄』（SZ 36：381b）「不動《ノ》身《ト》者即《チ》智体《ナリ》、智体《ト》者理智不二《ノ》内証《ナリ》」からも取れる。すなわち、ここで不動の身体は智・金剛界、その内証は理智不二、つまり両部不二であると説かれている。『御遺告大事』についての本書の解釈と少し異なる説であるが、不動そのものを金剛界にし、それをその内証と区別させるという点においては同じである。なお、『鼻帰書』（一三二四年成立）に「習二不動愛染一者、浅略時《ハ》不動胎蔵界、内宮、愛染《ハ》金剛界、外宮也、深秘《ノ》時《ニハ》以二月日輪一習合《スル》時《ハ》、月輪《ハ》不動、外宮也《ト》、月以二智恵一為《ル》レ面《ト》故、不動《ノ》利剣是也、日輪《ハ》愛染、内宮也、胎蔵界以レ理《ヲ》為レ躰《ト》、愛染座瓶是也」とあるように、不動と愛染については二説があったが、秘説では不動は金剛界、愛染は胎蔵界大日とされた。『御遺告大事』の不動と愛染も、この秘説に従っていると考える。

第三章　中世真言密教龍神信仰の変奏

はじめに

さて、本章では最後に、『御遺告』所記の宝珠信仰について本書でまだ取り上げていなかった側面について考察を加えたい。

序章で述べたように、本書の狙いの一つは、『御遺告』に依拠する宝珠信仰がどのような経緯を経て鎌倉中期・後期に顕現する三尊信仰へと展開したかという問題の解決である。本書では東密祈雨法（請雨経法）のなかに形成された龍神信仰が三尊信仰の母体となったという点を論じてきた。

しかし、『御遺告』の宝珠譚はむろん祈雨法にのみ関連するものではない。序章でも述べた通り、その宝珠譚では「避蛇法」（第二十三条）及び「奥砂子平法」（第二十五条）の二つの修法も取り上げられている。この二つの法は『御遺告』で室生山と関係づけられており、したがって、それぞれが当山の宝珠に基づく実践法として捉えられていたことには疑いはない。

そしてまた、本書で論じたように、室生山の宝珠信仰は龍神信仰と深く結び付いているものである。よって、避蛇法と奥砂子平法も龍の信仰と関係しており、しかも神泉苑祈雨や醍醐寺祈雨の背景に展開した龍神信仰から影響を受けていた可能性がある。

そこで、本章では避蛇法と奥砂子平法について考察し、その基本的特徴を明らかにするとともに、それぞれの法が龍神信仰とどの程度まで関係があるかを確認したい。

一　避蛇法

（1）即身成仏の実践法

まず、『御遺告』第二十三条に言及されている「避蛇法」について検討しよう。第二十三条の内容は、詳しくは以下の通りである（以下、『御遺告』原文の書き下し文をあげる。原文は文末註参照）。

一つ。室生山堅恵法師が建立する道場に朔ごとに避蛇の法三箇日夜修すべき縁起第二十三（此の條章は文書に案内して散せしむべからず。猶己が眼肝を守護するが如くせよと云々。）それおもんみれば、避蛇の法呂は、是れ凡の所伝に非ず。金人の秘要なり阿闍梨の心肝口決なり。（具には別の意在り。）東寺代代の大阿闍梨、彼を像想《おもいや》て法を修せよ。すなわち後夜ごとに念誦し畢って護身を為せ。道肝を精進の峯に籠して、亦本尊海会を彼の岫に安せりなり。是の秘密の呂は、語らざれば知られず。念い煩うこと千廻なり。専ら猥りに聞かしむべからず。一を得て万を知れと云々（1）

すなわち、この文によれば、避蛇法とは東寺代々の大阿闍梨（一長者）が毎月朔日より三日間の夜、「彼」

（おそらく室生山精進峰の宝珠であろう）を観想して行う修法である。より具体的には、その三日間の毎夜、後夜の時に念誦法を修し、それが終わった後に護身法を行い、室生山精進峯を心に念じ、真言密教の「肝心」（これもまた宝珠のことを指すであろう）をその峰に籠め、さらに本尊海会の諸尊（おそらく両部海会の諸尊）[2]を安置するという行法である。要するに、この修法はおそらく本質的に両部曼荼羅の諸尊が一つの宝珠、つまり、室生山の宝珠に結合されると想定する観想法なのである。

この行法は、実際には堅恵建立の道場である室生山仏隆寺で修されるべきだといわれるが、『御遺告秘要鈔』（KB 82-15.1-5）という『御遺告』の注釈書にも記される通り[3]、室生山は遠方にあり、そこへ赴くことは困難なため、この法は普段平安京の真言院において修されたのである。

避蛇法に関連して、『地蔵房口伝』（KB 120.18、勧修寺小野流成宝〔一一五九～一二二八〕記）には示唆に富む次の二つの記述が記されている。

①珠事、或伝此法《ニハ》無二種子一、以二生身舎利一為二本尊一故、部主宝生、種 〔Trāḥ〕、六一山宝、舎利、龍王宝、請二三種宝一修レ之、後七日如レ此、晦御念誦令レ修二此法一也、辟邪法者是也、又伝二如意宝珠法一也、僻説歟、
印、三昧耶会宝生尊也
言、羯磨用レ之已上殊安祥伝也

②辟虫事、遺告、毎月晦三箇日修二辟虫去一云々、小月《ニ》廿七日《ヨリ》始レ之、朔《ヲ》秘《シテ》云レ晦也、一日《ノ》々中結也、自行《ニハ》毎月《日ニ》修二此法一也云々、

権僧正範―、修法後夜時必被レ修二此法一《ケリト》云々、辟虫夜七日同法也、件法昔《ニハ》定額一人為二伴僧一云々、

種〔Trāḥ〕、三宀一山、

印、三昧耶会宝生尊印、

言、羯磨会言也、（中略）

本尊大日、至極法本尊皆大日也、

以上の二つの記述の要点は次の通りである。まず、①は室生山の宝珠、仏舎利、（善如）龍王所持の宝珠を勧請し、修する作法である[4]。その舎利＝宝珠法は後七日御修法、晦御念誦や避蛇法の時にも修されたという[5]。次は、②の内容から避蛇法は朔日から三日間ではなく、毎月最後の三日間に行われ、朔日の日中に結願された修法だということが分かる。なお、②では、避蛇法が自行にも毎月（あるいは毎日か）本坊で修されるべき法だといわれ、そして範俊について、彼がいかなる修法でも後夜の座の時に避蛇法を修したと述べられる。

しかし、この修法は本質的にどのようなものなのであろうか。『御遺告』の本説から避蛇法とはどのような修法か具体的には知ることができないのである。

まず、「避蛇」という用語は、通常「びゃくじゃ」と読まれ、その場合には毒蛇を避けるという意味になる。しかし、中世の諸聖教ではほかにも「びじゃ」や「ひじゃ」という読みがみえ、それは宝珠の名だとか[6]、あるいは「あびしゃ」（阿尾沙＝調伏法）の略記だとかという説もある[7]。そのほかに、聖教類には「避邪」（邪・不祥を避ける）、「白蛇」（浄菩提心如意宝珠の意）や「避虫」という表記も見られる。

こうして、避蛇法には少なくとも以上の意味合いが込められていたことが分かるが、それでもなおこの法

の本質が何かはまだ理解できないであろう。そこで、本節のこの第一項では、この法の最も基本的な意味がひとまず毒蛇＝煩悩を鎮圧することによって即身成仏を実現させることにあるという点を示したい。

およそ、中世真言密教の本質は即身成仏の秘法にあると断定して誤りはないであろう。そして、その秘法が伝法潅頂を通じて伝えられたということも簡単にいえるが、阿闍梨になった後、中世の真言僧ははたしてどのような即身成仏の実践法を行ったであろうかという問いに対しては、すぐには答えられまい。実際には様々な実践法があったが、その法の一つとして避蛇法が特に重視されたのである。

避蛇法が即身成仏の実践法だったということがどうしていえるであろうか。それを説明するためには、まず中世真言密教の即身成仏理念の基本を説く必要がある。

基本的に、中世真言密教の即身成仏思想は不空訳とされる『菩提心論』（T no. 1665、龍樹の著と伝承されるテキスト）と空海撰『即身成仏義』（『弘法大師全集』第一輯、三密行法による成仏論を説く書）に基づいているが、ほかに『大日経疏』（T no. 1796）などの経説も重視された。

このなかで『大日経疏』は成仏について次の点を伝えている。本来、大乗仏教では人間が釈迦如来と同じように成仏するためには、三劫《さんこう》（kalpa）という永遠に近い時間を経ないと不可能だとされていた。だが『大日経疏』によれば、「三劫」という言葉に二つの意味があるという。一つは時間にかかわる意味であり、もう一つは精神の境地にかかわる意味である。そして精神にかかわる意味について、「三劫」が「三妄執」（vi-kalpa）、つまり三つの妄執を指すと説く。要するに、密教では成仏するためには三劫という長い時間を経るべきではなく、三つの妄念を克服すべきだと教えられているのである。(8)

『大日経疏』はさらにその三つの妄執の意味について様々な説を説いているが、その一つとして「三毒」

（貪瞋痴《とんじんち》）という解釈をあげている。[9] よって、この解釈にしたがって、即身成仏を実現させるために三毒を克服すべきだということになっている。三毒を克服する方法は、むろん身口意の三密行法である。つまり、貪毒を身（印）、瞋毒を口（真言）、癡毒を意（観想）の行法をもって克服するのが真言密教の基本的な成仏瑜伽法であるのである。

三業・三毒を身口意の三密で浄化させるという作法は、実際はすべての密教修法の最初の段階に行われる「浄三業」において実践された。「浄三業」の法では、三毒が三密行法で仏蓮金の三部へと変化させられる。つまり、結印で貪毒を仏の境地に変え、真言で瞋毒を蓮華の慈悲に変化させ、癡毒（仏教の真理を会得していない精神）を観想で金剛の智恵へと化する。つまり、三毒を三密行法で克服する法は特殊なものではなく、密教の根本的な実践法であり、それと同時に密教の本質を示す法なのである。

（三毒）		（三密）		（三部）
貪	――――	身密	――――	仏部
瞋	――――	口密	――――	蓮華部
癡	――――	意密	――――	金剛部

しかし、注意すべきなのは、中世真言密教ではこの三毒を克服する基礎的な成仏実践法が通常、より具体的に「三つの毒蛇を除く法」として構想されていたという事実である。そう、中世の真言僧にとっては、三毒を克服する修法とはほかならぬ「蛇を避ける法」だったのである。その事実を示す資料として、『秘密口伝抄』（『覚源口伝抄』、宝篋撰、KB 82.5）の次の文がある。

避蛇法云事、避蛇者三毒職也、印相依義可得意、所謂不動刀印左右作互左右掌中入是也、印相ユキ経観也、避蛇者煩悩即菩提知云也、所謂クムタリ明王四筋蛇二手両足カラミ持給七識相応四煩悩也、果位荘厳必因位煩悩故也、故辟蛇者煩悩執心サクル也、躰全不改者也、能断智三毒者所謂煩悩即是也、煩悩即菩提故能断智剣所断三毒サヤニスル也、サヤト者刀剣荘厳也、生界仏界同故左右手剣印結定恵互掌中入也、可案之、(10)

すなわち、右の文によれば、「蛇を避ける法」の根本的意味は三毒煩悩への執心を断つことにあるという。つまり、蛇は三毒煩悩――毒蛇と煩悩の相似性は大乗仏教の基本的認識である（後述）――を象徴し、それゆえに煩悩を克服するために「避蛇法」を行うわけであるが、そうすれば、「体を全く改めずに」究極菩提を達成することができると説くのである。

さらに、『秘密口伝抄』では避蛇法自体は、左右の手で『瑜祇経』所説の不動刀印《ふどうとういん》を結び(11)、掌中に合い入れるという作法であると説明される。すなわち、それぞれの手は人差指と中指をまっすぐにして、親指・小指・薬指の三本の指をもって輪を作って、一つの手の人差指と中指をほかの手の輪の中に入れる（図34）。人差指と中指は不動の智剣、三本の指の輪は三毒煩悩の義を表し、剣の鞘とも見立てられる。両手を合い入れるのは、剣を鞘に差すという意味であり、神秘的な意味では、それは衆生界と仏界、あるいは煩悩と菩提が実際には一つだという境地を会得させるための象徴的作法である。これが避蛇法、すなわち中世真言密教の大阿闍梨たちが少なくとも毎月の末に実行していた即身成仏の実践法なのである。

不動刀印の義について同書はさらに、愛染王と倶利伽羅龍王を結びつける箇所において「所謂倶梨加羅理也、剣智也、剣呑即理智証意也、此印

図34 刀印（縮刷版『密教大辞典』より）

剣印《ヲ》左右手《ニ》作《テ》互《ニ》入《ル》也、此即愛染義也」という解説を記している(12)。すなわち、不動刀印（剣印）は倶利伽羅龍王＝愛染王の印であり、その印を結ぶことには不動と愛染の不二性を自覚させるという意味が含まれるとされる。

この点を上に引用した避蛇法についての文と合わせて考えると、避蛇法とは一説では不動に重きを置く不動・愛染の法、つまり倶利伽羅龍王の法だと結論できよう。両手で不動刀印を結び、直立の二本の指を〈剣・智・不動・菩提〉とし、ほかの三本を〈鞘・理・愛染＝倶利伽羅・三毒煩悩〉として、両手を合い入れることで煩悩即菩提や理智不二の真理を会得するための法なのである。この避蛇法の解釈を記す『秘密口伝抄』は高野山の覚海《かくかい》（一一四二〜一二二三）と融源《ゆうげん》（一一七〇の頃）の口決を宝篋《ほうきょう》上人（鎌倉初期の三宝院流僧、三輪流の祖）が記した聖教であるために、こうした解釈が少なくとも高野山の周辺で伝わっていたことは確かであると考えられよう。

また、避蛇法について『御遺告秘要鈔』（KB 82-15.1-5）には「深秘相承大事《ノ》令《ニハ》レ修二煩悩即菩提之法一《ヲ》也、謂《ク》避蚰者《ト》三毒《ノ》躰也、此三毒《ノ》即三弁宝《ハ》朱実《ト》躰修行覚得《トクスル》　也」と記される。すなわち、この書では避蛇法は三毒蛇が本質的に三弁宝珠、つまり三つの清浄なる宝珠だという真実を悟らせるための法だと説かれる。

ここから避蛇法は宝珠信仰に立脚する法だという点が分かるが、しかし、なぜ宝珠信仰を取り入れたのであろうか。なるほど、この法は室生山の宝珠を対象にしていたために宝珠信仰に基づいていたのだといえる。しかし、避蛇法を宝珠と結びつける由縁としてはほかにより具体的な教義がある。その教義は、『大日経』・『大日経疏』所載の宝珠関係の経説にある。

すでに第二部第二章の『御遺告』第二十四条宝珠譚についての論でも見てきたように、『大日経』は如意宝珠を浄菩提心と見立て、(13)そして、『大日経疏』は身口意の三密を三つの宝珠として解している。(14)以上の経説は中世の聖教類にしばしば引用されているため、真言密教では広く知られていた教義だったと想像される。なお、数点の遺品が現存する「摩尼宝珠曼荼羅」(図35)に双龍が三つの宝珠を奉じるイメージが見ら

図35　摩尼宝珠曼荼羅図像(京都・仁和寺)

れるが、その三つの宝珠が身口意の三密と関連づけられたことが推察される。ともあれ、三業・三毒を三密行法で克服するという作法を、具体的に三毒を三弁宝珠に変成させる法として捉える由縁が『大日経』・『大日経疏』の経説にあると判断してよいであろう。

（2）鎮護国家の至極

ところが、上に見てきたように、避蛇法は、毎月（または毎日）自行にも修されたといわれているものの、それ以外にとりわけ真言院の後七日御修法という護国修法において応用された作法だったようである。つまり、避蛇法には即身成仏だけではなく、鎮護国家という目的もあったのである。

その論理を理解するためには避蛇法の経典的本拠は何かについて述べる必要がある。前項では避蛇法の裏に『大日経』系の成仏思想が潜んでいると論じたが、中世真言宗ではこの法は具体的に『諸仏境界摂真実経』（般若訳）、または『仁王般若経』（不空訳）の経説に依拠していると伝えられていた(15)。

まず、『摂真実経』は、金剛界三十七尊の法を修すれば、国土で七難が消滅するといい、その護国の利益を、「譬如下宝珠安二於宅中一、辟二除災難七宝現前上、此妙経典亦復如レ是」というように、宝珠が災難を避け除くというイメージに譬えている。だが、真言僧はその教義をただ比喩として受け止めたのではなく、その比喩に基づいて具体的な修法（避蛇法）を創出した。

そして、『仁王経』も避蛇法の本拠とされる由縁は、「如下摩尼宝体具二衆徳一、能鎮二毒龍諸悪鬼神一、能遂二人心所レ求満足上、（中略）此般若波羅蜜多亦復如レ是」(16)という文にあるといわれる。すなわち、この文は、宝珠が万法を具し、よく諸毒龍を退治させて、人の願望を叶えさせるように、般若波羅蜜も同じだという点を説いているのである。この文は避蛇法の根拠の一つとされたが、それはこの法では般若波羅密という菩提心が毒龍（毒蛇）を鎮圧する宝珠のように素晴らしいものだという『仁王経』の経説が尊重されたということを意味する。

要するに、『摂真実経』では宝珠が国土の災難を避け除くといい、『仁王経』は宝珠（般若波羅蜜）が毒龍を鎮圧させることを説くが、中世真言僧はその二つの経説を結び付けて、宝珠＝浄菩提心の功徳をもって毒龍（毒蛇）＝災難を排除することによって国土安寧をもたらすという護国修法＝避蛇法を創出したのである。

『御遺告秘要鈔』では、この理念がより具体的に次のように説明されている。すなわち、避蛇法に関して上記の『仁王経』の文に触れた後、さらに「定《テ》知《ヌ》、善龍若得《シ》二宝朱《ヲ》一者、国土泰平也、悪龍若領《シ》二此珠《ヲ》一者、国土当《ニ》衰頽《ス》、為《ニ》レ避《カ》二除悪龍之難《ヲ》一令レ修《セ》二不動《ノ》法《ヲ》一者也」と記している。要するに、避蛇法は悪毒蛇龍が宝珠を手に入れないようにすることにより国家を鎮護するための法だと説いているのである。

以上は避蛇法がなぜ即身成仏の実践法としてだけではなく鎮護国家の修法としても機能したかということを解明する手掛かりとして充分であるが、宝珠（菩提心）、成仏、毒龍の排除と鎮護国家という一連の思想はなぜ中世真言宗で形成され、展開したかということを理解するためには、さらにまたほかの経説に触れなければならない。

『धातु〔Dhatu〕法口伝集』（KB 295.15）という舎利＝宝珠法に関する中世聖教は、避蛇法の護国利益を説明するために鳩摩羅什訳『仁王経』の次の文を引用している。

是般若波羅蜜、是諸仏菩薩一切衆生心識之根本也、一切国王之父母也、亦名二神符一、亦名二辟鬼珠一、亦名二如意珠一、亦名二護国珠一、亦名二天地鏡一、亦名二龍宝神王一、(17)

すなわち、右の文には「般若波羅密」という菩提境地、つまり宝珠が「辟鬼珠」、「如意珠」、「護国珠」や「龍宝神王」と称されている。これは真言密教の宝珠信仰を考察する場合かなり重要な文であろう。なぜなら、この文は宝珠の徳性をもって成仏、「辟鬼」(避蛇)や「鎮護国家」などの目的を果たせるということを端的に示しているからである。

このように、『仁王経』こそ中世日本真言密教の「避蛇法」の根拠だったといえる。いわば、この経典がなければ、東密の避蛇法は成立しなかったかもしれない。なお、この法の本尊として不動尊が採用されたということも『仁王経』に基づいていると考えられる。周知のように、仁王経法の本尊は不動尊だからである。よって、この観点から見れば、不動が『仁王経』に言及される「辟鬼珠」法＝「避蛇法」の本尊としても機能したということは自然な結果だといえる。

(3) 蛇・龍・煩悩の信仰

以上に見てきたように、中世真言密教の「避蛇法」は、毒蛇・悪龍煩悩を除くことにより即身成仏を実現させ、あるいはまた国土を安寧させる実践法として機能していた。そして、避蛇法のこのような理念が主に『仁王経』に基づいているという点も論じたが、その理念をよりよく理解するためには、密教を特徴づける煩悩・蛇・龍・災害を関連づける思想についても説明しなければならない。

簡単にいうと、密教では煩悩は蛇または龍として観念されていた。そして、その煩悩は人の菩提を妨げる精神的境地としてだけではなく、世の中の災難を引き起す原因ともされていた。以下、まず煩悩・蛇・龍の関係性を説明しよう。

ここまで毒蛇が煩悩を表していることをしばしば述べてきたが、これは大乗仏教の基本的認識の一つである。たとえば、鳩摩羅什《くまらじゅう》（三四四〜四一三）訳『仏垂般涅槃略説教誡経』に「煩悩毒蛇睡在㆓汝心㆒」とある(18)。なお、曇無讖（三八五〜四三三）訳『大般涅槃経』（四二一年）は、人体を四大（地水火風）からなる箱と見立てて、その四大を四つの毒蛇に譬えている(19)。そして、その四つの毒蛇に関連して同じ経典に「是如来又解脱者名㆑断㆓四種毒蛇煩悩㆒、断㆓煩悩㆒者即真解脱、真解脱者即是如来」ともある(20)。すなわち、煩悩は毒蛇として観念され、その毒蛇を断った人間は真の解脱を成し遂げた「如来」だと説く。

毒蛇が煩悩を表しているということは中世日本密教では広く認知されていた。前項で触れたように、真言宗で避蛇法は煩悩への執心を断つための修法として構想された。すなわち、この蛇を避けるための法は煩悩を克服するための法である。無論、天台宗でも蛇と煩悩の関係性は知られていた。天台宗では、三毒煩悩の本来的な形体は蛇体と解されていた。それゆえに、人間または垂迹神は煩悩に溢れる存在だからすべて本質的に蛇身の形象を取ると信じられていた(21)。

次は、蛇と龍に関しては、中世日本の宗教文化で一般的に蛇が龍と同じものとして捉えられていたとは断言できないが、密教の立場では、蛇と龍は各自の別姿として見做されていた。

蛇と龍を同じ存在の二つの異なる姿として見る根拠はどこにあるかというと、まず仏典の龍（ナーガ）の形状がある。密教経典のナーガは、下半身を蛇身とし、頭部に蛇が立っているという姿で描かれる。そのほかに、蛇を龍の別姿の一つとする根拠は経説にもある。『白宝抄』に引用されている『馬頭観世音摂毒陀羅尼法』（般若・密多訳、大正蔵に所収されていない経典）によると、龍は象、蛇、馬、魚と蝦蟆の五種の形象をもってこの世に示現するという。(22)

中世日本の密教僧は、おそらく以上の密教教義・経説に影響されて、「龍」の字で表される存在が「蛇に近い」ものだということを承知していた。その事実を端的に示すのは空海の請雨伝説である。この伝説では、空海が神泉苑で祈雨法を行った時に善如という「龍王」が「蛇」の姿で示現したといわれる。この伝説から、当時の密教僧の間に「龍」が「蛇」として姿を現す存在だということは常識的であったと読み取れよう。最後に、「倶利伽羅」と呼ばれる「龍王」が中世真言密教で「蛇」として認識されたことも付け加えよう。(23)

したがって、蛇と龍が互いの別姿であるがゆえに、中世真言密教では蛇だけではなく龍も煩悩の体として解釈された。その信仰を最も端的に示す中世テキストとして、『白宝抄』〔請雨経法雑集下〕所収の次の記述がある。

> 龍王《ハ》三毒等分熾盛《ノ》果体《ナリ》、貪増強故執㆓持《シテ》如意宝珠等《ヲ》㆒、福報超㆓過諸趣《ニ》㆒、瞋恚熾盛故其形貌極忿怒也、癡増故畜類衆也、九界《ハ》何《モ》雖㆓三毒所感《ノ》果《ナリト》㆒、龍王《ハ》殊三毒倶熾盛所成《ノ》体《カ》故三毒《ノ》主《ト》云事也、而真言教《ハ》以㆓煩悩即菩提・衆生即仏《ノ》談《ヲ》㆒為㆓極談㆒、観㆓模密教法《ノ》体㆒只龍王《ニアリ》、所以龍者甘露法水《ナリ》、此法水即如意宝珠《ナリ》、々々々々《ハ》如来舎利《ナリ》、大日経《ニハ》真言《ノ》如意珠説《トナリ》、真言法体《ハ》龍王《ナリ》、(24)

この文は、中世真言密教の本質を最も的確に語っているのではないであろうか。すなわち、真言密教の奥義は煩悩即菩提の真理を悟らせることにあるが、その煩悩の最も適切な姿は龍（蛇）である。龍は三毒煩悩の主なのである。そして菩提は、『大日経』（『大日経疏』）が説くように如意宝珠で象徴され、如意宝珠は法水の別姿であり、水は龍の精である。よって、龍は煩悩だけではなく菩提の体でもある。だから龍こそ煩悩即菩提という真言密教の真理を表すのに最も適切な象徴なのである。

以上に述べてきたところをまとめれば、中世真言密教の僧侶にとって煩悩・蛇・龍を連ねる思想は自然な信仰だったと結論してもよいであろう。

ところが、すでに述べたように、この煩悩・蛇・龍の信仰は成仏論においてだけではなく、護国論においても用いられた。まず、その事実を具体的な資料をもって例証しよう。

『𑖠𑖯𑖝𑖲〔Dhatu〕法口伝集』（KB 295.15.1–3）という舎利＝宝珠法についての中世口伝書は、「浄土反《ノ》印」とも呼ばれる「不動三昧印」の秘口として次の文を記す。

何者《レハ》国土《ノ》浄穢《ハ》〔挿入「只」〕依《ル》衆生業《ノ》善《ノ》悪《ニ》、而《ヲ》今行者従二久遠劫一以来迷《テ》二自身《ノ》之三弁宝珠《ニ》一三業《ニ》而造《テ》二衆罪《ヲ》一悪行深重也、故所レ居《ノ》国土鎮《ニ》為《タリ》二不浄乱慢一

すなわち、行者たちが遥かな過去から自分自身の三弁宝珠（三業・身口意）に迷い、多くの罪を造ってきたため、現時点の国土が不浄乱慢となってしまっているという興味深い信仰が描かれている。世の中の動乱や災害の原因はすべて自分自身の煩悩にあるという信仰である。

なぜ人間の煩悩が世間災害の原因とされたのであろうか。それはまず、世間の災いが毒蛇・毒龍によって引き起こされるという大乗仏教・密教の経説に起因する発想である。たとえば『灌頂経』には、毒蛇・毒龍

が雲のように毒を吐き出し、その毒が悪夢、旱魃、戦などの災難の原因となるということが読み取れる[25]。あるいは『孔雀経』では、孔雀明王陀羅尼によって、「毒」と譬えられている世間の様々な災難――悪病・怨敵・悪夢など――を取り除くという言説が見られる[26]。

世間の災いが毒蛇や悪毒龍の仕業だというこの思想は無論中世日本の密教僧の間でもよく知られていた。たとえば、十三世紀末に日本で撰述された『白宝抄』では、旱魃など世間の災難は悪龍の所行だと記される。そして、雨を降らせる本心を有する善龍が人間の業の影響を受けて弱まっているため、旱災を取り除くために祈祷により衆生の罪、つまり、人々の煩悩を消滅させ、善龍の威力を増やすべきだとも説かれる[27]。

善龍が人間の業により弱まってしまうというこの信仰の裏にはむろん〈煩悩・蛇・龍〉の連想があろう。世間の災難を起す主体は毒蛇・毒龍だが、その毒蛇・毒龍は人間の煩悩の別姿である。よって、人間の煩悩も、毒蛇・毒龍となって、災難の原因となるのである。

このように、以上に述べた事柄から、中世日本密教で煩悩・蛇・龍・災害の連想が一つの常識的信仰だったと結論することができよう。人間の煩悩は蛇龍の毒と同じように災害を起している。ゆえに、浄菩提心〈宝珠〉をもって毒蛇・龍・煩悩を消滅させることはただ成仏だけではなく、国土安寧の利益にも繋がるのである[28]。

中世真言密教では、大乗・密教仏典の教義で裏付けられているこのような成仏・護国論から「避蛇」という具体的な実践法が案出された。そして、この法で主役を演じる龍及び龍珠として室生山の龍と宝珠が崇敬された。

なぜ室生山か。それはまず真言宗が十世紀前半から龍神ゆかりの室生山へ大きな関心を寄せていたことに起因すると考えられる。しかし、室生山が日本国土の中心地に当たるという当時の東密の認識も重要であろう。前章で引用した『宀一秘記[甲]』に「宀一者又日東国之中心、日本国者独古形也、彼山独古中心相当也」とあるのである。つまり、日本国土から煩悩・蛇・龍を退散させる密教修法で、その国土の中心地に住む龍とその宝珠を奉じることは最も理に適っていると考えられたのであろう。

二　調伏する宝珠

さて、次は「奥砂子平法」という修法に視線を向けよう。

室生山の「宝珠」には、降雨、成仏や護国という利益のほかに、さらに怨敵を降伏させるという功徳もあったようである。その信仰の縁起は、『御遺告』第二十五条では次のように語られている（右は書き下し文であり、原文は脚注参照）。

> 一つ。若し末世凶《きょう》婆《ば》非《ひ》祢《でい》等有て蜜華薗を破せんと擬せば、まさに修法すべき縁起第二十五。それおもんみれば、昔南天竺国に一りの凶婆・一りの非祢等有て、是の蜜薗華を破りき。その時に華薗の門徒の中に一りの強信の者有り。奥《おう》砂《さ》子《し》平《ひょう》法《ほう》呂《りょ》を修すること七箇日夜。弥々亦次々に員度を修せしかば、彼の凶婆等自ら退て、ために蜜華薗安寂なりとなり。是を以て末世の阿闍梨耶宜く是の由を知るべし。必ずまさに彼の法呂を勤め守るべし。彼の法呂は、入室の弟子宀一山精進の嶺の土心水師（引用者註――堅恵法師）の竹木目（註――箱）の底に在り。(29)

すなわち、昔、南インドにおいて密教の花園を破壊しようとした――つまり、密教に反抗していた――二人の凶悪の人がいた。しかし、その時、信心深い一人の仏教徒がいて、七日夜の間に奥砂子平法という修法を修した。すると、二人の凶悪人は自ずと退去したという。空海は、この話をもって東寺代々の座主大阿闍梨たちがこの修法を守るべきだと遺言し、さらに、その法の秘説が室生山堅恵道場（仏隆寺）の箱の底にあるとも教訓した、とされる。

以上は奥砂子平法の縁起であるが、引用から分かるように、この法は仏法に逆らう存在を退けるための調伏法（降伏法）である。『御遺告』の内容から推測して、これはおそらく室生山の宝珠の威力に依拠している修法であるに違いない。だが、それは具体的にどのような実践法だったのかは判断できない。

しかし、後世の聖教ではこの法の本尊が愛染王だという説がしばしば見られる。愛染は、日本中世ではしばしば敬愛法の本尊として機能したが、『瑜祇経』によれば、この尊格には敬愛以外に息災、増益や降伏の利益もある。そして、さらに愛染には「一切悪心衆」を疑いなく消滅させる功徳があるともいう。よって、愛染は調伏法の本尊たりうる資格を十分に持っている仏なのである。

この愛王が奥砂子平法の本尊であるということを明記する聖教として、文観撰『御遺告大事』がある。この聖教は「白蛇」と「奥虵」について説いており、まず白蛇について、それが内面的に胎蔵界の大悲心を持ち、外面的に金剛界の月輪に住する、つまり両部不二を示す不動明王の別姿だと明かしている。そして、その不動尊が「黒業殃虵」を「避ける」ともいう[30]。これはいうまでもなく避蛇法のことである。そして、次に赤丸の形象を取る「奥虵」について説明し、それが内面的に金剛界の般若心を持ち、外面的に胎蔵界の日輪に住する、つまり同じく両部不二を示す愛染王だと述べている。その愛染は「黒業殃虵」を「殺す」存在だとも付け加える[31]。要するに、この場合、毒蛇煩悩を「避ける」のではなく、より暴力的にその毒蛇を「殺す」という観念になっている。本聖教は、この法は「奥砂子平法」または「殃蚍死平法」と呼ばれる愛染王の降伏法だと明らかにしている。

ところが、中世真言密教では奥砂子平法の本尊が愛染ではなく「降三世《ごうざんぜ》」だという説も流布していた(32)。その異説はおそらく愛染王と降三世が一体分身だという秘説に基づいていたと推察されよう(33)。いずれにしても、「奥砂子平法」という名そのものは一説により「降三世」に由来すると伝えられていた。より具体的には、「奥砂子平事、口伝云、降三世《ノ》法也、降カアウカ《ノ》略《ヲシ》、サムム《ノ》略《ヲシ》せ《ヲ》転音《シテ》 子読《トミ》法《ヲ》云レ平《ト》歟、是或説也」（『別尊要記 理性第三』KB 118.10.1–2）とあるように、「奥砂子」は「降三世」の略記だと伝承されたのである。

その調伏法では何が退去（始末）されたのであろうか。『御遺告』の縁起譚には、この修法において退治される対象が仏法に逆らう人だと記されている。しかし、この法の対象について中世において様々な説が流布されていた。たとえば文観撰『御遺告大事』の場合では調伏の対象は「黒業殃蚍」、つまり悪毒蛇煩悩となっている。だが、ほかの聖教では、降伏対象は「外道(34)」、「悪婆羅門僧」、あるいは「女人」となっている(35)。ここの「女人」について、より具体的に老婆、烏摩妃《うまひ》（大自在天の妻）、あるいは巫女という解釈がなされていた(36)。ここに密教の調伏法が神に仕える人を対象としていると言われていることは興味深い。

歴史的に、東密で愛染王が調伏法の本尊として尊重されたことは十一世紀後半から確認することができる。周知の事件だが、尊仁親王（後三条天皇）の護持僧を勤めた成尊（一〇一一～一〇七四）は、曼荼羅寺で愛染王の法を修し、後冷泉天皇（一〇二五～一〇六八）を呪詛したと伝承されている(37)。

また、愛染王が調伏の仏として再び重要な役割を果たしたのは蒙古襲来の時であった。『通海参詣記』（一二八六年～一二八八年成立）によれば、文永元年（一二六四）九月に、大中臣氏の出身、醍醐寺三宝院流の僧通海（一二二四〜一三〇五）は勅令を受け、国家安寧のために伊勢で長日愛染王の護摩法を修した(38)。おそらくすでにその年には日本ではモンゴル帝国の圧力が恐れられ、通海は私堂法楽寺で蒙古に対して日本を守護するために愛染王の調伏護摩法を修したのであろう。

それ以後、建治元年（一二七五）三月に、蒙古降伏祈願を実施するための施設として伊勢内宮・外宮の近くに法楽舎《ほうらくしゃ》が建立され(39)、弘安四年（一二八一）六月に、伊勢祭主が風宮《かぜのみや》で祭祀を行うと同時に、通海は法楽舎で蒙古の調伏法を行った(40)。同年閏七月朔日、巽の方向から俄かに大風が起きて、蒙古の船団を沈没させたといわれている。通海は、その大風（台風）が雨雲を支配する風宮の神（アマテラスの化身）の仕業だと信じていた。

通海が弘安四年六月に修した修法はどのような尊格を中心に実修されたかについて『通海参詣記』では明らかにされていないが、それを語る資料として『大神宮〻一長谷秘決』（KB 317.32）の次の記文がある(41)。

> 抑又長谷本尊天照御本地トシテ十一面ノ霊像也、但非二普通像一ニ、深秘ノ尊像也、頭光ニ在二日〇一、御座下有二宝瓶一、自両畔吐二諸宝一、〔裏云々、当尊所持ノ瓶ノ内ノ水者、即宝朱也〕即是台蔵蘇悉地ノ十一面観音、入二金剛自性光明心殿ノ〔Raga〕王ノ三昧地一ニ、現二日天子一ト給相也、是両部不二形像、頭光日〇即愛王所レ住ノ日〇、座下宝瓶又如レ然、是即日精摩尼ノ躰也、故大神宮ト王トハ一躰也、依レ之宝池院通海僧正ハ、大神宮ヲハ習二王一ト也、仍先年異賊降伏御祈之時、彼僧正籠二当社一修二愛染王ノ法一、于時不思議ノ現アリテ速ニ伏二異賊一、其又別宮ノ中ノ風宮ノ御神反也、故大風遍二海上一ニ、凶徒沈二波間一ニ、抑風宮者即又愛染種子〔Hūṃ〕字能破ノ躰、只是内宮ノ御神反也、

すなわち、右の文によれば、通海は天照大神が「〔Raga〕王」（愛染王）と同体だという信仰を抱え、

神風を起した伊勢風宮の神も、愛染王の化身だと信じたという。そのために、通海は蒙古降伏のために愛染王法を修したのである。(42)

しかし、成尊の後冷泉天皇呪詛の修法でも、通海の蒙古調伏祈願でも、それらの事件に関する資料では「奥砂子平法」という言葉は一切出て来ない。したがって、成尊にも通海にも、自分がその時に修した愛染王の調伏法が『御遺告』の「奥砂子平法」だという意識があったかどうかを確認するすべもない。よって、歴史的にいつから奥砂子平法が愛染の法として認識されるようになったかは、今後検討すべき重要な問題である。

これについて、ここで調伏法に関する次の考察を加えたい。前節で論じた通り、避蛇法（煩悩・毒蛇を退散する法）は、一説によれば不動に重みを据える不動・愛染の実践法である。それと同じように、調伏法も場合によって不動・愛染の法として実践された可能性がある。

そのことを暗示するのが、醍醐松橋流の口伝を伝える『能作性口伝并避蛇法』（KB 9.2）所収の記述である。まず、その記述の内容を確認しよう。

> 姓名書テ金剛盤下ニ置文、了（引用者註——あるいは梵字の「[梵字]」か）一上人云、恐慇《オム》ノ家姓名ヲカイテ金剛盤ノ下ニウツフサマニ置テ拍掌ノ時トリ出テ左ノ掌ノ中ニヲイテ三度打レ之、観法ニハ打チ摧《クタク》滬家ノ三毒ヲ観ト也、行者忿怒ヲ成スト者、心ニハ成《ナシテ》二慈悲観ヲ一形ニ成二忿怒一義也、本尊種子ニハ [梵字]〔A〕字、三形ニハ宝珠、尊形ニハ不動或軍荼利等出ヘ也、已上此等ハ付二調伏一最上口伝也、

すなわち、ここでは、怨家《おんげ》（仇敵）の人の姓名を紙に書いて、うつむきざまにそれを大壇の金剛盤の下に置いて、修法中、それを取り出し、左手の掌に入れ、（右手で？）三度打ち、怨家の人の三毒を打ち摧くとい

う調伏法が説かれる。その修法を行う時、行者は表情に忿怒相を見せるが、内面に慈悲心を発揮すべきだという。つまり、怨敵を退治する調伏法は慈悲心で修すべきとされる。そのためなのか、記述には「怨」の字が避けられ、「懇《こん》」（誠実で親切である様）や「泥《でい》」（心が柔らかである様）の字が使用されている。『能作性口伝并避蚍法』という題名からも分かるように、この記述で描かれる調伏法は奥砂子平法ではなく、不動（または軍荼利《ぐんだり》）を本尊とする避蛇法である。ただ、上に見てきたように、中世の真言宗では場合によって避蛇法も奥砂子平法と同じように調伏法として解釈されていた。

しかし、ここに調伏法として解釈（誤解？）される避蛇法で主役を演じる尊格は不動尊だけではないということに注意しよう。右の資料に「左《ノ》掌《ノ》中《ニ》ヲイテ三度打レ之」という文があるが、この文は、愛染王六臂像の最も顕著なる特徴の一つである、「彼」を持つといわれるこの尊の左手を想起させざるをえないであろう。

周知のように、六臂愛染王像は『瑜祇経』の経説にしたがって下の左手に「彼」を握っている。そして、それに対応する下の右手で蓮華を握って、その蓮華で「彼」を打つ姿勢を見せている（本書図24、278頁）。(43) 中世日本には、下方の二手ではなく、上方の二手で「彼」と「蓮華」を握っている図像も伝わっていた（本書図22、275頁）。その「彼」について中世真言密教では様々な説が流布されていたが（『覚禅鈔』参照）、『瑜祇経』では、「彼」が「一切悪心衆」だと明示されている。その経説にしたがって、中世真言宗では「彼」が怨敵煩悩として解釈される場合があった。(44)

このように、「左《ノ》掌《ノ》中《ニ》ヲイテ三度打レ之」という文は愛染王が右手の蓮華で左手の「悪心」を打って砕くというイメージに合致しているために、『能作性口伝并避蚍法』に説かれる不動の調伏法が実際には不動・愛染法と想定されたことは間違いないと考える。よって、本格的な調伏法である奥砂子平法については、それが愛染王の法としてだけではなく、不動・愛染の実践法としても構想されたことがあるように思われる。

さらにまた『能作性口伝并避蛇法』は、調伏法が忿怒と慈悲の二心を同時に発揮させる複雑な修法だということを示しており、その二面性のゆえに、調伏法の本尊としてはただ一仏のみではなく、二仏である方がより適切であると考えられる。したがって、調伏法（避蛇法・奥砂子平法）が不動・愛染法として捉えられるようになる理由もこうした調伏法の性格によるのではないかと推測される。

さて、ここまで奥砂子平法あるいは避蛇法の調伏法の特徴について概観してきたが、その特徴に宝珠信仰はあっても龍神信仰との明白な接点を見出すことはできない。通海の蒙古調伏祈願の結果として愛染王が大風を起したという伝承から風雨を司る龍神信仰との関係が想像されるが、具体的には不明である。

ただ、本書で論じたように、少なくとも十二世紀末までに醍醐寺では不動と愛染の二仏は請雨経法の「龍」として信仰されていた。そのことから、やはり醍醐寺系の調伏法も龍神信仰と何らかの関係を持っていたことが推察される。

それを明示する資料は存在せず、この点については今後の課題にしたいが、ただ、本節では最後に、調伏と龍の関係性を示唆する次の興味深い記述に注意したい。

> 神泉請雨経法修、龍王大宮面落《チ》人《ヲ》クエソンス（引用者註――崩エ損ス?）、雑《（雅カ）》忠朝臣コンスイ（引用者註――権萃）の木ヲモテ療治《ス》、即癒了云々、避蛇法者、如意宝法也、龍《ヲ》サクル法故《ニ》、如意法《ニハ》コンスイ《ヲ》用也云々、(45)

この記述の内容は、前半は仁海の請雨経法実修時に、神泉苑の東側を走る大宮通りで龍の出現により人が倒れ、名医丹波雅忠（一〇二一～一〇八八）の治療によって治ったというものである。仁海の祈雨時に神泉苑を通り過ぎた人が龍を見て気絶し、仮死状態となったというのは『祈雨日記』や『今昔物語集』（巻二十四第十一）などにも収載されている有名な説話である。(46) 後半では、雅忠が治療に使った権萃《ごんずい》の木のことが避蛇法と連鎖させられている。

この記述はまず、龍が人を倒すだけの威力を持つ危険な存在と信じられたことを示す。そして、さらに、その危険な龍を「避ける」ために避蛇法（蛇龍を避ける法）が存在し、その法では、雅忠が権萃の木を用いて龍に倒された人を蘇生させたように、同じく権萃を使用すべきことが説かれている。権萃の実は赤く、裂けると黒色の種子を露出する。すなわち、この木は不動（黒色の種子）と愛染（赤色の実）を彷彿とさせる点で興味深いのである。

権萃のことは『祈雨日記』や『今昔物語集』所載の古い説話には出てこない。これはおそらく後世に付け加えられた要素であろうが、ともかく、祈雨法の時に人が倒れたというこの話は、次のことを示唆している。すなわち、この説話は、祈雨、「人を倒すこと」――つまり調伏――と避蛇（避龍）の概念を備えており、それぞれの概念が本質的に異なっていても、すべてを「龍」（煩悩）、そしてその龍の「宝珠」（菩提）という観念と関連付けている。そこから中世真言密教では、場合によって祈雨、調伏、及び避蛇の各々の法がすべて龍神信仰で統一されていたと考えられる。

おわりに

本章では、『御遺告』において室生山（の宝珠）と関係づけられている避蛇法と奥砂子平法の特徴を探り、どの程度まで龍神信仰との関わりがあるかを確認した。

避蛇法は、菩提の障害を成し、あるいは、国土へ弊害を与える悪毒・蛇龍・煩悩を退散させ、成仏または国家安寧を実現させるための法で、ある説（高野山僧の口決）によれば、不動に重きを置いた不動・愛染の法であり、倶利伽羅龍王の法である。また別の説（醍醐松橋流の口決）からは避蛇法が場合によって不動・愛染の調伏法としても行われたことが推察される。これに対して奥砂子平法は、愛染王と関係が深い調伏法であり、不動・愛染法としても想定された可能性があるが、倶利伽羅など龍との関係を示す明確な手がかりは、筆者の知る限りない。

しかし、避蛇法だけは、龍（倶利伽羅龍王）と密接に結びつける見方があったことは確かである。この法は〈煩悩・毒蛇・毒龍・宝珠〉という一連の宗教思想に基づいており、したがって、龍神信仰と関係していたことは明白である。

それでは、その避蛇法が神泉苑及び醍醐寺の祈雨を背景に成立し展開した宝珠・龍神信仰から影響を受けたと考えられるのであろうか。

本書でここまで論じてきたように、醍醐寺では少なくとも十二世紀末までに〈不動・宝珠・愛染〉の請雨経法の龍神信仰が形成された。これは看過してはならない重要な事実である。なお、その請雨経法では倶利伽羅龍王も重要な役割を果たしていた。よって、憶測にすぎないが、中世真言密教で不動・愛染法または倶利伽羅龍王法としての避蛇法が成立したのは、中世醍醐寺の龍神信仰の影響なのではないか。そして、調伏法も、同じことが言えるかもしれない。

要するに、十二世紀末までに中世醍醐寺で〈不動・愛染〉の舎利・宝珠信仰はただ請雨経法において適用されただけではなく、避蛇法または奥砂子平法へも影響を与えていたのではないか。ともかく、後世に文観が『御遺告大事』において避蛇法を不動法、奥砂子平法を愛染王法としたことは、おそらく根拠のないことではなく、古い醍醐寺の舎利・宝珠・龍神信仰を踏まえていると思われる。この仮説をもって、本章を締めくくりたい。

註

（1）「一、宀一山土心水師建立道場毎レ朔可レ修二避蛇法三箇日夜一縁起第二十三此條章不レ可レ令下案二内文書一散上、猶如レ守二護己眼肝一云云夫以避蛇法呂者是非二凡所伝一、金人秘要、阿闍梨心肝口決也具在二別意一東寺代代大阿闍梨像ニ想彼一修、法、乍毎二後夜一念誦畢為二護身一而已、籠二道肝於精進峯一、亦本尊海会安二彼岫一也、是秘密呂不レ語者不レ知、念煩千迴也、不レ可レ令二専猥聞一、得レ一知レ万云云」。以上の文は大正蔵本『御遺告』（T no. 2431, 77.412c25–413a04）によるが、大正蔵本には誤記があり、歴博所蔵本『御遺告』と校合し、修正した。

（2）この解釈は『御遺告秘要鈔』（KB 82-15.1–5）の「彼峯ニハ両部海会ノ諸尊并ニ深妙ノ法呂ヲ納メテ彼ノ峯ニ二」で裏付けられる。

（3）「末世後代ノ真言僧等常ニ令二参詣セ一之事其儀不レ易ヤスカラ　故ニ移二彼ノ法ヲ於真言院ニ一、是即鎮護国家ノ大事矣」（KB 82-15.5）。

（4）これは殊に安祥寺で伝わった伝だといわれるが、この伝は勧修寺僧興然の『四巻』にも安祥寺宗意（一〇七四～一一四八）の口説として所収されている（T no. 2500, 78.802b4–10）。

（5）晦御念誦は月末に真言院で三日間修された護国修法であり、醍醐寺座主元海撰『厚造紙』によれば、避蛇法と同じである（「真言院晦御念誦秘レ朔修レ晦歟、避蛇法是也、避蛇珠云玉名有也」、T no. 2483, 78.274b19）。

（6）『能作性口伝并避蛇法』（KB 9.2）の「避蛇法ヲヒシヤトヨミテ如意宝珠法ト得意、ヒシヤト云二玉アリ、以二此玉一名二此法一也、一義避蛇ヒヤクシヤトヨム也、避サクル二邪執一義也、一義此等ハ皆浅略ノ聞耳也、深秘ニハ白蛇シヤト得意也、蛇ト者如意宝珠義也」

による。

（7）「避蛇法事、口伝云、蛇去《ヲ》読《リト》事《コトハ》甚《タ》非也、此《ハ》梵語也、阿尾沙《ノ》法略《ヲ》二阿字《ヲ》一如レ是云也、調伏也、私云、見二御遺告《ヲ》一是非二調伏《ノ》法《ニ》一、若《シハ》恐増益歟」（『別尊要記理性第三』KB 118.10.2）。

（8）『大日経疏』の「梵云二劫跛一、有二二義一、一者時分、二者妄執、若依二常途解釈一、度二三阿僧祇（引用者註——無数）劫一得三成正覚一、若秘密釈、超二一劫瑜祇行一、即度二百六十心等一重麁妄執一、名二一阿僧祇劫一、超二二劫瑜祇行一、又度二一百六十心等一重細妄執一、名二二阿僧祇劫一、真言門行者、復越二一劫一、更度二百六十心等一重極細妄執一、得三至仏恵初心一、故云二三阿僧祇劫成仏一也、若一生度二此三妄執一、則一生成仏、何論二時分一耶」（T no. 1796, 39.600c19–29）による。

（9）『大日経疏』の「度二世間六十心一、離二我倒所生三毒根本一、名三越二三妄執一也」（T no. 1796, 39.601a2–3）による。また三妄執が三毒だという解釈は『秘蔵記』（恵果口、空海記か、SZ 9：23）にもみえる（「三妄執《ハ》貪瞋痴《ナリ》」）。

（10）『覚源抄』（SZ 36：364）にもほぼ同様の言説がある。

（11）『瑜祇経』の「其印以二定恵手一、作二不動尊刀印一、以刀刃互挿二掌中一、即成、若欲レ誦二一切真言一、先誦二此明三七遍一、一切速得二成就一」による（T no. 867, 18.264a20–23）。

（12）愛染王と倶利伽羅龍王の関係については、第二部第一章第四節参照。

（13）「浄菩提心如意宝満二世出世勝希願一、除レ疑究竟獲二三昧一、自利利他因是生」（T no. 848, 18.45b20–22）。

（14）『大日経疏』に「従二巧色摩尼身一、出二巧色摩尼語一、示二巧色摩尼心一」（T no. 1796, 39. 672c20–24）とあるように、三密はそれぞれ「摩尼」、つまり宝珠と見られている。

（15）避蛇法の本拠が『摂真実経』にあるということは覚成撰・守覚輯『沢鈔』（T no. 2488, 78.476c11–17）に言及され、同法と『仁王経』との関係は興然撰『四巻』（T no. 2500, 78.802b25–c3）に説かれる。なお、『地蔵房口伝』（KB 120.18）にも「辟蛇法証文、新訳仁王経云、能鎮二毒龍等一文、可レ見レ之」とある。

（16）不空訳『仁王護国般若波羅蜜多経』（T no. 246, 8.843b12–17）。

（17）鳩摩羅什訳『仏説仁王般若波羅蜜経』（T no. 245, 8.832c23–c26）。

(18)『仏垂般涅槃略説教誡経』(T no. 389, 12.1111b3)。

(19)『大般涅槃経』(T no. 374, 12.499b19–20)。

(20)『大般涅槃経』(T no. 374, 12.395b6–7)。

(21) 山本ひろこ「成仏のラディカリズム―『法華経』龍女成仏の中世的展開―」(長尾雅人・井筒俊彦〔など〕編『岩波講座・東洋思想第一六巻　日本思想2』岩波書店、一九八九年)参照。

(22)『白宝抄』〔請雨経法雑集下〕(TZ 10: 723c7–19)。『教鈔』にもこの五つの形体があげられているが、象の代わりに鳥となっている。『馬頭観世音摂毒陀羅尼法』については不明である。

(23)『覚禅鈔』〔不動法上〕「於二壁上一画レ剣、以二古力迦龍王一繞二此剣上一、龍王形如レ蛇云々」(TZ 5: 199b7–9)。

(24)『白宝抄』〔請雨経法雑集下〕(TZ 10: 721b3–13)。

(25)『灌頂経』「仏説灌頂召五方龍王攝疫毒神呪上品経巻第九」(T no 1331.21.521a08)参照。

(26)『仏母大孔雀明王経』(T no. 982, 19.438c3–6)。

(27)「今世間旱魃等毒龍之所レ作故、先消二滅彼毒龍之悪心一、必降二甘雨一成二万菓穀味一故也」(『白宝抄』TZ 10: 708c23–24)と、「大慈龍王随時降レ雨欲レ利二人民一、而衆生業所レ感遇二旱災一、龍王愍レ之故、呪力滅二衆生罪一、増二善龍福一平二悪龍心一、呪力龍力合降二大甘雨一也」(同、TZ 10: 721c25–28)による。

(28) そのような観点から、『仁王経』で般若波羅密(宝珠)の力により鎮圧されるといわれる「毒龍・諸悪鬼神」が「煩悩」として解釈されたであろうとも推定されよう。

(29)「一、若有二末世凶婆非祢等一擬レ破二蜜華薗一応二修法一縁起第二十五、夫以昔南天竺国有二一凶婆一非祢等一破二是蜜薗華一、爾時華薗門徒之中有二一強信者一、修二奥砂子平法呂一七箇日夜、弥亦次次修二員度一者、彼凶婆等自退為蜜華薗安寂也、是以末世阿闍梨耶宜レ知二是由一必応レ勤二守彼法呂一、彼法呂者在二入室弟子一一山精進嶺土心水師之竹木目底二」(『御遺告』T no. 2431, 77.413c26–414a04)。

(30)「台蔵行願大悲心不動明王住二金剛界月輪一示二不二一也、白虵浄白菩提心能辟二黒業殃虵一故云二白虵一、亦云二辟虵一也」(奈良国立博物館編『仏舎利と宝珠―釈迦を慕う心―』(奈良国立博物館、二〇〇一年、〈白蛇・空海・奥蛇〉図の注記）。

（31）「金剛勝義深般若心愛染明王住台蔵日輪顕不二也、今愛染明王奥蚰威力能殺黒業殃蚰、故云奥砂子平也、亦云殃蚰死平《ト》也」（前掲奈良国立博物館編『仏舎利と宝珠―釈迦を慕う心―』）。

（32）成賢記『遍口鈔』（T no. 2496, 78.697b11–12）、覚成記・守覚輯『沢鈔』（T no. 2488, 78.477a3–4）。あるいは、弥勒菩薩の教令輪身である大輪明王を本尊とする転法輪法だという説もあった（『遍口鈔』、『厚造紙』T no. 2483, 78.280a5–6）。大輪明王の種字は、愛染王のそれと同様にHūṃ字である。

（33）第三部第一章、註66。

（34）『地蔵房口伝』の「砂子《ヲハ》、譬《フ》外道《ニ》也」による。

（35）興然撰『四巻』の「賢覚云、大自在烏摩妃云云」、「権僧正云、悪婆羅門云」、「凶婆者、婆者嫗老女也、古説云、巫女云云、愚推云、凶《ナル》嫗、非《ナル》祢宜歟、仕神道巫女神人之類歟」による（T no. 2500, 78.802c19–26）。

（36）『地蔵房口伝』に「凶婆者婆婆《ト》カナツトイフ文アリ、女人《ノノ》舞義也、是《ハ》天竺《ノ》巫女也云々」という文がある。あるいは「竺」の字を秘して「巫」と解釈されたのではないか。

（37）『阿娑縛抄』（TZ 9：299b1–15）、『覚禅鈔』〔愛染法下〕（TZ 5：253a14–16）。

（38）『通海参詣記』（ZGR 3–2：788–789）。

（39）『通海参詣記』（ZGR 3–2：789）。

（40）『通海参詣記』（ZGR 3–2：766）。

（41）『大神宮一長谷秘决』は、伊勢大神宮（神鏡）、室生山（宝珠）、長谷寺及び内裏二間の観音が同一であることを説く聖教である。本書の内容は、伊藤聡「称名寺の中世神道聖教―特に伊勢神宮に関する伝書について―」（『中世天照大神信仰の研究』法蔵館、二〇一一年、初出は二〇〇五年）三三五・三三六に紹介されている。

（42）ちなみに、中世日本の両部神道説でも、伊勢大神宮の天照大神が愛染王だという説が伝わっていた。そして、外宮の豊受大神は不動尊の変化身として仰がれていた（『鼻帰書』ST 89：506）。つまり、東密（醍醐法流）系の龍神信仰は伊勢神宮へも波及し、伊勢神宮を取り巻く神道説の形成に貢献したと考えることができる。しかし、これは中世神道にかかわる問題であり、別の機会を期したい。

（43）『瑜祇経』に「左下手持レ彼、右蓮如二打勢一、一切悪心衆、速滅無レ有レ疑」とある（T no. 867, 77.256c14–15）。

（44）『覚禅鈔』〔愛染法下〕の「一師云、彼ハ悪人称、又煩悩怨敵也、菩提云レ自、煩悩云レ他、故彼煩悩歟」（TZ 5：252b10–11）による。

（45）高橋秀榮「平安・鎌倉仏教要文集（下）」（『駒沢大学仏教学部研究紀要』第五二号、一九九四年）二七九頁（『太元』KB 272.9からの引用）。

（46）たとえば『祈雨日記』に「小野僧正請雨経、金色龍出二神泉一昇天、見者悶絶、典薬頭忠明加二療治一、蘇生相二語始末一、江師記云々」（ZGR 25–2：230）とある。ただ、ここで治療を施した人は「雅忠」ではなく、父「忠明」（九九〇～？）となっている。

終章

中世真言密教とは何か。その課題を一冊で論じようと思えば、相当に分厚い本になるであろう。真言密教の教義と実践法の数は莫大だからである。それでは、課題の範囲を限定して、中世真言密教で最大の秘事とされていた信仰的要素は何かと問えば、答えはより単純なものになる。それは空海（仮託）の『二十五箇条御遺告』（『御遺告』）に記される舎利と如意宝珠の習合信仰である。特に阿部泰郎氏の「宝珠と王権」（一九八九年）発表以来、中世真言宗で舎利・宝珠信仰が最も重要視されたという点を否定する密教研究者は一人もいないであろう。

舎利・宝珠信仰は、空海に仮託したある真言僧が後世の東寺一長者のために遺した教えである。よって、当時でも現在でも、真言宗の高僧は誰でもその遺言を尊敬しなければならない。その舎利・宝珠信仰は、序章でも示したように、真言宗の多くの実践法において何らかの形で採用されていた。この信仰は東密実践法の本質を表しているのである。

本書で論じてきたように『御遺告』の舎利・宝珠信仰（宝珠譚）は、『御遺告』の最後の三箇条において記される。すなわち第二十三条と第二十五条はそれぞれ空海によって室生山精進峯（仏隆寺）に埋納された恵果付嘱の人造如意宝珠（能作性如意宝珠）を中心に行う「避蛇法」（第二十三条）と「奥砂子平法」（第二十五条）を取り上げる。そして、第二十四条では宝珠の縁起（本質）つまり、人造宝珠、室生山の宝珠、海龍王龍宮内の宝珠、及び龍王の身体内の宝珠がすべて同じであり、また本質的に釈迦如来の遺骨（仏舎利）の変化身であると説くのである。そして、第二十四条は、東寺代々の一長者たちが特に「宝珠」、その「権現」、及び「大士」を礼拝すべきだとも強調している。

以上の『御遺告』宝珠譚の要点は、過去においても現在でも、真言密教を修行する人、あるいは勉強・考察する人はみな知るべきこと、また正しく把握しなければならないことである。無論、その要点は現在の真言宗や日本密教研究で熟知されているところである。

しかし、『御遺告』の内容が知られているとはいっても、『御遺告』の宝珠信仰のすべての側面が解明されているかといえば、そうではない。特に、『御遺告』の舎利・宝珠信仰に関しては次の問題がある。鎌倉中期～後期に、『御遺告』の宝珠信仰に立脚する〈不動・如意輪・愛染〉という三尊形式の宝珠信仰が顕現した。現在、真言密教研究ではこれは中世真言密教の究極の秘法として高く評価されている。中世真言密教が生み出した最も崇高なる信仰形態なのである。しかし、十世紀～十一世紀初頭に成立したと推定される『御遺告』宝珠譚から鎌倉中期～後期の三尊宝珠信仰へ至るプロセスは全く把握されていない。謎である。しかし、この謎は中世日本真言密教の歴史における最も重要な問題であり、と同時に、その密教の本質を理解するための鍵を握っているのである。

では、この問題を解決してくれる手掛かりは何であろうか。実際のところ、それはかなり単純なことである。それは『御遺告』の宝珠信仰は全体的に龍神信仰だという点である。『御遺告』の舎利・宝珠信仰は室生山の自然を背景とする龍神信仰なのである。しかし、その龍神信仰が成立し展開した基盤は、平安京神泉苑の請雨経法及び醍醐寺の祈雨儀礼である。東密で龍は同時に神泉苑・醍醐寺・室生山に棲む存在として信じられたが、室生山を背景とする舎利・宝珠・龍神信仰は、神泉苑や醍醐寺における祈雨儀礼を基盤として成立し展開した龍神信仰を反映しているものなのである。

これこそが、『御遺告』宝珠譚について知っておかなければならない最も根本的な知識である。要するに、東密舎利・宝珠信仰の基盤は「祈雨法」（請雨経法）の龍神信仰にあるのである。本書の目的はこの一点を明らかにすることであり、本書で専ら祈雨法（請雨経法）の歴史とその龍神信仰について考察した理由は、歴史的にこの祈雨法とその龍神信仰こそが真言密教の舎利・宝珠信仰の基盤を形成しているからにほかならない。

本書では、『御遺告』の宝珠譚を構成する第二十三条（避蛇法）、第二十四条（宝珠作成と宝珠縁起）と第二十五条（奥砂子平法）の内の第二十四条が、特に請雨経法の舎利・宝珠・龍神信仰と関係が深いという点を論じた。この点は本書の主旨であるために、もう一度その論拠を述べておく。

繰り返しであるが、『御遺告』宝珠譚の三箇条の内容はすべて室生山精進峯（仏隆寺）と関係づけられている。つまり、室生山の宝珠と繋いでいるのである。そして、『御遺告』で宝珠は「龍」の身体内（頸）にあるものとされている。仏教では宝珠が迦楼羅の身体にあるものだという信仰もあるが、『御遺告』では「龍」のことが強調されている。

ただ、『御遺告』宝珠譚で「龍」について明確にされているのは、その龍が海龍王と関係があるという点だけである。しかし、『御遺告』の「龍」は同時に宝珠の埋納された室生山の龍とも繋がれていたに違いない。そのことは『御遺告』では明示されていないが、『御遺告』は宝珠を龍の所有物とし、また、古くから龍の居場所として信じられた室生山と関連させていることから、『御遺告』の龍が室生山の龍としても構想されたと考えることができる。

しかし、明確にされていないためにその点が『御遺告』からは容易に読みとれないのも事実である。あくまでも『御遺告』宝珠譚の内容から演繹されるべき点である。しかし、本書で示した通り、『御遺告』で強調される、東寺長者が最も礼拝すべきという「宝珠」・「権現」・「大士」の内の「権現」は、中世には善如龍王または清瀧権現だと解釈されていた。これは中世テキストで裏付けられるかなり重要な事実である。なぜなら、この事実は東密の舎利・宝珠信仰が室生山の「龍」(善如・清瀧)を中心に構想されていた可能性を示すものだからである。したがって、少なくとも「権現」を「龍」と解釈していた僧たちにとっては、避蛇法(後七日御修法と関係の法)、宝珠縁起の信仰(祈雨法の信仰を含む)や奥砂子平法(調伏法)はすべて室生山の龍を中心とする教えであったと考えられる。また、それらの僧たちは舎利・宝珠について室生山の「龍」を非常に重視していたに相違ない。

そして、先に述べたように、東密における室生山の「龍」の信仰は平安京神泉苑の請雨経法、また後には、この法の正伝を伝承した醍醐寺の祈雨儀礼を背景に展開した信仰である。室生山に関する東密の龍神信仰は、真言僧が室生山に投影した神泉苑や醍醐寺の龍神信仰にすぎないのである。『御遺告』所記の宝珠信仰の設定は「室生山」であるが、その信仰の本源は「平安京」における「祈雨法」、すなわち『御遺告』宝珠譚が成立した十世紀前半〜十一世紀初頭に重んじられた祈雨法、つまり請雨経法なのである。

上記のように、『御遺告』第二十四条には請雨経法の信仰との直接的な関係が見出せる。この条は、基本的に宝珠の作成法と宝珠の縁起を説いているが、「宝珠が時に善風を四州へ発し、雨雲を起すものだ」とも記す。それが祈雨法における宝珠の徳性を説いていることは歴然としている。その点は、以上の記文が請雨経法に関連する文だと明記する中世テキストでも裏付けられる。さらに、第二十四条では海龍王、龍宮、仏舎利、釈迦如来、宝珠の諸要素が連鎖されている。これは基本的に大乗仏教の一般的信仰を表すものでもあるが、その諸要素がすべて一箇所に集まる東密修法として請雨経法以外には存在しないということも、本書で論じた重要な事実である。また、東寺一長者が「大士」とともに礼拝すべきだとされる「宝珠の権現」が「龍」、つまり、特に請雨経法など祈雨法で最も重要な役割を演じていた存在とされていたことを改めて確認しておこう。

以上のことから、『御遺告』第二十四条に「請雨経法」という言葉が一切出て来ないにもかかわらず、その条が請雨経法の龍神信仰と最も符合するものだということを認識しなければならないそれは、あるいは第二十四条を作った真言僧が請雨経法を相伝した僧――つまり小野流僧――であったか、あるいは第二十四条が成立後に実際の請雨経法の作法と結びつけられたことを示す。どちらの経緯が正しいかを確かめることはできないが、少なくとも請雨経法が隆盛した十世紀～十一世紀に、請雨経法の嫡流において『御遺告』宝珠信仰と請雨経法龍神信仰との関係が認識されていたことが推定される(1)。

第二部の結論において述べたように、『御遺告』は観賢（八五四～九二五）によって初めて編述されたと推定され、現存最古の『御遺告』の写本は雨僧正仁海（九五一～一〇四六）から伝承されたものである。観賢と仁海は、両者とも請雨経法の験者であった。ゆえに、『御遺告』の宝珠信仰が請雨経法の儀礼世界と関係が深いものである以上、その信仰が観賢や仁海などの請雨経法の相伝者によって創出されたものであるという可能性が高いと考える。

さて次に、請雨経法の舎利・宝珠・龍神信仰とは具体的にどのような宗教形態だったであろうか。これは本書の第二部で論じた課題である。その結果として、請雨経法は次のような実践法だったということを明らかにした。

神泉苑請雨経法は、当苑で祈雨道場を建立し、その道場のなかで行われていた。道場には大壇が設置され、その壇の上に五龍（五輪）を描いた曼荼羅が敷かれたが、曼荼羅の中央に海龍王（娑伽羅龍王）の龍宮内の釈迦如来及び龍の姿が想定され、また仏舎利が安置された。修法中にその仏舎利は（中央）龍の宝珠として観想されたが、その龍は具体的に無熱池善如龍王と愛染王（倶利伽羅）として想定された。さらに、道場屋上の中央に不動尊（または一字金輪）の幢幡が付けられた。観想法では、愛染の姿を取る龍、宝珠と観想される舎利、及び屋上中央幢幡の仏として採用された不動尊は一直線に結び付けられていた。つまり、請雨経法は〈不動・舎利／宝珠・愛染〉という龍神信仰に立脚する修法だったのである。あるいは、この法は、愛染が仏母だという『瑜祇経』の教義を考慮に入れるならば、〈仏・舎利／宝珠・仏母〉という三点に基づいた法であったとも考えられる。

では、具体的にいつ頃このような請雨経法が成立したであろうか。これは本書の立論に関わる重要な問題であるが、判断しにくい。さしあたり、文献や図像から検討するならば、不動・愛染の舎利＝宝珠法としての請雨経法が醍醐寺で十二世紀末、座主勝賢（一一三八～一一九六）の時代までに確立されたことはほぼ確かだといえる。しかし、本書で論じた通り、その成立が十一世紀末～十二世紀初頭まで遡る可能性がある。それは勝覚（一〇五七～一一二九）筆の『護持僧作法』に不動・愛染・仏眼・宝珠のことが連続的に記されており、義範（一〇二三～一〇八八）開基の遍智院で不動・愛染・大日の三仏が安置されていたという手掛かりから推定される。

醍醐寺では、この不動・愛染の舎利＝宝珠法たる請雨経法においてさらに如意輪観音の信仰も採用されていた。永久五年（一一一七）に勝覚によって修された請雨経法では、大壇中央に「密観宝珠」に近似する造形、すなわち、大壇中央に蓮華座・茎・蓮華座・舎利を入れた瑠璃壺（宝珠）の部分を積み重ねたものが据えられた。このような形は、内藤氏が論じたように、醍醐流では如意輪の象徴とされた。要するに、永久五年には勝覚が舎利・宝珠を如意輪の信仰と結びつけていた可能性がある。その可能性を裏付けるのが、栄然撰『請雨経法条々事』に承久元年（一二一九）の口説として記される善如龍王の真言である。その真言は「五字々々摩尼入縛羅 Hhuṃ」（五字宝珠光明 Hhuṃ）であるが、後半部分の「摩尼（宝珠）入縛羅（光明）」は如意輪観音の真言に含まれる部分である。

本書で論じたように、永久五年以後に請雨経法が途絶した時代、その法の信仰は醍醐寺で清瀧神信仰を通じて相承された。結果として、少なくとも十二世紀末までに、醍醐寺三宝院流で〈不動・舎利／宝珠・愛染〉及び〈如意輪・舎利／宝珠／五輪塔・仏眼〉という二構造からなる龍神（清瀧・善如）信仰が確立した。このように、醍醐寺で永久五年～十二世紀末の間に、〈不動・舎利／宝珠・愛染〉のうちの舎利・宝珠を如意輪に置き換えた〈不動・如意輪・愛染〉という三尊形式の龍神信仰が確立されたと判断できる。

ここまでの本書の議論をもとにして、視線を鎌倉中期～後期に顕現した三尊形式の宝珠信仰という問題に向けると、次の結論を述べることができる。

先述のように、従来、十世紀~十一世紀初頭成立の『御遺告』の宝珠信仰と鎌倉中期~後期に台頭した三尊形式宝珠法の間の間隙を埋める要素は不明とされてきた。先行研究では、『御遺告』宝珠譚の内容を三尊と結びつける解釈が叡尊(一二〇一~一二九〇)または文観(一二七八~一三五七)によって恣意的に付け加えられたものだという印象を与えているが、なぜ、どのような経緯を経て三尊信仰が加えられたかは謎とされているのである。しかし、本書では鎌倉期の三尊形式宝珠信仰の源流が請雨経法の龍神信仰にあるという点を論証した。つまり、三尊形式宝珠法の歴史が叡尊または文観ではなく、請雨経法をもって始まるという点に留意すべきなのである。

そうして、三尊形式宝珠信仰の歴史を請雨経法の歴史の一環としてまとめ直すならば、次のような歴史的過程を述べることができると思う。

まず、十世紀~十一世紀前半までの――観賢や仁海など――請雨経法の実修者のうちのいずれかが、舎利信仰――おそらく内裏に仏舎利を請し、降雨を祈ったという空海の祈雨に基づいて――及び龍・宝珠の大乗仏教信仰に『瑜祇経』の〈仏母―金輪〉の思想を加え、そして、『瑜祇経』の経説にしたがって、仏母として仏眼・愛染王の二仏を想定し、請雨経法の〈金輪・舎利/宝珠・愛染/仏眼〉の龍神信仰を創出したと推定される。さらに、その実修者は円珍請来の「愛染王曼荼羅」(十一世紀から真言宗内でも伝わっていた三井寺相伝の曼荼羅)から、倶利伽羅龍王(不動の化身)が愛染王の化身だという知識を加味し、〈不動・舎利/宝珠・愛染〉という龍神信仰を作り出した。これが中世日本における三尊形式宝珠信仰のルーツなのではないかと筆者は考える。(2)

そして、十二世紀末までに、請雨経法の正伝を受け継いだ醍醐寺では〈不動・舎利/宝珠・愛染〉のほかに〈如意輪・舎利／宝珠／五輪塔・仏眼〉の構造をもつ龍神信仰が形成された。そこで、その醍醐寺で修行した叡尊や文観は本寺の龍神信仰を相伝したが、その信仰を秘匿するのではなく、かえって新規儀礼を通じてその秘事を一般に広めた。具体的には、叡尊は正元元年（一二五九）に西大寺で「如意宝輪華法」（「如意輪不動愛染三顆宝輪華秘法」）を開き、文観は十四世紀初頭に、五輪塔（如意輪）を軸に〈不動・宝珠・愛染〉と〈如意輪・宝珠・仏眼〉の二構造を交差させる「三尊合行法」といった宗教体系を構築し、テキスト化した。

なぜこの二人の真言僧が古来の秘密を披露したのかは別の問題であるが、ともかく、叡尊と文観が強調していた〈不動・如意輪・愛染〉の三尊形式宝珠信仰は彼らが創作したものではない。醍醐寺小野流の伝統的な「龍神信仰」の基盤の上に立つ信仰なのである。

このように、本書では東密の舎利・宝珠信仰の歴史を考察する場合、請雨経法が最も重要な問題であるという説を提唱したい。請雨経法の龍神信仰が『御遺告』宝珠譚と密接な関係にあり、三尊形式舎利・宝珠信仰の母体であるということを示すことが本書の目的だったのである。

しかし、なぜ請雨経法なのであろうか。なぜ請雨経法の舎利・宝珠・龍神信仰がこのように重要な役割を果たしていたのであろうか。

筆者は、仮説として、それはもともと『御遺告』宝珠譚を空海に仮託しつつ書いた真言僧が請雨経法の舎利・宝珠・龍神信仰を重視する立場の僧だったからであると憶測する。これは証明できない仮説にすぎないが、室生山の宝珠を重んじる宝珠譚が『御遺告』に記された理由を説明する仮説として提示したい。

さらにまた、筆者は請雨経法の重要性は真言宗の次の特徴に起因すると考える。真言宗は、早くから開祖空海が祈雨法の法験で密教の霊威・正当性を貴族社会に証明したという伝説を強調していた。だが、このような伝説を誇示することによって真言宗の威信が強く祈雨法に結び付いてしまった。そこで、十世紀～十一世紀に真言僧はしばしば王権の象徴である神泉苑で請雨経法を行い、改めて密教の威力を示そうとしていたが、この法は、ほかの護国修法と比べてかなり失敗のリスクを伴った修法であった。失敗すれば、衆目のもとに面目を損じ、大いなる恥になるであろう。一方、祈雨法を行い、成功を遂げた場合、密教の威力が明示され、行者の験力の虚しからざる実が誇示されることになるであろう。

要するに、平安京のほぼ中心地にある神泉苑で請雨経法を修し、それを成功させた真言僧には、失敗を逃れた喜びに加えて相当に大きなプライドがあったことは想像に難くない。結局、祈雨法を行った真言僧のいずれかがその祈雨法の秘事である舎利・宝珠・龍神信仰を真言宗の最極秘として自負し、それを盛大なる〈不動・舎利／宝珠・愛染〉の法に仕上げたという過程が想像される。

さて、それでは、十世紀～十一世紀の舎利・宝珠信仰の観念的構造が請雨経法の龍王信仰を軸に展開していたという本書の議論はほかの舎利＝宝珠法——たとえば後七日御修法や五大虚空蔵法など——、あるいは宝珠法——如法愛染王法など——とどのように関係しているであろうか。その問題については今後の研究で詳しく検討したいが、ただ、後七日御修法に限って見れば、次のことが述べられる。

序章でも示した通り、真言院後七日御修法では室生山の宝珠が観想法に取り入れられていた。それは御修法において室生山の龍神信仰、つまり、本来神泉苑請雨経法を背景に展開した龍王信仰が秘事として取り入れられていたことにほかならない。多くの中世聖教に後七日御修法時に避蛇法が実修されたと説かれるが、私見では、この避蛇法こそが御修法実修時に行われた室生山宝珠の観想法そのものに当るのではないかと考える。とにかく、御修法の舎利・宝珠信仰は、請雨経法の龍神信仰の影響を強く受けたものだといえる。(3)

要するに、東密の実践法は、それが室生山の宝珠を観想する法を含むものであれば、室生山の龍神信仰を採用している法だということになる。だが、歴史的に室生山の龍神信仰は請雨経法の龍神信仰の影響下に育まれたものである。このような観点から見れば、請雨経法は中世真言密教の最も重要な実践法の一つであると結論することができる。

さて、本書は、その重要性から請雨経法の歴史と信仰に焦点をあてて考察したものであるが、当然、筆者が目指しているのは請雨経法の世界を明らかにすることだけではない。目的は、より広く中世日本信仰史の歴史的流れを究明することである。

日本中世の宗教史においては「真言密教」は一つの巨大な柱である。よって、中世宗教史に取り組む場合、その真言密教の信仰をまず究明しなければならないことは当然である。東密の信仰の本質が『御遺告』宝珠譚にあり、さらに、その宝珠譚が請雨経法の「龍神信仰」と密接に繋がっているという点は本書で論じた最も重要な論点であるが、このことは、中世真言密教の研究においては重要な意味を持つと考える。

その点を考慮することで、真言密教の舎利・宝珠信仰に関わっている日本中世宗教の諸問題をより正確な視点から再検討できるのである。その問題はかなり多岐にわたる。本書の締めくくりとして、どのような問題があるかについて簡潔に述べたい。

まず、「真言密教」という範疇について述べよう。請雨経法の背景に展開した舎利・宝珠・龍神信仰は、本書で示したように東密の護国論や成仏論とも深い関係があるが、さらに、人体論（胎内五臓説）、王権論（天皇の聖なる姿）、国土論（龍体としての日本）、両部不二思想や異種の灌頂儀礼（瑜祇灌頂など）とも何らかの形で繋がれたと推察される。今後、それらの課題について「龍神信仰」の観点から考察すれば新しい展望が見えて来ると考える。

あるいは、宗教社会史的な課題として邪教立川流の問題がある。周知のように、この流派は醍醐寺座主勝覚の弟子と実兄である仁寛（?〜一一一四）を祖師とする中世真言密教の一派であり、ある段階から不動・愛染信仰の性的側面を強調したようである。立川流の歴史的形成と展開を本書で論じた「龍神信仰」から再検討することは今後重要な課題であろう。

さらに、厳島明神信仰という課題もある。とりわけ平家が明神に献納した経箱の蓋にみえる意匠（五輪塔を奉じる双龍）の宗教的意義、転じて、平家と醍醐寺との関係も本書の論旨と関連が深い問題だと考える。

次いで、「真言密教」以外の領域へ広げると、まず中世神道という中世宗教史におけるもう一つの巨大な柱を見上げることになる。本研究の主旨と関係する中世神道の課題も数多ある。たとえば、御流神道（室生山にまつわる中世神道）や三輪流神道（室生山の龍神信仰に依拠し、叡尊によって集大成された神道）という両部神道流の課題がある。それらの神道流において不動・愛染の信仰が重要な役割を果たしていることはすでによく知られているところであるが、本書で論じた醍醐寺流の龍神信仰との関係を今後考察すべきである。

さらに、リストは段々長くなるが、「真言密教」を超えた本書の論と関連する課題として、ほかに修験道と陰陽道を忘れてはいけない。あるいは、五龍が奔放する神楽の世界というテーマもある。あるいはまた、室町末期に成立した、愛染、不動、または蛇龍の信仰を取り入れた武芸も見逃してはいけない。龍神信仰と関係がある前近代日本の宗教的文化現象の事例は、かなり多いのである。

このように、本書の論点は東密事相・教相の研究のためだけではなく、広く日本中世宗教の研究のためにも意義があるといえる。日本中世宗教史を東密の「龍神信仰」という観点から再検討すれば、予想外の多くの新発見ができるのではないかと筆者は確信している。

筆者はすでに数年前から、特に中世神道（両部神道）という課題を醍醐寺の龍神信仰の立場から再検討してきた。本研究は、どちらかというと特に中世神道の研究のために重要な意味を有すると考える。繰り返しだが、中世の諸神道流のなかに不動・愛染の宝珠信仰が取り入れられていた。たとえば三輪流神道の麗気灌頂では、〈不動・如意輪・愛染〉の秘事が神道の本質として伝えられていた。[4]あるいは、伊勢神宮の周辺寺院において形成された神道説にも、伊勢神宮と不動・愛染信仰とを繋ぐ言説が含まれていた（『鼻帰書』ST 89）。あるいはまた伊勢神道（渡会神道）についても、外宮の別宮の神体は瑠璃壺であったようであり、[5]この壺は勝覚が永久五年の請雨経法の実修時に大壇上に安置した瑠璃壺（宝珠）を想起させる。

中世神道を代表する麗気灌頂においては、本書でも取り上げた「田夫愛染王」という蛇龍が本尊として機能していたようである。一般的に麗気灌頂の世界は龍または龍の精である水という概念と不可分の関係にある世界だとすら断言できる。ここでその事実を詳しく論ずる余裕はないが、たとえば『麗気記』の注釈書の一つである『神宮方并神仏一致抄』は、

麗気ガ事、此、麗気ハ、延暦御門御作也。此、常ニテ帝々相伝ノ汀（灌頂）ニ於イテ御不審有り。故ニ祈請ヲ致シ給フ時、天照太神、神慮トシテ神泉苑ノ善女龍王現ジテ、帝々相伝ノ汀ノ様ヲ委シク教ヘ奉ル。是、麗気十八巻ニ記スル也。相伝汀ハ麗気ニ見ヘタリ。

と、麗気灌頂・即位灌頂などの中世神道儀礼が神泉苑の「龍」に帰すると説いている。これに類似する中世神道の起源説はほかに多数伝わっている。

しかし、どうして日本中世の神道がたとえば「田夫愛染」や「善如」と称される究極煩悩の大龍王に代表される世界となっているのであろうか。はたして何故神道が龍神に起源するといわれてきたのであろうか。これは正に興味深い問題である。

この問題は、無論様々な角度から考察することができるが、当然ながら歴史的な問題としても検討すべきである。つまり、日本中世神道が「龍が奔放する世界」になってしまったのは偶然ではなく、その裏に具体的な歴史的要因があると考えるべきなのである。

しかし、現在、日本中世神道の歴史的展開は未だ不明だといわなければならない。特に、近年、日本中世神道についての論考はまるでその神道が平安末期~鎌倉初期に突如勃発したかのような印象を与えている。どのような歴史的な経緯でそのような日本中世の神道世界が形成されてきたかについては、解決されていない問題が多い。

この点について、筆者は日本中世神道の源流の一つが醍醐寺の龍神信仰にあると考えるものである。実は、最近、この仮説に関係する重要な発見がなされた。それはすでに十二世紀末の醍醐寺三宝院流で何本かの中世神道書が流布されていたという発見である(6)。その発見により、今後の中世神道の形成史についての研究では醍醐寺の密教を考察すべきだという点が明らかになったのである。しかし、さらに醍醐寺の密教の本質が龍神信仰にあるという根本的な事実を見逃してはいけない。

実のところ、すでに一九八三年に村山修一氏は両部神道の源流が醍醐寺の龍神信仰にあるのではないかとする仮説を提唱した(7)。村山氏は、醍醐寺の龍神信仰と三輪流神道との関係に気付いて、このような仮説を呈したわけである。現在、中世神道の研究ではそれほど注目されていない学説だが、筆者はその説が至当だと考え、全く同感である。

しかし、村山氏は、醍醐寺の龍神信仰の歴史的形成、内容、及びその東密における重要性など、具体的な議論を展開するには至らなかった。だが本書は、十二世紀末の醍醐寺で〈不動／金輪・舎利／宝珠〈如意輪〉・愛染／仏眼仏母〉というコンプレックスな龍「神」の信仰、天皇の理想上のイメージに当たる「一字金輪」をも含む信仰が伝わっていた事実を解明した。その点を同時代の醍醐寺で神道書が流布していたという新発見と合わせて考察すれば、中世神道の一つの源流が醍醐寺の龍神信仰にあるという仮説を立てて、さらに追及することに大きな意義があるであろう。

以上に述べた通り、筆者はすでに数年前から醍醐寺龍神信仰の視野から以上のような神道に関する課題を考察してきた。近い将来にその研究の成果を発表する予定である。

しかし、まずは、その研究の基盤となるべき本書の論を呈するにとどめることをお断りしておいて、本書の論を終わらせたい。

註

（1）本書で示した通り、『御遺告』に依拠した宝珠信仰は範俊の時代に小野流の内部から社会へ広がった。なぜ小野流かというと、『愚聞日記遺告秘口』（一二九八年写、KB 290.4）に「然而小野正流以㆓〔御〕遺告㆒為㆓龜鏡㆒伝受者也」と記されるように、小野流が『御遺告』の教説を重視したからである。だが、この問題に関してはさらに、『御遺告』の宝珠譚が特に請雨経法の宝珠信仰と関連が深く、初期小野流が請雨経法の嫡流として存在していたということも考慮すべきであると考える。

（2）鍵和田聖子「両頭愛染曼荼羅の成立に関する一考察―金胎不二の図像的表現を中心に―」（『印度学仏教学研究』六十―二、二〇一二年）の末尾に、著者鍵和田氏は真鍋俊照教授に「両頭愛染が醍醐寺より登場したことの必然性は何であるのか」という質問を受け、その質問に答えられなかったと記している。醍醐寺と不動・愛染信仰との関係がなぜ強いかという課題については、次の答えが可能である。それは、醍醐寺は本来の不動・愛染の舎利＝宝珠法である請雨経法の正伝を受け継いでいた寺院だったからであると筆者は理解する。

（3）本書第二部第二章でも示したように、御修法で神泉苑の池水が加持香水として使われていた（『御質抄』ZGR 25-2：81-82）が、これも御修法において龍神信仰が取り入れられた事実を示す一つの手がかりとして見做せよう。

（4）序章註36参照。

（5）山本ひろ子『中世神話』（岩波新書五九三、岩波書店、一九九八年）六二頁。

（6）伊藤聡『神道とは何か―神と仏の日本史―』（中公新書2158、中央公論新社、二〇一二年）九二～一一〇頁。

（7）村山修一「序説」（大神神社編『三輪流神道の研究』名著出版、一九八三年）一九八三年。

あとがき

本書は、平成十九年（二〇〇七）三月に京都大学大学院人間・環境学研究科に提出した博士学位論文を大幅に修正したものである。

博士学位論文は、『平安時代真言密教祈雨儀礼の歴史的批判的研究―十一世紀後半～十二世紀初頭における祈雨儀礼の変遷と醍醐寺―』と題するもので、内容的に「十世紀範囲内の真言宗僧による祈雨孔雀経法実行例の史料批判的分析研究」（第一章）、「神泉苑請雨経法の盛衰と醍醐寺における祈雨の成立と展開」（第二章）と、「神泉苑善如龍王と醍醐寺清瀧権現の信仰」（第三章）の三章からなっている。題名からも分かるように、学位論文の主旨は神泉苑の請雨経法から醍醐寺の『孔雀経』所依の祈雨への歴史的変遷を解明するところにあった。

しかし、本書の主旨は、それとは大きく異なり、日本宗教史全体にわたる問題である東密の舎利・宝珠信仰を枠組として、その枠組における請雨経法とその龍神信仰の重要性を明らかにするところにある。本書は、中世真言密教の最極秘とされた三尊（不動・如意輪・愛染）形式宝珠信仰の源流が請雨経法の背後に成立し展開した龍神信仰にあるという点を論じるものである。本論には、欠点、誤解やその他批判されるべきところも多いが、今後の舎利・宝珠信仰や中世宗教史研究に大いに貢献するものと自負している。

実は、筆者が舎利・宝珠信仰における請雨経法龍神信仰の重要性に気づいたのは博士学位論を提出した後であった。その切っ掛けは、佐和隆研（など）編『醍醐寺』（淺野長武〔など〕編『秘宝』第八巻、講談社、一九六七年）所収の「請雨経曼荼羅図」との出会いであった。本書で示したように、五龍王を示すこの曼荼羅の中心に愛染としか考えられない尊格がみえる。これを見た瞬間に、筆者は請雨経法の三点構造に気づいたのである。

それゆえ、学位論文提出後、本書の完成に至るまで、なお様々な補足的研究を行ったのである。そのために、実際には本書は学位論文とは別の研究というべきである。

本書のうち、既出論文は以下の通りである。しかし、それらについても、内容に多くの加筆や修正を加えている。

Trenson, Steven. Shingon Divination Board Rituals and Rainmaking. *Cahiers d'Extrême-Asie* 21（2012）: 107–134（published 2013）.

スティーブン・トレンソン「醍醐寺における祈雨の確立と清瀧神信仰」ルチア・ドルチェ、松本郁代編『儀礼の力—中世宗教儀礼の実践世界』法藏館、二〇一〇年、二三一～二七〇頁。

スティーブン・トレンソン「神泉苑における真言密教祈雨法の歴史と善如龍王の伝説」『アジア遊学』第七九号（特集「共生する神・人・仏—日本とフランスの学術交流」）勉誠出版、二〇〇五年、七二～九五頁。

Trenson, Steven. Une analyse critique de l'histoire du Shōugyō-hō et du Kujakukyō-hō: rites ésotériques de la pluie dans le Japon de l'époque de Heian（請雨経法と孔雀経法の歴史の批判的分析—平安時代における密教祈雨法の一考察—）。*Cahiers d'Extrême-Asie* 13（2003）: 455–495.

スティーブン・トレンソン「請雨経法と孔雀経法の研究—神泉苑における孔雀経法実修説への疑問—」

『仏教史学研究』第四六巻第二号、二〇〇三年、二三～四八頁。

本書では一つの問題を掘り下げて考察した。それは、舎利・宝珠信仰の論考が多いにもかかわらず、その信仰史を祈雨と龍神信仰の観点から考察する論がないということは大きな欠点だと考えていたからである。舎利・宝珠信仰の研究において祈雨法とその龍神信仰を二次的なものとして扱うわけにはいかないために、まず請雨経法とその龍神信仰の意義を説明する本を執筆し、今後、視野を広げ、本研究を踏まえて中世真言密教や中世宗教の信仰史を再考察したい。

さて、長年にわたる請雨経法の歴史と信仰についての研究をようやく一冊にまとめることができたが、その完成に当たり、私の研究を絶えず支持してくださって、日本における滞在などの面においても大変にお世話になった一人の方に深い感謝の意を表したい。正に、この本は、筆者の指導教官である西山良平先生の御支持と御奨励がなければ、実現されることはなかったであろう。これは誇張ではなく、事実である。本当に、心より感謝を申し上げる。

また、本書の日本語を校閲していただき、なおかつ貴重なコメントをいただいた上野勝之氏と花川真子氏に深い感謝の意を表したい。筆者の分かりづらい日本語を訂正するだけではなく、論の不適切なところまで指摘していただいたおかげで、多くの間違いが修正され、本論が大いに改善された。もちろん、それでもなお至らないところが多く残っているであろうが、ひとえに筆者の見識の乏しさによるところである。さらに、本書の編集作業を担当し、綺麗な本に仕上げていただいた京都大学学術出版会の國方栄二氏にもお礼を申し上げたい。

本研究を進める段階で様々な機関より奨学金・研究補助金をいただくことができた。まずは、二〇〇〇年～二〇〇五年に文部科学省の奨学金を受け、その後、フランス極東学院（二〇〇六年）、日本学術振興会（二〇〇八年～二〇一〇年）の研究補助金で研究を進めることができた。その奨学金がなければ、本書は成立しなかったであろう。上記の機関に対して深い感謝の思いを申し上げる。

そして、日本における滞在で日常生活などにおいて支持していただいた方々も多い。ここでその方々の名前を表記しないが、それらの方々に、友として、深く感謝する。

特に、私のために物事がうまく運ぶように東寺観智院の愛染明王に対しての祈祷をしてくださった方々のために頭を下げたい。本書は、ある意味では「蛇龍大煩悩の王」愛染王の研究でもあるために、その方々のお祈りへの恩返しでもある。

また、本書を母にも捧げたい。母は、筆者が果たして何について勉強しているかは全く分かっていない。本を見せることができても、日本語のため、母にはなおさら理解できない。それでも、喜んでくれるだろうと思う。

また、本書の刊行にあたっては、京都大学の平成二十七年度総長裁量経費　若手研究者に係る出版助成事業の助成を受けた。末筆ながらあわせて感謝申し上げる。

平成二十八年二月十五日

スティーブン・トレンソン

引用文献

阿部泰郎「宝珠と王権―中世王権と密教儀礼―」（長尾雅人・井筒俊彦〔など〕編『岩波講座・東洋思想第一六巻　日本思想2』岩波書店、一九八九年）
阿部泰郎「中世密教聖教の極北―文観弘真の三尊合行法テキスト―」（『中世日本の宗教テキスト体系』名古屋大学出版会、二〇一三年）
阿部泰郎「中世密教のスペクトラム」『芸術新潮』8、大特集「空海―花ひらく密教宇宙―」二〇一一年
阿部泰郎「宝珠の象る王権―文観弘真の三尊合行法聖教とその図像―」（『日本の美術』五三九、二〇一一年）
網野善彦『異形の王権』平凡社、一九八六年
アントニーノ・フォルテ『大雲経疏』をめぐって」（牧田諦亮・福井文雅編『敦煌と中国仏教』講座敦煌7、大東出版社、一九八四年）
伊藤清郎「中世醍醐寺の研究―その組織と構造を中心に―」（『山形大学紀要　社会科学』第十五巻第一号、一九八四年）
伊藤聡「伊勢二字をめぐって―古今注・伊勢注と密教説・神道説の交渉―」（『中世天照大神信仰の研究』法蔵館、二〇一一年、初出は一九九六年）
伊藤聡「称名寺の中世神道聖教―特に伊勢神宮に関する伝書について―」（『中世天照大神信仰の研究』、初出は二〇〇五年）

伊藤聡「田夫愛染法―神道化する密教秘説―」(『中世天照大神信仰の研究』、初出は二〇〇五年)
伊藤聡「重源と宝珠」(『中世天照大神信仰の研究』、初出は二〇〇二年)
伊藤聡『神道とは何か―神と仏の日本史―』中公新書2158、中央公論新社、二〇一二年
彌永信美「密教儀礼と「念ずる力」―『宝鏡鈔』の批判的検討、および『受法用心集』の「髑髏本尊儀礼」を中心にして―」(ルチア・ドルチェ、松本郁代編『儀礼の力―中世宗教の実践世界』法藏館、二〇一〇年)
上島享「日本中世の神観念と国土観」(『日本中世社会の形成と王権』名古屋大学出版会、二〇一〇年、初出二〇〇四年改稿)
上島享「法勝寺創建の歴史的意義―浄土信仰を中心に―」(『日本中世社会の形成と王権』名古屋大学出版会、二〇一〇年、初出二〇〇六年改稿)
上島亨「仁海僧正による小野流の創始」(仁海僧正御生誕一〇五〇年記念事業委員会編『仁海―仁海僧正御生誕一〇五〇年記念―』大本山随心院、二〇〇五年)
上田霊城『真言密教事相概説―諸尊法・灌頂部―(上・下)』同朋舎出版、一九八九～一九九〇年
牛山佳幸「僧綱制の変質と惣在庁・公文制の成立」『史学雑誌』九一―一、一九八二年
梅原隆章「日本古代における雨乞い」『日本歴史』第七十四号、一九五四年
太田静六「神泉苑の研究」(『寝殿造りの研究』吉川弘文館、一九八七年)
大山仁快「密教修法壇(maṇḍala)の成立史について」『印度学仏教学研究』第九巻第二号(一八)一九六一年

大山仁快「大雲（請雨）経第六十四・六十五品の一考察」『密教文化』第五五号、一九六一年
小川豊生「愛染王の来歴―十一・十二世紀日本の修法世界と東アジア―」（『中世日本の神話・文字・身体』森話社、二〇一四年）
小川豊生「院政期王権と修法の身体―愛染王法と如法愛染王法の生成―」（『中世日本の神話・文字・身体』）
小川豊生「生殖する文字―梵字悉曇と〈和合〉の精神史―」（『中世日本の神話・文字・身体』）
小川豊生「調伏の思想―愛染王法と唯識論―」（『中世日本の神話・文字・身体』）
岡野浩二「無度縁宣旨・一身阿闍梨・僧都直任―貴種の入寺と昇進―」（速水侑編『院政期仏教の研究』吉川弘文館、一九九八年）
小倉慈司「『祈雨日記』とその増修過程」『書陵部紀要』第五十一号、一九九九年
尾野善裕「青から白へ―道長時代の中国陶磁輸入―」（京都国立博物館編『金峯山埋経一千年記念　特別展覧会　藤原道長―極めた栄華・願った浄土―』京都国立博物館、二〇〇七年）
鍵和田聖子「両頭愛染曼荼羅の成立に関する一考察―金胎不二の図像的表現を中心に―」『印度学仏教学研究』六十―二、二〇一二年
門屋温「「宀一山土心水師」をめぐって」『説話文学研究』第三十二号、一九九七年
上川通夫「如意宝珠法の成立」（『日本中世仏教史料論』吉川弘文館、二〇〇八年）
神奈川県立金沢文庫編『〔特別展〕仁和寺御流の聖教―京・鎌倉の交流―』神奈川県立金沢文庫、一九九六年
神奈川県立金沢文庫編『〔企画展〕鎌倉密教―将軍護持の寺と僧―』神奈川県立金沢文庫、二〇一二年

櫛田良洪『真言密教成立過程の研究』山喜房仏書林、一九七三年
小島裕子「院政期における愛染王御修法の展開」（阿部泰郎・山崎誠編『守覚法親王と仁和寺御流の文献学的研究』論文篇、一九九八年）
古瀬奈津子「雨乞いの儀式について―唐の祠令と日本の神祇令―」（唐代史研究会編『東アジア史における国家と地域』刀水書房、一九九九年）
小林芳規「御遺告万寿二年角筆点」（『角筆文献研究導論』中巻、日本国内篇（上）、汲古書院、二〇〇四年）
佐々木令信「古代における祈雨と仏教―宮中御読経をめぐって―」『大谷学報』第五十巻第二号、一九七〇年
佐々木令信「空海神泉苑請雨祈祷説について―東密復興の一視点―」『仏教史学研究』第十七巻第二号、一九八一年
定方晟「仏典におけるナーガ」『印度学仏教学研究』三九、一九七一年
佐藤宗諄先生退官記念論文集刊行会編『『親信卿記』の研究』思文閣出版、二〇〇五年
白井優子「雨僧正仁海と空海入定伝説」（『空海伝説の形成と高野山―入定伝説の形成と高野山納骨の発生―』同成社、一九八六年、初出は一九七七年）
白井優子「史料となるおもな弘法大師空海伝」（『空海伝説の形成と高野山―入定伝説の形成と高野山納骨の発生―』同成社、一九八六年）
平雅行「顕密仏教と女性」（『日本中世の社会と仏教』塙書房、一九九二年、初出一九八九年改稿）
高橋秀榮「平安・鎌倉仏教要文集（上・中・下）」『駒沢大学仏教学部研究紀要』第五十～五二号、一九九二

〜一九九四年
田中海応『秘密事相の解説』鹿野苑、一九六二年
田中貴子『外法と愛法の中世』平凡社、二〇〇六年（砂子屋書房、一九九三年の再発行）
田中悠文「報恩院検校前権僧正憲深広年譜」『堯榮文庫研究紀要』第四号、二〇〇三年
張麗山「日本古代における呪術的宗教文化受容の一考察―土公信仰を手がかりとして―」『東アジア文化交渉研究』第六号、二〇一三年
逵日出典「神泉苑における空海請雨祈祷の説について」『芸林』第十二巻第三号、一九六一年
逵日出典『室生寺史の研究』巌南堂書店、一九七九年
津田徹英「醍醐寺における清瀧権現の成立とその背景について―醍醐寺如意輪観音像考序説―」『慶応義塾大学三田哲学会大学院生論文集』第一集、一九九〇年
津田徹英「醍醐寺縁起の成立とその背景について」『慶応義塾大学三田哲学会大学院生論文集』第一集、一九九〇年
土谷恵「小野僧正仁海像の再検討―摂関期の宮中真言院と醍醐寺を中心に―」（青木和夫先生還暦記念会編『日本古代の政治と文化』吉川弘文館、一九八七年）
土谷恵「中世初頭の仁和寺御流と三宝院流―守覚法親王と勝賢、請雨経法をめぐって―」（阿部泰郎・山崎誠編『守覚法親王と仁和寺御流の文献学的研究』論文篇、勉誠社、一九九八年）
土谷恵「願主と尼―醍醐寺の女性―」（大隅和雄・西口順子編『シリーズ女性と仏教』一「尼と尼寺」平凡社、一九八九年）

栂尾祥雲『秘密事相の研究』（高野山大学密教文化研究所編『栂尾祥雲全書』第二巻、臨川書店、一九八二年（高野山大学出版部一九三五年刊の複製）
内藤栄「後七日御修法にみる空海の舎利観について」（『舎利荘厳美術の研究』青史出版、二〇一〇年）
内藤栄「三角五輪塔と醍醐寺」（『舎利荘厳美術の研究』、初出は二〇〇七年）
内藤栄「真言宗小野流の舎利法と宝珠法」（『舎利荘厳美術の研究』）
内藤栄「天台宗の舎利信仰―中尊寺金色堂と如法仏眼法―」（『舎利荘厳美術の研究』、初出は二〇〇四年）
内藤栄「密観宝珠形舎利容器について」（『舎利荘厳美術の研究』、初出は一九九九年）
中島俊司『醍醐寺略史』醍醐寺寺務所、一九三〇年
中村本然「真言密教における如意宝珠〈信仰〉」（智山勧学会編『中世の仏教―頼瑜僧正を中心として―』青史出版、二〇〇五年）
西田直二郎『京都史蹟の研究』吉川弘文館、一九六一年
西田長男「室生龍穴神社および室生寺の草創―東寺観智院本『宀一山年分度者奏状』の紹介によせて―」（同『日本神道史研究』第四巻、中世編上、講談社、一九七八年）
根本誠二「奈良時代の仏教的祈雨について」（桜井徳太郎編『日本宗教の複合的構造』Ⅱ、弘文堂、一九七八年）
野口武司「六国史所見の「祈雨・祈止雨」記事」『国学院雑誌』第八十七巻第十一号、一九八六年
橋村愛子「但馬・今瀧寺所蔵孔雀明王像の図像学的考察―中世日本における祈雨・孔雀経法の実践、そして思想をめぐって―」『密教図像』第二十五号、二〇〇六年

八田幸雄「教相」（大神神社編『三輪流神道の研究』名著出版、一九八三年、一四九〜二四二頁）
林文子「報物集」醍醐寺文化財研究所『研究紀要』第十四号、一九九四年
林屋辰三郎「湖底の風土―神泉苑―」（同『京都』岩波書店、一九六二年）
林屋辰三郎「神泉苑と嵯峨院」（林屋辰三郎編『平安の新京』学芸書林、一九七〇年）
速水侑『日本仏教史―古代―』吉川弘文館、一九八六年
速水侑『平安貴族社会と仏教』吉川弘文館、一九七五年
平川彰『インド・中国・日本仏教通史』春秋社、一九七七年
平林文雄『参天台五台山記―校本並に研究―』風間書房、一九七八年
福山敏男『住宅建築の研究』中央公論美術出版、一九八四年
藤巻和宏「如意宝珠をめぐる東密系口伝の展開と宀一山縁起類の生成―『宀一山秘密記』を中心として―」『国語国文』第七十一巻第一号、二〇〇二年
ブライアン・小野坂・ルパート「中世前期における祈雨及び祈雨記類聚―「請雨経法」に関する一考察―」（覚禅鈔研究会編『覚禅鈔の研究』親王院堯榮文庫、二〇〇四年）
ベルナール・フランク「愛染明王―愛・怒・色―」（『日本仏教曼荼羅』仏蘭久淳子訳、藤原書店、二〇〇二年）
狭川真一「醍醐寺円光院跡出土の三角五輪塔」（森郁夫先生還暦記念論文集刊行会編『瓦衣千年　森郁夫先生還暦記念論文集』森郁夫先生還暦記念論文集刊行会、一九九九年）
堀池春峰「宀一山図と室生寺」（『南都仏教史の研究』下、諸寺篇、法蔵館、一九八二年、初出は一九七六

年）
堀池春峰「室生寺の歴史」（『南都仏教史の研究』下、初出は一九七六年）
堀越光信「扶桑略記」（坂本太郎・黒板昌夫編『国史大系書目解題』下巻、吉川弘文館、二〇〇一年）
堀裕「「門徒」にみる平安期社会集団と国家」『日本史研究』第三百九十八号、一九九五年
前田恵学「インドの仏典に現れた龍と龍宮」『東海仏教』第五輯、一九五九年
牧野和夫・藤巻和宏「実践女子大学附属図書館山岸文庫蔵『御遺告大事』一軸　解題・影印」『実践女子大学文学部紀要』四四、二〇〇二年
松長有慶『密教の歴史』サーラ叢書19、平楽寺書店、一九七一年
松長有慶『密教の相承者―その行動と思想―』評論社、一九七三年
松本郁代「即位印明と「天皇」の所在―中世王権神話の地平――」（前掲『中世王権と即位灌頂―聖教のなかの歴史叙述―』二〇〇五年所収、初出は二〇〇四年）
松本郁代「鳥羽勝光明院宝蔵の『御遺告』と宝珠―院政期小野流の真言密教――」（『中世王権と即位灌頂―聖教のなかの歴史叙述―』森話社、二〇〇五年、初出は二〇〇四年）
真弓常忠『古代祭祀の構造と発達』臨川書店、一九九七年
水上文義「慈円の夢想記と仏眼法」（福井文雅博士古稀・退職記念論集刊行会編『アジア文化の思想と儀礼』春秋社、二〇〇五年、七九九～八一九頁）
宮坂宥洪「密教儀礼の構造」（立川武蔵・頼富本宏編『日本密教』〈シリーズ密教4〉春秋社、二〇〇〇年）
宮元啓一『日本奇僧伝』筑摩書房、一九九八年（初出は東京書籍、一九八五年）

村山修一「序説」（大神神社編『三輪流神道の研究』名著出版、一九八三年）
村山修一「わが国如意宝珠信仰の歴史的展開」『密教文化』第一四八号、一九八四年
森口光俊「Mahāmeghasūtra§64, I」『大正大学総合仏教研究所年報』第二号、一九八〇年
森口光俊「請雨壇法の展開」『智山学報』第十九輯（通巻第三十四号　芙蓉良順博士古稀記念「密教文化論集」）一九七一年
守山聖真『立川邪教とその社会的背景の研究』鹿野苑、一九六五年
籔元晶「空海請雨伝承の成立と展開」（『雨乞儀礼の成立と展開』岩田書院、二〇〇二年、初出は一九九三年）
籔元晶「請雨経法と醍醐寺」（『雨乞儀礼の成立と展開』、初出は一九九九年）
籔元晶「善如龍王と清瀧権現―祈雨と龍女成仏譚について―」（『雨乞儀礼の成立と展開』、初出は一九九六年）
山口えり「雨僧正仁海と空海の神泉苑請雨説話」『早稲田大学大学院文学研究科紀要　第四分冊』第五十号、二〇〇四年
山本ひろ子『中世神話』岩波新書五九三、岩波書店、一九九八年
山本ひろこ「成仏のラディカリズム―『法華経』龍女成仏の中世的展開―」（長尾雅人・井筒俊彦〔など〕編『岩波講座・東洋思想第一六巻　日本思想2』岩波書店、一九八九年）
横内裕人「仁和寺御室考―中世前期における院権力と真言密教―」（『日本中世の仏教と東アジア』塙書房、二〇〇八年、初出は一九九六年）

ルチア・ドルチェ「二元的原理の儀礼化―不動・愛染と力の秘像―」（ルチア・ドルチェ、松本郁代編『儀礼の力―中世宗教の実践世界―』法蔵館、二〇一〇年、一五九〜二〇六頁）
ルチア・ドルチェ「儀礼により生成される完全なる身体―中世密教の〝非正統的図像〟と修法をめぐって―」（阿部泰郎編『日本における宗教テクストの諸位相と統辞法』「テキスト布置の解釈学的研究と教育」代4回国際研究集会報告書、名古屋大学大学院文学研究科、二〇〇八年）
Bendall, Cecil. The Megha-Sūtra. *Journal of the Royal Asiatic Society of Great Britain and Ireland*（New Series）12, no. 2（April 1880）: 286–311.
De Visser, Marinus W. *The Dragon in China and Japan*. Amsterdam: Johannes Muller, 1913. Reprint 1969.
Goepper, Roger. *Aizen-Myōō: The Esoteric King of Lust: An Iconological Study*. Artibus Asiae, Supplementum 39, Zurich: Rietberg Museum, 1993.
Gonda, Jan. *Ancient Indian Kingship from the. Religious Point of View*. Reprinted from. Numen III and IV, with Addenda and Index. Leiden: E. J. Brill, 1969.
Groner, Paul. *Ryōgen and Mount Hiei: Japanese Tendai in the Tenth Century*. Honolulu: University of Hawaii Press, 2002.
Ruppert, Brian. *Jewel in the Ashes: Buddha Relics and Power in Early Medieval Japan*. Cambridge: Harvard University Asia Center, 2000.
Brian O. Ruppert, Buddhist Rainmaking in Early Japan: The Dragon King and the Ritual Careers of Eso-

teric Monks, History of Religions 42-2, 2002 : 143-174

Vieillard-Baron, Michel. Religious and Lay Rituals in Japanese Gardens during the Heian Period (784-1185). In *Sacred Gardens and Landscapes : Ritual and Agency*, edited by Michel Conan, 57-68. Washington, D. C.: Dumbarton Oaks Research Library and Collection, 2007.

Summary

This book describes in detail the history and ritual aspects of the *Rain Prayer Sutra* ritual（*Shōugyōhō* 請雨経法）of Shingon 真言 esoteric Buddhism, as well as the dragon cult of the ritual. Its objective is not simply to provide a clarification of the intricate world of rainmaking, but rather to offer a totally new perspective on the historical development of one of the most important and influential doctrines of medieval Shingon： the belief in the consubstantiality of the Buddha's relic（*busshari* 仏舎利）with the dragon jewel（*cintāmaṇi*, *nyoi hōshu* 如意宝珠）and their connection to the esoteric Buddhist deities Fudō 不動（Acala), Aizen'ō 愛染王（Rāgarāja), and Nyoirin Kannon 如意輪観音（Cintāmaṇicakra).

It is well known in esoteric Buddhist studies that medieval Shingon foregrounded the belief of the Buddha's relics and their connection to the jewel of the dragon. This belief is recorded in the *Last Testament*（*Goyuigō* 御遺告), a document attributed to the founder Kūkai 空海（774-835), but which was more likely established in the course of the tenth century. In the final three fascicles of the text it is explained that Kūkai received a man-made 'relic-jewel'（a fabricated jewel containing a number of relics）from his master Huiguo 恵果（746-805）and buried it at mount Murō 室生山, since old a sacred place of dragon worship. The text also mentions that he instructed his successors, the future abbots of the Tōji 東寺 temple, one of the centers of Shingon Buddhism, to protect the secret teaching of the relic-jewel as if it were the very essence of esoteric doctrine and to worship it. The *Last Testament* further offers clues which enable us to understand that the relic-jewel played an important role in two rituals called *Byakujahō* 避蛇法（a ritual for 'repelling serpents'）and *Ōsashihyōhō* 奥砂子平法（a ritual for subduing enemies), without clarifying the exact nature

of these rituals. The *Last Testament* provides no other details related to ritual, but it appears that visualizations centered on the jewel of Mount Murō formed an important and most secret part of most major Shingon ceremonies, including the two rituals mentioned above.

Later on, in the second half of the thirteenth century, a Shingon belief emerged which connects the relic-jewel cult to the Three Worthies（*sanzon* 三尊）Fudō, Aizen'ō, and Nyoirin. Originally, these deities do not figure in the *Testament*. However, a number of texts written by the Shingon prelate Mongan Kōshin 文観弘真（1278-1357）assert the quintessence of the Three Worthies with respect to the secret meaning of the relic-jewel cult recorded in the *Testament*. Moreover, Mongan's texts define their interconnection as the very secret to the fulfillment of Buddhahood and of any ritual objective since the time of Kūkai, and especially since the time of the Daigoji 醍醐寺 abbot Shōkaku 勝覚（1057-1129）, who seems to have had a particular faith in it.

The belief, however, was not only seen as the pinnacle of orthodox Shingon esotericism. As previous scholarship has shown, the relic-jewel cult that centered on the Three Worthies also functioned as one of the fundamental doctrines in the infamous Tachikawa-ryū 立川流 lineage, which espoused sexual practices. More importantly, the same cult came to occupy the very basis of some major medieval Shinto lineages that developed since the thirteenth century. Medieval Shinto, as is well known, relies heavily on beliefs related to water, serpents, dragons, and the Three Worthies.

For the reasons stated above, it is no exaggeration to state that interconnecting beliefs in relics, jewels, dragons and the Three Worthies constitute an essential part of medieval Shingon in particular and of Japanese medieval religion in general. It is the apotheosis of Shingon esoteric Buddhism, which evolved into one of the primary features of medieval Shinto.

However, one of the major obstacles hampering a proper understanding of the significance of this phenomenon is the fact that it is unclear how and through what channel the relic-jewel cult of the tenth-century *Last Testament* developed

into the Three Worthies cult in the mid to late Kamakura period (1185-1333). A span of about three hundred years separates the *Last Testament* from the Three Worthies cult, but nearly nothing is known about the processes that led to the latter's emergence. Moreover, opinions differ as to whether the cult was already established in the early twelfth century, as Mongan's texts proclaim, or only in the second half of the thirteenth century, as can be supported with textual evidence. The choice of leaning toward one or other opinion has significant consequences on the way the historical development of related cults such as the Tachikawa-ryū or medieval Shingon is perceived, but as long as the process from the relic-jewel cult in the *Last Testament* to the Three Worthies cult is not clarified, this will remain a matter difficult to resolve.

Traditionally, scholars have focused on the Latter Seven-Day ritual (*Goshichinichi mishiho* 後七日御修法), a major ceremony enacted annually for the protection of the state established by Kūkai, to shed more light on the history of Shingon relic and jewel worship. It is true medieval documents testify to the close relationship between the latter ritual and such worship. However, it is also a fact that the *Last Testament* does not mention the ritual. In contrast, it is undeniable that the text emphasizes dragons. Basically, the *Testament* connects the relic-jewel to the dragon and to mount Murō, the principal feature of which is the dragon that is said to live in one of the grottos in the mountain. The latter dragon, however, as a matter fact is a key player not in the Latter Seven-Day ritual but in the rain ritual.

Hence, contrary to common perception, which tends to pass off dragon beliefs mentioned in the *Last Testament* as merely the expression of basic Mahayana Buddhist thought, the present book pursues the track of dragons and their principal role in rainmaking. Following this line of thought finally leads to the discovery that the Shingon relic-jewel cult of the Three Worthies had already been worked out at the background of rainmaking long before the mid-Kamakura period. In other words, the book uncovers the fact that the evolution of the relic-jewel cult towards the belief in the Three Worthies as it appeared in the mid to

late Kamakura period can be clarified through an examination of the history of the dragon cult of the rain ritual.

This book is dedicated to clarifying this issue, as if this issue remains unresolved, the historical study of medieval Shingon and religious cults related to relic and jewel worship would remain highly problematic. It is to establishing the primary historical importance of the rain ritual and its dragon cult that the present monograph is singularly devoted.

To achieve this objective, the book includes three parts. Part I explains in detail the results of an in-depth survey of the history of the *Rain Prayer Sutra* ritual. This part would have been shorter were it not for the fact that the history of the ritual is highly complicated due to a rain ritual shift—from the *Rain Prayer Sutra* ritual to ceremonies based on the *Peahen Sutra* (*Kujakukyō* 孔雀経)—which occurred at the turn of the twelfth century. As a result of this shift, a great number of unreliable rain prayers with the *Peahen Sutra* were recorded in various medieval texts, thus distorting the actual history of Shingon rainmaking. In Part I, this shift is brought to light through a critical examination of the sources, revealing that until the latter half of the eleventh century the *Rain Prayer Sutra* ritual was the only established rain ritual of Shingon. Aside from this issue, Part I also re-examines other important aspects in the history of rainmaking, such as the career of the famous rainmaker Ningai 仁海 (951-1046), the processes leading to the establishment of the latter's lineage (Ono-ryū 小野流) as the branch of Shingon exclusively transmitting the secrets of the *Rain Prayer Sutra* ritual, and the significance of the Ono monk Hanjun's 範俊 (1038-1112) failure in producing rain. These are not only major issues in the history of rainmaking but also in that of Shingon in general.

Part II (Chapter I) constitutes the most important part of the book as it traces the secret nature of the *Rain Prayer Sutra* ritual. A thorough inquiry into the structure of the ritual shows that it was a practice based on the interconnection between Aizen (the dragon in the center of the platform set inside the wooden building where the ritual took place), Fudō (the deity associated with the

dragon-banner installed in the middle of the roof of the building), and the relic (placed in the middle of the platform on top of the dragon, visualized as a jewel, and connected to Nyoirin). Hence, the dragon cult of the rain ritual was a proto version of Three Worthies cult that was later established by Mongan in the early fourteenth century. As the results are based on analysis of materials dated to the twelfth and early thirteenth centuries, the rain ritual can thereby be defined as the earliest practice adopting the belief of the Three Worthies, the origin of which might actually go further back to the late eleventh or early twelfth century.

Part II (Chapter II) reinvestigates the contents of the relic-jewel belief recorded in the *Last Testament*. A thorough analysis of the sources establishes a clear connection of the belief to the *Rain Prayer Sutra* ritual and to its dragon, believed to live simultaneously at the Shinsen'en 神泉苑 royal garden (where the *Rain Prayer Sutra* ritual usually took place) and Mount Murō. Hence, it is concluded that it is likely that the relic-jewel belief of the *Testament* was originally created by a Shingon monk having the rain ritual especially in mind.

Part III traces the historical development of the dragon cult of the *Rain Prayer Sutra* ritual. The latter ritual declined at the end of the eleventh century and was replaced by prayers for rain (based on the *Peahen Sutra*) at the Daigoji temple. There the dragon was associated with Seiryō 清瀧, the tutelary *kami* of the temple, and acquired new characteristics due to the influence of a different contemporary development: prayers for the salvation of deceased noble women buried at the temple. As explained in Chapter I, these prayers crystalized in the course of the twelfth century into the emergence of a female dragon-*kami* associated with the dragon maiden of the *Lotus Sutra*, unifying Jundei 准胝 and Nyoirin, or Fudō and Aizen, each on a different level of interconnection centered on the relic or jewel. Moreover, the dragon belief also came to function as the main feature of consecration rites (*denbō kanjō* 伝法灌頂), where it symbolized and encapsulated the very essence of Daigoji's esoteric Buddhist teachings.

The dragon cult of the *Rain Prayer Sutra* ritual (and of Daigoji) also influenced the development of medieval Shingon teachings describing the secret nature of mount Murō. This process is highlighted and illustrated in Chapter II. After providing a brief overview of the history of the mountain and of its dragon cult, it is shown that the contents of some medieval texts revealing its secret nature bear a strong similarity with the dragon cult of Daigoji. It is argued that the similarity was in all likelihood produced through the influence of Daigoji's dragon beliefs.

Finally, Chapter III provides a description of the nature of the *Byakujahō* and *Ōsashihyōhō* rituals mentioned in the *Last Testament*. It is demonstrated that according to certain texts both rituals were connected to the jewel, Fudō, and Aizen. It is argued that these elements likely came to make part of their liturgies as the effect of Daigoji's dragon cult.

In conclusion, the book provides the basic historical framework for the study of Shingon relic-jewel beliefs and of related medieval practices as knowledge in these areas is limited at present. While past and recent studies have made attempts to unravel the fluid relationship between relics, jewels, serpents and dragons that pervades medieval Japanese religion, there is to date, no accepted understanding of this phenomenon. Progress in the field is hampered by the absence of a thorough and convincing historically-based explanation of how the relic-jewel cult of the *Testament* evolved into the Three Worthies belief system. This book fills this important gap by establishing the key role played by the rain ritual's dragon cult.

人名索引

[さ]

[た]

[な]

[は]

[ま]

[や]

[ら]

書名索引

[さ]

[た]

[な]

[は]

[ま]

事項索引

（神仏名や地名・寺社名を含む。ただし、請雨経法、醍醐寺など、頻出するものは除く）

［さ］

［た］

［な］

[は]

［ま］

［や］

［ら］

[著者紹介]

スティーブン・トレンソン

広島大学大学院総合科学研究科准教授
京都大学大学院人間・環境学研究科博士後期課程修了、京都大学博士（人間・環境学）

主な著作

"A Study on the Combination of the Deities Fudō and Aizen in Medieval Shingon Esoteric Buddhism", Dynamics in the History of Religions (Brill Series), Forthcoming 2016; "Cutting Serpents: Esoteric Buddhist Dimensions of the Classical Martial Art of Drawing the Sword", *Analecta Nipponica*, 4, 2014; "Shingon Divination Board Rituals and Rainmaking", *Cahiers d'Extrême-Asie*, 21, 2013;「醍醐寺における祈雨の確立と清瀧神信仰」（ルチア・ドルチェ、松本郁代編『儀礼の力—中世宗教の実践世界』2010年）;「神泉苑における真言密教祈雨法の歴史と善如竜王の伝説」（『アジア遊学』79, 2005年）;「請雨経法と孔雀経法の研究—神泉苑における孔雀経法実修説への疑問」（『佛教史学研究』46, 2, 2003年）

（プリミエ・コレクション 72）
祈雨・宝珠・龍
——中世真言密教の深層

2016年3月31日　初版第一刷発行

著　者　スティーブン・トレンソン
発行人　末　原　達　郎
発行所　京都大学学術出版会
京都市左京区吉田近衛町69番地
京都大学吉田南構内（〒606-8315）
電　話（075）761-6182
FAX（075）761-6190
URL http://www.kyoto-up.or.jp
振　替　01000-8-64677

ISBN 978-4-8140-0019-7
Printed in Japan

印刷・製本　亜細亜印刷株式会社
定価はカバーに表示してあります